本书系 2013 年国家社科基金重点项目"城乡一体化教育体制的社会支持系统研究"（13ASH005）最终成果

西南大学教育学部
现代教育文库

# 城乡一体化教育体制的
# 社会支持系统研究

李 玲 著

人民出版社

**图书在版编目（CIP）数据**

城乡一体化教育体制的社会支持系统研究 / 李玲著. —北京：人民

出版社，2017

ISBN 978-7-01-017964-3

Ⅰ．①城… Ⅱ．①李… Ⅲ．①教育制度－城乡一体化－研究－中国

Ⅳ．①G52

中国版本图书馆CIP数据核字(2017)第180857号

城乡一体化教育体制的社会支持系统研究
CHENGXIANG YITIHUA JIAOYU TIZHI DE SHEHUI ZHICHI XITONG YANJIU

著　者：李　玲
责任编辑：阮宏波　韩　悦
出版发行：人 民 大 版 社
地　　址：北京市东城区隆福寺街99号
邮政编码：100706
印　　刷：廊坊市海涛印刷有限公司
版　　次：2020年5月　第1版
印　　次：2020年5月　河北第1次印刷
开　　本：710毫米×1000毫米　1/16
印　　张：30.5
字　　数：400千字
书　　号：ISBN 978-7-01-017964-3
定　　价：98.00元
销售中心：(010) 65250042　65289539

# 目　　录

第一章　导论 ……………………………………………………… 1

　第一节　研究背景与意义 ………………………………………… 3

　　一、研究背景 …………………………………………………… 3

　　二、研究意义 …………………………………………………… 8

　第二节　国内外研究述评 ………………………………………… 10

　　一、城乡一体化教育体制的研究 ……………………………… 10

　　二、社会支持的研究 …………………………………………… 18

　　三、城乡一体化教育体制的社会支持研究 …………………… 21

　第三节　研究思路与方法 ………………………………………… 23

　　一、研究思路 …………………………………………………… 23

　　二、研究方法 …………………………………………………… 25

第二章　城乡一体化教育体制社会支持系统的逻辑起点：
　　　　国家与社会分析框架的建构 …………………………… 31

　第一节　核心概念 ………………………………………………… 33

　　一、城乡一体化与城乡教育一体化 …………………………… 33

　　二、教育体制与城乡一体化教育体制 ………………………… 37

　　三、社会支持与社会支持系统 ………………………………… 40

　　四、城乡一体化教育体制的社会支持系统 …………………… 42

第二节　理论框架：国家与社会关系理论 …………………… 43

一、国家与社会概念的界定 …………………………… 43

二、国家与社会关系的理论演进 ……………………… 45

三、国家与社会关系分析框架在我国的发展 ………… 48

第三章　城乡一体化教育体制社会支持系统的逻辑选择：

"国家与社会"分析框架的嵌入 …………………… 51

第一节　城乡一体化教育体制变迁中"国家与社会"的

历史轨迹 ……………………………………… 53

一、改革开放前城乡教育体制变迁中"国家与社会"的

历史轨迹 …………………………………………… 54

二、改革开放后城乡教育体制变迁中"国家与社会"的

历史轨迹 …………………………………………… 61

第二节　城乡一体化教育体制变迁中"国家与社会"的

角色流变 ……………………………………… 70

一、改革开放前城乡教育体制变迁中"国家与社会"的

角色流变 …………………………………………… 70

二、改革开放后城乡教育体制变迁中"国家与社会"的

角色流变 …………………………………………… 76

第三节　城乡一体化教育体制变迁中"国家与社会"的演进

规律 …………………………………………… 83

一、城乡教育体制变迁中"国家与社会"关系的演进模

式：单向赋权与双向嵌入 ……………………… 83

二、城乡教育体制变迁中"国家与社会"关系的演进动

力：外部诱发与内源推动 ……………………… 86

三、城乡教育体制变迁中"国家与社会"关系的演进路

径：行政控制主导与政社合作共治 …………… 89

**第四章 城乡一体化教育体制社会支持系统的逻辑转向：制度供给与执行主体** ……………………………………… 93

　**第一节 城乡一体化教育体制构建中"国家支持"的行动逻辑** ……………………………………… 97

　　一、城乡一体化教育体制构建中"国家支持"的缘起 …… 97

　　二、城乡一体化教育体制构建中"国家支持"的具体要素 ……
　　……………………………………………………… 100

　**第二节 城乡一体化教育体制构建中"社会支持"的行动逻辑** ……………………………………… 104

　　一、城乡一体化教育体制构建中"社会支持"的缘起 … 104

　　二、城乡一体化教育体制构建中"社会支持"的具体要素 ……………………………………………… 109

　**第三节 城乡教育一体化体制构建中"国家支持"与"社会支持"边界探寻** ……………………… 114

　　一、城乡教育一体化体制构建中"国家支持"与"社会支持"的阻滞 ……………………………… 114

　　二、城乡教育一体化体制构建中"国家支持"与"社会支持"的合作框架 ……………………… 118

**第五章 田野考察（一）：农村留守儿童教育的社会支持系统研究** …………………………………… 123

　**第一节 农村留守儿童教育的社会支持主体** ……………… 125

　　一、农村留守儿童教育社会支持的必要性 ……………… 125

　　二、农村留守儿童教育问题社会支持主体的选择 ………… 131

　**第二节 农村留守儿童教育社会支持的现状** ……………… 135

　　一、调查设计 …………………………………………… 135

　　二、家庭对留守儿童教育的支持情况 …………………… 137

三、政府部门对留守儿童教育的支持情况 ……………… 141

四、学校对留守儿童教育的支持情况 …………………… 146

五、社会力量对留守儿童教育的支持情况 ……………… 152

第三节 农村留守儿童教育社会支持系统的结构 …………… 155

一、农村留守儿童教育社会支持系统的结构框架 ……… 155

二、农村留守儿童教育社会支持系统的结构关系 ……… 157

第四节 农村留守儿童教育社会支持的健全路径 …………… 170

一、推进留守儿童关爱供给侧的结构性改革 …………… 170

二、落实家庭监护主体责任 ……………………………… 171

三、加强学校关爱留守儿童主阵地建设 ………………… 172

四、建立留守儿童社会支持预警系统 …………………… 173

第六章 田野考察（二）：随迁子女教育的社会支持系统
研究 …………………………………………………… 175

第一节 随迁子女教育的社会支持主体 ……………………… 177

一、随迁子女教育社会支持的必要性 …………………… 177

二、随迁子女教育社会支持主体的选择 ………………… 182

第二节 随迁子女教育的社会支持现状 ……………………… 184

一、调查设计 ……………………………………………… 184

二、政府部门支持随迁子女教育的现状 ………………… 186

三、市场部门支持随迁子女教育的现状 ………………… 208

四、志愿部门支持随迁子女教育的现状 ………………… 216

五、非正式部门支持随迁子女教育的现状 ……………… 222

第三节 随迁子女教育社会支持的结构 ……………………… 232

一、随迁子女教育社会支持的结构框架 ………………… 232

二、随迁子女教育社会支持的结构关系 ………………… 234

第四节 完善随迁子女教育社会支持的对策建议 …………… 247

一、确立"以人为本"的随迁子女教育社会支持价值理念，
保障流动人口教育权益 ………………………………… 247

二、加强随迁子女教育社会支持的制度供给，完善多部门
参与的制度环境 ………………………………………… 248

三、促进随迁子女教育社会支持主体间的良性互动，整合
多部门资源 ……………………………………………… 251

第七章　田野考察（三）：农民工培训的社会支持系统
研究 ……………………………………………… 253

第一节　农民工培训的社会支持主体 ……………………… 255
一、农民工培训社会支持的必要性 ……………………… 255
二、农民工培训社会支持的主体选择 …………………… 263

第二节　农民工培训社会支持的现状 ……………………… 271
一、调查设计 ……………………………………………… 271
二、农民工培训政府主体支持的现状 …………………… 273
三、农民工培训市场主体支持的现状 …………………… 279
四、农民工培训用人单位主体观念支持的现状 ………… 285
五、农民工培训社会团体主体支持的现状 ……………… 290
六、农民工培训个人主体支持的现状 …………………… 296

第三节　农民工培训社会支持系统的结构 ………………… 302
一、农民工培训社会支持系统的结构框架 ……………… 302
二、农民工培训社会支持系统的结构关系 ……………… 311

第四节　完善农民工培训社会支持的对策建议 …………… 316
一、重塑政策价值取向，确定农民工培训社会支持的主体
地位 ……………………………………………………… 316

二、加强体制机制创新，构建农民工培训社会支持的保障
体系 ……………………………………………………… 319

三、探索培训模式改革，提升农民工培训社会支持的内部
效能 …………………………………………………… 323

四、强化配套措施跟进，消解农民工培训社会支持的外部
掣肘 …………………………………………………… 325

## 第八章　田野考察（四）：农村教师培训的社会支持系统
研究 …………………………………………………… 327

第一节　农村教师培训社会支持的主体 ………………… 329

一、农村教师培训社会支持的必要性 ………………… 329

二、农村教师培训社会支持主体的选择 ……………… 333

第二节　农村教师培训社会支持的现状 ………………… 338

一、调查设计 …………………………………………… 338

二、政府部门支持农村教师培训的现状 ……………… 343

三、市场支持农村教师培训的现状 …………………… 346

四、第三部门支持农村教师培训的现状 ……………… 351

五、学校支持农村教师培训的现状 …………………… 354

第三节　农村教师培训社会支持系统的结构 …………… 357

一、农村教师培训社会支持的结构框架 ……………… 357

二、农村教师培训社会支持系统的结构关系 ………… 360

第四节　完善农村教师培训社会支持的对策建议 ……… 370

一、构建"省级统筹、以县为主"的农村教师培训管理
体制 …………………………………………………… 370

二、推动农村教师培训供给侧结构性改革 …………… 371

三、完善农村教师培训政府购买服务的机制 ………… 373

四、优化第三部门参与农村教师培训的制度环境 …… 374

五、加大校本培训的支持力度 ………………………… 375

**第九章　城乡一体化教育体制社会支持系统的构建理路** … 377

　**第一节　城乡一体化教育体制社会支持系统构建的价值选择** … 379

　　一、前提假设的转向：从"个体理性"到"关系理性" … 380

　　二、人学视角的转向：从互不相容到多元综合 ………… 388

　　三、根本追求：从不公平、非正义到公平正义 ………… 392

　**第二节　城乡一体化教育体制社会支持系统构建的基本原则** … 395

　　一、时代国情与统筹城乡发展的契合性 ……………… 396

　　二、政府支持与社会支持的互补性 …………………… 398

　　三、城市教育与农村教育的协调性 …………………… 401

　**第三节　城乡一体化教育体制社会支持系统的要素与结构** …… 403

　　一、城乡一体化教育体制社会支持系统的要素 ………… 403

　　二、城乡一体化教育体制社会支持系统的结构 ………… 406

　　三、城乡一体化教育体制社会支持系统是其要素和结构的

　　　　统一 …………………………………………………… 408

　**第四节　城乡一体化教育体制社会支持系统的运作机理** ……… 409

　　一、城乡一体化教育体制社会支持系统的运作理念 …… 409

　　二、城乡一体化教育体制社会支持系统的运作规范 …… 413

　　三、城乡一体化教育体制社会支持系统的运作路径 …… 416

　**第五节　城乡一体化教育体制社会支持系统的保障机制** ……… 418

　　一、城乡一体化教育体制社会支持系统的利益协调机制 … 418

　　二、城乡一体化教育体制社会支持系统的法律保障机制 … 420

　　三、城乡一体化教育体制社会支持系统的文化培育机制 … 421

**参考文献** ………………………………………………………… 424

　　一、中文文献 …………………………………………… 424

　　二、外文文献 …………………………………………… 447

**附录** ···················································································· 450

　农村留守儿童社会支持调查问卷 ·············································· 450

　农村留守儿童社会支持的访谈提纲 ·········································· 455

　随迁子女教育社会支持调查问卷 ·············································· 456

　随迁子女学生访谈提纲（部分） ·············································· 460

　随迁子女家长访谈提纲（部分） ·············································· 460

　随迁子女学校访谈提纲（部分） ·············································· 461

　流入地教育行政人员访谈提纲（部分） ···································· 462

　社会组织的访谈提纲（部分） ·················································· 462

　进城务工人员教育培训的社会支持调查问卷 ···························· 463

　进城务工人员教育培训的社会支持系统访谈提纲 ···················· 469

　农村教师培训调查问卷（教师卷） ·········································· 469

　农村教师培训的社会支持系统访谈提纲 ···································· 473

# 第一章

## 导论

## 第一节　研究背景与意义

### 一、研究背景

#### (一) 城乡教育二元结构及其影响

在漫长的历史进程中，我国社会曾经采用不同的政策和制度治理城市和农村，形成城乡二元的社会结构，这造成了城乡发展间极不公平。这种分割而治的社会结构和治理制度根源于二元对立的城乡户籍制度。1958 年颁布的《中华人民共和国户口登记条例》明确区分农业户口和非农业户口之别，并由此城乡居民拥有了两种户籍、两种身份，一系列的影响遂逐渐产生。首先，二元户籍制度严格限制了农村人口向城市的转移，把大量农民束缚在土地之上，城乡之间生产要素流动受到极大阻隔。其次，在二元户籍制度基础上产生了二元管理体制，"生活资料供应、劳动就业、社会保障、财政投资等制度安排全面偏向城市"。[①] 再次，国家为支持工业发展，人为地压低和限制农业产品价格，抬高工业产品的价格，以工农业产品价格"剪刀差"的方式在农业和农民中获得资金，由此保证了国家对工业的高投入以及当时工业和国民经济的发展。"城乡二元结构"在新中国建立初期的工业化战略中巩固形成，并

---

① 郭少榕：《城镇化背景下我国农村基础教育优化发展的政策思考——以福建等地为例》，《教育研究》2011 年第 12 期，第 25 - 27 页。

成为我国的基本国情，之后长期以来城乡在政治、经济、文化、教育等多方面的差距越来越大。[1] 二元分割制度在当初虽有合理的一面，但对广大农民、农业和农村来讲是极其不公平的。

在城乡二元的社会结构下，也形成了城乡二元的教育结构。[2] 这种城乡二元的教育结构造成了城乡教育发展间的巨大差距，具体表现为优质的教育资源集中在城市，农村在校舍、设备、师资、教学质量等方面远远落后于城市。城乡教育的巨大差距反映出城乡居民在教育上处于不平等的地位，造成了农村人才培养和经济建设的落后。

改革开放以后，国家经济实力不断增强，为改变农村教育的落后状况，政府加强对农村教育投入的力度，率先在农村实施"一费制""两免一补""免费义务教育"系列政策。《国务院关于基础教育改革与发展的决定》（国发〔2001〕21 号）强调：在国家扶贫开发工作重点县等农村贫困地区义务教育阶段，实行由中央有关部门规定杂费、书本费标准的"一费制"收费制度。2003 年，《国务院关于进一步加强农村教育工作的决定》（国发〔2003〕19 号）提出，要建立健全资助家庭经济困难学生就学制度，争取到 2007 年全国农村义务教育阶段家庭经济困难学生都能享受到"两免一补"（免杂费、免书本费、补助寄宿生生活费），努力做到不让学生因家庭经济困难而失学。为贯彻相关政策方针，国家从 2004 年秋季新学期开始，再次大幅度增加中央财政专项资金，将免费教科书发放范围扩大到中西部农村义务教育阶段全部的家庭经济困难学生，同时推动地方政府逐步落实免杂费和补助寄宿生生活费的责任，争取 2005 年基本对中西部农场 400 万义务教育阶段贫困学生实行免杂费、免书本费、补助寄宿生生活费的"两免一补"目标。《国

---

① 褚宏启：《城乡教育一体化：体系重构与制度创新——中国教育二元结构及其破解》，《教育研究》2009 年第 11 期，第 3 - 10 页。
② 张旺：《城乡教育一体化：教育公平的时代诉求》，《教育研究》2012 年第 8 期，第 13 - 18 页。

务院关于深化农村义务教育经费保障机制改革的通知》（国发〔2005〕43 号），要求按照"明确各级责任、中央地方共担、加大财政投入、提高保障水平、分步组织实施"的基本原则，逐步将农村义务教育全面纳入公共财政保障范围，建立中央和地方分项目、按比例分担的农村义务教育经费保障机制，从 2006 年开始，全部免除西部地区农村义务教育阶段学生学杂费，2007 年扩大到中部和东部地区。至此，农村教育有了长足发展，但是城乡差距仍然存在，教育公平问题远未得到解决，其根本原因是城乡教育二元结构没有被彻底根除，这也正是诸多教育不公问题的制度根源。

　　（二）城乡教育一体化的战略选择

　　城乡二元社会结构是造成城乡之间不公平的体制性根源。要实现城乡公平，就必须破除城乡二元结构，统筹城乡发展，走城乡一体化发展道路。① 改革开放后，农村改革取得一定成效，然而城乡差距依旧明显，"三农"问题不断凸显。② 进入 20 世纪以来，国家开始着手改革城乡二元体制并逐步推进城乡一体化建设。2002 年，党的十六大提出"统筹城乡经济社会发展"。2003 年，党的十六届三中全会将"统筹城乡发展"作为"五个统筹"之一列为科学发展观的重要内容。2007 年，党的十七大提出："建立以工促农、以城带乡长效机制，形成城乡经济社会发展一体化新格局。"2008 年，党的十七届三中全会指出："我国进入着力破除城乡二元结构、形成城乡经济社会发展一体化新格局的重要时期，要建立促进城乡经济社会发展一体化制度"，到 2020 年，基本建立城乡经济社会发展一体化体制机制。2012 年，党的十八大指出：解决好农业农村农民问题是全党工作重中之重，城乡发展一体化是解决

① 张旺：《城乡教育一体化：教育公平的时代诉求》，《教育研究》2012 年第 8 期，第 13－18 页。
② 褚宏启：《城乡教育一体化：体系重构与制度创新——中国教育二元结构及其破解》，《教育研究》2009 年第 11 期，第 3－10 页。

"三农"问题的根本途径。要加大统筹城乡发展力度,增强农村发展活力,逐步缩小城乡差距,促进城乡共同繁荣。坚持工业反哺农业、城市支持农村和多予少取放活方针,加大强农惠农富农政策力度,让广大农民平等参与现代化进程、共同分享现代化成果。加快完善城乡发展一体化体制机制,着力在城乡规划、基础设施、公共服务等方面推进一体化,促进城乡要素平等交换和公共资源均衡配置,形成以工促农、以城带乡、工农互惠、城乡一体的新型工农、城乡关系。2013 年十八届三中全会通过的《中共中央关于全面深化改革若干重大问题的决定》指出"城乡二元结构是制约城乡发展一体化的主要障碍。必须健全体制机制,形成以工促农、以城带乡、工农互惠、城乡一体的新型工农城乡关系,让广大农民平等参与现代化进程、共同分享现代化成果。"

伴随着城乡一体化的逐渐推进,国家也出台了系列政策处理和协调城乡教育问题,统筹推进城乡教育一体化。在 2016 年 7 月,《国务院关于统筹推进县域内城乡义务教育一体化改革发展的若干意见》(国发〔2016〕40 号)指出,我国已进入全面建成小康社会的决胜阶段,正处于新型城镇化深入发展的关键期,这对整体提升义务教育办学条件和教育质量提出了新要求,鼓励有条件的地区在更大范围开展城乡义务教育一体化改革发展试点。2017 年 9 月中共中央办公厅、国务院办公厅印发的《关于深化教育体制机制改革的意见》指出,要完善义务教育均衡优质发展的体制机制;要着力解决义务教育城乡发展不协调问题;统一城乡学校建设标准、城乡教师编制标准、城乡义务教育学校生均公用经费基准定额,加快建立义务教育学校国家基本装备标准;实施消除大班额计划;切实改变农村和贫困地区教育薄弱面貌,着力提升乡村教育质量。2017 年,党的十九大指出:"推动城乡义务教育一体化发展,高度重视农村义务教育,办好学前教育、特殊教育和网络教育,普及高中阶段教育,努力让每个孩子都能享有公平而有质量的教育。"

**(三)城乡一体化教育体制需要社会支持**

城乡一体化教育发展的终极目标是实现城乡教育的均衡发展,最根本任务是建立城乡教育一体化发展的体制机制，最关键最核心的难题是处理好城乡教育资源的均衡配置问题，并且这种"均衡"是有效率的均衡。要实现这样的终极目标并不是一朝一夕、一蹴而就的事情，需要确立与明晰统筹城乡教育发展的阶段性与长期目标。对于阶段性目标，应该是解决统筹城乡教育发展中的教育微观问题：如统筹城乡人才培养与评价问题、统筹城乡师资队伍建设问题、统筹城乡教育资金投入问题、统筹城乡流动人口子女上学问题等等，从而通过统筹城乡教育各单项问题的解决来逐步探索统筹城乡教育发展的制度建设问题。

拥有其他公共产品供给主体所没有的公共权力，作为公共利益的代表，政府承担了公共产品供给的主要责任，人们对政府介入公共产品充满了期望，但是政府不是万能的，政府在公共产品供给中的某些领域不能完全按照人们预期的那样有效地运行和发挥其应有的作用，在市场供给有效的领域，政府是不应该介入的。教育作为公共产品，严格意义上说是一种准公共产品，特别是对于教育体制改革与设计这样一种国家行动，必然需要遵循追求公共利益最优逻辑。对于城乡一体化教育体制改革这样一种公共行动，并不意味着是追寻一种单一主体支持的"同质性""均等化""单向度"一体化，而是多主体支持的"协调性""差异化""嵌入性"一体化。这就需要遵循公共利益最优的理念，基于政府与社会合作互动的视角来诠释城乡一体教育体制，基于城乡一体化教育发展过程中的具体问题（农村留守儿童教育、随迁子女教育、农民工教育培训、农村教师培训）来厘清政府支持与社会支持的行动逻辑、现实状况、系统结构、合作畛域，不断提高政府的社会治理能力和成效，畅通政府职能外溢渠道与社会承接口径。同时，也要加快社会的自我发育，增强社会自我管理的能力，扩展社会自我管理的范围，使其能够有效承接国家相对退出后留下的社会职能。

那么，就产生出这样的几个问题：

1. 政府职能外溢渠道与社会承接口径存在矛盾；对于城乡一体化教

育体制与社会支持系统这两个范畴来说，教育体制是国家性的，社会支持系统是民间的，如何实现两者的对接？如何发挥社会制度供给的作用？

2. 新的城镇化一个重要特征就是"人"的城镇化，在城乡教育一体化发展中，也就是以"人"为单位的城乡教育一体化，不是城市教育和乡村教育同质性而是有差异化的城乡一体化。这种有差异的城乡一体化只能由社会自组织来提供。

3. 政府提供公共产品的局限性表现在意识局限性、能力局限性、效果局限性。在城乡一体化教育体制改革中，政府与社会的关系不是截然对立的，也不是直线发展的，社会自组织可承接由政府所释放出的公共职能。

4. 政府与社会在城乡一体化教育体改革与重塑的过程中，双方各自作为行动者，其行动逻辑与策略是什么？是如何生成的？又是如何相互作用的？

5. 在城乡一体化教育体改革中，政府与社会的关系建构中，双方的权力、能力有无发生转移？发生了什么样的转移？会有哪些影响？如果发生了转移，所转移的权力是什么？如何对所转移的权力进行确认与规范？

6. 在城乡一体化教育体改革，政府与社会关系的重新形成对于国家与社会关系的变迁是否产生作用？是实现了社会自治化还是重建了对社会的控制？抑或是两者兼有？

## 二、研究意义

### （一）理论意义

在以往的城乡一体化教育体制研究中，更侧重于政府在城乡一体化教育体制改革中的制度供给作用，即深入剖析和呈现城乡学前教育、义务教育、职业教育、继续教育等主要教育层级和类型在人事调配、经费投入、办学与硬件资源配置、人才培养与评价等教育体制机制环节上的功能表现、相互关系和相互作用。本书从"国家与社会"关系的视角，明确城乡一体化教育体制改革的真谛在于以促进政府权力合理配置为核心来统筹城乡教育发展，这对于打破以往不同主体之间的权利运作关系，建立多元制度供给结构与建构一套崭新的权利运作规范，实现政府机制与社会机制的有效配合，规范性地分配政府与社会之间的权利，健全城乡一体化教育发展的社会支持路径成为城乡一体化教育体制改革有重要启示意义。

同时，本课题将社会支持系统理论及框架应用于教育体制研究中，通过外部社会系统透视教育系统内部问题，拓展了社会学与教育学的研究范畴；通过教育体制与社会机制的相互关系与作用模式的研究，创新社会科学研究范式与场域，为从社会学视角探索城乡一体化的政治体制、经济体制、文化体制等提供理论借鉴；拟构建的城乡一体化教育体制社会支持系统的理论框架模型将为其他国家城乡问题的研究提供借鉴。

（二）现实意义

一是推进城乡教育一体化，促进教育公平。《国家中长期教育改革与发展规划纲要》提出要"建立城乡一体化义务教育发展机制"的重要战略决策；党的十八大报告中再次强调要"推动城乡发展一体化"，"大力促进教育公平"。城乡一体化教育体制的构建是城乡一体化总战略从教育领域推进一体化、缩小城乡差距的必要环节。本课题旨在突破城乡教育发展的内部瓶颈，从社会外部系统打破城乡教育二元结构，促进教育公平和均衡发展，努力办好人民满意的教育，为全面实现小康社会培养高素质人才。

二是推进城乡教育治理现代化。党的十八届三中全会通过的《中共中央关于全面深化改革若干重大问题的决定》提出了"推进国家治理体系和治理能力现代化"的总目标，并从改进社会治理方式、激发社会组织活力、创新有效预防和化解社会矛盾体制、健全公共安全体系四个方面提出了原则性要求。党十八届五中全会提出要加强和创新社会治理，"完善党委领导、政府主导、社会协同、公众参与、法治保障的社会治理体制，推进社会治理精细化，构建全民共建共享的社会治理格局。"《国家中长期教育改革和发展规划纲要》（2010—2020 年）提出，政府及其部门要树立服务意识，改进管理方式，明确政府管理的权限和职责，明确各级各类学校办学的权利和责任，调动全社会参与的积极性，构建政府、学校、社会之间的新型关系，形成以政府办学为主体、全社会积极参与、公办教育与民办教育共同发展的格局。本书通过对城乡一体化教育体制改革中社会支持的研究，对于推进城乡教育治理具有重要的现实意义。

## 第二节　国内外研究述评

### 一、城乡一体化教育体制的研究

#### （一）关于城乡教育一体化的研究

党的十九大报告提出："推动城乡义务教育一体化发展，高度重视农村义务教育……努力让每个孩子都能享有公平而有质量的教育"。由此可见，推进城乡教育一体化建设已成为国家重要发展战略目标，城乡教育一体化是城乡一体化的重要组成部分，实现这一战略目标关键在于优化区域间教育资源配置，推进义务教育均衡发展，保障农村教育的公平性。城乡办学水平、教育资源及师资等各方面都存在巨大差异，而解决这一问题的突破口就在于推进城乡教育一体化。城乡教育一体化的研究也一直是研究者们关注的重点，破除城乡教育二元结构，统筹城乡教育资源，加大农村教育经费投入，提高教师队伍师资水平，使城乡教育一体化形成良性互动发展的格局，这也是一直以来国家的教育重要发展战略目标。通过梳理国内外关于城乡教育一体化的研究现状，提炼出目前推进城乡教育一体化进程中面临的现实困境，不断深化改革，实现教育公平。

国内外关于城乡教育一体化的研究较多，由于国情和发展水平的差异，国内外关于城乡教育一体化研究的特点与侧重点各有不同，也存在一些不足之处。由于城乡教育一体化根植于我国城乡二元结构的土壤，是中国的基本国情；且中国的城市化进程、城乡概念范畴、城乡教育发展并不能完全契合于国外的发展状况，因此大多相关研究都基于本土研究，较少借鉴国外的城乡教育、城乡统筹发展经验。但全球各国在城市化进程中经历过或正在经历的类似教育问题，可以为我们的本土研究提供开阔的国际视野，在比较研究下提供有益的启示与借鉴构，而且建城乡一体化教育体制是一项巨大且复杂的工程，从国内外城乡一体化研究中吸取一些经验教训可为探索我国城乡教育一体化教育体制路径建构提供宝贵的意见。因此，梳理国内外的研究，用比较的方法从以下几个方面进行总结，充分弥补本土研究的不足，借鉴国外的经验，探索出一条适合中国国情的城乡教育一体化教育体制路径。

第一，研究方法上，国内主要以思辨研究为主，实证研究占少数。从获取的文献总体来看，研究者们多倾向于通过理性思辨的方法对城乡教育进行研究，对某地区或全国性的城乡教育现状或发展对策进行论述或理论构建，代表性的学者如褚宏启[①]、庞丽娟[②]等。而实证分析最早由雷万鹏[③]、卫红[④]、翟博[⑤]等少数学者通过长期严格的实地调查，统计分析等方法对湖北省等地的城乡义务（基础）教育、农村子女教育、

---

① 褚宏启：《城乡教育一体化：体系重构与制度创新——中国教育二元结构及其破解》，《教育研究》2009 年第 11 期，第 112 – 115 页。
② 庞丽娟：《促进高等教育均衡发展》，《教育研究》2004 年第 4 期，第 15 – 16 页。
③ 雷万鹏：《中国农村教育焦点问题实证研究》，华中科技大学出版社 2007 年版，第 1 – 4 页。
④ 卫红：《城乡收入差距是出现消费断层的主要成因》，《高等职业教育（天津职业大学学报）》2004 年第 1 期，第 45 – 47 页。
⑤ 翟博：《中国基础教育均衡发展实证分析》，《教育研究》2007 年第 7 期，第 22 – 30 页。

高等教育等现状进行了科学、系统的探究和剖析，并在实证研究的基础上进行城乡教育的机制研究。他们为后来学者的研究奠定了基础，在方法论和实证操作上指引了方向。如薛二勇从城市与农村两个维度，根据量化指标分析我国城乡教育一体化发展程度，指出城乡教育一体化发展的政策瓶颈，并从职责，评估标准和问责制度等方面提出相应对策。①张竹林、张美云通过对上海市奉贤区城乡教育一体化面临的困境出发，从资源配置、机制建设和内涵发展三个方面进行设计，实现城乡教育均衡发展。② 王广飞、符琳蓉关于城乡教育一体化推进义务教育均衡发展的困境与对策研究，也是采用实证分析从教育资源配置、办学投入、师资队伍等结构性内容入手探析义务教育均衡发展所面临的困境，并提出推进城乡教育一体化的对策③。而国外研究虽然以思辨与实证调查研究相结合，但缺乏系统、科学的、大规模的实证调查。国外研究中，在研究方法上多倾向于静态地探讨城市或农村教育中存在的问题或进行理论探索。也有许多研究采用静态的官方获取数据为材料进行分析研究，如Kochar④、Buckler⑤ 等。有少数学者进行实验、实地案例调查等；也有学者采用质性研究方法研究农村教师生存状态。但各种研究方法的应用研究较为零散，系统科学的大规模实证调查、采集数据、问卷、访谈等

① 薛二勇：《强化省级统筹 推进城乡教育一体化发展的政策创新》，《教育研究》2014 年第 6 期，第 41 - 47 页。
② 张竹林、张美云：《城乡教育一体化的区域模型构建——基于上海市奉贤区的实践思考》，《教育发展研究》2017 年第 20 期，第 14 - 21 页。
③ 王广飞、符琳蓉：《城乡教育一体化推进义务教育均衡发展的困境与对策》，《农村经济》2018 年第 3 期，第 112 - 117 页。
④ A. Kochar, "Urban Influences on Rural Schooling in India", *Journal of Development Economics*, No. 74 (2004), pp. 113 - 136.
⑤ A. Buckler, "Reconsidering the Evidence Base, Considering the Rural: Aiming for a Better Understanding of the Education and Training Needs of Sub - Saharan African Teachers", *International Journal of Educational Development*, Vol. 4, No. 3(2010), pp. 1 - 7.

方法在国外有关城乡教育的文献中并不多见。

　　第二，理论研究上，国内研究虽视角多样，但缺乏系统、完整的研究。在目前掌握的多数理论研究中，普遍存在两个共同特点：一是理论与实践的脱离，理论的建构往往没有扎实的实证研究作支撑，而是建构在思辨分析和单纯的学理探讨上，慈玲玲、曲铁华①曾发表题为"城乡教育一体化视域下梁漱溟乡村建设理论及本土启示"的文章，在文中特别强调了要注重教育与教育实践的密切联系；二是学者们的研究虽然包括教育的方方面面，如公平、均衡、质量等，也包括各种教育层级，如义务教育、职业教育、高等教育等，但往往是没有突破原有的整个教育机制体制框架。国外的研究中，城市、农村教育自成独立研究体系，少有城乡整体统筹的教育发展研究。从所收集到的国外文献来看，大多数的研究限定或侧重在城市教育或农村教育的范畴。城市教育是一个研究领域；② 而学者也在不断为农村教育的发展提供理论指导，如 Gibbs 等。③ 城市与农村教育的相互结合往往是在两个领域内有所涉及。城乡统筹相近的观点和分析研究多在以经济、产业发展为主题的研究中出现，统筹城乡的整体教育体系研究较为少见。

　　第三，研究对象上，国内多集中于微观小规模范围，宏观的大规模研究占少数。在国内文献中，学者们往往倾向于以特定省市地区为例进行区域内的城乡教育发展状况研究，或城乡教育一体化的实践研究，如前面张竹林、张美云④通过对上海市奉贤区中小学学生为调查对象进行研

---

① 慈玲玲、曲铁华：《城乡教育一体化视域下梁漱溟乡村建设理论及本土启示》，《广西社会科学》2014 年第 2 期，第 190 – 195 页。

② W. Pink & G. Noblit, *International Handbook of Urban Education*, Dordrecht, The Netherland: Springer, 2007.

③ R. M. Gibbs, P. L. Swaim & R. Teixeira, *Rural Education and Training in the New Economy: The Myth of the Rural Skills Gap*, Ames: The Iowa State University Press, 1998.

④ 张竹林、张美云：《城乡教育一体化的区域模型构建——基于上海市奉贤区的实践思考》，《教育发展研究》2017 年第 20 期，第 14 – 21 页。

究，其中，重庆、成都作为我国统筹城乡综合配套改革试验区，是学者们进行实践探索的焦点地区。但由于各种实际条件的限制，全国范围内大规模的实证调查和研究尚不多见。然而，建构具有普适性的我国城乡一体化教育体制机制必将有赖于全国范围内的大规模实地调查研究，这也是目前国内相关文献显现出的又一不足之处，不过已有学者认识到这一问题，如王广飞、符琳蓉①根据《中国统计年鉴》中的城乡教育数据分析了我国城乡教育发展存在的问题，虽然是对全国城乡教育的统计分析，但是基于年鉴统计数据，未进行实证大规模调查，这些后期仍需要进一步加强。从国外的研究看，多零散的微观教育实践研究，少整体的系统教育体制大背景研究。国外文献中有关城市、农村教育发展的研究多采取某个地区的教育为案例，如 Chotisukan②、Kalantaridis③ 等。作者往往通过对该地教育的调查研究或项目实验来进行微观的分析，作为一个缩影来探究整个城市或农村教育中存在的问题。系统地以整个国家的宏观教育政策、教育体制机制、或不同层级的教育体系为对象进行的研究较为少见。

第四，指标体系建构上，国内目前几乎处于空白，亟待探索和突破。近几年文献中，已经有一些学者开始对城乡一体化的进程尝试性地建构评估指标体系；在以往的文献中，也有学者对各级各类教育的发展水平通过指标体系的建构来进行评估。如秦建平、张惠、李晓康对现代化进程中的城乡教育一体化评价进行研究，提炼出了城乡教育一体化的关键要素和评价指标。④ 城乡教育一体化作为一个新兴概念，目前尚没有发现

---

① 王广飞、符琳蓉：《城乡教育一体化推进义务教育均衡发展的困境与对策》，《农村经济》2018 年第 3 期，第 112 – 117 页。

② S. Chotisukan, *The Role of Education in Rural – urban Migration: A Case Study in Chiangmal, Thailand*, Doctoral Dissertation, Hilo: University of Hawaii, 1994.

③ C. Kalantaridis, "In – migration, Entrepreneurship and Rural – urban Interdependencies: The Case of East Cleveland, North East England", *Journal of Rural Studies*, Vol. 26, No. 4 (2010), pp. 418 – 427.

④ 秦建平、张惠、李晓康：《现代化进程中的城乡教育一体化评价研究》，《教育发展研究》2015 年第 1 期，第 62 – 66 页。

有学者进行城乡教育一体化发展程度的评估指标体系建构。而作为一个综合、复杂的动态发展进程，为城乡教育一体化的发展设立科学、标准、易于操作和量化的，以便于制定阶段性目标的指标体系是有必要的，也是当前教育学术界需要突破的空白。国外尽管采用过指标体系研究教育问题，但是研究目标较为单一，多数局限于教育公平等问题，尚需完善。从搜集到的文献中看，对城市与乡村教育的均衡度建构专门的指标体系来进行评估的相关研究并不多见，国外采用过指标体系研究教育问题，多数局限于教育公平等问题，尚需完善。但一些机构或学者对本国特色的区域性、种族性或群体性教育差异、教育均衡进行评估和指标体系建构的研究也同样对我国城乡教育均衡度或一体化程度的测评有一定的启示。如美国圣母大学拉丁美洲研究中心创立了"拉丁美洲学生教育均衡指标体系"（Latino Education Equity Index），专门量化评估美国各大洲内拉丁美裔学生与非拉丁美裔学生学习成绩差异、学习资源获取差异、学习环境差异程度，研究各地各类差异不断变化的规律，并公开其大量数据统计成果供读者研究参考或作为决策依据来使用。

## （二）关于教育体制的研究

教育体制与教育机制往往放在一起研究，教育体制与教育机制虽是两个不同的概念范畴，但它们之间又是密切联系的。王长乐认为教育体制是教育机制的组成部分；[①] 孙绵涛等则认为教育机制包括教育体制和教育体制包含教育机制的看法都是成立的。[②] 在一定条件下，二者之间会发生转化，教育机制是动态的、不断变化的，而教育体制一经形成便具有一定的稳定性。梳理前人的研究可以看出，学者们在教育体制与教育机制方面的研究取得了一定的成果。代表性学者为孙绵涛团队，他自

---

① 王长乐：《试论"教育体制决定教育"的局限性》，《南京师范大学学报（社会科学版）》2000 年第 1 期，第 16－21 页。

② 孙绵涛、康翠萍：《教育机制理论的新诠释》，《教育研究》2006 年第 2 期，第 22－28 页。

20 世纪 90 年代初至今就有关教育体制、教育机制的主题进行了持续性的研究，对教育体制和机制的理论进行了深入的探讨和诠释，做出了突出的贡献。他认为，教育体制是教育机构与教育规范的结合体或统一体，并详细阐述了教育机构和教育规范各自的功能及相互关系，有效地厘清了教育理论中的重要概念。[①] 继而，孙绵涛和康翠萍又在 2006 年发文对教育机制和社会机制理论进行了详细的诠释，他们认为教育机制是教育现象各部分之间的相互关系及其运行方式，包括层次机制、形式机制、功能机制三种基本类型，相互之间存在紧密联系。[②] 2010 年，孙绵涛在探讨我国教育改革重大问题时指出，教育体制改革及其与教育机制的关系是我国教育改革的重大理论问题。[③] 孙绵涛团队对教育机制及教育体制的研究为后来的学者提供了重要的理论基础，对教育机制方面的研究起了很好的引领作用。

此外，王长乐提出了建立教育机制理论作为克服误区、防止教育体制改革陷入停滞的思路。[④] 国家教委教育体制专题调研组在社会主义市场经济体制改革的背景下探讨了经济改革与教育体制改革的相互关系和改革对策。[⑤] 劳凯声探讨了我国计划经济体制改革以来相伴而生的公共教育体制改革中存在的伦理问题。[⑥] 就具体某一方面或某个教育层级的教育体制机制改革而言，赵连华探讨了高等教育的观念创新与体制创

---

① 孙绵涛：《教育体制理论的新诠释》，《教育研究》2004 年第 12 期，第 17 - 22 页。

② 孙绵涛、康翠萍：《教育机制理论的新诠释》，《教育研究》2006 年第 2 期，第 22 - 28 页。

③ 孙绵涛：《中国教育体制改革若干重大理论问题的探讨》，《华南师范大学学报（社会科学版）》2010 年第 1 期，第 27 - 33 页。

④ 王长乐：《试论"教育体制决定教育"的局限性》，《南京师范大学学报（社会科学版）》2000 年第 1 期，第 16 - 21 页。

⑤ 国家教委教育体制专题调研组：《社会主义市场经济与教育体制改革》，《教育研究》1994 年第 1 期，第 3 - 12 页。

⑥ 劳凯声：《公共教育体制改革中的伦理问题》，《教育研究》2005 年第 2 期，第 3 - 11 页。

新，认为其体制创新即是要实行高等教育管理体制创新、办学体制创新和投资体系创新。[①] 张学敏[②]、杨挺[③]从投资保障机制、政府责任分权机制、城乡融合政策、评估与预警系统建设等方面提出了建构义务教育均衡发展的新机制。胡小勇[④]研究了区域教育资源的协同共建与有效应用的机制与途径。李玲等从理论、路径与评价三方面对深化教育体制综合改革进行了阐述，并建立了一套科学的保障机制。[⑤] 阮成武在《关于教育体制改革的决定》的政策指引下对教育体制改革的破局与立势进行了分析，并提出了相应的建议与对策。[⑥] 虞永平、刘颖提出办园、投入和管理等方面的体制机制是学前教育体制改革面临的困境，并提出了推进学前教育体制改革的原则。[⑦]

梳理前人的研究，厘清教育体制与教育机制的概念有助于推动本课题在构建城乡一体化教育体制研究中抓住重点，实现城乡教育一体化，推动教育体制改革，实现教育公平。

### （三）关于城乡一体化教育体制的研究

梳理前人的文献发现，我国学者在城乡教育一体化、教育体制、教育机制和各级各类教育的具体体制机制方面都有一定的成果，但缺乏对

---

① 赵连华：《论高等教育的观念创新与体制创新》，《高等教育研究（成都）》2007 年第 1 期，第 10 - 11 页。

② 张学敏：《合理配置资源，促进城乡义务教育均衡发展——基于重庆市的调查与思考》，《新课程研究（教育管理）》2007 年第 1 期，第 4 - 7 页。

③ 杨挺、习勇生：《失衡与制衡：教育政策时滞问题分析》，《国家教育行政学院学报》2010 年第 1 期，第 27 - 31 页。

④ 胡小勇、刘琳、胡铁生：《跨区域优质教育资源协同共建与有效应用的机制与途径》，《中国电化教育》2010 年第 3 期，第 67 - 71 页。

⑤ 李玲、黄宸、韩玉梅：《教育体制综合改革：理论、路径与评价》，《西南大学学报（社会科学版）》2015 年第 6 期，第 80 - 88 页。

⑥ 阮成武：《教育体制改革的破局与立势》，《安徽师范大学学报（人文社会科学版）》2016 年第 1 期，第 78 - 80 页。

⑦ 虞永平、刘颖：《学前教育体制机制的主要问题与改革思路》，《学前教育研究》2017 年第 12 期，第 3 - 11 页。

城乡教育一体化体系的体制机制全局变革做出整体方略的把握和研究。关于城乡一体化教育体制的研究中，王克勤认为，实现城乡教育一体化需打破二元经济和社会结构下的各种障碍和束缚，以系统化的思维，推动城乡教育的相互支持和促进，最终实现城乡教育的共同和协调发展；① 褚宏启等提出了要推进和实现城乡教育一体化，需要在教育管理制度、教育投入制度、人事制度、教育质量保障制度和教育行政问责制度几个方面进行深入的改革和制度创新；② 杨卫安，邬志辉从破除城乡二元的教育体制机制障碍入手，提出建构城乡教育一体化的制度体系可以从消除差距方面的制度，消除壁垒方面的制度，保障性制度三方面展开；③ 薛二勇提出，推进城乡教育一体化发展应强化政府职能；编制规划；统筹政策；调整编制；明确责任；严格问责。④ 石兰月对我国基础教育体制改革面临的问题进行了分析，主要包括社会环境的变化、流动人口随迁子女升学，农村留守儿童教育问题，并针对这三方面对基础教育带来的挑战提出了相应的对策。⑤

城乡一体化教育体制这一研究领域才刚刚开始，需要在广泛的教育体制机制研究中汲取相关研究成果，结合城乡教育一体化的特殊背景，进行深入的探索。

## 二、社会支持的研究

20 世纪 70 年代社会支持（social support）作为一个专业术语被正

---

① 王克勤：《论城乡教育一体化》，《普教研究》1995 年第 1 期，第 6 - 8 页。
② 褚宏启：《教育公平与教育效率：教育改革与发展的双重目标》，《教育研究》2008 年第 6 期，第 7 - 13 页。
③ 杨卫安、邬志辉：《城乡教育一体化制度建设：共识与问题》，《当代教育与文化》2013 年第 3 期，第 84 - 89 页。
④ 薛二勇：《强化省级统筹 推进城乡教育一体化发展的政策创新》，《教育研究》2014 年第 6 期，第 41 - 47 页。
⑤ 石兰月：《城镇化进程中我国基础教育体制改革面临的挑战及其对策》，《中州学刊》2017 年第 5 期，第 74 - 79 页。

式提出。最初由精神病学文献中引入社会支持这一概念，随后社会学和医学用定量评定的方法对社会支持与身心健康的关系进行了大量的研究。但随着对社会支持研究的深入，社会支持理论不再局限于社会学和医学，它在其他学科如心理学也开始兴起。社会支持一词的内涵在各个学科之间乃至同一门学科的内部并未达成共识，各个学科的专家都从自己的专业角度出发对社会支持这一概念进行了界定，如国外托尔斯多夫从功能角度对社会支持进行了界定；① 林南从社会关系和网络的视角解释社会支持；② 沃克斯（Vaux）从社会支持包含的要素、活动评价，及环境变化三方面解释社会支持。③ 在国内，肖水源从客观的、实际的或可见的支持与主观的、体验到的或情绪上的支持及个体对社会支持的利用情况界定社会支持；④ 丘海雄从社会交换方面对社会支持进行界定；⑤ 张宏文从社会帮助方面对社会支持进行界定。⑥ 厘清社会支持的内涵有助于学者对社会支持及社会支持系统进一步深入研究。

本书主要依托教育领域，对城乡教育一体化教育体制的社会支持进行研究，梳理前人的研究文献发现，近年来，教育领域的学者也开始注意到了社会支持这个问题，并从各个方面做了一些研究。如丘海雄等通过对下岗职工社会支持结构的转变形态，指出中国已经逐步形成多元化

----

① C. Tolsdorf C, "Social Networks, Support, and Coping: An Exploratory Study", *Family Process*, Vol. 15, No. 4 (1976), pp. 407 – 417.

② N. Lin, M. W. Woelfel, S. C. Light, "The Buffering Effect of Social Support Subsequent to An Important Life Event", *Journal of Health and Social Behavior*, Vol. 26, (1985), pp. 247 – 263.

③ A. Vaux, *Social Support: Theory, Research, and Intervention*, New York: Praeger Publishers, 1988, p. 17.

④ 肖水源、杨德森：《社会支持对身心健康的影响》，《中国心理卫生杂志》1987年第 4 期，第 183 – 187 页。

⑤ 丘海雄、陈健民、任焰：《社会支持结构的转变：从一元到多元》，《社会学研究》1998 年第 4 期，第 33 – 39 页。

⑥ 张文宏、阮丹青：《城乡居民的社会支持网》，《社会学研究》1999 年第 3 期，第 14 – 26 页。

的社会支持结构，社会支持结构已经逐步从一元化向多元化转变。① 张华提出按照国家层面的法规政策、遵循新生代成长过程中的发展特点、赋予家长的道义与责任、通过政府购买公共服务等一切能利用的社会力量，构建具有中国特色家庭教育社会支持系统。② 已有研究也表明：来自家庭良好的个体更容易感知到社会支持。③ 夏英、吴永军对香港地区小班化教育社会支持系统进行了探析，并借鉴香港的经验，提出推进我国内地小班化教育的步伐需要凝聚政府、学校、社会支持系统三方力量。④ 还有一些学者对弱势群体进行了社会支持方面的研究，如彭兴蓬从融合教育遭遇的历史境遇、价值追求、社会支持等方面进行深入剖析，并提出从支持主体（包括政府、学校、家庭、亲友和邻里、社区、社团）、支持内容（政策方面的支持、物质方面的支持、权利方面的支持、情感方面的支持、信息方面的支持）以及二者形成的关系网络来共同推动残疾人的学校、社区和社会融合，⑤ 随后牛爽爽、邓猛从社会支持的内涵、结构模型、支持主体等方面对融合教育背景下残疾学生社会支持系统进行了探析，并在最后提出了要充分调动社会力量使残疾学生的社会支持更加有保障；⑥ 马向真等对 648 名留守儿童、流动儿童为被试群体进行社会支持方面的研究，结果发现，这些儿童的社会支持水平

① 丘海雄、陈健民、任焰：《社会支持结构的转变：从一元到多元》，《社会学研究》1998 年第 4 期，第 31 – 37 页。
② 张华：《构建中国特色家庭教育社会支持系统的思路与策略》，《中国青年研究》2015 年第 10 期，第 109 – 113 页。
③ 安芹、李旭珊：《大学新生学校适应与家庭功能、社会支持及应对方式》，《中国心理卫生杂志》2010 年第 10 期，第 796 – 800 页。
④ 夏英、吴永军：《社会支持系统参与小班化教育的机制探析——以香港为例》，《决策参考》2015 年第 8 期，第 19 – 25 页。
⑤ 彭兴蓬：《融合教育的价值追求及社会支持系统的建立》，《教育研究与实验》2014 年第 3 期，第 73 – 77 页。
⑥ 牛爽爽、邓猛：《融合教育背景下的残疾学生社会支持系统探析》，《中国特殊教育》2015 年第 9 期，第 3 – 8 页。

低于普通儿童，并对留守儿童、流动儿童的社会支持低进行了原因分析。[①] 前人也已有研究证实，流动儿童社会支持要比非流动儿童差。[②] 马伟华对少数民族流动人口融入城市的现状及进程进行了深入分析，并提出构建少数民族流动人口的社会支持网，需要合力政府、社会和个人，共同努力，促进其社会支持网的稳固发展。[③]

梳理前人的研究，可以看出，大多数学者对社会支持的研究焦点在病患者、城乡老年人、妇女、失业者、大学生等具体脆弱群体[④]，也取得了一系列的成果，而对于社会边缘群体如残疾人、留守儿童、农民工及随迁子女等的社会支持研究则相对薄弱，没有形成一套系统的研究体系，尤其是留守儿童及随迁子女的教育问题，对于城乡教育一体化的构建影响深远，要推进城乡教育体制改革，首先要解决这类群体的教育问题，实现真正意义上的教育公平；从社会支持的角度对这些群体进行深入研究，进一步丰富与发展社会支持研究，推进城乡教育一体化教育体制的社会支持系统构建。

### 三、城乡一体化教育体制的社会支持研究

纵观前人的研究中，对城乡一体化教育体制的社会支持研究尚处于空白，这一研究领域才刚刚开始，但是前人在教育发展及社会支持系统方面的研究对探索本书提供了良好的基础，如肖昊对教育发展社会支持系统的内涵、特点及运行机制、构建原则等几个理论问题对教育发展社

---

[①] 马向真、刘瑞京、王漫漫、沈静：《留守儿童、流动儿童自我发展与社会支持的比较研究》《教育研究与实验》2015 年第 3 期，第 49－53 页。

[②] 谭千保：《城市流动儿童的社会支持与学校适应的关系》，《中国健康心理学杂志》2010 年第 1 期，第 68－70 页；曾守锤：《流动儿童的压力和社会支持状况及社会支持保护作用的研究》，《心理科学》2011 年第 3 期，第 631－635 页。

[③] 马伟华：《社会支持网构建：少数民族流动人口城市融入的实现路径分析》，《西南民族大学学报（人文社会科学版）》2018 年 2 期，第 55－61 页。

[④] 周林刚、冯建华：《社会支持理论——一个文献的回顾》，《广西师范学院学报（哲学社会科学版）》2005 年第 3 期，第 11－14 页。

会支持系统进行了阐释，他认为，教育发展离不开社会支持，教育系统是社会的一个子系统，教育的发展，只有获得社会支持才会更加快速，并强调了政府与社会的重要作用。[①] 吴康宁对社会支持对教育改革的作用也进行了探究，他指出教育领域综合改革需要的是完整的、谐和的、适度的和大致均衡的社会支持，并提出了这其中政府的责任与教育界的作为。[②] 彭兴蓬从融合教育的社会支持出发，指出融合教育的社会支持主要通过 7 个方面实现：（1）建立统一学籍制度，转变二元教育体制；（2）构建完善的法律体系，保障残疾人权利；（3）开放多种安置模式；（4）在普通教育体系内有效衔接义务教育和非义务教育；（5）加大财政支持；（6）加强支持力度；（7）构建社会支持关系网[③]。王海英从社会支持吸引的组织保障、制度保障、平台保障三方面对我国教育改革与发展社会支持系统的条件保障进行了梳理，并对组织保障制度保障、平台保障包括的机构进行了阐明[④]。陈锡萍对新生代农民工城市创业的社会支持系统进行了研究，分析了新生代农民工城市创业的社会支持现状及需求，并提出从政府支持、社区支持、民间团体支持以及个人网络支持来建构社会支持系统。[⑤] 侍作兵以社会支持系统视角出发，以促进家校教育、社区教育有效融合为手段，发挥多种教育资源的合力作用，来

---

① 肖昊：《教育发展社会支持系统的几个理论问题》，《理论探索》2012 年第 2 期，第 130 – 132 页。
② 吴康宁：《教育领域综合改革需要怎样的社会支持》，《教育研究与实验》2013 年第 6 期，第 1 – 5 页。
③ 彭兴蓬：《融合教育的价值追求及社会支持系统的建立》，《教育研究与实验》2014 年第 3 期，第 73 – 77 页。
④ 王海英：《试论我国教育改革与发展社会支持系统的条件保障》，《江苏第二师范学院学报（教育科学）》2015 年第 8 期，第 1 – 8 页。
⑤ 陈锡萍：《新生代农民工城市创业的社会支持系统研究》，《农业经济》2015 年第 9 期，第 108 – 109 页。

构建教育共同体以提升学生的综合素养。[1] 邱燕分析了美、英、日等国外大学生创新创业教育的社会支持现状，并借鉴了国外经验，基于当前我国高校创新创业教育的现状，提出以企业利益的实现为切入点、以政府主导作用的彰显为稳定点、以家庭情感支持和意识培养为着力点、以高校创新创业教育课程的优化为落脚点来构建和完善我国高校创新创业教育社会支持体系。[2]

通过梳理前人的研究，可以看出，教育改革需要社会的大力支持，构建社会支持系统更需要国家、社会及个人等多方面合力，而我们所关注的城乡一体化教育体制的社会支持，建立这样的一个社会支持网络，需借助政府与社会的力量，打破城乡二元结构，关注弱势群体及贫困的农村学生教育，重视他们的教育需求，改革教育体制，从真正意义上实现城乡教育一体化。

## 第三节　研究思路与方法

### 一、研究思路

本书遵循"经验—假设—实践—理论"的研究路线，具体而言，第一步，从文献研读和现实观察中提出问题；第二步，构建理论分析框架，提出理论假设；第三步，深入田野搜集实证数据材料，分析和处理数据，得到实证研究结果；第四步，回归理论，检验假设，证伪理论分析框架，构建新的理论模型，通过自我扬弃，实现理论超越。从第一步到第四步环环相扣，层层递进，归纳和演绎相结合，既有感性直观，又不乏理性抽象，既以分析解决现实问题为目标，又以理论关切为出发点

---

[1]　侍作兵：《基于社会支持系统的教育共同体建设》，《江苏教育研究》2017 年第 11 期，第 12 – 15 页。

[2]　邱燕：《比较视域下大学生创新创业教育社会支持系统研究》，《教育与职业》2018 年第 1 期，第 85 – 90 页。

和归宿，逻辑与历史相统一。在这一研究路线指导下，研究主体部分由理论篇、实践篇和升华篇三大模块构成。首先，一至四章旨在厘清城乡一体化教育体制社会支持系统的理论逻辑；其次，五至八章篇则进行城乡一体化教育体制社会支持系统的实践探索；最后，基于理论和实践两方面经验的总结，第九章更进一步提炼城乡一体化教育体制社会支持系统的构建理路。

由起点处的充满未知与不确定性，经由十字路口的困难抉择，到调整方向后的豁然开朗，理论篇由一条逻辑线索贯穿，从城乡一体化教育体制社会支持系统的逻辑起点——"国家与社会"分析框架的建构，到城乡一体化教育体制社会支持系统的逻辑选择——"国家与社会"分析框架的嵌入，最后实现城乡一体化教育体制社会支持系统的逻辑转向——制度供给与执行主体。在明确城乡一体化教育体制社会支持主要是提供一种制度供给来推进城乡教育一体化的认识上，遵循政府与社会自组织两条线，基于"政府与社会"双向制度供给与制度执行的视角来诠释城乡一体教育体制，基于城乡一体化教育发展过程中的具体问题来厘清政府支持与社会支持的行动逻辑，基于政府意识（X）、能力（Y）与效果（Z）局限性构建政府支持与社会支持的合作畛域。

在此基础上，实践篇通过四个案例的田野考察，对农村留守儿童教育、随迁子女教育、农民工培训、农村教师培训的社会支持系统的结构特征进行深入分析，进而提出完善城乡一体化教育体制社会支持系统的建议，进行城乡一体化教育体制社会支持系统的实践探索。主要包括：农村留守儿童教育社会支持系统研究，随迁子女教育的社会支持系统研究，农民工培训的社会支持系统研究，农村教师培训的社会支持系统研究。

顾名思义，升华篇作为全书的收尾也是压轴，不仅要回应现有理论问题也要寻求新的理论突破，理论提升。具体而言，城乡一体化教育体制社会支持系统的构建理路就是要解决以下几个方面的问题：其一，城乡一体化教育体制社会支持系统构建的基本原则；其二，城乡一体化教育体制社会支持系统构建的价值选择；其三，城乡一体化教育体制社会支持系统的要素与特征；其四，城乡一体化教育体制社会支持系统的运作机理；其五，城乡一体化教育体制社会支持系统的保障机制。最终要实现城乡教育治理理论创新，即由"单向度控制体系走向嵌入性合作治理"。

## 二、研究方法

### （一）理论研究

1. 归纳与演绎

归纳是指从许多个别事实中概括出一般结论的思维方法，特点是从个别到一般，从特殊到普遍。演绎是指从一般的概念、原理推理出个别结论的思维方法。两者是对立统一的关系，是相互依赖、相互促进的，归纳是演绎的基础和补充，演绎是归纳的前导和补充。本书运用归纳与演绎结合的方法，充分挖掘现象和数据资料背后的城乡一体化教育体制社会支持系统要素特征、运行规律和运作机制。

2. 分析与综合

分析是在思维中把认识对象整体分解为各个组成部分，分别加以研究和认识的思维方法，特点是从整体到部分。综合是把各个部分联系起来作为一个整体加以研究和认识的思维方法，特点是从部分到整体。分析和综合是对立统一的关系，两者紧密相连、不可分割，分析是综合的基础，综合是分析的前导，在一定条件下互相转化、互相过渡。本书既运用分析方法，将错综复杂的城乡一体化教育体制社会支持系统分割成社会支持主体、社会支持客体、社会支持介体等各组成部分，分别加以研究和认识，同时又把整个城乡一体化教育体制社会支持系统看作是不可分割的整体，从而探究其运行方式，揭示超越各部分功能之和的整体功能。

3. 由抽象上升到具体

抽象是指思维对客观事物某种属性的反映，是抽取和撇开的统一。具体是指思维的具体，是许多规定的综合，多样性的统一。由实践到认识的过程就是认识从感性具体——理性抽象——思维具体的过程。本书力图实现对城乡一体化教育体制社会支持系统的认识从感性杂多到理论抽象最后上升为思维具体。

4. 逻辑与历史相统一

历史是指客观事物的发展过程以及人对此的认识过程。逻辑是指上述过程在思维中的反映，即对历史的概括和总结。两者的统一是指理论的认识的逻辑进程同客观现实的历史发展进程相一致。本书坚持逻辑与历史相统一，把城乡一体化教育体制社会支持系统置于城乡教育历史发展进程当中加以考察。

（二）**实证研究**

1. 文献法

选取"城乡一体化教育体制""社会支持系统""Social Support System"等为关键词，对研究主题相关的中外文文献资料进行搜集。中文文献资料搜索的目标主要包括 CNKI 数据库、人大复印资料、政府及教育机构官方网站等；外文文献资料搜索的目标主要包括加拿大多伦多大学电子图书馆，各国政府及教育机构官方网站，及 ERIC、ProQuest、ScienceDirect 等数据库。

对搜集到的学术研究资料进行分类、处理，通过分析、比较、综合、演绎，明确城乡一体化、城乡教育一体化、教育体制、教育机制、社会支持、社会支持系统等相关概念及构成因素，梳理出我国城乡一体化教育体制社会支持的背景和现状，探索出国际城市化进程中相关教育发展的有益经验。此外，对国内外、国内各地的政府、各层级教育机构的相关方针、政策文件进行分类、处理。

2. 问卷调查法

　　本课题将城乡一体化教育体制社会支持的具体问题聚焦于农村留守儿童教育、随迁子女教育、农民工培训、农村教师培训，据此，针对性地制定了调查问卷，开展了调查研究。具体包括以下调查：

　　农村留守儿童教育社会支持调查。结合国家民政部对农村留守儿童摸底排查的数据，主要采用自编问卷调查的方法，分别设计了"留守儿童调查学生卷""留守儿童调查家长卷""留守儿童教师卷""留守儿童学校行政管理人员卷"。其中，"留守儿童调查学生卷"共计40题，包括留守儿童个人基本情况、家庭情况、学习情况三个维度；"留守儿童调查家长卷"共计34题，包括留守儿童家长个人基本情况、家庭基本情况、孩子的教育情况三个维度；"留守儿童教师卷"共计39题，包括教师个人基本情况、教师对留守儿童认知评价情况；"留守儿童行政管理人员卷"共计41题，包括学校管理人员个人基本信息、学校留守儿童基本信息、学校社会环境情况。

　　随迁子女教育社会支持调查。首先，确定东部的江苏省A市和浙江省B市作为样本地区。其次，在样本地区，按照随迁子女就读的不同学校类型（公办学校与打工子弟学校），各选择2所样本学校。然后，在样本学校，随机抽取五至九年级中的2—3个班级作为样本班级。最后，把样本班级中的随迁子女全部入样。本次的调查工具主要是课题组自编的调查问卷及访谈提纲。调查对象主要包括四类：（1）随迁子女及其家长，主要采取问卷调查法与访谈法。本次调查共发放学生问卷2890份，回收问卷2700份，回收率93.43%，有效问卷2478份，有效率91.78%；共访谈随迁子女30人，家长20人。（2）地方教育行政部门工作人员，主要采取访谈法，共访谈10人。（3）随迁子女就读学校管理人员与教师，以访谈法为主，共访谈学校管理人员7人，教师5人。（4）志愿组织负责人与志愿者，主要是访谈法，共访谈负责人5人，志愿者4人。

　　农民工培训社会支持调查。本书所采用的《农民工培训的社会支持调查问卷》为自编问卷，主要由两部分构成。第一部分涵盖了性别、年龄、收入、教育程度、婚姻状况、从事行业、培训地点等基本信息；第二部分分别从"四向度"（价值观念、行为规范、组织系统和物质支撑）描述"五主体"（政府、市场、用人单位、社会团体、农民工个人）对农民工培训支持的基本现状，以及农民工对"五主体"对其培训所提供社会支持的感知力度。

农村教师培训社会支持调查。针对农村教师研究发了"农村教师培训调查问卷"，设置了24个问题，其中开放题2两个。问卷内容包括教师基本情况、教学基本情况，旨在从农村教师个人经历和体验的角度来了解农村教师培训的基本情况，涵盖校际交流培训、教育局组织的培训、市场化的教师培训、培训的组织与保障、培训的效果等方面。为保证调查的全面性，本调查问卷采取随机抽样的形式对农村教师进行调查，选取了西部某省的农村教师167人，教师年龄从18—65周岁，学历包括各个层次，任教学段包括各个学段。

3. 访谈法

课题组对全国各地教育行政管理人员、教师、学生、家长等进行了大量的深度访谈、结构性与半结构性访谈、焦点组访谈和课堂观察，同时结合官方政策的文本分析，深度挖掘了城乡教育体制社会支持存在的问题并提出了对策建议。实地调查的方法包括专家咨询、深度访谈、焦点组访谈、观察法等。实地调查的程序包括：一是前期研究和调查工具（问卷或访谈提纲）编制；二是根据具体研究问题所涉及的地域分布特征（如留守儿童义务教育问题在西南地区某县等特别突出）和研究设计，对省市县（区）地区及所在区的学校进行分层或随机样本选择；三是样本选择与观察，在大量样本地区中随机抽取学校和教育行政部门与机构进行实地观察与访谈；四是样本选择与访谈，在样本学校和机构中随机抽取样本进行个人访和焦点组访谈，同时根据可获取性原则和考虑到不同类型学校与机构样本的结构差异及调查对象的类型差异，对抽样对象进行抽样问卷调查与深度访谈；五是资料处理，对搜集到的数据、录音、图片、影像、文字等资料进行定性分析与定量研究。

4.案例法

本书挑选了农村留守儿童教育、随迁子女教育、农民工培训、农村教师培训社会支持中典型案例进行分析。四个案例既涉及城乡一体化教育体制中作为社会支持对象的农村留守儿童、农村教师、进城务工人员、随迁子女四类处境不利人群，又涉及学校、市场、社会团体等各类社会支持主体针对四类支持对象的教育问题采取的社会支持活动，可谓是剖析城乡一体化教育体制社会支持系统的鲜活样本。透过对四个案例的深度剖析，可以获得对城乡一体化教育体制社会支持系统的感性认识，为运用城乡一体化教育体制的社会支持系统理论分析现实问题充当演练场，为提炼城乡一体化教育体制的社会支持系统理论模型、运作方式和实践样态积累经验材料，提供事实依据。

# 第二章

城乡一体化教育体制社会支持系统的
逻辑起点：国家与社会分析框架的建构

## 第一节 核心概念

### 一、城乡一体化与城乡教育一体化

#### （一）城乡一体化

自从出现了城市，城乡关系就一直是人们探讨的话题。新中国成立以来，我国的城乡关系大致经历了城乡融通（1949—1957 年）、农村促进城市（1958—1978 年）、城乡同步发展（1979—1991 年）、城乡差距拉大（1992—2009 年）及城乡一体化（2010 年至今）等阶段。[①] 作为城乡关系的一种新型表述，"城乡一体化"的提出是为了破解"城乡二元结构"。[②] "城乡二元结构"的形成源于新中国成立后为实现国家工业化战略而采取的统购统销政策和城乡分割的户籍制度，它以户籍制度为核心，包括教育、就业、社会保障等一系列城乡二元分割的制度体系。21 世纪以来，为解决"城乡二元结构"带来的各种社会问题，我国政府确立了"城乡统筹"的发展思路。例如，2002 年，党的十六大提出要"统筹城乡经济社会发展"。随后，党的十六届三中全会提出"五个统筹"，并把"统筹城乡发展"作为首要内容。2007 年，党的十七大提

---

① 马庆斌主编：《城乡一体化——中国生产力再一次大解放》，社会科学文献出版社 2011 年版，第 7 - 8 页。

② 褚宏启：《教育制度改革与城乡教育一体化——打破城乡教育二元结构的制度瓶颈》，《教育研究》2010 年第 11 期，第 3 - 11 页。

出要"形成城乡经济社会发展一体化新格局",对城乡关系的认识达到了一个新高度。2012 年,党的十八大进一步明确了"城乡一体化"的内涵,即"城乡一体化"是"城乡要素平等交换和公共资源均衡配置"的一种状态。

从已有文献来看,"城乡一体化"的概念最早是由我国苏南地区的实际工作者于 1983 年提出的①,学界有关城乡一体化的探讨最早是始于 1984 年②。有关城乡一体化的内涵,不同的学者分别从经济学、社会学、人类学、地理学、生态学等不同视角提出了自己的见解,至今仍为达成统一。如石忆邵等人③认为,城乡一体化是指"城乡之间通过资源和生产要素的自由流动、相互协作、优势互补、以城带乡、以乡促城,实现城乡经济、社会、文化持续协调发展的过程"。姜作培④认为,城乡一体化是指"在我国经济社会发展过程中,城市与乡村作为一种非物质的、人类赖以生存、活动和发展的地域实体,在一个相互依存的区域范围内结为一体,互补融合,协调发展,共同繁荣的过程"。起初,有关城乡一体化的研究主要是从城乡经济一体化入手,将城乡一体化作为一种手段,通过生产要素在时空中优化配置以确保城乡协调发展。这一时期的城乡一体化包括发展战略一体化、经济管理一体化、商品市场一体化、经济活动网络化、利益分配合理化等。随着研究范围的不断扩大,城乡一体化的研究范围逐渐扩至社会、文化、人口、生态环境及区域规划等更广泛的领域。例如,马庆斌⑤认为,城乡一体化应该包括城乡规

① 张雨林:《论城乡一体化》,《社会学研究》1988 年第 5 期,第 25 – 32 页。
② 陈城:《是社会主义城市化,还是城乡一体化》,《求索》1984 年第 6 期,第 7 – 12 页。
③ 石忆邵、何书金:《城乡一体化探论》,《城市规划》1997 年第 5 期,第 36 – 38 页。
④ 姜作培:《城乡一体化:统筹城乡发展的目标探索》,《南方经济》2004 年第 1 期,第 5 – 9 页。
⑤ 马庆斌:《城乡一体化——中国生产力再一次大解放》,社会科学文献出版社 2011 年版,第 21 页。

划、产业发展、基础设施、公共服务、要素市场及社会管理六个方面的
一体化。基于已有研究，本书认为，城乡一体化是指在特定的社会发展
阶段，通过城乡经济、社会、文化、生态等全方位资源与要素的重新统
筹与调配，消弭城市与农村差距、解除城市与农村二元结构桎梏，实现
城乡协调发展、互为补充、互惠共进、一体联动的全新城乡发展状态。

**（二）城乡教育一体化**

一般而言，城乡教育一体化是城乡一体化的重要组成部分，是我国
政府在统筹城乡教育改革和实施城乡教育均衡发展的基础上为打破城乡
教育二元结构、推动城乡教育公平而做出的新的战略部署，反映了政府
对于城乡关系变化的新认识。[1] 纵观城乡教育一体化的已有研究可以发
现，学界对其概念并未达成统一。例如，王克勤[2]最早提出"城乡教育
一体化"这一概念，认为城乡教育一体化是指"在教育发展中，把城
乡教育置于由城市和乡村所构成的同一个大系统之中，打破城乡二元经
济结构和社会结构的束缚，把它们视为同一个整体，以系统思维方式，
推动城乡教育相互支持、相互促进、协调发展，共同实施教育的现代
化"。对城乡教育一体化有深入研究的褚宏启教授[3]认为，城乡教育
一体化是"统筹城乡教育发展，整合城乡教育资源，打破城乡二元经济结
构和社会结构的束缚，构建动态均衡、双向沟通、良性互动的教育体系
和机制，促进城乡教育资源共享、优势互补，推动城乡教育相互支持、
相互促进，缩小城乡之间的教育差距，有效消除地域、经济等原因导致
的教育不公平，改变农村地区教育的落后状况，使均衡化的公共教育服
务覆盖城乡全体居民，实现城乡教育均衡发展、协调发展、共同发展"。

---

[1] 褚宏启：《教育制度改革与城乡教育一体化——打破城乡教育二元结构的制度
瓶颈》，《教育研究》2010 年第 11 期，第 3 – 11 页。
[2] 王克勤：《论城乡教育一体化》，《普教研究》1995 年第 1 期，第 6 – 8 页。
[3] 褚宏启：《城乡教育一体化：体系重构与制度创新—中国教育二元结构及其破
解》，《教育研究》2009 年第 11 期，第 3 – 11 页。

虽然，学者对城乡教育一体化的界定有所不同，但也基本形成了一些共识：第一，城乡教育一体化是城乡一体化的重要组成部分；第二，城乡教育一体化是为打破城乡教育二元结构和统筹城乡教育资源以使城乡教育公平发展的一种途径；第三，城乡教育一体化是一个动态、可持续发展的过程；第四，城乡教育一体化的目标是实现城乡教育公平与城乡教育资源合理配置。基于已有研究，本书认为，城乡教育一体化是在为打破城乡二元结构，统筹城乡教育资源均衡配置，促进城乡教育互动发展，以缩小城乡教育差距的过程。

城乡教育一体化具体包括如下几个方面的内容：一是，从"城""乡"的范围来看，城乡教育二元结构包括基于"空间维度"（城市与乡村）的传统城乡教育二元结构形态和城市化进程中产生的基于"人口维度"（市民与流动人口）的新城乡教育二元结构形态。[1] 二是，从"教育"的类型来看，城乡教育一体化应包括城乡基础教育、职业教育、继续教育的一体化。其中，基础教育是重点，义务教育则是重中之重。[2] 三是，从教育体制机制的角度来看，城乡教育一体化包括教育管理体制机制、人事调配体制机制、经费投入体制机制、办学体制机制、人才培养与评价体制机制等的一体化。[3] 四是，从行政范围来看，城乡教育一体化可分县域内、市域内和省域内以及跨行政区合作体制下的城乡教育一体化。[4] 另外，需要特别注意城乡教育一体化与"城乡教育均衡""城乡教育统筹"两个概念的区别与联系。城乡教育统筹"是从总体上谋划区

---

[1] 褚宏启：《教育制度改革与城乡教育一体化——打破城乡教育二元结构的制度瓶颈》，《教育研究》2010 年第 11 期，第 3 – 11 页。

[2] 褚宏启：《教育制度改革与城乡教育一体化——打破城乡教育二元结构的制度瓶颈》，《教育研究》2010 年第 11 期，第 3 – 11 页。

[3] 李玲等：《城乡教育一体化：理论、指标与测算》，《教育研究》2012 年第 2 期，第 41 – 48 页。

[4] 邬志辉：《城乡教育一体化：问题形态与制度突破》，《教育研究》2012 年第 8 期，第 19 – 24 页。

域经济、社会和教育的发展，致力于城市与农村教育发展的良性互动和双赢共进，从而促进区域经济、社会和教育的和谐发展"。① 城乡教育均衡包括城乡间教育供给与需求、教育资源配置等方面达到均衡。② 虽然，城乡教育统筹、城乡教育均衡与城乡教育一体化都旨在缩小城乡教育差距，促进城乡教育的公平，但是，城乡教育统筹则是城乡教育一体化的技术手段，而城乡教育均衡只是城乡教育一体化的阶段性目标。③

## 二、教育体制与城乡一体化教育体制

### （一）体制与教育体制

"体制"在我国是一个运用较广但却没有被明确定义的一个概念，而且，常常与"机制""制度"等概念混用。例如，学术研究中常常提到政治体制、经济体制、文化体制、教育体制等概念，但却没有明确界定其内涵。目前，有关"体制"的定义主要有如下几类：一是，体制是制度、体系、方法等的总和。例如，《辞海》把"体制"界定为"国家机关、企业、事业单位在机构设置、领导隶属关系和管理权限划分等方面的体系、制度、方法、形式等的总和"。④ 二是，体制是一种制度安排。例如，邬志辉认为，体制是"制度设计者在管理某一问题时对机构设置、权力划分、职责分配等进行的制度安排"。⑤ 三是，体制是社会机构与社会规范的结合体。这一观点源于对体制有深入研究的孙绵涛教授。他认为，体制是"社会机构与社会规范两个基本要素所组成的结

---

① 李玲等：《城乡教育一体化：理论、指标与测算》，《教育研究》2012 年第 2 期，第 41 – 48 页。
② 翟博：《教育均衡发展—理论、指标及测算方法》，《教育研究》2006 年第 3 期，第 16 – 28 页。
③ 李玲等：《城乡教育一体化：理论、指标与测算》，《教育研究》2012 年第 2 期，第 41 – 48 页。
④ 辞海编辑委员会主编：《辞海（缩印本）》，上海辞书出版社 1989 年版，第 257 页。
⑤ 邬志辉：《城乡教育一体化：问题形态与制度突破》，《教育研究》2012 年第 8 期，第 19 – 24 页。

合体或统一体"，其中，社会机构是载体，而社会规范是核心。① 为进一步明确体制的内涵，有必要区分体制与制度、机制两个概念的区别与联系。首先，体制与制度既有区别又有联系。例如，孙绵涛②认为，一方面，体制与制度是有区别的，制度相当于体制中的规范；另一方面，体制与制度是有联系的，制度是体制的核心。其次，体制与机制既有联系又有区别。"机制"一词原指机器构造及其运行规则③，后引申为事物各个部分之间的相互关系及其运行方式④。孙绵涛⑤认为，一方面，体制影响机制，机制是一定体制下的产物，不同的体制有着不同的机制，体制既是机制运行的保证，又决定了机制运行的方式；另一方面，机制影响体制，主要表现在机制对旧体制提出了挑战并寻求一种与之相适应的新体制。基于已有研究，本书认为，制度是一个广义的概念，包括一系列的规则、程序以及规范，它存在不同的层级，可以分为根本制度、中层制度、操作性制度三个层次。在本书中，体制相当于中层制度，机制则相当于操作性制度。体制一方面以根本制度为基础，另一方面为一系列操作性制度提供框架和依据。体制不是指某个具体的单一制度，而是指一系列操作性制度（如具体政策）的有机集合。体制不同于操作性制度的灵活多变，而是具有相对的整体性和稳定性。⑥

---

① 孙绵涛：《体制论》，《南阳师范学院学报（社会科学版）》2009 年第 2 期，第 1 – 12 页。
② 孙绵涛：《体制论》，《南阳师范学院学报（社会科学版）》2009 年第 2 期，第 1 – 12 页。
③ 陈芜：《机制的由来及其演化》，《瞭望》1988 年第 50 期，第 30 页；张建新：《社会机制的涵义及其特征》，《人文杂志》1991 年第 6 期，第 27 – 29 页。
④ 孙绵涛、康翠萍：《社会机制论》，《南阳师范学院学报（社会科学版）》2007 年第 10 期，第 1 – 11 页。
⑤ 孙绵涛：《体制论》，《南阳师范学院学报（社会科学版）》2009 年第 2 期，第 1 – 12 页。
⑥ 陈映芳：《城市中国的逻辑》，生活·读书·新知·三联书店 2012 年版，第 28 – 29 页。

与"体制"一样，"教育体制"在我国也是一个运用较广但却没有被明确定义的一个概念。例如，学界经常使用教育管理体制、办学体制、教育财政体制，等等。目前，有关"教育体制"的定义主要有两种观点：一是，教育体制是一种制度。例如，《教育管理辞典》把教育体制界定为"国家各级教育行政机构和企事业单位教育行政机构设置、隶属关系、权限划分等方面的体系及制度的总称"。① 然而，这一定义与《教育大辞典》对"教育行政管理体制"的定义是一样的。② 二是，"教育体制是教育机构与教育规范的结合体"。③ 他还指出，教育体制与教育机制产生发展的过程是密切相关的④，而教育机制是指教育现象各部分之间的相互关系及其运行方式⑤；教育体制与教育机制在结构上是相融的；教育体制和教育机制在性质和功能上是互补的。基于上述研究，本书认为，教育制度是一系列有关教育问题的规则、程序以及规范，它可分为根本教育制度、中层教育制度和操作性教育制度三个层次，其中，教育体制属于中层教育制度，而教育机制属于操作性教育制度。例如，我国义务教育的根本制度是实行九年义务教育，其中层制度包括"以县为主"的义务教育管理体制，操作性制度包括"建立中央和地方分项目、按比例分担"的义务教育经费保障机制。

## （二）城乡一体化教育体制

已有研究指出，阻挡城乡教育一体化的核心障碍是旧有的城乡二元分割的教育体制，因此，城乡教育一体化的关键在于体制机制创新，在

---

① 李冀主编：《教育管理辞典》，海南人民出版社 1989 年版，第 102 页。
② 教育大辞典编纂委员会主编：《教育大辞典》，上海教育出版社 1990 年版，第 75 页。
③ 孙绵涛：《教育体制理论的新诠释》，《教育研究》2004 年第 12 期，第 17－22 页。
④ 孙绵涛、康翠萍：《教育体制改革与教育机制创新关系探析》，《教育研究》2010 年第 7 期，第 69－72 页。
⑤ 孙绵涛、康翠萍：《教育机制理论的新诠释》，《教育研究》2006 年第 12 期，第 22－28 页。

于制度突破，即构建一套城乡一体化教育体制。① 本书认为，城乡一体化教育体制是指为适应工业化与城镇化的需要、突破城乡二元经济社会结构以及缩小城乡基础教育、职业教育、继续教育等教育差距与促进教育公平的一系列中观层面的制度安排。

目前，已有不少研究对促进城乡教育一体化的制度安排进行了探讨。例如，褚宏启认为，促进城乡教育一体化主要涉及教育管理、教育投入、办学、入学招生、学生培养、教育评价、人事调配等七种教育制度改革。② 邬志辉认为，推进城乡教育一体化，至少需要建立健全两类制度：一是，建立与服务型政府相适应的城乡一体化的财政与管理体制；二是，建立与城乡教育一体化相适应的教育制度体系。③ 李玲等人认为，城乡一体化教育体制的构建主要包括办学与硬件资源配置、经费投入、人事调配以及人才培养与评价等四大体制。④ 本书认为，城乡一体化教育体制主要涉及三大教育类别及其四大教育体制。其中，三大教育类别是指基础教育、职业教育和继续教育；四大教育体制是指人事调配体制、经费投入体制、办学与硬件资源配置体制、人才培养与评价体制。

### 三、社会支持与社会支持系统

#### （一）社会支持

有关社会支持的研究广泛分布于社会学、医学、心理学、管理学等

---

① 李玲等：《城乡教育一体化：理论、指标与测算》，《教育研究》2012 年第 2 期，第 41－48 页；邬志辉：《城乡教育一体化：问题形态与制度突破》，《教育研究》2012 年第 8 期，第 19－24 页。

② 褚宏启：《城乡教育一体化：体系重构与制度创新——中国教育二元结构及其破解》，《教育研究》2009 年第 11 期，第 3－11 页；褚宏启：《教育制度改革与城乡教育一体化——打破城乡教育二元结构的制度瓶颈》，《教育研究》2010 年第 11 期，第 3－11 页。

③ 邬志辉：《城乡教育一体化：问题形态与制度突破》，《教育研究》2012 年第 8 期，第 19－24 页。

④ 李玲等：《构建城乡一体化的教育体制机制研究》，经济科学出版社 2015 年版，第 27－35 页。

领域。由于不同的学者从不同的视角对社会支持进行界定,所以学界对其概念至今仍未达成共识。例如,托尔斯多夫(Tolsdorf)认为,社会支持"是这样一些行为或行动,其功能在于帮助某个中心人物实现个人目标,或者是满足在某一特殊情形下的需要"。[1] 林南认为,社会支持"是人们通过与他人、群体或者更大的社区之间的社会关系而得到的支持"。[2] 章谦等人认为,社会支持"可以表述为各种社会形态对社会脆弱群体即社会生活有困难者的无偿救助和服务"。[3] 沃克斯(Vaux)认为,社会支持既包括支持行动,也包括参与者对支持行动评价。[4] 丘海雄等人认为,社会支持"既涉及家庭内外的供养与维持,也涉及各种正式和非正式的支持与帮助,社会支持不仅仅是一种单向的关怀与帮助,它在多种情形下是一种社会交换"。[5] 蔡禾等人认为,"人们在社会中获得的、来自他人的各种帮助"即是社会支持。[6] 一般而言,社会支持至少包括支持主体、支持客体以及支持介体(方式与内容)等三大要素。其中,支持主体是指社会支持的实施者,支持客体是指社会支持的接受者,支持介体是指社会支持的内容与手段,是连接支持主体与支持客体的纽带。基于此,本书认为,社会支持是支持主体采取物质、制度、精神等不同方式对支持客体开展支持行动的总和。

---

[1] C. C. Tolsdorf, "Social Networks, Support, and Coping: An Exploratory Study", *Family Process*, Vol. 15, No. 4 (2010), pp. 407 – 417.

[2] N. Lin, M. W. Woelfel, S. C. Light, "The Buffering Effect of Social Support Subsequent to An Important Life Event", *Journal of Health & Social Behavior*, Vol. 26, No. 3 (1985), pp. 247 – 263.

[3] 徐莉:《非政府组织与这会支持体系的构建:以艾滋病防治领域为例》,中国社会科学出版社 2012 年版,第 8 页。

[4] A. Vaux, *Social Support: Theory, Research, and Intervention*, New York: Praeger, 1988, p. 17.

[5] 丘海雄、陈健民、任焰:《社会支持结构的转变:从一元到多元》,《社会学研究》1998 年第 4 期,第 7 页。

[6] 蔡禾等:《城市居民和郊区农村居民寻求社会志愿的社会关系意向比较》,《社会学研究》1997 年第 6 期,第 8 – 15 页。

## （二）社会支持系统

一般而言，系统就是一系列相互联系、相互依赖以及相互作用的要素结合而成的具有一定的结构和功能并处在一定环境下的有机整体。首先，系统是由要素构成的。其次，要素之间具备特定的关系，以形成一定的结构（相互作用）。再者，一定的结构使得系统是具备特定功能的整体。最后，系统总是处在一定的环境之中，它与其所处环境保持着某种程度上的联系。从这个角度而言，社会支持系统主要是指在一定环境下，由一系列相互联系和相互作用的社会支持要素结合而成的具有一定的结构与功能的有机整体。一般而言，一个社会支持系统至少包含如下四个方面：一是，社会支持系统的要素，包括社会支持的主体、客体、内容与方式等方面。二是，社会支持系统的结构，即不同社会支持主体之间的相互联系，不同的支持主体有着不同的权力、责任以及利益。三是，社会支持系统的运作机理，包括社会支持的动力机制、作用方式等方面。四是，社会支持系统的保障机制，即如何从外部环境入手保障社会支持系统的高效运转。

## 四、城乡一体化教育体制的社会支持系统

由于历史传统和现行体制因素的影响，我国城乡一体化教育体制的构建并不是由民间主导的，也不是单凭政府部门的一己之力就可以实现的，而是需要政府部门与其他部门的共同参与。城乡一体化教育体制是具有"官方性质"的产物，而"社会支持"带有"民间存在"的色彩，这说明政府是城乡一体化教育体制的主要制度供给者，但并不是唯一的提供者，相反，各种社会组织与团体也是重要的制度供给者，而且在某种程度上，"社会"所提供的制度供给或许更加有效，可以弥补政府制度供给中的存在的不足。

2010 年，《教育规划纲要》提出，要改进管理方式，明确政府管理的权限和职责，调动全社会参与的积极性，构建政府、学校、社会之间

的新型关系，形成以政府办学为主体、全社会积极参与的格局。这表明，城乡一体化教育体制改革的核心在于不同主体的权利配置，即以促进政府权力合理配置为核心来统筹城乡教育发展，打破制度单一供给格局，打破以往不同主体之间的权利运作关系，从而建立多元制度供给结构与建构一套崭新的权利运作规范，实现政府机制与社会机制的有效配合。这是一个对主体权利变更、调整、重塑的过程。由此分析可以看出，城乡一体化教育体制的社会支持主要是指由"政府"以外的"社会"提供一种制度供给来推进城乡教育一体化。虽然，城乡一体化教育体制的构建基本上是由政府主导，但是，由于教育领域"面广量大，且涉及价值论争、利益博弈、体制改造、机制转换等诸多层次错综复杂的问题"[1]，所以，城乡一体化教育体制的构建不仅需要"政府"的支持，而且也需要包括"政府"以外的"社会"也发挥积极作用。因此，城乡一体化教育体制既需要"政府支持"，也需要"社会支持"。"政府支持"和"社会支持"有着不同的权力、责任以及利益，从而有着不同的支持内容与方式，它们之间相互联系与作用，形成了不同的结构与功能，共同构成一个城乡一体化教育体制的社会支持系统。

## 第二节　理论框架：国家与社会关系理论

### 一、国家与社会概念的界定

#### （一）国家

现代意义上的"国家"概念是逐渐演变而成的。例如，在古希腊时期，与"国家"相近的概念是"城邦"，它被亚里士多德视为"至善

---

[1]　吴康宁：《教育领域综合改革需要怎样的社会支持》，《教育研究与实验》2013年第6期，第1－5页。

的社会团体"。① 在古罗马时期，"共和国"是与"国家"比较相近的概念，意指"共同事务"。② 马基雅维利最早在政治学意义上使用"国家"一词。他认为："从古至今，统治人类的一切国家、一切政权，不是共和国就是君主国。"③ 自此以后，随着政治学的不断发展，现代意义上的"国家"概念才逐渐形成。目前，有关国家的定义多达上百种④，而每一种概念都与一定的理论体系和价值观念相联系。整体而言，有关"国家"的定义主要涉及地域、权力、实体、目的、内容、符号等六大要素⑤。本书认为，国家是在特定的领土范围内，根据既定的规则，借助公共权力实现其成员共同利益的社会组织。⑥

（二）社会

"社会"是一个比"国家"更加杂乱的概念。⑦ 由于"社会"与"国家"紧密相连，因此，对"社会"的不同理解源于对"国家"的不同理解。例如，有的人把"社会"视为一切人类现象的总和；有的人认为"社会"是"国家"之外的非政治领域；还有人把"社会"视为是与政治、经济、文化等领域相并列的。⑧ 整体而言，有关"社会"的定义主要有如下五种：社会是一种有机体；是一种交往；是一种文化的

---

① ［古希腊］亚里士多德：《政治学》，吴寿彭译，商务印书馆1965年版，第7页。
② 庞金友：《现代西方国家与社会关系理论》，中国政法大学出版社2006年版，第24页。
③ ［意］马基雅维里：《君主论》，潘汉典译，商务印书馆1985年版，第3页。
④ 王建生：《西方国家与社会关系理论流变》，《河南大学学报（社会科学版）》2010年第6期，第69－75页。
⑤ 庞金友：《现代西方国家与社会关系理论》，中国政法大学出版社2006年版，第27页。
⑥ 庞金友：《现代西方国家与社会关系理论》，中国政法大学出版社2006年版，第28页。
⑦ 王建生：《西方国家与社会关系理论流变》，《河南大学学报（社会科学版）》2010年第6期，第69－75页。
⑧ 王建生：《西方国家与社会关系理论流变》，《河南大学学报（社会科学版）》2010年第6期，第69－75页。

集合体；是一种宗教；是一种制度体系。① 尽管不同学者对"社会"的
定义有所差别，但仍存在如下几点共识：一是，"社会"是与"国家"
既相互区别又相互对立的一种人类组织形式；二是，"社会"拥有相对
的自足性，其存在并不必然依赖于"国家"；三是，"社会"各组成部
分之间通常是自发与自愿的相互联系。② 基于此，本书认为，"社会"
是"国家"概念之外的非政治领域。③

**二、国家与社会关系的理论演进**

整体来看，国家与社会关系的理论发展经历了三个主要阶段：一
是，前工业化时期的"国家有社会一体论"和"国家与社会二元论"；
二是，工业化时期的"社会本体论""国家本体论"与"国家与社会的
对立统一"；三是，后工业化时期的国家与社会的整合论与互动论。

**（一）从"国家与社会一体论"到"国家与社会二元论"**

在中世纪以前，有关国家与社会关系的理论主要为"一体论"；进
入中世纪以后，国家与社会关系的理论才逐渐演变为"二元论"。④ 在
中世纪以前，人类虽然经历了奴隶社会和封建社会两个阶段，但是，社
会生产力水平低下，社会分化与社会结构较为简单，国家与社会基本上
是一体的。与这一社会现实相对应，这一时期的思想家也认为，国家与
社会的关系是"一体的"。例如，亚里士多德认为，"国家就是社会，
社会就是国家，国家是公民的国家，社会是国家的社会，两者是融为一

---

① 庞金友：《现代西方国家与社会关系理论》，中国政法大学出版社 2006 年版，
第 28 – 29 页。
② 庞金友：《现代西方国家与社会关系理论》，中国政法大学出版社 2006 年版，
第 31 – 32 页。
③ 王建生：《西方国家与社会关系理论流变》，《河南大学学报（社会科学版）》
2010 年第 6 期，第 69 – 75 页。
④ 侯利文：《国家与社会：缘起、纷争与整合——兼论肖瑛〈从"国家与社会"
到"制度与生活"〉》，《社会学评论》2018 年第 2 期，第 71 – 79 页。

体的"。① 随着古罗马疆域的急剧扩张，国家与社会开始出现了一定程度的分离。② 进入中世纪以后，随着教会这一独立机构的出现及其发展壮大，国家与社会发生了进一步的分离。③ 这一时期，形成了国家与社会的"二元论"（"神圣国家"与"俗世社会"）思想。④

（二）从"社会本体论"到"国家本体论"再到"国家与社会的对立统一"

进入 18 世纪以后，随着法国思想启蒙运动和英国工业革命的兴起与发展，社会分化日益加剧，社会结构愈发复杂，国家与社会也进一步分离。这一时期，在国家与社会关系的理论认识上先后形成两大对立的"范式"："社会本体论"与"国家本体论"。18 世纪，在国家与社会关系的理论认识上，以洛克为代表的启蒙运动思想家提出了"社会本体论"。⑤ "社会本体论"认为，国家与社会是两种不同的组织形式，社会先于国家而产生，并高于国家；⑥ 而国家则是人们自愿契约的结果，且受社会的制约。⑦ 18 世纪末，在国家与社会关系的理论认识上，以黑格尔为代表的思想家提出了"国家本体论"。⑧ "国家本体论"反对"社

---

① 王建生：《西方国家与社会关系理论流变》，《河南大学学报（社会科学版）》
2010 年第 6 期，第 69 - 75 页。
② 王建生：《西方国家与社会关系理论流变》，《河南大学学报（社会科学版）》
2010 年第 6 期，第 69 - 75 页。
③ 侯利文：《国家与社会：缘起、纷争与整合——兼论肖瑛〈从"国家与社会"
到"制度与生活"〉》，《社会学评论》2018 年第 2 期，第 71 - 79 页。
④ 王建生：《西方国家与社会关系理论流变》，《河南大学学报（社会科学版）》
2010 年第 6 期，第 69 - 75 页。
⑤ 王建生：《西方国家与社会关系理论流变》，《河南大学学报（社会科学版）》
2010 年第 6 期，第 69 - 75 页。
⑥ 侯利文：《国家与社会：缘起、纷争与整合——兼论肖瑛〈从"国家与社会"
到"制度与生活"〉》，《社会学评论》2018 年第 2 期，第 71 - 79 页。
⑦ 王建生：《西方国家与社会关系理论流变》，《河南大学学报（社会科学版）》
2010 年第 6 期，第 69 - 75 页。
⑧ 侯利文：《国家与社会：缘起、纷争与整合——兼论肖瑛〈从"国家与社会"
到"制度与生活"〉》，《社会学评论》2018 年第 2 期，第 71 - 79 页。

会先于国家并高于国家"的观点，而是认为"国家决定社会"。① 一方面，国家具有普遍性，代表普遍利益；而市民社会具有特殊性，代表个人利益。另一方面，国家与市民社会虽然是对立的，但也是统一的，"国家高于市民社会"。② 总之，在"国家本体论"看来，国家才是目的，社会是为国家而存在，必须以国家为前提。③ 19 世纪中叶，马克思在前人有关国家与社会关系的研究基础上，提出了国家与社会既对立又统一的辩证观点。一方面，国家是社会发展到一定阶段的产物，但它也会随着社会的发展而自行消亡；另一方面，国家一旦产生便会与社会相区别，并处于社会之上。④

### （三）国家与社会的整合论与互动论

20 世纪以来，发达国家进入工业化后期，"市场失灵""政府失灵"等问题突出。为解决"市场失灵"，人们强调政府的主要作用；而在解决"政府失灵"时，人们又转向强调市场的主要作用。然而，当政府与市场同时失灵的时候，以政府为中心或以市场为中心都不能很好地解决这个问题。为此，一些学者在批判反思"社会本体论"和"国家本体论"的基础上，提出了试图整合国家与社会的"第三种理论"。例如，吉登斯提出的"第三条道路"理论认为，应建立国家与社会之间的合作与互动关系，发挥民间组织的主动性，使它们承担起更多的职能。⑤ 而"第三部门"的出现，进一步推动了国家与社会互动关系的理论发展。"第三部

---

① 王建生：《西方国家与社会关系理论流变》，《河南大学学报（社会科学版）》2010 年第 6 期，第 69 – 75 页。
② 侯利文：《国家与社会：缘起、纷争与整合——兼论肖瑛〈从"国家与社会"到"制度与生活"〉》，《社会学评论》2018 年第 2 期，第 71 – 79 页。
③ 王建生：《西方国家与社会关系理论流变》，《河南大学学报（社会科学版）》2010 年第 6 期，第 69 – 75 页。
④ 王建生：《西方国家与社会关系理论流变》，《河南大学学报（社会科学版）》2010 年第 6 期，第 69 – 75 页。
⑤ 郁建兴、周俊：《论当代资本主义国家与社会关系的变迁》，《中国社会科学》2006 年第 6 期，第 162 – 173 页。

门"有着非营利组织、志愿部门、非政府组织等类似称谓。这类组织会主要从事政府和企业不愿做、也做不好的事情①，一定程度上有助于解决市场和政府同时失灵所带来的问题。20 世纪 90 年代以来，为超越了传统"国家与社会二分法"对国家或社会的片面强调和进一步打破这种二分法的视角，以米格代尔（Joel S. Migdal）为代表的学者提出了"国家在社会中"的理论视角。该理论视角强调国家与社会之间的相互作用与改变，②将国家与社会的关系视为是一种不断变化的"关系实践"。③该理论视角有助于纠正对"国家本体论"和"社会本体论"的单方面强调，深化了国家与社会关系的理论认识。随着公共领域与私人领域边界的日益模糊和公共管理主体的愈加多元，治理理论逐渐成为探讨国家与社会关系的一种主流理论。治理理论一方面强调治理主体的多元化，包括政府、市场、非营利组织、自助组织等；④另一方面，强调治理模式中权力运行向度的多元化。⑤总之，在治理的框架下，国家与社会之间日趋互动与整合，结束了非此即彼的"零和博弈"状态，形成了"合作互补、共生共存、相互依赖"的共赢局面。⑥

### 三、国家与社会关系分析框架在我国的发展

基于国家与社会关系这一分析框架，学界对我国的国家与社会关系

① 张莉、风笑天：《转型时期我国第三部门的兴起及其社会功能》，《社会科学》2000 年第 9 期，第 64 - 67 页。
② 李姿姿：《国家与社会互动理论研究述评》，《学术界》2008 年第 1 期，第 270 - 277 页。
③ 侯利文：《国家与社会：缘起、纷争与整合——兼论肖瑛〈从"国家与社会"到"制度与生活"〉》，《社会学评论》2018 年第 2 期，第 71 - 79 页。
④ 王海涛：《论政府在公民意识发展中的责任》，《政治与法律》2010 年第 4 期，第 58 - 66 页。
⑤ 俞可平：《全球治理引论》，《马克思主义与现实》2002 年第 1 期，第 20 - 32 页。
⑥ 顾爱平：《论企业社会责任的三种维度及其引导与规范》，《政治与法律》2010 年第 3 期，第 67 - 74 页。

也进行了一定程度的研究，形成了不同的众多解释模式。① 针对我国不同时期的国家与社会关系，学者们从不同角度提出了不同的解释模式，包括新权威主义、市民社会、法团主义等。② 例如，一些研究认为，我国传统社会是一个"士绅社会"，国家与社会是紧密结合的，两者的界限并不清晰，而"士绅"则介于国家与社会之间并发挥重要作用。③ 在新中国成立后的计划经济时期，国家全面控制和主导社会，几乎垄断了所有的重要资源。④ 有研究把这一时期的国家与社会关系概况为"全能主义"或"总体性社会"。⑤ 改革开放以来，随着市场经济体制的建立，国家与社会关系也发生了很大的变化。一方面，国家不断放权，另一方面，社会越来越多地承担公共职能。有关这一时期的国家与社会关系，学者们提出了市民社会、法团主义、新权威主义以及分类控制等多元化的解释模式。⑥ 21 世纪以来，随着一系列有利于解决社会问题和促进社会公平的政策举措的颁布实施，我国国家与社会的关系的转型得到了进一步的发展。例如，党的十八大报告首次提出了"社会体制"的概念。⑦ 随后，党的十八届三中全会提出了"国家治理"与"社会治理"的概念，并提出了"推进社会领域制度创新，加快形成科学有效的社会

① 许源源、杨茗：《我国国家与社会关系研究综述：解释模式与发展启示》，《中南大学学报（社会科学版）》2015 年第 1 期，第 134 – 139 页。
② 郭风英：《"国家与社会"关系的发展及理论探索》，《河南师范大学学报（哲学社会科学版）》2013 年第 6 期，第 76 – 79 页。
③ 许源源、杨茗：《我国国家与社会关系研究综述：解释模式与发展启示》，《中南大学学报（社会科学版）》2015 年第 1 期，第 134 – 139 页。
④ 郁建兴、关爽：《从社会管控到社会治理——当代中国国家与社会关系的新进展》，《探索与争鸣》2014 年第 12 期，第 7 – 17 页。
⑤ 许源源、杨茗：《我国国家与社会关系研究综述：解释模式与发展启示》，《中南大学学报（社会科学版）》2015 年第 1 期，第 134 – 139 页。
⑥ 许源源、杨茗：《我国国家与社会关系研究综述：解释模式与发展启示》，《中南大学学报（社会科学版）》2015 年第 1 期，第 134 – 139 页。
⑦ 郁建兴、关爽：《从社会管控到社会治理——当代中国国家与社会关系的新进展》，《探索与争鸣》2014 年第 12 期，第 7 – 17 页。

治理体制"的治理目标。① 为此，有研究认为，这一时期国家与社会的关系正处于从"社会管控"转向"社会治理"。② 虽然，一些学者对国家与社会关系这一分析框架在我国的适用性持质疑态度③，但是，这一分析框架为理解我国国家与社会的关系提供了一种分析视角和借鉴。

① 郁建兴、关爽：《从社会管控到社会治理——当代中国国家与社会关系的新进展》，《探索与争鸣》2014 年第 12 期，第 7 – 17 页。
② 郁建兴、关爽：《从社会管控到社会治理——当代中国国家与社会关系的新进展》，《探索与争鸣》2014 年第 12 期，第 7 – 17 页。
③ 郭风英：《"国家与社会"关系的发展及理论探索》，《河南师范大学学报（哲学社会科学版）》2013 年第 6 期，第 76 – 79 页。

# 第三章

城乡一体化教育体制社会支持系统的逻辑
选择："国家与社会"分析框架的嵌入

国家是人类教育实践活动中最为重要的公共治理主体，它承担着维系教育公共秩序、推动教育发展的重要职能，国家这种职能的有效履行与实现不仅取决于自身的制度安排，而且取决于国家与社会之间是否形成一种相互帮扶、互动协调与互惠共生的"政社关系"。因此，国家与社会是维系人类教育实践共同体秩序两种不同性质的制度安排，两者包含了相互关联而又有所区别的规则体系和制度体系。对城乡一体化教育体制社会支持系统演进与形成的历史考察，应当将"国家与社会"关系理论分析框架嵌入城乡教育体制变迁过程之中，在体制变迁历史轨迹中探寻其角色流变与演进规律。

## 第一节　城乡一体化教育体制变迁中"国家与社会"
### 的历史轨迹

改革开放之前计划经济时期，国家以强制性行政计划配置资源导致城乡关系由"分离"走向"对立"，并通过户籍制度、统购统销制度、包销代销制度、人民公社制度等造成了城乡分割逐渐扩大。改革开放之后市场经济时期，政府逐渐打破了城乡分割的制度壁垒，如取消人民公社制度、统购统销制度、放松户籍制度等，城乡分割与城乡差距问题逐渐缩小。不同时期的制度安排，对城乡教育体制产生了直接而深远的影响，深刻地影响着城乡教育体制中"国家与社会"关系。

## 一、改革开放前城乡教育体制变迁中"国家与社会"的历史轨迹

改革开放前在高度集中的计划经济体制下，国家有限的财政能力难以包办全国的基础教育经费，使得政府不得不探索更多的教育经费筹措渠道。城乡基础教育呈现出不同的资源供给特点，城市地区、县镇地区公办学校主要由国家财政提供资源供给，厂矿办学、企业办学主要由其所属厂矿企业提供资源供给，农村地区公办学校主要由所在社队提供资源供给。

### （一）农村教育体制变迁中"国家与社会"的历史轨迹

1. 第一阶段（1949—1957 年）：农村教育供给的"政府规避、社队自筹"

从 1949 年新中国建立到 1957 年社会主义改造基本完成，由于长期受到旧社会三座大山的压迫和掠夺以及长期战争破坏，实行土地改革以后广大农村地区对基本公共物品的依赖性空前加强，但生产资料的个体私有化使得农村公共物品的供给无法由私人完成，国家财政收入极为有限也难以供给这些公共物品。在这种形式下，国家倡导走农业集体化道路以将分散弱小的个体农户组合起来，并通过农业互助组、初级社、高级社三个阶段的变革与发展过程，逐渐完成由农民个体所有制到社会主义集体所有制的转变，并据此实现了完全的农业社会主义改造。农村地区社会主义集体所有制的确立，农民自愿组成的农村合作社成为公共产品的主要供给渠道，农村基础教育也主要通过基层的农村合作社实现自我供给。在这期间，国家试图通过当时财政体制下的"统收统支"模式，地方政府按中央统一核拨、统筹解决农村地区教育供给问题，但是政府财政能力严重不足使得由政府举办的公办学校，在数量和质量上都十分不理想，并且这些公办学校主要集中在城市地区和城镇地区。国家并没有实现统筹供给农村教育的制度理想，有限的财政能力迫使政府寻求其他方式解决农村教育的经费瓶颈。如 1950 年政务院发布《关于统一管理 1950 年度财政收支的决定》，提出"县级政府以征收公粮的形式

解决农村小学的办学经费以及基本设施建设用费"；[①] 1953 年政务院发布《关于整顿和改进小学教育的指示》，提出"县级人民政府统筹解决农村地区公办学校经费问题，不足部门则由采用农民自愿筹款备料或献工献料等方式解决"。[②] 由此可见，建国初期广大农村地区，政府举办的公立学校数量较少，教育经费并非由地方政府全额支出，而是农村通过征收附加公粮或者征收附加教育事业费的形式，甚至直接发动群众筹款备料、献工献料来解决。此外，国家还通过直接收取学杂费的方式来弥补农村公立学校办学经费不足问题，如 1952 年教育部颁布的《中学暂行规程》、1955 年教育部和财政部联合发布的《教育部财政部关于中小学杂费收支管理办法的几点意见的通知》，规定农村公办学校可以酌情收取学杂费，并对收费标准、减免比例以及收支管理等做了详细说明和规定。在这种情况下，农民在实际上通过各种形式直接负担了公立学校的部分教育费用。

由于受到民国时期教育格局以及传统乡土社会的影响，新中国成立初期农村存在较大数量的私立学校。1951 年教育部在全国初等教育及师范教育会议上提出："到 1957 年全国学龄儿童入学率达 80%，从 1952 年起 10 年内普及小学教育"[③] 的发展目标，这是新中国成立后国家第一次提出的小学教育的普及目标。在国家财政收入与教育财政投入极为有限的条件下，农村地区兴起了开办民办学校完成"普小"目标的浪潮，农村地区民办学校的数量也迅速增加。1953 年政务院发布的《关于整顿和改进小学教育的指示》提出"农村地区限制公立小学而提

---

① 何东昌：《中华人民共和国重要教育文献（1949—1975）》，海南出版社 1998 年版，第 11 页。
② 何东昌：《中华人民共和国重要教育文献（1949—1975）》，海南出版社 1998 年版，第 263 页。
③ 何东昌：《中华人民共和国重要教育文献（1949—1975）》，海南出版社 1998 年版，第 118 页。

倡民办小学"①，在这一政策背景下，农村地区的民办学校迅速发展并占据着农村学校的绝对比例，受到限制公办学校，无论是数量还是发展速度都远远落后于民办学校。1957年中共中央发布《1956—1967年全国农业发展纲要（修正草案）》，提出农村地区应该采取多样化的办学形式来普及小学教育，具体包括国家办学、集体办学和私人办学等。②国家对集体办学与私人办学的提倡与鼓励，在一定程度上更加刺激、促进了民办学校的蓬勃发展。因此，这一时期内农村学校中国家举办的公立学校比例较小，私人举办的民办小学也占据一定比例，但是农村学校主要由"社队集体办学"式的民办学校构成，是农村学校教育的主要部分，社队集体通过筹款备料、献工献料等方式解决农村学校教育经费和基础设施问题，农民事实上成为农村学校教育的供给主体。

2. 第二阶段（1958—1978年）：农村教育供给的"财政拨款、集体分担"

1956年社会主义公有制在农村地区确立以后，1958年开始国家在全国范围内掀起大规模的人民公社化运动，并持续到改革开放前夕。人民公社带有乡镇政权机构与农村集体经济组织的双重性质，单一公社所有制下生产资料归集体所有，分配方式实行工资制和供给制相结合。在人民公社制度框架下，农村公共产品供给主要有两个渠道，即财政渠道和人民公社内部各级集体经济组织。财政渠道对农村公共产品供给仅仅限于公社一级部分项目，生产大队与生产队两级公共产品供给主要依赖于各级集体经济组织所筹集的制度外资金。在人民公社农村公共物品供给的制度框架下，农村学校教育的资源供给也主要包括制度内的国家财政与制度外的公社集体经济两种方式，此外受教育者个人或家庭还需承

---

① 何东昌：《中华人民共和国重要教育文献（1949—1975）》，海南出版社1998年版，第263–264页。

② 何东昌：《中华人民共和国重要教育文献（1949—1975）》，海南出版社1998年版，第78页。

担部分责任。具体而言,教育行政部门举办的公立学校,国家财政(县级)承担主要供给责任,公社集体经济给以一定补贴;社队集体举办的民办学校,社队集体经济承担主要供给责任,国家财政(县级)给予一定补贴;同时,两类学校受教育者个人或家庭都需要承担少部分学杂费。这一时期农村地区人民公社取代了过去的农村互助组、合作社,处于基层的公社集体经济组织也就承担着农村学校教育资源供给的主要责任,农民依然在事实上成为农村学校教育的主要供给主体。如 1960 年财政部与教育部联合发布的《关于人民公社社办中小学经费补助的规定》提出,人民公社举办的中小学,可采取抽取公社公益金、收取学生学杂费、分摊社员公分、拨付社队土地、学生参与劳动等多样化形式筹集办学经费。① 这些资金筹集的多样化方式,绝大部分都是通过公社内集体经济组织而实现,农村学校教育的资源供给最终都来源于作为公社社员的农民身上。人民公社财务制度是先扣除各项费用再分配个人,公社集体所承担的教育经费在分配之前就事先从集体总收益中直接扣除,这毫无疑问就降低了公社成员的公分总量的总体价值和单位公分的平均价值,本质上是作为家长的公社成员将部分劳动报酬转移到学校教育。此外,人民公社时期主要采用劳动代替资本、增加总公分量降低单位公分值的形式分摊制度外供给,农村学校教育经费不用公社直接支付现金,修建校舍等基本设施、民办教师的劳动报酬等都以"公分"形式计入到公社公分总量之中,最后按照单位公分值参与公社收入分配,全体社员分担大大减轻了农村学校的经费压力。因此,人民公社以"增加工分总数、降低工分值"的方式来分摊学校教育成本,最终农民承担着农村教育公共产品供给的主要责任。

**(二)城市教育体制变迁中"国家与社会"的历史轨迹**

1. 第一阶段(1949—1952 年):城市教育供给的"统收统支、分级

---

① 何东昌:《中华人民共和国重要教育文献(1949—1975)》,海南出版社 1998 年版,第 746 - 948 页。

管理"

作为经济体制的重要组成部分，财政体制在计划经济体制下也呈现出高度集中的特点。1950 年政务院发布《关于统一管理 1950 年度财政收支的决定》，提出了统一国家的财政收入与支出，实行中央政府、省级政府和县级政府分级管理，[1] 这实际上确立了"统收统支、分级管理"的财政体制，并深刻地影响着城市学校教育资源供给。1951 年政务院发布《关于 1951 年度财政收支系统划分的决定》，进一步明确了教育经费分别列入中央、大行政区、省市、县级等各级政府财政预算的学校类别。1952 年教育部先后发布《小学暂行规程（草案）》和《中学暂行规程（草案）》，提出"公办小学和民办小学均由市县人民政府所属的教育行政部门统一领导与管理，公办中学和民办中学都由省市文教厅、文教局遵照中央和大行政区的规定实行统一领导与管理"。[2] 在高度集中的财政体制框架下，城市中小学投入与管理体制整体上呈现"统收统支、分级管理"的态势。但是，政府有限的财政能力使其在城市地区难以、也未能够完全包办中小学教育筹资问题，而是在政府财政供给之外寻找其他方式举办城市学校。如 1951 年教育部发布《关于第一次全国初等教育会议报告》，提出"政府统筹与群众集资相结合共同分担城乡学校的教育经费，积极发动工、矿、机关等单位参与办学"；[3] 1952 年教育部发布《关于整顿和发展民办小学的指示》，又提出"城市地区政府有计划地增加开设公办中小学，允许群众根据自愿原则筹集资

---

① 何东昌：《中华人民共和国重要教育文献（1949—1975）》，海南出版社 1998 年版，第 11 - 12 页。

② 何东昌：《中华人民共和国重要教育文献（1949—1975）》，海南出版社 1998 年版，第 139 - 143 页。

③ 何东昌：《中华人民共和国重要教育文献（1949—1975）》，海南出版社 1998 年版，第 118 - 119 页。

金、实物、设施等创设条件以发展民办小学"。① 因此，这一时期国家在城市中小学办学体制与财政投入体制上实际上实行了"两条腿走路"方针，国家将城市中小学部分供给责任下放给工矿企业、事业单位和机关团体等，国家财政投入不足与机关单位供给有限，在很大程度上造成城市教育供给普遍大大低于城市教育需求。

2. 第二阶段（1953—1966 年）：城市教育供给的"条块结合、以块为主"

1952 年底，国民经济的恢复和发展使得财政形势根本好转，新民主主义秩序初步建立，随后国家逐渐撤销了大行区政机构。国家实时对财政体制进行了调整与改革，建立"划分收支、分级管理、侧重集中"的财政体制以适应政治经济发展。在这样的财政体制框架下，教育领域形成了由中央政府统一领导的、中央、省（市）、县分级管理的三级教育财政体制，各级教育行政部门必须执行由中央统一预算的三级教育财政支出。与财政体制改革相适应，教育三级管理财政体制呈现出"条块结合、以块为主"的显著特点。1954 年教育部和财政部联合发布《关于解决教育经费问题程序的通知》，促使城市学校经费投入也形成了"条块结合、以块为主"的投入体制，教育经费投入由中央和地方两级预算管理。其中，"条块结合"是指中央政府中财政部根据教育部提供的教育发展规划，经过定员定额核算向各级地方政府及其相关行政部门下发经费投入的总控制指标；"以块为主"是指地方政府在中央下达经费控制指标范围之内，结合当地人、财、物的实际情况对类、款、项进行统筹安排。此后，1954 年政务院发布《关于改进和发展中学教育的指示》、1955 年教育部和财政部又联合发布《中小学收取学杂费的办法》，相关政策法规进一步强调了城市中小学统一领导、分类管理的原则，并对各级政府、各类学校的管理权责进行了明确划分。这种城市学

--------

① 何东昌：《中华人民共和国重要教育文献（1949—1975）》，海南出版社 1998 年版，第 180 页。

校管理体制增强了各级地方政府教育财政预算的权责，有利于地方政府根据本地教育发展的实际情况安排教育预算，合理、高效地对城市学校进行教育经费投入与管理。1958 年中共中央、国务院发布《关于教育事业管理权力下放问题的规定》，党和国家决定在中央集权与地方分权相结合的原则下，适当将教育事业管理权力下放给地方政府，并要求地方政府加强对教育事业的领导与管理。[①] 教育经费管理权力也同时下放给各级地方政府，但某些地方的区县却随之涌现了挪用、挤占和克扣城市中小学教育经费的现象。1959 年教育部和财政部联合发布《关于进一步加强教育经费管理的意见》，要求各级地方政府，尤其地方财政部门和教育行政部门，密切协作共同管理好城市学校教育经费。这一政策文件将教育经费管理权力适当上收，加强省级政府对教育经费的管理以有效制止教育经费乱象，但随后三年的"大跃进"运动造成城市学校发展出现混乱状态。从 1963 年开始，党和国家对城市学校教育的发展规模和发展速度、领导体制和财政体制等进行了适当调整，教育部先后制定并颁布《全日制小学暂行工作条例（草案）》《全日制中学暂行工作条例（草案）》，主要方向是加强"条条"的领导作用，削减"块块"的管理权责[②]，所以这在很大程度上影响并减弱了地方政府在城市地方举办学校的积极性。

3. 第三阶段（1966—1978 年）：城市教育供给的"财政单列、戴帽下达"

从 1966 开始的"文化大革命"期间，国家正常的政治经济秩序遭受到巨大冲击而处于瘫痪、混乱状态，这也造成了城市地区正常的教育财政投入与管理体制的缺失。工矿企业接办城镇小学、街道办事处或居

---

① 何东昌：《中华人民共和国重要教育文献（1949—1975）》，海南出版社 1998 年版，第 850 – 851 页。
② 何东昌：《中华人民共和国重要教育文献（1949—1975）》，海南出版社 1998 年版，第 1149 – 1159 页。

委会领导管理大中城市小学成为这种教育体制混乱状态的真实写照。在城市学校教育经费严重匮乏并影响其正常运转的情况下，1972 年中央提出在经费投入上实行"财政单列、戴帽下达"方针，即中央向地方下达财政预算时将教育经费单列一款，地方政府加强管理并保证专款专用。1974 年国务院科教组、财政部等联合发布《关于中小学财务管理若干问题的意见》，进一步强调了以上城市学校教育经费的投入与管理政策。① 在"文革"社会经济秩序极为动乱的情况下，城市学校教育实行"财政单列、带帽下达"的投入与管理体制，对于稳定城市学校教育经费的基本来源、保障学校运行具有一定的积极作用。但是由于地方财政收入有限且极为不稳定，地方政府对城市学校教育拨款只占财政收入中较小比例，教育经费总量小、不稳定性难以从根本上保证、改善城市中小学的办学条件。总体上来看，这一时期城市中小学财政投入与管理经过了"先适度放权、后又有所上收"的变化过程，城市公办中小学收取少量学杂费，但是教育经费主要来源于其所在地区县级地方政府的财政保障，这也体现了国家集中有限的财政能力优先发展城市教育的战略思想。

**二、改革开放后城乡教育体制变迁中"国家与社会"的历史轨迹**

改革开放后市场经济体制下农村与城市中小学教育供给制度与供给方式存在较大差距，农村地区教育投入与管理体制与农村经济体制和经济运营模式高度相关，但是与国家财政体制的相关度较低；而城市地区教育投入与管理制则与国家经济体制和财政体制高度相关。随着我国政府财政体制从"建设型"向"服务型"转变，城乡中小学教育供给差异逐渐降低并日趋合流。

---

① 何东昌：《中华人民共和国重要教育文献（1949—1975）》，海南出版社 1998 年版，第 1517 页。

### （一）农村教育体制变迁中"国家与社会"的历史轨迹

1. 第一阶段（1979—1982 年）：农村教育供给的"体制真空"

十一届三中全会拉开了改革开放后的序幕，党和国家工作重心转移到社会主义现代化建设，农村地区的生产资料所有制改革使得农村社会经济结构发生了深刻变化，主要表现为家庭联产承包责任制兴起，并逐渐瓦解、代替了计划经济时代的人民公社制度。农村地区社会经济结构的变化打破了原有的制度均衡，公共产品供给方式也必须围绕新的社会经济结构进行调整，但各级地方政府尚未及时建立与之相适应的财政体制和供给制度，由此旧制度失效而新制度未确立，不可避免地出现一段时间的"体制真空"问题。农村社会经济结构的初步转型阶段，农村教育供给制度未能够及时实现制度变迁与制度创新，农村教育公共产品供给也存在着"体制真空"问题。面对这种"体制真空"，国家未能够实时制定相关措施给予补救，而是把教育发展重点放在高等教育的重建与教育质量的短期提升，大量教育资源流向城市而导致城乡教育发展严重失衡，农村教育的政策忽视、资源短缺和资源流失导致了农村适龄儿童的入学率与升学率大幅度下滑。为了改变农村教育的发展困境与提升农村教育质量，国家连续出台相关政策法规，如 1980 年中共中央、国务院发布《关于普及小学教育若干问题的决定》，原国家教委发布《关于普及初等教育基本要求的暂行规定》等，明确提出了农村社会经济转型形势下普及农村初等教育的基本任务、总体规划与具体措施等。然而，在城市优先发展的整体思路下，这些政策法规并没有彻底破解农村地区学校教育供给的"体制真空"难题，农村地区学校教育质量出现严重下滑、全面衰退局面。

2. 第二阶段（1983—2000 年）：农村教育供给的"分级管理，以乡为主"

1983 年开始我国实行"社改乡"的基础组织改革，即将人民公社改为乡级政府，人民公社及其下属生产队根本瓦解。1984 年国务院发布《关于筹措农村学校办学经费的通知》，提出农村学校办学经费通过多种途径、多种渠道实现筹集①，农村学校办学经费主要包括国家拨付的教育事业费、乡级人民政府征收的教育附加费以及社会力量和个人的捐资助学费等。1985 年《中共中央关于教育体制改革的决定》国家将基础教育发展的权力与责任下放给地方各级政府，教育经费筹集主要由地方政府负责，中央给予少量不足。② 农村学校教育基本上确立了县乡村"三级办学""县乡"两级管理的投入与管理体制，农村学校教育经费筹集包括了财政、税收、附加费、村社产业、各类捐赠助学的公积金等。1986 年《中华人民共和国义务教育法》重新以法律形式确定实施与普及义务教育，包括农村学校在内的义务教育学校教育事业费和基本建设投资有了法律保障，均由国务院和地方各级人民政府负责筹措予③，但当时及以后相当长时间内农村学校实际上主要由乡级政府负责经费筹措。1992 年教育部发布《中华人民共和国义务教育法实施细则》，进一步明确"地方政府以县为单位组织农村教育经费筹集，并将责任落实到乡镇政府"；"乡镇人民政府负责统筹征收、安排教育附加费，用于补充支付教师工资，改善办学条件和补充学校公用经费等"④。"财政大包干"体制使得乡镇企业在 1900 年前后发展困难并走向衰落，县乡两级政府财政收入增势减缓直接影响农村学校教育经费的筹集、征收。1986 年国务院发布《征收教育费附加的暂行规定》、1990 年国务院发布《关于修改〈征收教育费附加的暂行规定〉的决定》、1993 年国

---

① 何东昌：《中华人民共和国重要教育文献（1976—1990）》，海南出版社 1998 年版，第 2244 页。

② 何东昌：《中华人民共和国重要教育文献（1976—1990）》，海南出版社 1998 年版，第 2277 – 2281 页。

③ 何东昌：《中华人民共和国重要教育文献（1976—1990）》，海南出版社 1998 年版，第 2414 – 2415 页。

④ 何东昌：《中华人民共和国重要教育文献（1976—1990）》，海南出版社 1998 年版，第 3290 – 3292 页。

务院发布《关于纠正一些地方取消农村教育费附加的通知》，这一系列政策并未能够有效规范县乡两级政府征收教育附加费的衍生问题，教育乱收费、教育乱集资、教师工资拖欠、经费挪用克扣等问题开始越发凸显。1994 开始的分税制改革，县乡两级政府的财政收入更加捉襟见肘，国务院发布的《国务院关于教育费附加征收问题的紧急通知》将教育费附加率提高到 3%，农村学校教育经费中央政府和省级政府只通过财政转移的方式支付小部分，财政薄弱的县乡级两级政府不得不将学校办学负担直接转嫁给农民。县乡两级政府的财、税、费等经费筹措渠道，难以满足《中国教育改革和发展纲要》提出的"两基普及"步伐，"普九欠债"就导致了县乡两级政府长期存在"举债办教育"现象。

3. 第三阶段（2001—2005 年）：农村教育供给的"税费改革，以县为主"

农村税费改革之前农村学校的教育经费主要来源于教育事业费附加和教育集资两个渠道，这两项教育费用征收给农民造成了较大负担。2000 年到 2001 年安徽和江苏开始农村税费制改革并随后在全国范围内逐渐开展，税费改革意味着取消了约占农村学校教育经费总投入 30% 的教育费附加和教育集资，使得农村基层政府财政能力进一步受到削弱。为保证农村学校经费投入与农村学校正常运作，就必须改变过去"以乡为主"的农村教育财政投入体制。2001 年《国务院关于基础教育改革与发展的决定》提出："农村义务教育实施在国务院领导下，地方政府负责、分级管理、以县为主的财政体制"[1]；2002 年《国务院关于完善农村义务教育管理体制的通知》规定："任何关于义务教育财政体制改革的设想都不能脱离'以县为主'这一制度构架"，并提出具体措

---

[1] 何东昌：《中华人民共和国重要教育文献（1998—2002）》，海南出版社 2003 年版，第 931 - 932 页。

施建立经费保障机制以保证农村教育投入①。"以县为主"新体制打破了农村地区多渠道筹措教育经费的财政投入体制，将经费投入主体由乡级政府上升到县级政府，政府承担起更多的农村教育供给责任，中央也明显加大对农村教育的投入与扶持力度。但是农村学校教育以基层政府作为投资主体基本格局并没有发展根本性的转变，也并没有彻底改变政府从农村地区汲取教育经费的传统，只不过是在汲取资金的范围、对象以及方式上有所变化而已。同时，中央政府对农村学校教育专项转移支付的覆盖范围与投资比例都极为有限，加之财政转移支付制度并没有建立各级政府合理、明确的分担机制，这种具有临时性和过渡性制度安排只是缓解农村教育经费紧缺的权宜之计。因此，"以县为主"的财政投入无法满足农村教育发展的实际需要，学校只能通过增加学杂费比例来弥补办学经费的缺口。

4. 第四阶段（2006 年—）：农村教育供给的"省级统筹，以县为主"

城乡二元结构的弊端随着我国社会经济发展而逐渐暴露，政府采取诸多措施不断加强农村中小学教育投入力度，但是农村学校财政投入与管理体制并未发生实质性转变。2005 年国务院发布《关于深化农村义务教育经费保障机制改革的通知》，提出在"明确各级责任、中央地方共担"的前提下，建立中央和地方分项目、按比例分担的农村教育经费保障机制②；2006 年修订的《中华人民共和国义务教育法》，规定城市和农村义务教育都必须实行"经费省级统筹，管理以县为主"的投入与管理体制③，彻底改变了过去"投入主体"与"管理主体"合二为一的格局，这次改革从体制、机制两个方面理顺了农村学校教育经费保障

---

① 何东昌：《中华人民共和国重要教育文献（1998—2002）》，海南出版社 2003 年版，第 1181 – 1183 页。

② 何东昌：《中华人民共和国重要教育文献（2003—2008）》，新世界出版社 2010 年版，第 920 – 922 页。

③ 何东昌：《中华人民共和国重要教育文献（2003—2008）》，新世界出版社 2010 年版，第 1123 – 1126 页。

体系及其制约因素，经费"省级统筹"使农村学校财政投入更有保障、更为均衡地在省域内发展，而管理"以县为主"使得县级政府更为直接了解农村地区家庭教育需求及其当地教育发展。中央政府为了保障教育经费足额、按时达到农村学校，还对中央"专项转移支付"进行了制度设计，2006年教育部、财政部联合印发《农村义务教育经费保障机制改革中央专项资金支付管理暂行办法》，规定将"中央财政负担的免费教科书、免杂费补助、公用经费补助、校舍维修改造等专项资金纳入国库集中支付管理"。[①] 在这种财政投入与管理体制机制下，国库集中支付的中央专项资金拨付给省级财政部门之后，省级财政部门直接拨付到收款人或所辖县级财政部门，并由县级财政部门直接支付到收款人或目标学校。农村义务教育经费保障体制机制改革，由于建立了中央和省级专项转移支付制度，提高了经费投入主体中的政府层级，规范了管理主体中县级政府的管理职能，这种新的体制机制使得我国农村地区教育财政投入与管理制度逐步走向完善。

**（二）城市教育体制变迁中"国家与社会"的历史轨迹**

1. 第一阶段（1979—1993年）：城市教育供给的"划分收支、分级包干"

随着城市地区社会经济的快速发展和结构调整，国家逐步探索并实行由"统收统支"向"分级财政"的财政体制改革。1980年国务院先后颁发《关于实行"划分收支、分级包干"财政管理体制的通知》和《实行"划分收支，分级包干"财政管理体制的暂行规定》，国家由此确立了"划分收支，分级包干"的财政体制，明确划分了中央与地方的财政收支范围，在很大程度上扩大了地方政府的财政权力。为了应对财政体制改革后的新变化，同年教育部发布了《关于实行新财政体制后教育经费安排问题的建议》，规定"教育经费拨款从1980年开始由中央

---

① 何东昌：《中华人民共和国重要教育文献（2003—2008）》，新世界出版社2010年版，第1029–1031页。

和地方两级财政切块安排"①，提出了中央政府与地方政府按照学校隶属关系分别承担所对应学校类别的教育经费。1985 年《中共中央关于教育体制改革的决定》提出："基础教育管理权属于地方，中央决定大政方针和宏观规划，其他责任和权力都交给地方"；"地方机动财力中应有适当比例用于教育，地方可以根据自身财政收支和教育发展的实际情况适当征收一定的教育附加费"。② 从 1985 年以后，城市基础教育逐渐改变了主要由国家财政负担办学经费的局面，开始由国家、社会和个人等多元化渠道筹措教育经费，"多条腿走路"成为这一时期的显著特点。1986 年国家颁布并实施《中华人民共和国义务教育法》《关于实施〈义务教育法〉若干问题意见的通知》，规定"国务院和地方各级人民政府共同负责筹措并以保证实施义务教育所需事业费和基本建设投资"③，但在当时"地方负责、分级管理"的财政体制下，城市普及义务教育的经费中央政府所占比很低，其主要来源于地方的市（区）政府。除国家预算内教育财政拨款之外，城市学校还通过教育费附加、学生学杂费、社会力量及个人捐助等方式筹集教育经费，如 1987 年原国家教委印发《关于社会力量办学的若干暂行规定》对社会力量参与办学做出了具体规定要求。1992 年国务院批准转发《中华人民共和国义务教育法实施细则》，省级政府对城市学校的教育经费提供业务组织和管理、一定专项补助但不负主要责任，城市学校所在的市区或者市辖区两级政府承担绝大部分经费筹资责任，这就使得校级之间、城市区域之间教育发展不均衡问题逐渐凸显。

　　2. 第二阶段（1994—2007 年）：城市教育供给的"分税制改革、多

---

① 何东昌：《中华人民共和国重要教育文献（1976—1990）》，海南出版社 1998 年版，第 1799 – 1780 页。

② 何东昌：《中华人民共和国重要教育文献（1976—1990）》，海南出版社 1998 年版，第 2277 – 2281 页。

③ 何东昌：《中华人民共和国重要教育文献（1976—1990）》，海南出版社 1998 年版，第 2414 – 2415 页。

渠道筹措"

　　"财政包干"财政体制下，中央政府财政呈现出收入比例上升、支持比例下降的趋势，而地方政府，尤其是县级政府财政却呈现出收入比例下降、支出比例上升的趋势，但是中央与地方财政收支都基本保持平衡。1992 年党的十二大做出了建立社会主义市场经济体制的重大决策，1993 年中共中央发布《关于建立社会主义市场经济体制若干问题的决定》，提出在合理划分中央与地方事权的原则下实行财政体制的"分税制"改革。但是这种形式的财政体制改革，中央政府财政能力迅速增强而地方财政能力却大为减弱，造成了地方政府财权与事权的严重失衡，薄弱的财政能力迫使地方政府不得不进一步压缩城市学校教育经费的支出空间和支出比例。在地方政府对教育财政投入严重困难的情况下，中央同时实施"科教兴国"战略强调教育优先发展。1993 年中共中央与国务院印发《中国教育改革和发展纲要》，提出"国家财政性教育经费支出占国民生产总值（GDP）的比例要逐步提高并于 20 世纪末达到 4%"[1]，通过国家财政投入、教育税费征收、学杂费收取、社会助学捐资、教育基金设立等多种渠道筹集教育经费。1994 年国务院颁布《关于〈中国教育改革和发展纲要〉的实施意见》，提出"鼓励社会力量和企事业单位投资办学，可实行民办公助、公办民助等多种形式"[2]。在地方财政压力过大、政府财政投入不足的情况下，制度外筹资、教育市场化解决学校经费问题也有了一定的合法性基础，地方政府实际上把教育筹资责任转嫁给受教育者个人或家庭。城市地区政府优质教育资源供给不足、而家庭和学生对优质教育资源的需求却日益旺盛，在教育市场化影响下，90 年代中后期择校现象与教育乱收费现象愈演愈烈，国务

---

①　何东昌：《中华人民共和国重要教育文献（1991—1997）》，海南出版社 1998 年版，第 3467－3473 页。

②　何东昌：《中华人民共和国重要教育文献（1991—1997）》，海南出版社 1998 年版，第 3661－3667 页。

院、原国家教委 1995 年到 2002 年陆续颁发系列关于治理择校行为、教育乱收费现象的政策文件，但这些相关政策效果并不理想，城市地区的择校现象与教育乱收费现象更为严重。为了进一步治理择校与教育乱收费问题，2004 年教育部、财政部等部门联合发布《关于在全国义务教育阶段学校推行"一费制"收费办法的意见》，提出"学校一次性统一向学生收取经过严格核定的学杂费、课本费和作业本费等"①，并强调、落实政府对中小学的投入责任，规定各级地方政府财政预算内教育经费的拨款标准。此后城市学校教育乱收费现象得到一定缓解，但由于优质教育资源供给不足与家庭教育需求旺盛之间的矛盾未根本解决，择校现象与择校收费问题仍然十分严重。

3. 第三阶段（2008 年—）：城市教育供给的"两免一补、全面免费"

随着 2005 年国家将农村学校教育经费全面纳入公共财政保障，全国各地农村地区先后全部实现了免除学杂费的目标任务，国家开始将免除城市义务教育学学杂费提上议事日程。2008 年教育部发布《关于进一步做好城市义务教育免除学杂费试点工作的通知》，提出"在试点基础上全部免除城市义务教育公办学校学生的学杂费"②，要求落实省级统筹责任，统筹确定免除学杂费的推进政策、统筹落实免除学杂费的所需资金。随后，国务院发布《关于做好免除城市义务教育阶段学生学杂费工作的通知》，明确提出"全部免除城市义务教育公办学校学生学杂费，并切实解决好进城务工人员随迁子女就学就读问题，中央财政给予适当奖补"；"强化省级统筹，确定各级地方政府的经费分担责任，确保学杂费免除的相关工作落到实处"③，至此我国全部免除了城乡义务

---

① 何东昌：《中华人民共和国重要教育文献（2003—2008）》，新世界出版社 2010 年版，第 344 – 345 页。

② 何东昌：《中华人民共和国重要教育文献（2003—2008）》，新世界出版社 2010 年版，第 1571 – 1573 页。

③ 何东昌：《中华人民共和国重要教育文献（2003—2008）》，新世界出版社 2010 年版，第 1627 – 1628 页。

教育公办学校学生的学杂费。随着新型城镇化建设与户籍制度改革不断推进，城乡学生流动性加大，城乡经费保障机制不尽统一，经费可携带性不强，资源配置不均衡、综合改革有待深化等问题日渐凸显。2015年国务院印发《关于进一步完善城乡义务教育经费保障机制的通知》，提出"统一城乡经费保障机制，实现'两免一补'和'生均公用经费基准定额'随学生流动可携带"。这一政策出台，是新时期在教育改革领域主动适应新型城镇化建设和户籍制度改革、守住民生底线的重大体制机制突破，对于健全城乡一体化教育体制机制、促进教育公平与发展均衡、提高整体教育质量等具有重要意义。

## 第二节 城乡一体化教育体制变迁中"国家与社会"的角色流变

不同社会经济体制下城乡教育体制有着较大的差异，这就使得"国家与社会"在城乡教育体制发展的不同阶段的地位与作用不尽相同，从而发生角色流变现象。计划经济时期，"国家角色"随着教育方针确立，城乡教育目标出现同一化、财政紧缺使得政府在教育供给中出现缺位与补位现象；"社会角色"表现制度外社会力量筹资弥补政府供给不足，支付成本与支付能力导致家庭接受教育的意愿波动；改革开放后，"国家角色"随着教育方针调整，城乡教育目标出现分化，政府教育供给责任在飘忽与摆动中逐渐确立，"社会角色"表现为社会利益主体从单一走向多元、家庭利益主体从被动接受走向主动选择。

### 一、改革开放前城乡教育体制变迁中"国家与社会"的角色流变

新中国建立后，党和国家通过"国家改造社会"运动在短时间内确立高度集权的政治经济体制，国家对社会公共领域的渗透和控制，最终确立了行政控制主导下的高度一体化的控制型"政社"关系，教育

领域城乡教育体制中"国家与社会"角色深刻地打上了时代烙印。

## （一）城乡教育体制变迁中"国家"的角色流变

1. 教育方针确立，国家城乡基础教育目标的相仿与趋同

1949 年 9 月，中国共产党广泛地邀请全国社会各界召开人民政治协商会议，在会议上通过具有临时宪法性质的《中国人民政治协商会议共同纲领》，在"文化教育政策"部分第一次明确地阐述了新中国成立后过渡时期党和国家的教育方针，即"中华人民共和国的文化教育为新民主主义的，即民族的、科学的、大众的文化教育"①，这一教育方针表明新中国成立后一段时期内，我国文化教育工作具有新民主主义革命的性质和任务。同年 12 月，教育部召开了第一次全国教育工作会议，明确了以"改革旧教育、发展新教育""为国家建设服务、向工农开门"的办学方向。② 1950 年 5 月，教育部在《人民教育》创刊号上发表《当前教育建设的方针》，着重阐释了新民主主义的教育方针，把"为工农服务""为生产建设服务"作为当前新民主主义教育实施的中心。在新民主主义教育方针指导下，1949 年至 1956 年，我国各级各类教育事业得到了迅速发展，新中国教育事业迎来第一个繁荣时期。由于受"为工农服务"教育方针的影响，在所增加的受教育人口中尤其是中小学阶段，来自工人或农民家庭的子女占据着相当大的比例，农村地区也通过新建、改建或扩建等方式建立了大量中小学，农民子弟获得了更多的教育权利和教育机会。

1956 年开始，党和国家领导人根据国内外政治形势变化，实时对文化教育政策进行了大幅度调整，其中教育方针尤为引起重视。1957 年毛泽东主席在《关于正确处理人民内部矛盾的问题》的讲话中，特

---

① 何东昌：《中华人民共和国重要教育文献（1949—1975）》，海南出版社 1998 年版，第 1 页。

② 何东昌：《中华人民共和国重要教育文献（1949—1975）》，海南出版社 1998 年版，第 7 页。

别强调青年学生和知识分子学习科学文化知识、学习马克思主义的重要性，并提出"我们的教育方针，应该使受教育者在德育、智育、体育几方面都得到发展，成为有社会主义觉悟的有文化的劳动者"①。毛泽东主席对教育方针的阐述，不仅强调了教育领域思想政治工作的重要性，而且明确了当时的社会环境下人才培养要求、劳动者素质和个体素质结构等。教育方针强化了教育工作的政治属性与政治功能，发展科学技术、促进经济建设等方面的教育功能有所削弱。1958 年 9 月，中共中央、国务院根据毛泽东主席多次关于教育方针论述与指示，颁布施行《关于教育工作的指示》，更加明确、系统地阐述了党和国家的教育方针，即"党的教育工作方针，是教育为无产阶级的政治服务，教育与生产劳动相结合；为了实现这个方针，教育工作必须由党来领导"。② 这一时期教育方针带上了更加浓厚的政治色彩和阶级意识，在事实上造成了教育发展方向与教育价值取向出现一定偏差，但是教育工作依然致力于教育普及和教育发展，通过向城乡工农阶级提供"与生产劳动相结合"的教育而培养成社会主义劳动者。

1961 年到 1966 年期间，党和国家对教育工作进行了适当的调整。在教育文化领域，阶级斗争扩大化还没有达到支配、左右全局的地步，教育工作路线、方针虽有失误，但局部总结、调整使得教育事业并没有遭受过度冲击，城乡教育事业在曲折仍有所发展。1966 年"文化大革命"爆发，党和国家部分领导人对政治形势估计失误，教育丧失了相对的独立地位而成为阶级斗争的工具。

新中国成立到"文化大革命"结束，我国教育方针几经调整和变化，深刻地影响着教育工作与教育事业发展。1949—1956 年，教育方

---

① 何东昌：《中华人民共和国重要教育文献（1949—1975）》，海南出版社 1998 年版，第 725 – 727 页。

② 何东昌：《中华人民共和国重要教育文献（1949—1975）》，海南出版社 1998 年版，第 858 – 861 页。

针带有新民主主义革命的性质，符合并适应了当时社会环境变化和教育发展的实际情况，极大地提高了人民群众、特别是工农阶层的科学文化水平；1956—1966 年，教育方针强调教育的政治属性和政治功能，忽视了教育的科技发展功能和文化传承功能。1966 年到"文化大革命"结束。教育方针强调"政治挂帅""以阶级斗争为纲"。但是，总体上我国城乡基础教育目标始终保持着高度的一致性和趋同性，城乡基础教育都坚持着为社会主义建设服务、为工农大众服务。

2. 教育财政紧缺，国家教育供给责任的缺位与补位

经费投入是教育事业持续发展的必要条件，国家经济发展规模、速度和整体水平以及在此基础上的财政收支状况都是决定教育经费投入的客观条件。新中国成立后，党和国家面对一穷二白的国民经济体系，严峻的经济形势导致国家财政收入极为有限，政府财政入不敷出并出现巨大的财政赤字。1949 年到 1952 年期间，党和国家通过没收官僚资本、统一财经、深化土地改革、调整工商业等系列政策，致力于国营经济部门的建立和国民经济的恢复，这使得国家财政收入状况开始好转；1953 年到 1957 年，党和国家实行过渡时期总路线，制定并执行第一个五年计划，社会主义经济体制在这期间逐渐建立起来，各级各类经济行业得到迅速恢复与发展；1958 年到 1960 年，人民公社运动和"大跃进"运动忽视了经济发展客观规律，高指标、浮夸风等脱离实际的冒进行为导致国民经济陷入严重困难的局面；1961 年到 1965 年，实行"调整、巩固、充实、提高"的经济方针，国民经济又重新得到恢复和发展；1966 年"文化大革命"开始到"文化大革命"结束，国民经济形势几经起伏，急剧恶化陷入了全面混乱状态，国家的经济发展和人民群众的物质生活都遭到严重破坏。总体上来看，新中国成立后到"文化大革命"结束的几十年期间，我国经济状况在不断的起伏跌宕中艰难发展并取到了丰硕的成就，但是党和国家在经济基础十分落后、薄弱的条件下曲折地开展社会主义建设，成就巨大但经济总量依然较小，国家财政收入也

极为薄弱。加之，计划经济体制下政府几乎包揽了国民经济各个部门，基础建设、军费开支、行政支出等占据财政收入的绝大部分，教育经费投入所剩无几。

从新中国成立伊始到 70 年代末，我国政府力图教育事业走依靠国家办学道路，教育经费也试图由国家财政统包，但是在财政收入严重不足、教育经费投入有限的情况下，政府难以全面承担基础教育供给的全部责任，不得不发动厂矿企业、农村社队等多种力量办学来推动教育的普及与发展，这也在一定程度上也导致了城市与农村教育发展水平不均衡。总体上来看，计划经济时代基础教育实行国家办学与厂矿企业、农村社队办学并举，地方政府承担城市县镇学校的办学经费，厂矿企业承担其自身隶属举办学校的经费，地方财政和社队群众承担农村学校的办学经费。

**（二）城乡教育体制变迁中"社会"的角色流变**

1. 制度外集体筹资，社会力量弥补政府教育供给不足

新中国建立到"文化大革命"结束前夕，伴随着社会政治、经济领域的曲折与发展，城乡教育低投入却追求高指标，中央政府制定的系列教育发展目标在一定程度上都难以没有实现。如 1951 年中央提出"全国学龄儿童入学率到 1957 年达到 80%，从 1952 年起十年内普及小学教育"，但是直到 1961 年我国学龄儿童入学率才 61% 左右；1954 年提出"15 年左右扫除农村青壮年文盲"，在"大跃进"和人民公社运动期间，农村扫盲工作基本处于停滞状态；1955 年提出"8 年内将中学教师全部提高到师专以上水平"，直到 80 年代，中等师范教育依然是弥补初中教师紧缺的重要方式；1956 年提出"各地分别在 7 或 12 年内普及小学义务教育，各地分别在 5 或 7 年内基本上扫除文盲"，但是直到 1982 年前后才基本扫除青壮年文盲，1990 年左右才基本普及小学教育。① 这些发展目标不仅反映了政府教育发展目标，也反映了广大人民

---

① 新政通诠编写组：《中国新一届政府跨世纪大政纲领》（第三卷），中国经济出版社 1998 年版，第 68－69 页。

群众迫切改变教育落后状况的热情和愿望，人民群众在物质生活条件较为艰苦的时候，依然能够尽最大努力试图实现这些脱离实际的发展目标。为响应"两条腿"办学方针，村办学校、社办学校、工矿企业所办学校成为政府办学外的重要力量，社会力量在最大程度上弥补了政府教育供给不足。

1949 年到 1958 年，地方政府及时利用解放、土改所提供的机会发展农村教育，但是政府财政收入有限，教育经费投入严重不足，不得不依靠财政之外的其他财源来开办农村教育。广大农村积极响应政府号召支持普及小学教育，农村教育所面临的师资、校舍、经费等诸多困难均有政府与农民共同分担。在地方县、乡、村三级政府及其干部、广大农民的支持下，农村学校得到正常运转，农村地区迅速提高了小学的普及率。1958 年开始，全国范围内广泛地掀起了人民公社运动和"大跃进"运动，新的社会环境与领导干部干预导致农村地区教育出现"教育大跃进""教育大革命"现象，直到 70 年代末农村教育在几经跌宕起伏中艰难发展。从经费来源上，这一时期办学经费主要由国家拨款与集体资助构成，人民公社集体资产占据着不可忽视的比例，其中集体资产又以三级集体机构中的大队资助为主。城市基础教育资金筹措也包括政府财政与集体制度外两个渠道，国家从地方政府获取的财政收入极为有限，即使将其全部用于公社财政或县级政府财政的公共产品建设之上，也难以匹敌公共产品的制度外供给，即集体经济中所提取的管理费、公积金和公益金等。

2. 经济能力制约降低，家庭及其子女教育意愿波动

新中国成立初期，大部分农民生活依旧贫困，经济能力依然是制约农民子女接受教育的重要因素。在二元分割城乡教育体制下，接受教育是农民子女摆脱农民身份、从农村走向城市的唯一的道路，但是教学脱离实际导致"读书无用论"盛行，农民子女读完高中后依然没有掌握城市社会所需要的知识和技能。1958 年人民公社制度建立，计划经济

体制下的人民公社是一种福利性制度，社会成员之间的差距降到最低限度，较穷家庭在公社里可以得到一定的救济。人民公社制度的这些特征深刻地影响着农民及其子女的教育选择，许多生产队规定未满16岁的小孩不能参加集体工作，部分生产队规定未满16岁的小孩劳动一天值两三个公分，这点收入对家庭没有实质性意义，家庭上学的机会成本较小；加之当时学费低廉，学校还会为家庭困难的学生免除学杂费甚至支付书本费，家庭上学的直接成本也较小。所以，家庭经济能力对教育影响与制约降低到最低程度，当时许多家长即使知道读书没有用处，但仍愿意将送子女送到学校里去。

新中国成立初期，由于党和政府正确的教育措施以及广大人民群众的支持，我国农村地区教育发展快速，但是贫困依然困扰着人民群众的正常生活，因经济因素而引起的辍学和逃学现象较为普遍，大部分经济条件较差的农民子女读完小学后就难以继续升学就读了，部分经济条件较好的家庭全力支持子女入学也难以达成升学愿望。这一时期农民子女大部分满足于基本的读写算能力，接受小学阶段尤其是初小阶段的教育即可。1958年开始的"教育大跃进""教育大革命"，片面强调劳动实践与上山下乡运动，强调教育与生产实践相结合，完全忽视基础知识、基本能力的学习与训练，这种教育方式难以满足农民子女"跳农门"希望，他们也逐渐失去了入校学习的兴趣和意愿。1961年前后党和国家对教育进行调整，文化知识学习又重新得到重视，旨在提高教学质量的各种手段普遍得到采用，人民群众子女接受教育的意愿又开始有所回升。但是1966年"文化大革命"开始后学校开始"听课闹革命"，批斗教师、破坏设施等又导致了学生学习意愿和兴趣的退却。

## 二、改革开放后城乡教育体制变迁中"国家与社会"的角色流变

改革开放后，党和国家放弃了高度集权的计划经济体制，逐渐建立与完善社会主义市场经济体制，推行财政领域的分权化改革，社会公共

领域初步形成了多元利益主体共生共荣的局面。教育领域同样如此，政府、学校、家庭及学生都成为独立的利益主体，并在城乡教育体制改革与发展过程中扮演者重要角色。

## （一）城乡教育体制变迁中"国家"的角色流变

### 1. 教育方针调整，国家城乡教育目标的矛盾与分化

改革开放初期教育领域也进行了拨乱反正，国家采取了系列措施整顿并结束长期以来混乱的教育秩序，全国教育工作逐渐走向了按教育发展规律办学的正确轨道。为了适应在新形势下政治经济体制等的改革与发展，党和国家实时对教育目的和教育方针进行了与时俱进的调整。1982 年《中华人民共和国宪法》第一次以根本大法的形式提出我国教育目的，即"国家培养青少年儿童在品德、智力、体质等方面全面发展"；1985 年《中共中央关于教育体制改革的决定》阐述了教育与社会主义建设的关系，即"教育为社会主义建设服务，社会主义建设依靠教育"[1]，既体现了培养学生德、智、体全面发展的一贯思想，又体现了社会主义现代化建设对人才的迫切需求；1986 年《义务教育法》明确规定，必须贯彻国家的教育方针，促进少年儿童在品德、智力、体质等方面全面发展，"培养有理想、有道德、有文化、有纪律的社会主义接班人"[2]；此后，1993 年《中国教育改革和发展纲要》、1995 年《中华人民共和国教育法》、2006 年新修订《义务教育法》等都延续了以上教育方针对人才培养格局与教育目的的阐释。伴随着政治经济体制改革与社会主义现代化建设，我国教育形成了"培养德、智、体、美、劳五育全面发展的社会主义建设者和接班人"的社会主义性质和方向。在教育方针调整以及社会主义经济发展过程，国家逐渐提出了"科教兴国"

---

[1]　何东昌：《中华人民共和国重要教育文献（1976—1990）》，海南出版社 1998 年版，第 2285 – 2289 页。

[2]　何东昌：《中华人民共和国重要教育文献（1976—1990）》，海南出版社 1998 年版，第 2496 – 2499 页。

战略，政府越来越深刻地认识到教育的巨大作用。

　　国家教育方针调整与科教兴国战略施行，国家同样重视城市教育和农村教育发展，但是城乡教育培养目标与规格有所不同。随着"教育革命""开门办学"等激进行为得到纠正，"尊重知识""尊重人才""实事求是办教育"等政策方针得到落实，城乡教育取向与定位问题重新翻出。城市教育本来面目逐渐得到回复，知识分子不再需要"上山下乡，接收贫下中农再教育"；农村教育价值取向与发展定位成为难题，"离农"与"为农"的争论，即农村教育走城市化道路还是服务当地农村的乡土化道路。从国家角度来看，改革开放以来农村教育培养目标与人才规格表现出明显的"为农""留农"倾向。1985 年《中共中央关于教育体制改革的决定》、1987 年《关于农村基础教育管理体制改革若干问题的意见》、2003 年《国务院关于进一步加强农村教育工作的决定》等政策文件，都反映了政府对农村教育发展方向与培养目标的定位，城乡有别的教育发展取向造成政府和民间两种不同教育意愿的对立。

　　2. 分权化改革，国家教育供给责任的飘忽与摆动

　　制度变迁的根本原因在于政府间利益格局的调整，制度环境变化能够引起潜在获利机会的增加，各利益行为主体为了能够把潜在利益变为自身现实利益，将主动寻求并积极推动制度创新。20 世纪 80 年代初期，国家在经济领域和财政领域推行分权化改革，形成了以"财政包干"为特征的分级财政体制，各级政府开始进入利益多元化与多重利益博弈时期。1994 年财政体制开始的分税制改革，中央政府将财政权力有所上收，但是各级政府作为利益主体的角色地位已经相对固化，围绕财权与事权而展开的利益博弈得到延续和强化，在很大程度上影响着教育供给的制度安排以及教育政策的基层执行，特别是义务教育领域的供给责任出现了变动态势。

　　各级政府成为相对独立的、拥有一定财权与事权的利益主体，必将围绕和利益与责任分担问题展开博弈，由于上级政府拥有更多的行政权

力，政府间利益博弈的结果造成教育供给责任的基层化。80 年年代初期的分权制改革，国家提出了"把发展基础教育的责任交给地方""地方政府具体负责农村义务教育的筹资和管理"的办学要求。但是在我国的行政架构之中，地方政府包括省、地级市、县、乡四个层级，还有行政村社基层组织，国家并没有对各级地方政府，尤其是地方政府的不同行政部门的权责进行具体、明确划分。四个层次的地方政府在博弈与互动过程之中，处于行政末端、行政层级较低的政府组织因权力缺乏，在利益博弈过程中难以使得制度安排朝着有利自己的方向发展，博弈结果必然导致教育集资筹资的供给责任最终落到基层政府之上，行政级别更低的基层政府承担起更多的教育供给责任。事实上，"县乡村三级办学，县乡两级管理"的三级办学体制，逐渐转化为"县办高中、乡办初中、村办小学"的办学格局，乡镇政府和村组织成为经费筹集主体，中央和省市级政府除宏观指导和管理外对农村教育提供少许专项补助。1994年的分税制改革使得高层级政府特别是中央政府的财政能力得到大幅度加强，但是制度路径依赖导致制度惯性影响短时间内难以消除，基础教育供给责任的基层化处境并未根本改变。即使是税费改革后农村教育发展。农村学校运转的经费需求陷入了困境，政府只是有限度地将供给责任适当上移，基础教育学校发展的主要供给责任依然集中在基层政府。

财政体制的分权化改革，逐步打破了过去传统意义上高度集中的财权、事权管理模式，地方政府获得了一定财政自主权也必将承担中央所赋予的事权，从而在基础教育领域形成了三级办学体制。分权化改革迅速强化了地方政府的财政能力，激励了各级地方政府投入社会主义现代建设的热情与积极性，但是基础教育财权与事权不统一的诸多弊端也开始显现，各级政府相互推卸或转移自身教育供给责任。1994 年开始财政体制的分税制改革，合理地、明确地划分中央和地方财政之间的财权和事权范围，中央政府财政实力快速的、大量增加，地方政府尤其是基层地方政府的财政能力大大削弱。但是，所延续的三级办学体制地方政府仍需承担教育供给的主要责任，造成了地方政府的财权与事权严重不平等和不均衡，地方政府在包括教育在内的公共服务支出份额中承担了较大比例，原本就极为薄弱的财政实力显得更加捉襟见肘。在这种情况下，地方政府不得不考虑通过制度外供给方式、以教育市场化或社会力量办学等形式完成基础教育的政府责任。2000 年税费改革，尤其是2006 年废除农业税之后，国家逐渐将农村义务教育学校的经费筹资与管理责任上收到县级政府，打破了基层政府多渠道筹措经费的投入体制。随着统筹城乡教育、城乡教育一体化战略的推进，2016 年国务院颁布《关于统筹推进县域内城乡义务教育一体化改革发展的若干意见》，政府承担城乡教育发展的主要责任，政府教育供给行为走上可制度化、规范化和法制化的轨道。

（二）城乡教育体制变迁中"社会"的角色流变

1. 市场化驱动，社会利益主体从"单一"走向"多元"

改革开放以后，我国由计划经济体制向市场经济体制过渡与转型的过程，在某种程度上反映了社会利益主体由"单一"走向"多元"的趋势。利益主体多元化是指相对独立的个人利益相与相互依存的、多样化的群体利益并存格局。高度集权的计划经济时代，国家过多地、片面地强调社会利益与国家利益、集体利益的一致性，强制给个人贴上"集体人"或"社会人"的标签，所谓国家与集体的公共利益掩盖了个人利益。随着市场化改革的逐渐深入，社会经济体制改革打破了国家和政府作为资源和权力的单一控制主体的传统局面，政府、市场、社会组织、家庭或个人形成了多元化的利益主体格局，不同层次、不同类别、不同利益诉求的个人利益和群体利益都得到承认与尊重。

随着社会经济领域市场化改革的深入推进，市场主体间本质上表现出一种利益关系，这必将导致不同多元利益主体间的利益分化。财政紧缩使得国家不断下放并转嫁政府教育投资责任，市场力量应运而生进入教育领域并成为教育的一种主要供给方式。在这些非政府力量之中，除极少数个人或社会组织捐资办学无营利性目的外，大多数市场化的社会力量介入教育领域都有一定的营利性目的。政府的责任转嫁与社会的盈利追逐自发地联合起来，教育市场化趋势将教育服务以商品形式表现出来，20世纪90年代城市大量民办学校涌现出来，在一定程度上侵蚀了教育的公益性价值与服务性价值。

在城乡社会经济发展依然差距较大的情况下，城市社会力量办学主要以民办教育形式表现出来，具有显著的"营利性"特征，即自愿的、以营利为目的自利行为；农村社会力量办学主要以政府强制性的集资筹资形式表现出来，具有显著的"摊派性"特征，即被动的、以摊派为手段的强制行为。从外部环境来看，市场化程度是衡量一个地区资源配置自由度的重要指标，城市与农村市场化程度差异巨大，城市的市场化程度远远高于农村地区，城市地区社会力量办学更多的是采取市场经济条件下的市场化手段，农村地区社会力量办学则延续了计划经济传统下的摊派和集资等手段。从城乡教育发展水平来看，城市地区教育发展水平较高，已经解决了家庭和学生最基本的"温饱"性的教育需求，政府将追求富有特色的、更为优质的教育资源这一多元化需求部分地交于市场，社会力量在逐利动机的驱使下积极介入教育领域，推动教育市场化以发展民办教育；农村地区学校甚至尚未解决教师工资、学校安全等基本的"温饱"问题，加之国家把农村教育供给责任下放到基层政府，基层政府的财权与事权不对等导致进一步将供给责任继续下移，社会力量办学表现出被动集资、被摊派、被征收教育附加费等现象。

2. 需求性扩展，家庭利益主体从"被动接受"走向"主动选择"

随着社会经济不断发展与家庭经济支付能力不断提高，家庭对教育价值的认识与对教育的重视程度不断加强，家庭利益主体逐渐加剧了对优质教育资源的争夺，力争学生在未来的劳动力市场占据有利的社会经济地位与人力资本优势。从教育需求的角度来看，一个国家和地区的学校经历着从普及到提高、从关注数量扩张到关注质量提升的发展过程。

数量关注主要解决"有学上"问题，质量关注主要解决"上好学"问题，学校教育这种动态发展过程也反映了家庭与学生主体利益地位开始凸显。在优势教育资源供给不足与国家政策规制情况下，家庭与学生力图通过市场交换来实现自己的利益目标，教育成为进行人力资本投资的重要手段与形式。

国家城乡中小学教育发展、特别是义务教育经历着从"生存性"到"发展性"的发展过程。"生存性"从数量角度解决学生接受最基本的义务教育权力，当国家财政有限与社会力量不足难以承担全部义务教育费用的时候，学校就不得不向教育的直接受益群体家庭与学生收取一定费用来降低学校教育成本。义务教育的"生存性"与"发展性"在时空承载上相互交叉，只不过"生存性"与"发展性"在义务教育发展的不同时空之中的主次地位有所区别与不同。从时间维度上看，义务教育处于"生存性"需求时期，学校、家庭与学生的"发展性"需求依然存在；从空间维度上看，同一时期义务教育发展在区域之间、城乡之间、校级之间难以同步与均衡发展。改革开放以来，我国城乡义务教育逐渐由"生存性"向"发展性"转型与发展，家庭利益主体交费方式与成本支付的角色也经历着从"被动接受"向"主动选择"的流变。

在义务教育发展的转型过程以及家庭利益主体的角色流变双重影响下，义务教育阶段家庭与学生交费方式有所分化与区别。农村地区义务教育的"生存性"发展需求一直占据主导地位，教育发展基础整体较为薄弱，优势教育资源选择的机会较少，加之农村家庭经济收入对教育支付成本的限制，农村地区难以大量出现主动缴纳择校费、赞助费、捐赠费等教育现象。90年代左右，国家和地方政府对农村教育的财政投入有限，农村学校的教师工资、日常开销、校舍改造等问题都十分突出，所以农村学校按照相关法律依据，向家庭和学生收取一定的学杂费。城市学校已经实现了解决温饱的"生存性"需求，对优质教育资源追逐的"发展性"需求成为城市家庭迫切要求。城市地区校级差距较大，往往优质学校与薄弱学校并存，优质教育资源供需失衡导致择校问题十分突出。城市地区具有一定社会经济地位与人力资本的家庭，时刻伺机争夺优质教育资源以占据与巩固优势地位，社会经济地位与人力资本处于弱势的家庭，也往往通过各种手段筹集资源参与择校浪潮之中。学校成为相对独立的利益实体，为了自身既得利益自然地对城市家庭的需求性扩张作出回应，家庭为获得优质教育资源主动选择支付额外教育成本。

## 第三节　城乡一体化教育体制变迁中"国家与社会"的演进规律

城乡教育体制在本质上是国家在对待和处理城市教育与农村教育问题时所做出的一项制度安排。城乡一体化教育体制变迁中"国家与社会"有着自身的演进规律，它在演进模式表现为国家向社会赋权的"单向赋权"、国家嵌入社会与社会嵌入国家的"双向嵌入"；演进动力上表现出生产力发展与外部环境变化诱发的外部动力、利益冲突与权力互动生成的内部动力；演进路径上表现为过去由"计划管理"过渡到"责任分担"再转型到"技术治理"，未来将由从集权式"技术治理"走向参与式"合作共治"。

### 一、城乡教育体制变迁中"国家与社会"关系的演进模式：单向赋权与双向嵌入

我国民间教育社会组织在不同程度上都带有一定的官办色彩，甚至很多社会组织都有较为浓重的半官方性与半营利特征，加之政府机构庞大、政府强力控制与学校自主权缺失，这就形成了城乡教育一体化体制中呈现出"国家"向"社会"单向赋权，以及"国家嵌入社会"与"社会嵌入国家"双向嵌入的演进模式。

### （一）"国家与社会"关系演进的赋权模式："单向赋权"

从"社会—空间"的角度来看，国家权力包括专制性权力和基础性权力，其中，专制性权力是指国家与公民社会、社会组织等此消彼长的权力分配和权力博弈，它具体表现为国家与社会之间权力的零和博弈；而基础性权力是指国家机构有效执行决策的制度性权力，它可以随着社会组织发展而继续增强。在我国社会经济体制中，改革开放之前表现出国家与社会同构一体的特点，改革开放之后表现出国家与社会有限分离和良性互动的特点①，但是教育领域始终保持着中央向地方赋权、政府向学校赋权、政府向社会赋权的"单向赋权"模式。

改革开放之前的计划经济时期，城乡教育发展国家向社会"单向赋权"，主要目的是解决国家财政紧缺与政府教育供给不足问题，这种赋权行为表现为财权行为而非事权行为，地方政府较之于中央政府、学校和社会较之于政府，在权力博弈与权力分配过程中都处于较为弱势的地位，城乡教育发展事实上形成一个"强力政府、弱势社会"的格局。改革开放以后，随着国家政治、经济体制的深入改革与社会组织发育逐渐成熟，城乡教育发展国家向社会"单向赋权"表现出多重形态。一是中央向地方赋权。1985年开始，城乡基础教育改革投入与管理改革在"地方负责、分级管理"的中央向地方放权的基本框架下逐渐推进，中央政府决定教育发展的大政方针、顶层设计和宏观规划，地方政府制定与实施具体的配套政策、行动计划和规章制度以及学校的领导、管理与督查等事务，尤其是2010年的《规划纲要》提出"政府职能转变和简政放权"的教育体制改革基本思路，更加理顺了中央与地方的权责利益关系，既有利于中央集中力量宏观把握城乡教育发展方向与变革趋势，也有利于调动地方办学的积主动性和积极性。二是政府向学校赋权。校长负责制使得校长成为城乡学校法人代表，校长代表学校并负责

---

① 吴晓霞：《当代中国政治发展的前后三十年：国家与社会关系的视角》，《学习与探索》2013年第2期，第48－54页。

所赋予的决策权、指挥权、人事安排权和财务管理权等，进一步推进政府职能转变、政校分开、管办评分离，继续落实和扩大学校办学自主权，是政府向学校简政放权的基本脉络与必然趋势①。学校有权在国家教育政策法规的框架与约束之下，确立学校发展目标，追求特色教育，促进学校多元化发展；学校有权根据校长负责制、民治治校、依法治校的原则，构建学校组织与教育教学激励机制；此外，学校还有权处理其他纳入学校管理的各项事务。三是政府向社会赋权。国家深化办学体制改革，适度支持民办教育、依法管理民办教育、系统鼓励社会各界参与教育事业发展，鼓励社会团体、成员等参与政府教育决策与学校事务管理。此外，政府还积极采取措施引导城乡教育的社会供给，建立政策优惠、资金扶持、行业发展等激励机制，鼓励社会组织与个人捐资助学，尤其是鼓励社会向贫困地区、农村偏远地区提供教育服务，并在城乡教育供给环节中与社会主体建立有效的合作机制。

**（二）"国家与社会"关系演进的嵌入模式："双向嵌入"**

"双向嵌入"是指一种"国家与社会"相互锁定的关系，它具体表现为社会组织在制度支持、合法性、激励机制与资源获得等方面嵌入国家，即"社会嵌入国家"；而国家意志与治理目标嵌入社会组织运行之中，即"国家嵌入社会"。② 这种双向嵌入关系，国家与社会双方权力并非此消彼长、对抗抵触，而是相互提升、彼此支持，既能够解释为何在我国权威政府与社会组织能够长期并存，社会组织为何能够更加巩固政府政权。

"国家嵌入社会"表现为政府部门与社会组织对接，政府理政能力的自我强化，反映了政府在思想意识层面对社会组织建立和贯彻共识的

① 朱永新：《政府简政放权：实现教育公平的利器》，《探索与争鸣》2015 年第 5 期，第 12 – 14 页。

② 尹阿雳、赵环、徐选国：《双向嵌入：理解中国社会工作发展路径的新视角》，《社会工作》2016 年第 3 期，第 47 – 55 页。

能力。国家政府部门与社会组织接洽的动力，来源于通过社会组织强化或延伸自身的组织功能，如在高度集中的计划经济体制时代，国家严格控制、主导社会组织发展，虽然力求城乡社会力量筹资弥补政府教育财政不足，往往将"阶级斗争""政治路线"等教育的政治属性与政治功能嵌入社会力量办学的运作体系之中；在市场经济体制逐渐完善与社会组织日趋成熟时期，政府部门一方面希冀借助社会组织进行城乡教育一体化的工作宣传，另一方面又出于自身工作处境与困难，主动以社会组织为抓手，将国家意志与政府目标嵌入社会组织而强化政府治理能力。"社会嵌入国家"表现为社会组织借助特定的政府部门的支持，自愿、主动寻求与国家合作。教育活动虽然受到一定社会的政治、经济、文化等因素的影响和制约，但是作为一种培养人的特殊活动，又具体自身独特的发展规律与能动作用，即教育具有相对的独立性，政府对教育的政治要求往往是柔性而非刚性，这就为社会组织参与城乡教育治理余留了较大空间。这就意味着，无论是改革开放之前的计划经济体制时代还是改革开放的市场经济时代，即使社会组织参与城乡教育治理只是服从与社会组织自我参与、自愿服务的志愿者精神，也可能将自己包装成符合政府部门要求的活动。正是城乡教育一体化体制中这种"国家与社会"的"双向嵌入"关系，才使得政府与社会组织在具体议题、议事上得到了强化，政府权威在很大程度上得到了强化与支持，社会组织也得到了一定程度的发展。但尤为值得注意的是，由于我国市民社会与社会组织发展不成熟、发展相对滞后，城乡教育一体化进程对社会捐赠、志愿服务等依赖性较弱，社会供给只是一种重要的补充机制，政府在城乡教育供给与城乡教育治理中在相当长的时期内都将处于主导地位。

**二、城乡教育体制变迁中"国家与社会"关系的演进动力：外部诱发与内源推动**

城乡一体化教育体制变迁中"国家与社会"关系演进，根本动力在于生产力变化与发展，其作用主要体现在生产力发展引发外部环境变化，从而形成"国家与社会"关系演进的外部诱因；直接动力在于不同教育主体的利益冲突与权力互动，其作用主要体现在主体博弈引发利益结构与权力结构调整，从而形成"国家与社会"关系演进的内生动力。

**（一）"国家与社会"关系演进的外部动力：生产力发展与外部环境变化**

"国家与社会"关系演进的外部动力主要是指由教育之外的因素变化所引起的城乡教育体制中"国家与社会"角色的变迁与流变，教育制度在很大程度上受到政治、经济、文化等其他领域制度的影响与制约，由政治制度、经济制度、文化制度等构成的制度环境变化、某个或某几个环境因素的积累性变化超过一定的临界点，就会成为"国家与社会"关系研究的外部动力。

新中国成立到"文化大革命"结束后三十多年间，我国建立并实行高度集中的计划经济体制，为了在短时间内快速实现工业化，党和政府又实行了农村支持城市、城市优先发展、重工业轻发展的赶超型发展战略，有限资源被用来支援城市、支援重工业发展。为了保护城市利益，国家限制人口由农村向城市流动，逐渐建立并形成了一整套包括统购统销、人民公社、户籍割离等在内的城乡二元体制，这一时期城乡关系进一步分化，从城乡分离走向了城乡二元对立。教育作为社会的一个基本领域和子系统，教育投入、教育管理等方面也实行城乡有别的差异化二元体制。但是"政治挂帅""以阶级斗争为纲"等政治路线，强调公平甚至是绝对公平，城乡二元教育体制并没有造成城乡教育的巨大差异。改革开放以后，党和国家逐渐将工作重点转移到以经济建设为中心的社会主义现代化建设之上，并逐渐在政治、经济、文化和教育领域取消了城乡对立的二元体制，政治、经济、教育等社会领域都发生了剧烈变革。高度集中的政治体制和计划经济体制被打破，党和国家开始实行多层次、宽领域分权化改革，建立以市场作为资源配置基础性手段的市场经济体制，消除城乡教育差别壁垒。但是由于制度惯性作用与城市积累的先发优势，城乡二元对立格局依然延续下来，城乡差距未被缩小反而有所拉大。转型期国家政治、经济领域这些过渡特征也深刻地影响着教育领域，如"城市教育政府办、农村教育人民办"的传统办学格局延续了较长时间，市场经济条件下的城乡教育差距有所扩大，同时，资源配置的市场逻辑又强化了办学体制的多元化与教育选择的多样化。因此，教育外部条件变化在很大程度上都会诱发教育制度变迁，从而推动城乡教育体制改革与创新，政治、经济、文化等外部因素在不同时期发挥着相对不同的作用，这些因素相互联系而深刻地影响着城乡教育体制中"国家与社会"的关系及其角色。

（二）"国家与社会"关系演进的内生动力：利益冲突与权力互动

"国家与社会"关系演进的内生动力主要是指国家、社会以及家庭等不同利益主体权力结构和利益偏好的相互作用与制衡而推动着城乡教育体制中"国家与社会"角色的变迁与流变，虽然制度变迁与角色流变的方向由不同的利益主体共同决定，但不同利益主体对其影响和作用的大小不尽相同，其中国家在"国家与社会"角色流变中发挥着主导作用，而社会与家庭则发挥着重要的制约作用。

政府是城乡教育体制中"国家与社会"角色流变的主导力量，主要体现在以下几个方面：为加强政治权威与维护政治地位的合法性，政府必定制定"国家与社会"角色流变的方向与限度，"国家与社会"角色不管如何流变都不能超过政府所预设的界限，如以阶级斗争为纲的政治背景下，城乡教育都成为阶级斗争的工具，以经济建设为中心的政治背景下，城乡教育又必须为社会主义现代化建设服务。不管是政府自上而下推行的强制性流变，还是由民间自下而上推动的诱发性流变，政府都是法律、法规、政策等正式制度的最终供给制，"国家与社会"角色须经过政府的认可才能够得以合法化。政府通过政策与制度手段等设置制度壁垒，限制社会与个人的活动范围与权力界限，把由社会与个人推动的角色流变控制在一定范围，从而有效避免对政府角色与责任的不利影响。当社会组织和个人的价值追求、角色需求、利益诉求与政府的制度效用、制度偏好、制度目标一致，政府就会通过默许、鼓励甚至纵容等方式来诱发、促进"国家与社会"的角色发生流变，正是政府制度设计赋予的政策余留空间，给予了社会和个人角色扮演、利益获得和权力寻租等提供了机会和条件。社会和个人（或家庭）是城乡教育体制中"国家与社会"角色流变的制约因素，主要体现在几个方面：在"国家与社会"角色流变的初始阶段，启动者可能是政府、社会、个人或者其他利益团体，由于社会和个人对潜在获利机会更为敏感，他们往往成为角色流变的初始发起者。当政府主张某项制度中"国家与社会"角色流变时，能否考虑、顾及社会和个人利益成为顺利变迁及其成败的关键，三者利益一致制度变迁与角色流变易于发生，反之，特别是社会和个人力量非常强大时就会对其产生较大阻碍作用，即社会与个人可能对政府主导的制度变迁与角色流变起到推动或阻碍作用。

## 三、城乡教育体制变迁中"国家与社会"关系的演进路径：行政控制主导与政社合作共治

城乡一体化教育体制变迁中"国家与社会"关系演进路向，整体上呈现出从"计划管理""责任分担"再到"技术治理"的发展趋势，当前我国社会各个领域对社会治理的重视，以及在教育领域所确立的实现教育治理体系与治理能力现代化的变革目标，未来"国家与社会关系"应由集权式的技术治理走向参与式的民主共治，从而形成"国家与社会"的良性互动。

（一）"国家与社会"关系演进的历史路径：从"计划管理"到"技术治理"

高度集中的计划经济时期，国家管理并控制着社会生活和个人生活

的各个方面，实际上形成了一种整体主义社会[1]。教育领域各级各类教育都是由国家举办，传统民间办学所形成的大量民间教育组织、民间教育机构基本全部取消，社会教育空间十分狭小甚至不复存在，社会性、多样化的教育格局被统一化、集权式的"计划管理"教育体制所取代。高度集权的教育体制往往限制了基层社会的活力，未必能够保证教育行政权力运行的规范化与有效的政治属性与政治功能之外，中央决定向地方下放教育管理权力，中小学和中等教育主要由地方管理，号召全民办学与全党办学。但是，这一放权过程缺乏完善的制度设计，在政治斗争及革命意识形态为主导的社会动荡时期并没有能够有效实现。"文化大革命"结束后教育领域进行了拨乱反正，各级各类教育事业的也得到了一定的恢复与发展，但是过去制度惯性与制度路径依赖的遗留弊端却日渐显露出来。1985年党和国家开始着力调整城乡学校办学主体、投入主体与管理主体的权责关系，强调并坚持中央向地方放权、政府向学校放权。中央与地方、政府与学校的教育权力分配与职责划分逐步明确，地方办学和学校办学的自主性得到了充分发挥，既调动了地方政府发展教育的积极性和能动性，又弥补了中央政府财政投入不足的困局，"普九"在中央财政吃紧状况下仍然能够快速推进，但同时也出现了农民教育负担过重、学校乱收费、各级政府权限不明、教育发展不均衡等系列新问题。此后，党和国家陆续出台系列政策文件，逐渐建立并完善了"地方负责，分级管理，以县为主"的教育投入与管理体制，同时农村税费改革也取消了乡级以下政府的义务教育管理权限和财政责任，由此形成了"责任分担"的体制格局。

随着我国经济发展水平的迅速提升以及税制改革的逐步实施，政府尤其是中央政府财政能力日益增强。新世纪以后，人民群众对政府教育职能期待有了更高的定位，教育公平与教育质量的诉求越来越强烈。

---

① 肖瑛：《从"国家与社会"到"制度与生活"：中国社会变迁研究的视角转换》，《中国社会科学》2014年第9期，第88－104页。

2004 年以后，党和国家致力于将"经营性政府"行为转变为"公共服务型"治理体系，并将法制化、规范化、技术化和标准化作为行政建设的核心议题。2013 年党的十八届三中全会提出"推进国家治理体系和治理能力现代化"，治理体系在本质上反映了体制机制的创新，而治理能力则表现为治理技术的突破。① 在这种社会背景下，教育改革与发展走向了"技术治理"路径，如资源配置的项目制、评估活动、审计制度、绩效考核与问责等行为广泛兴起于教育领域。因此，从总体上来看，我国城乡一体化教育体制中"国家与社会"关系的演进路径，经历了从"计划管理"到"责任分担"再到"技术治理"的动态变化②，其中，"计划管理"表现出一种行政控制主导的政社关系，而"责任分担"与"技术治理"则表现出一种行政控制与培育发展并重的过渡性政社关系。

**（二）"国家与社会"关系演进的未来路径：从集权式"技术治理"走向参与式"合作共治"**

近年来，党和国家致力于推进教育治理体系与治理能力现代化，但是在长期科层制的影响下政府行政范围依然过大，"技术治理"系列行为也派生出更大规模、更为冗余的行政机构和教育行政经营场域，学校与社会组织作为基层社会单元仍然处于政府重重控制之下③，从"国家与社会"关系角度审视，城乡教育存在"全能型政府包办"与社会力量参与缺失的突出现象。在现有城乡教育体制框架之内，全能型政府的制度逻辑包揽了学校教育发展的绝大部分事务，社会组织和社会力量的运行空间被纳入政府运行架构而处于一种相对边缘的态势，其作用空间

① 孙绵涛：《现代教育治理体系的概念、要素及结构探析》，《教育研究与实验》2015 年第 6 期，第 52－56 页。
② 渠敬东、周飞舟、应星：《从总体支配到技术治理—基于中国 30 年改革经验的社会学分析》，《中国社会科学》2009 年第 6 期，第 104－127 页。
③ 王有升：《中国教育治理体制的历史演变、现实问题与改革动力探析》，《华中师范大学学报（人文社会科学版）》2016 年第 6 期，第 167－174 页。

受制于政府的严格限制。随着市场经济体制与社会组织的发育与完善，社会力量成为政府与市场之外能够发挥重要作用的第三种力量，当前我国城乡教育发展诸多问题已表明，全能型政府日益显得捉襟见肘与力不从心。民间组织、社会团体的发展与成长已经势不可挡，它是自主运作而非由政府主导，其功能和角色与政府的互补可带来整个社会的良性发展。此外不容忽视的是，家庭与学生群体作为学校教育最为密切的利益相关者，同样是影响城乡教育一体化进程潜在的重要社会力量，家长和学生如何参与城乡教育治理尚缺乏有效的制度支撑。

当前相对独立的、能够自行运作的、具有较高专业性的教育服务机构和教育行业协会等尚未充分发育与成功转型，绝大多数教育服务机构和教育行业协会都直接隶属或依附政府教育行政部门，它们的生存与发展也受到多重体制的规限。此外，集权化管理在先进的技术手段的驱动下显得更为便捷，"技术治理"使得科层化官僚体制的弊端逐渐显露出来，基层社会组织的自主空间愈发缩小并丧失了应有活力。在这种情况下，大力推进社会力量参与城乡教育治理成为当务之急。政府部门首先要适时改变过度集权化管理教育的局面，适当向社会组织、民间组织、家长或学生等下放与分解教育权力，充分调动他们参与城乡教育一体化改革与发展的积极性。在不损害教育利益的公益性、保障教育公平与质量的前提之下，充分鼓励与调动社会力量参与城乡教育治理，提倡并保护城乡学校教育的多元发展，让社会组织充分释放与施展其独特的教育优势和教育情怀；同时，制定相关政策与制度安排，确保家长与学生积极参与城乡教育事务，适当扩大并满足家庭对优质教育资源的选择权利，以此激发城乡教育深度改革的更大活力。因此，未来我国城乡一体化教育体制中"国家与社会"关系，即将由从集权式"技术治理"转型到参与式"合作共治"，其中"合作共治"表现出一种培育发展为主的合作型政社关系，以"国家"与"社会"的良性互动推动城乡教育一体化。

# 第四章

城乡一体化教育体制社会支持
系统的逻辑转向：制度供给与执行主体

党的十八大以来，以习近平同志为核心的党中央多次强调，"各级政府一定要严格依法行政，切实履行职责，该管的事一定要管好、管到位，该放的权一定要放足、放到位，坚决克服政府职能错位、越位、缺位现象。"党的十八届三中全会通过的《中共中央关于全面深化改革若干重大问题的决定》提出了"推进国家治理体系和治理能力现代化"的总目标，并从改进社会治理方式、激发社会组织活力、创新有效预防和化解社会矛盾体制、健全公共安全体系四个方面提出了原则性要求。党十八届五中全会提出要加强和创新社会治理，"完善党委领导、政府主导、社会协同、公众参与、法治保障的社会治理体制，推进社会治理精细化，构建全民共建共享的社会治理格局。"首次将社会治理体制改革提到了全面深化改革总目标的高度，诠释了新的社会治理的理念、思路与方式。在新时代背景下，习近平总书记在党的十九大报告中指出要"打造共建共治共享的社会治理格局"与"推动城乡义务教育一体化发展"。"共建共治共享的社会治理格局"意味着治理主体的多元化与协作化，意味着不同主体承担着程度不同又相互协调的公共职责。一方面，要求"国家通过创新体制和调整治理策略，创设社会发展空间，整合社会资源，吸纳社会力量参与，致力于实现社会善治和提升国家治理体系合法性与有效性的双重目的"；另一方面，"在国家治理主导下，社会利用承接政府转移职能、释放社会活力的政策契机，主动参与国家事务治理和政策实施过程，提升自身自主、自治的能力，为国家治理有效运作提供厚实的社会基础"。①

长期以来，由于历史和现实的原因，政府集"管理者""举办者""裁判员""运动员"于一身，形成了以政府为单一主体的较为集中的制度供给与执行方式。然后，随着公共事务问题越来越复杂，涉及部门越来越多，政府对微观领域干预过多、管得过死的弊端越来越凸显，对政府绩效的提升形成了严重的掣肘。"在求得政府合法性的进程中，当意识形态价值凝聚力下降和实体体制尚未完善的情况下，高效率的政府绩效愈来愈显得珍贵。"② 因此，就需要围绕政府"权力与边界"这个核心议题，从优化制度供给与制度执行主体结构的视角入手，转变政府职能，确保政府"精准放权"，将权力装进"法律的笼子"，才能加快形成权界清晰、分工合理、权责一致、运转高效、法治保障的政府职责新体系，切实提高政府治理水平。一个事实性证据就是，自 2013 年以来，国务院分 9 批审议通过取消和下放的国务院部门行政审批事项共618 项，其中取消 491 项、下放 127 项。中央政府率先垂范，引领地方政府大规模削减审批事项，实质上是进行政府行政权力的结构性调整，创新制度供给与制度执行方式。

当前，我国的主要矛盾已经转变为"人民日益增长的美好生活需要和不平衡不充分的发展之间的矛盾"。社会主要矛盾的转化亦在教育领域有所体现。改革开放 40 年来，我国教育发生了翻天覆地的变化，但发展不平衡不充分的问题依然存在。就教育发展"不平衡"来看，既存在地区间发展不平衡问题，更突出表现为城乡教育发展不平衡，而城乡教育的差异，不仅表现为办学硬件的不均衡，师资和质量的不均衡才是根本所在。教育体制的建构与演变虽有其自身的历史逻辑与价值立

---

① 李忠汉、刘普：《"国家—社会"关系理论视野下社会治理的建构逻辑》，《中国社会科学院研究生院学报》2017 年第 3 期，第 107－114 页。

② 李伟、杨挺：《县级政府绩效评估指标体系构建的四维框架》，《西南农业大学学报（社会科学版）》2013 年第 9 期，第 61－66 页。

场，但从整个社会系统发展的角度而言，其建构与演变亦是对社会变迁趋势的一种折射，并未与社会治理活动截然分开而孑然一身。对于城乡一体化教育体制改革这样一种公共行动，渗透着国家关于城乡教育发展的治理理念，演绎着国家与社会双向"制度供给"与"制度执行"的逻辑，必然受到新的社会治理观的影响。那么，就有必要厘清城乡教育一体化发展中国家支持与社会支持的行动逻辑，以及在城乡教育一体化发展的新阶段，国家支持与社会支持的合作畛域、困境与路径。

## 第一节　城乡一体化教育体制构建中"国家支持"的行动逻辑

### 一、城乡一体化教育体制构建中"国家支持"的缘起

一项制度的变迁从来都是通过不同的行为主体来实现的。在教育形成的初始阶段，教育尚未从社会生产和社会生活中分化出来的时候，教育更多是通过口耳相传的非正式途径来传授，但随着社会生产方式的发展，非正式途径所提供的教育已无法满足社会的需要，教育就从社会生产和社会生活中分化出来，形成一个专门的领域，这就要求有正式的途径来提供教育，一种就是公共途径，一种就是市场途径。近代以来，随着"人力资本理论"的发展，各国政府都意识到教育的重要性，都重视通过教育改革来促进教育发展，以实现国家的强盛与稳定，从而满足人们对教育发展的需求，巩固执政的合法性存在，使得教育在发展过程中政治性味道越来越浓。在改革开放之初，面对新旧体制相互存在、新旧思想相互冲突的局面，就曾对教育本质问题进行讨论，人们摒弃了以往对教育泛政治化的认识，将教育与生产力发展联系起来，从而在1985年的教育体制改革中，明确教育是培养进行社会主义现代化建设所急需的人才资源。随着经济体制改革的推进，1992年党的十四大提出要建立社会市场经济体制，那么在市场经济体系下，就引发了对教育性质如何定位，市场可不可以提供教育，教育是否能引入市场，教育能

否营利等等问题的讨论，同时，市场的介入势必会打破原先由政府独家经营的不容社会力量介入的界限，在此背景下就催生出了 1993 年所出台的《中国教育改革和发展纲要》。进入新世纪以后，随着"科学发展观"指导思想的提出、"统筹城乡社会发展"方略的定位、"构建社会主义和谐社会"战略目标的确立，社会主流导向开始关注社会公平、平等、正义，这使得在教育领域内也开始关注教育资源均衡配置、东中西部地区教育协调发展、政府与学校关系的讨论、现代学校治理等问题，同时也开始注意教育对社会发展各方面的作用，以及教育对自身发展的作用等，从而国家在 2010 年出台了《国家中长期教育改革和发展规划纲要（2010—2020 年）》。十八大以来，特别是《中共中央关于全面深化改革若干重大问题的决定》发布以来，"国家治理体系"和"国家治理能力"首次进入"官方"话语，是治国理念的重要革命。在此背景下，教育未来走向会是加强教育领域综合改革，依法治教、依法治校，推进教育（学校）治理体系与治理能力现代化。

自 20 世纪 70 年代末十年混乱状态的结束，处于十字路口的中国面临着何去何从的道路选择。在邓小平的"改革开放"发展规划的指引下，以 1977 年恢复高考为标志，教育领域的秩序逐步恢复到正常状态。但由于"文化大革命"的破坏，教育资源的稀缺性被进一步放大，在此背景下，我国实施了"重点校政策的恢复和强化、城市教育的进一步人为非均衡建构、基础教育'分级管理、地方为主'等教育政策"[1]，加之九十年代的教育市场化运动，催生了"教育机会扩大与教育差距扩大的'双扩大'悖论现象"，[2] 使得自新中国成立以来实施的城乡二元

---

[1] 李涛、宋玉波：《我国统筹城乡教育综合改革的全景透析：从历史到现状》，《江淮论坛》2011 年第 1 期，第 145 – 153 页。

[2] 李涛、邬志辉、邓泽军：《我国统筹城乡教育综合改革：统筹什么？改革什么？——《国家中长期教育改革和发展规划纲要（2010—2020 年）》视阈下的"城乡治理论"建构》，《西南大学学报（社会科学版）》2011 年第 5 期，第 122 – 130 页。

教育格局进一步分裂,教育领域的不公平现象进一步加剧,教育日益成为社会关注的热点问题、焦点问题与难点问题。教育领域贫富差距的扩大使得腐败和不公现象日益加剧,在此背景下城乡教育改革开始逐步摈弃市场化的取向,代之以政府为主导体的新模式,促进政府责任的回归以及政府、市场、社会在教育发展中责任的合理定位。

在"城乡教育一体化"发展中,体制改革是关键,而在体制建构中,不同主体的权利配置是核心。"教育体制是一个国家长期政治历史发展和行政实践的产物,也是该国经济结构和文化传统的反映。"[①] 在我国城乡教育实践中,形成了一种权力高度集中的教育体制,以完整性和统一性为其特征,形成了教育就是国家的权力与责任这样一种根深蒂固的教育理念,形成了政府集投资者、举办者、管理者于一身,并拥有绝对人事任免权、资源分配权、等级区分权的格局,是一种高度集权的并与其他社会领域隔离的办学体系,具有鲜明的"国家在场"[②] 与"社会式微"的特征,在其存在伊始就伴随着"集权与分权"的论争。同时,随着各级各类教育的空前发展,市场途径的成熟,教育发展迎来前所未有的问题,诸如"教育事业的规模越来越大,教育对象日益广泛,培养目标日趋多向;教育制度和结构日趋复杂;政府的教育负担越来越重;国家的及区域性的经济发展越来越依赖教育的支持和配合;社会各界对教育的期望越来越高等等。在新情况下,传统体制的危机全面暴露,过分集权的教育体制已不足以与发展了的教育现状并存。"[③]

那么,在此情况下,政府自身作为教育提供者,其公共教育职能要求它必须对教育体制做出改革。同时,在目前我国各项体制改革的实践

---

① 劳凯声:《变革社会中的教育权与受教育权:教育法学基本问题研究》,教育科学出版社 2003 年版,第 4 页。

② "国家在场"源自于米格代尔的"a state in society perspective"一文,在国内高丙中首先将其译为"国家在场"。其意旨就是国家与社会的关系,国家对社会的一种治理模式或技术,国家力量及国家符号在社会中的存在及影响。

③ 劳凯声:《教育法论》,江苏教育出版社 1993 年版,第 189 – 196 页。

中，政府都发挥主导作用，教育体制改革也不例外，政府要推动城乡一体化教育体制改革。具体可分为高层、中层和基层三方面的推动：高层是指中央、国家层面，主要是确定城乡一体化教育体制改革理念，提出改革目标任务，出台文件予以指导，号召发动下层改革；中层指省级层面，主要是确立本地域城乡一体化教育体制改革目标任务，深入改革实际，采取切实措施，如在《国家中长期教育改革和发展规划纲要（2010—2020 年）》出台之后，各地方都相应地制定了针对本省域的教育发展规划；基层是市、县级层面，是改革的具体城乡教育治理治理的参与者和执行者，主要是执行国家和省级对城乡一体化教育体制改革的设计方案，形成最直接与真实的改革经验。

从上述分析我们可以看出，国家是正式化城乡一体化教育体制的专业"制造商"，是我国城乡一体化教育体制的主要制度供给者与执行者。因此，构建城乡一体化教育体制可以看成是政府主导型城乡一体化教育治理，需要"国家支持"。

**二、城乡一体化教育体制构建中"国家支持"的具体要素**

目前，对教育体制范畴的界定基本是围绕教育机构（亦或教育组织实体）与教育规范（亦或教育制度）两个维度[①]来分析，认为教育机构与教育规范是教育体制内涵范畴的两个基本要素，"教育机构是教育体制的载体，教育规范是教育体制的核心"；"没有教育机构，教育体制

---

① 关于教育体制概念范畴分析的文献有很多，本书在这里不再一一列举。如王志平、卜洪才：《教育创新研究》，天津人民出版社 1999 年版，第 35 页；谢维和：《教育活动的社会学分析：一种教育社会学的研究》，教育科学出版社2000 年版，第 215 页；孙绵涛：《教育体制理论的新诠释》，《教育研究》2004年第 12 期。我国学者孙绵涛等对具有中国特色的教育体制的内涵、关系和本质进行了深刻的探讨（1992、2004、2006、2007、2009、2010、2011），也有一些学者对中国教育体制所应包含的制度组合范畴等进行了探索（孙绵涛、康翠萍，2006；谈松华，2009；褚宏启，2009、2010；李玲等，2012a）。

就失去了赖以存在的组织基础"；"没有教育规范，教育机构无法建立，即使建立了也难以正常运行。"[1]　本书在肯定已有研究关于教育机构与教育规范两要素基础上，将之拓展为价值观念、行为规范、组织系统和物质支撑四个要素。同时，这四个要素也支撑起了城乡一体化教育体制构建中"国家支持"的具体要素。缘由是：

其一，城乡一体化教育体制之存在与发展，无非是要处理好体制之内的人、物、关系。在城乡一体化教育教育体制概念范畴中，"人"不仅指代具体的行为个人，也指为实现某种教育目标所设立的教育组织；"物"包括教育体制得以运行各项教育资源；"关系"就涵盖教育思想与教育规范。因此，城乡一体化教育改革无非就是要重新调整与配置教育内部的人、物、关系三要素，既涉及"人"与"人"间、"物"与"物"间、"关系"与"关系"间的结构调整，也涉及"人"与"物"、"人"与"关系"、"物"与"关系"的功能重配。

其二，任何体制改革都有其目的，而这个目的就包含一定的价值取向，在新的体制确立时必定会融入不同改革主体的价值观念，以求所塑造的新体制符合自身价值取向。同时，体制改革就是要打破以往不同主体之间的运作关系，从而建构一套崭新的运作规范，是一个对主体权力（利）变更、调整、重塑的过程。再者，体制改革必然会需求相应的组织载体和物质支撑，它们既是体制改革的内容之一，也是确保体制改革得以顺利进行的保障。

其三，关于教育机构与教育规范作为教育体制两要素的合理性，已有研究已作论述。对于教育思想，它有别于教育规范，反映了一定时期教育发展的战略方向，是教育体制改革的思想基础，也定型了教育体制改革的性质与价值诉求，教育规范亦在此意识形态的指引下而建立，比如美国"进步主义教育运动""改造主义教育运动""教育成就平等"

---

[1]　孙绵涛：《教育体制理论的新诠释》，《教育研究》2004 年第 12 期，第 17 – 22 页。

口号、"恢复基础教育运动"等；我国"民主的、大众的、科学的新教育思想改造国民党时期留下的专制的旧的教育""三个面向""培养'四有'新人""科教兴国战略""教育优先发展战略""办让人民满意的教育"等。对于教育资源，可以说是物化的价值观念，一方面是基于"利益集团在教育资源上利益格局平衡的破坏"① 是教育改革产生的前提。"由于教育外部的社会、经济、文化等方面的变化，以及教育活动自身的演进，打破了既有的教育资源上的利益（包括物质的和精神的）分配的平衡格局，原有的教育制度安排失能，教育的资源配置与使用效率低下"，② 这导致不同利益主体要求通过教育改革来对教育资源进行重新分配，"直至教育资源的分配出现与其权力相适应的新平衡局面"。另一方面，是由教育资源相对于人需求的稀缺性决定的。这既表现在作为资源的教育本身是稀缺的，也表现在支持教育得以发展的各种社会资源也是稀缺的，那么，如何在教育资源稀缺与人的无限需求之间抉择，提升教育资源使用的有效性和分配的合理性就成为城乡一体化教育改革的重要内容。

其四，从这四个要素的关系来看，四个要素之间并不是封闭单独的，而是内在相关联的，价值观念发挥引领作用，行为规范是核心，组织保障是载体，物质支撑发挥物质结构作用。四个要素在类型上存在于城乡公办教育与民办教育体制改革之中、在阶段上分布在城乡学前教育、义务教育、职业教育等体制改革之中、在层次上体现在中央与地方政府对城乡一体化教育体制改革的规划之中。四个要素不是局限于局部内容的调整完善或单一制度的修修补补，而是在充分考虑城乡一体化教育各要素之间内在联系的基础上，所进行的系统设计与整体谋划，考虑到各类、各级、各层城乡一体化教育体制改革的差异性与同质性。具体

---

① 马建生：《试论教育改革活动的过程特性》，《中国教育学刊》2002 年第 5 期，第 17 – 19 页。

② 马建生：《教育改革论》，安徽教育出版社 2007 年版，第 26 页。

来讲:

### (一)价值观念

由于我国城乡一体化教育体制综合改革并不是民间主导的,也不是教育行政部门的一己之力,而是政府主导的自上而下的一种渐进式改革,因此,这里所说的价值观念更多可以解释为政府的价值观念,也就是"教育思想"。它反映了一定时期教育发展的战略方向,涉及"政治权力"与"教育体制"的关系。政治权力体现为"具有特定政治理念的政府或者执政党","以社会形态为操作对象","以实现特定的政治理念和社会发展规划"。[①] 城乡一体化教育体制作为社会系统的一部分,既包括静态的制度与规则,也包括动态的权力结构配置,自身也是作为一种社会形态而存在。那么,为实现政治权力所意欲达到的目标,就需要制定相应的"政治教育口号"予以支持,并且要将这个"口号"纳入城乡一体化教育体制改革的思想范畴,从而使所建构的城乡一体化教育体制得到合法性论证。

### (二)行为规范

教育行为规范,或者教育规范,在通常意义理解上是教育活动的正式的规章制度,不过"重要的制度并非单凭一纸法律就能形成,它其实是传统、成规和惯例的结晶,这些传统、成规和惯例,虽不见于法律,却具有不亚于法律的影响。"[②] 因此,教育规范不仅包括法律层面的规范,也包括道德层面的规范,是教育组织实体在运作中所形成的教育理念或教育规则,是城乡一体化教育体制存在的"虚体壳"。

### (三)组织保障

组织保障是从教育机构的角度而言的,城乡一体化教育体制的一个重要目标就是要建立城乡一体化的运作机构,并且提高机构的运作效

---

① 徐纬光:《社会形态、政治权力和教育体制——当代中国教育体制改革的逻辑》,《复旦教育论坛》2004 年第 4 期,第 21 - 25 页。

② [日]佐藤功:《比较政治制度》,法律出版社 1984 年版,第 2 页。

率。一般而言，教育机构是指从事各类教育活动的正式或非正式的组织，包括教育实施机构和教育管理机构，是城乡一体化教育体制存在的"实体壳"。

### （四）物质支撑

物质支撑涉及城乡一体化教育体制改革中教育经费的配置与教育设施的规划。在教育经费配置方面，当前，我国已实现了国家财政性教育经费达到国内生产总值 4% 的目标，那么，在后 4% 时代，关于教育经费的两大核心问题就是教育经费分配的公平与教育经费使用的效率。就教育经费分配公平而言，主要涵盖三个分配结构的改革：一是教育经费分配的学级结构，需要把教育经费支出的重点放在农村义务教育的同时，重点增加对学前教育和中等职业教育的投入；二是教育经费分配的层次结构，需要建立中央、省和市县共同分担的办法；三是教育经费分配的地区结构，需要加大对西部地区的财政转移支付力度，促进东中西部地区教育的协调发展。总之，教育经费分配反映的是总教育经费如何在各级别、各层次、各地区教育间进行配置，而如何找到一个合理的比例来分配教育经费以促进各级、各类、各地教育协调发展是教育财政体制改革的难点。就教育经费使用效率而言，当务之急所要做的就是加强政府关于教育经费的预算控制，明确政府财政预算中财政性教育支出的数量指标并规定最低限额，另外，需要财政部门与教育部门相合作建立跟踪整个教育经费预算执行过程的财务监控体系，适当时可引入社会中介机构的第三方对教育经费使用的评估。

## 第二节　城乡一体化教育体制构建中"社会支持"的行动逻辑

### 一、城乡一体化教育体制构建中"社会支持"的缘起

从 20 世纪 80 年代开始，为了缓和日益复杂的公共事务与相对集中的公共权力之间的矛盾，世界上许多国家和地区开始尝试重新配置国家

公共权力，试图通过向社会组织、私营部门等释放权力的方式来提高国家管理的效率。20 世纪 80 年代末 90 年代初席卷发达国家和发展中国家的新公共管理理论提出"重塑政府""再造公共部门"，主张政府转换其在公共管理和服务中的角色——由"划桨"变为"掌舵"，倡导"公私合作"。① 在此背景下，学术界展开了对"国家与社会"关系的讨论，并将这股潮流总结为由"统治"向"治理"的转变。② 治理理论的魅力不仅在于其将民主、参与、协商、分权、责任、人权、平等、合作等诸多美好的价值融入其中，而且在实践过程中展现出其相对于垂直统治的巨大灵活性，在一定程度上降低了国家管理的成本与风险。③

受改革开放以来国家与社会关系深刻变化的影响，"国家与社会"④的分析框架在国内学界兴起于 20 世纪 90 年代，是对原有的单向度的自上而下的"国家主义"范式的批判，象征着"国家淹没社会"的"全能主义"国家时代的终结，代表着传统中国"家国一体"国家形态的没落，进入到一种历史上从未有过的国家与社会渐趋分离并形成潜在对抗的状态。⑤ 尽管古往今来，我国城乡社会发展中，"国家与社会"的关系从来都处于相互交融、难以抽离的形态，不存在与西方社会发展里

① 戴维·奥斯本、彼得·普拉斯特里克：《再造政府》，中国人民大学出版社 2010 版；［美］珍妮·V. 登哈特、罗伯特·B. 登哈特：《新公共服务：服务而不是掌舵》，中国人民大学出版社 2010 年。

② G. Stoker, "Governance as Theory: Five Propositions", *International Social Science Journal*, Vol. 50, No. 155 (1998), pp. 17 – 28. 转引自郑言、李猛：《推进国家治理体系与治理能力现代化》，《吉林大学社会科学学报》2014 年第 2 期，第 5 – 12、171 页。

③ 郑言、李猛：《推进国家治理体系与治理能力现代化》，《吉林大学社会科学学报》2014 年第 2 期，第 5 – 12、171 页。

④ "国家与社会"一词是本土化的说法，在西方常用的是"国家与市民社会"或"国家与公民社会"，主要缘由是我国社会发展中并不存在与西方社会完全相对应的"市民社会"形态。

⑤ 丁惠平：《"国家与社会"分析框架的应用与限度——以社会学论域中的研究为分析中心》，《社会学评论》2015 年第 5 期，第 15 – 23 页。

完全相对应的"市民社会"经验，甚至从城乡社会发展整体系统来看，社会是多元复杂并具破碎性的，"国家"只是社会在"非公民领域"特殊主义的影子，① 社会发展中人与人之间的基本关系与行为规范有些是由国家构造的，这决定了完全适用"国家与社会"相分离的命题极可能忽略城乡"社会"本身的丰富发展形态与复杂构成要素。但我们无法否定国家是一个形态相对完整的分析单位，无法否认城乡社会中不受国家直接控制或相对独立于国家控制的，并且与之运行逻辑相异的自治组织或非官方领域的存在，无法否认我国城乡社会发展过程中衍生的公民组织、公民团体、行业协会、专业学会、基金会、民办非企业单位、公共意见媒体。从这个意义上讲，"国家与社会"的支持框架在我国城乡社会治理中还是具有其逻辑的合理性，城乡一体化的发展深刻演绎了"国家与社会"关系的发展变化过程。

随着我国城镇化的推进，教育人口出现了前所未有的迁移流动，农村留守儿童教育、随迁子女入学、农民工职业培训、农村教师培训等问题日趋严重。面对城乡公众教育需求的多样性与城乡教育问题的复杂性，政府职能容量是有限的，如果单纯采取扩充政府职能部门的方式，不仅会使得城乡一体化教育发展具有"较强的指令性与规范性特征，自上而下的官方色彩浓厚，造成诸多'官方标准'的存在"，② "导致低效、浪费和腐败，使各种制度显现动脉硬化症，引发制度危机，造成政府失灵"。③ 同时，也会再次加大政府权力扩张或垄断，导致社会对政

---

① 亚历山大认为，"国家与社会"范畴中的"社会"在现实中是多元和复杂的，既包括各种公民领域（civil sphere），也包括各种"非公民领域"（noncivil sphere）（如国家、经济、宗教、家庭和共同体），前者追求普遍主义原则，后者则难以摆脱特殊主义的影子，甚至前者必须通过后者方能在一定程度上实现。

② 吴康宁：《政府超强控制：制约我国教育改革深入发展的一个要害性问题》，《南京师范大学学报（社会科学版）》2012 年第 5 期，第 6 – 11 页。

③ 褚宏启：《政府与学校的关系重构》，《教育科学研究》2005 年第 1 期，第 41 – 45 页。

府的过分依赖，挤压民间教育改革的生存空间，阻碍各种教育中介组织的发育和成长，难以形成充满个性和张力的城乡教育发展格局，造成资源的浪费与效率的损失，使公众将所有教育发展中的矛盾对准政府，将所有教育供给不足的危机归于政府，引发更深的社会矛盾。

"城乡教育一体化"命题所隐含的前提假设是乡村教育的存在与发展，否则，就不是"城""乡"教育一体化，而是乡村教育城市化了。① 乡村教育具有城市教育不具备的优势与特色，城乡教育一体化并不是说要消灭乡村教育这些特色与优势，相反，应该是在乡村社会衰落与乡村文化真空这个现实面前，如何充分保留、发挥、增进这些优势与特色，这也正是推进城乡教育一体化发展的前提基础与基本条件。另外，从政府职能的角度来看，政府有必要承担起保护弱势群体的责任和义务。但对于城乡教育一体化发展中弱势群体的教育问题，譬如农村留守儿童与随迁子女的入学问题，政府在此过程中更多是发挥一种原则性、体系性、普适性的角色，对于弱势群体的特殊性教育需求问题，尤其是类似留守儿童心理辅导这样专业性较强的问题，政府职能则显得无法有效兼顾。从这个意义上来讲，政府是城乡一体化教育治理的制度供给的主要提供者，但并不是唯一的提供者，相反社会组织与团体也是其制度的重要提供者，而且在某种程度上，社会所提供的制度供给或许更加有效，以及弥补政府制度供给所需要的一系列执行当中的可能不足。

从社会支持的方式类型上来看，主要有三类：第一种是客观形式的支持，这种支持形式独立于个体的感受，是客观存在的现实。这其中包括物质形式的支持，也包括个体所存在的社会交际网络，如家庭圈、朋友圈、亲情圈、同事圈等等，亦或是个体加入的某些社会团体、群体组织等。第二种是主观性使的支持，是个体对社会支持的利用度，主要取决于个体的感受，体现在个体对社会支持的主动性上，也就是说个体在

---

① 邬志辉：《城乡教育一体化：问题形态与制度突破》，《教育研究》2012 年第 8 期，第 19 – 24 页。

社会支持中所感受到的满意程度。从综合这两个角度来看的话，社会支持就是支持源采取物质方式或精神方式对被支持者开展支持行为的总和。各个支持源、被支持的个体，以及他们之间相互作用共同构成社会支持系统。那么，对于城乡一体化教育体制的社会支持来说其概念意涵是什么呢？国家治理的绩效当然受制于许多因素，如自然禀赋、历史条件、人为作用以及其他偶发因素，但是，在给定其他条件不变的情况下，国家治理的水平取决于两个要素：一是制度供给能力，二是制度执行能力。从制度供给的方面看，政府当然是制度供给的提供者，但它不是唯一的提供者，在许多情况下，企业作为市场的主体、社会组织和团体作为社会参与者，它们也是制度供给的重要提供者，而且有些时候，它们所提供的制度供给，可能比政府所能提供的制度供给更加有效。有历史传统和现行体制因素的影响，我国城乡一体化体制改革并不是民间主导的，也不是教育行政部门的一己之力，而是政府主导的自上而下的一种渐进式改革。城乡一体化教育体制作为"官方性质"的产物，而"社会支持"带有"民间存在"的色彩，这说明政府是城乡一体化教育治理的制度供给的主要提供者，但并不是唯一的提供者，相反社会组织与团体也是其制度的重要提供者，而且在某种程度上，社会所提供的制度供给或许更加有效，以及弥补政府制度供给所需要的一系列执行当中的可能不足。这表明，城乡一体化教育体制改革的核心点在于不同主体的权利配置，是以促进政府权力合理配置为核心来统筹城乡教育发展，打破制度单一供给格局，打破以往不同主体之间的权利运作关系，从而建立多元制度供给结构与建构一套崭新的权利运作规范，实现政府机制与社会机制的有效配合，是一个对主体权利变更、调整、重塑的过程。

由此分析可以看出，城乡一体化教育体制社会支持主要是提供一种制度供给来推进城乡教育一体化。"但对教育领域综合改革来说，由于其面广量大，且涉及价值论争、利益博弈、体制改造、机制转换等诸多层次错综复杂的问题，因为需要的就不只是某项社会支持，也不只是某些社会支持,而是所有社会支持要素都发挥积极作用。"① 同时,我国教育改革和发展基本上由政府主导,因此可以说,"政府职能本身也是社会支持要素的其中一个方面,但政府职能的定位却在一定程度上制约着教育改革和发展的社会支持系统的状态和水平。"②

## 二、城乡一体化教育体制构建中"社会支持"的具体要素

"社会"是一个比"国家"更加杂乱的概念。在近代西方思想家那里,"社会"是一个与"国家"既相互对立又密不可分的概念。尽管不同学者对"社会"的定义有所差别,但仍存在如下几点共识:一是,社会是与国家既区别又对立的人类组织形式;二是,社会拥有相对的自足性,它的存在并不必然依赖于国家,尽管在多数情况下它总是与国家同时存在;三是,社会的组成部分之间的联系往往是自发与自愿的,不具有强制色彩。③ 在本书中,我们将"社会"界定为"国家"概念之外的非政治领域,包括经济、文化等领域的安排、规则和制度等。④ 尽管在我国城乡一体化教育发展过程中,国家是正式化城乡一体化教育体制的专业"制造商",是我国城乡一体化教育体制的主要制度供给者与执行者,但我们无法否认城乡社会中不受国家直接控制或相对独立于国家控制的,并且与之运行逻辑相异的自治组织或非官方领域的存在,无法否认我国城乡社会发展过程中衍生的公民组织、公民团体、行业协会、专业学会、基金会、民办非企业单位、公共意见媒体。因此,城乡一体

---

① 吴康宁:《教育领域综合改革需要怎样的社会支持》,《教育研究与实验》2013年第6期,第1 – 5页。
② 陈华:《基于政府职能转变的教育社会支持变迁》,《南京师范大学学报(社会科学版)》2013年第5期,第93 – 98页。
③ 庞金友:《现代西方国家与社会关系理论》,中国政法大学出版社2006年版,第31 – 32页。
④ 王建生:《西方国家与社会关系理论流变》,《河南大学学报(社会科学版)》2010年第6期,第69 – 75页。

化教育体制的构建需求社会支持，需求"社会"发挥制度供给与制度执行的角色。"政府支持"和"社会支持"有着不同的支持主体与方式，它们之间相互联系与作用，形成了不同的结构与功能，共同构成一个城乡一体化教育体制的社会支持系统。

改革就是打破旧的利益关系并建立新的利益机制。马克思认为，"人们奋斗所争取的一切，都与他们的利益有关。"[①] 列宁也曾指出，"物质利益问题是马克思主义整个世界观的基础。"[②] 在现代西方经济学"经济人"假设中，也是以利益诉求的角度来分析人们的行为。可见，一切人类行为都可以从利益的角度追根溯源，利益是驱动人类行为的根本动力。公共政策的本质是社会利益的集中反映。政策的形成过程，实际上是各种利益群体把自己的利益要求投入到政策制定系统中，由政策主体依据自身利益的需求，对复杂的利益关系进行调整的过程。[③] 在城乡一体化教育体制改革中，既涉及城乡教育发展的整体性利益，也关系到城乡教育内部每个主体的利益，而作为改革的主体都有趋利避害之心，当所预期的改革成效能获得更大受益时，人们自然会选择改革、支持改革，反之必规避。长期以来，我们更多是从"政府需要"的角度来考虑城乡教育的问题，而忽视了城乡教育内部不同群体的利益诉求。但随着城乡教育关系的变化，不同的利益群体对城乡教育有不同的利益追求，也试图通过城乡教育实现不同的目的，使得城乡教育成为利益冲突的集中领域。这就使得传统的关于城乡教育体制的理论与实践就失去了它的合理解释力，教育内部就会自发发出要求改革城乡教育体制的呼声，向政府传递改革要求的信号。但即便"社会"与政府形成了一定的合作和互动关系，并不意味着它们就能够随意否定国家意志而自行开展活动，"社会"的参与必须得益于国家权力的"释放"与公共政策话

---

① 《马克思恩格斯全集》（第1卷），人民出版社1963年版，第82页。
② 《列宁全集》（第27卷），人民出版社1986年版，第339页。
③ 陈庆云：《公共政策分析》，中国经济出版社1996年版，第5页。

语的推动，只能在国家建构的公共政策范围内展开。因此，城乡一体化教育体制的构建，必须遵循以"政府主导、社会参与"为基本原则的"政府支持"和"社会支持"互为联系的制度供给与制度执行模式。

具体来讲，在城乡一体化教育体制构建中，"社会"所发挥出的制度供给与制度执行方式的作用主要表现在以下几个方面：

### （一）"补充式"支持

习近平总书记强调，要"改革社会组织管理制度，鼓励和支持社会力量参与社会治理、公共服务，激发社会活力。"这也就意味着，社会组织参与社会治理和公共服务是激发社会活力的重要手段，社会组织对于现阶段的社会建设有着重要价值。城乡一体化教育体制构建主要表现为城乡一体化义务教育体制构建。然而由于义务教育的特殊性与基础性，这决定了政府必须在城乡义务教育供给和治理中居于主导地位。"补充式"支持主要是围绕教育中的弱势群体展开，目的是改善未享受或未及时享受国家教育改革红利的群体的教育处境，使其有机会获得与其他群体同等水平的教育机会或发展机会。[①] 当前，由于我国社会发育相对不成熟，社会组织发展也相对滞后，社会捐赠和志愿服务都处于相对较低的水平。因此，仅仅依赖于"社会支持"是远远不能实现城乡一体化教育的，"社会支持"只能是一种"补充式"支持。可见，"补充式"支持主要常见于我们常称呼的 NGO、NPO 等社会组织。

### （二）"市场式"支持

党的十九大将"发挥市场在资源配置中的决定性作用"写入党章。作为十八届三中全会的重要论断之一，"发挥市场在资源配置中的决定性作用"并不是孤立的，而是始终与"更好发挥政府作用""推进供给侧结构性改革"紧密结合在一起的。这也就是说，发挥市场的作用是对更好发挥政府作用的进一步诠释。在市场经济条件下，个体或社会组织

---

[①] 杜明峰、范国睿：《社会组织参与教育：机制与策略》，《教育研究》2017 年第 2 期，第 60 – 64 页。

都会有一定的利益诉求，无论是经济利益、家庭利益还是组织利益，它们都以获取市场价值为目的参与教育，这种参与的主体通常是企业或专业类组织，它们依靠自己提供的产品或专业服务以获得一定的经济利益。[①] 在城乡一体化教育体制构建中，有很多企业参与到城乡一体化教育发展中来，我们不能忽略这部分主体的作用，他们也是城乡一体化教育体制构建的重要参与主体。如，希望工程在成立之初获得了诸多企业的捐款，虽然不能否认他们的教育情怀，但是他们关注的重也依然是捐款所带来的回报社会的良好形象及品牌宣传。因此，可以看出，"市场式"支持出发点是一种利益的参与，主要以出资冠名的方式参与到城乡一体化教育体制构建中，主要是对企业集团参与城乡教育发展的特征归纳。

## （三）"行政式"支持

党的群团工作是党组织动员广大人民群众为完成党的中心任务而奋斗的重要法宝。群团组织是中国特色社会主义政治体系的组成部，是社会组织中直接由党领导的群众组织。在中国的妇联、共青团、工会、退休委、关工委等这样的组织有点独特：既是行政组织，因为它在国家行政事业机构中有正式编制、办公经费来自国家财政、得到国家政府的授权、有良好的社会资源动员能力和行政能力，办公地点也常设在国家行政机构大院里，人员大多是将要成为正式行政人员或已经退休的行政人员；但它又不完全是行政组织，它没有行政处罚权，它被定位为行政辅助组织，协助行政机构做好政策执行、社会管理等多种事务。一般将这些组织称之为群团组织。通常来说，群团组织具有其他社会组织所不具备的政治、制度、群众等优势，参与教育的方式"行政式"色彩浓厚。如，中国儿童少年基金会隶属于全国妇联，先后有康克清等担任理事长（会长），彭丽媛担任中国儿童少年基金会春蕾计划促进女童教育特使，

---

① 杜明峰、范国睿：《社会组织参与教育：机制与策略》，《教育研究》2017 年第 2 期，第 60 - 64 页。

这就使得这类组织的具有强烈的官方色彩。可以看出，在我国城乡一体化教育体制构建中，群团组织的作用不可忽略，他们以"行政式"支持的方式参与到城乡教育治理过程中。

**（四）"专业化"支持**

对于城乡教育一体化发展中弱势群体的教育问题，譬如农村留守儿童与随迁子女的入学问题，政府在此过程中更多是发挥一种原则性、体系性、普适性的角色，对于弱势群体的特殊性教育需求问题，尤其是类似留守儿童心理辅导这样专业性较强的问题，政府职能则显得无法有效兼顾。在这种情况下，就亟需一些专业化的社会群体发挥作用。譬如，在农村留守儿童教育服务中，可以通过政府

购买服务的方式，依托心理咨询师协会、高校心理咨询研究与培训中心等专业团队，启动留守儿童心理服务项目，开展留守儿童团体辅导、留守儿童及爱心妈妈混合团体辅导、心理测评、爱心妈妈及片区督导等帮扶人员培训，帮助留守儿童学习沟通和情绪纾解等方法，让爱心父母掌握与留守儿童沟通和心理疏导的方法技巧，促进双方相互了解、相互沟通，增进亲密感，建立起良好的帮扶关系，结合团辅及心理测评，对筛查出来有较为严重心理问题的孩子给予为期一年的免费心理辅导，确保留守儿童得到专业的心理帮助和长期稳定的情感支持。因此，"专业化"支持主要是指以学科专业知识和调查研究为基础的研究类社会组织，通过科学调研形成有说服力的政策建议，从而为某一个或某些领域教育问题的解决提供参考。[①]"专业化"支持主要适用于专业团体，具备相关领域专业化的知识，能够提供专业化的服务。

---

① 杜明峰、范国睿：《社会组织参与教育：机制与策略》，《教育研究》2017 年第 2 期，第 60－64 页。

## 第三节　城乡教育一体化体制构建中"国家支持"与"社会支持"边界探寻

**一、城乡教育一体化体制构建中"国家支持"与"社会支持"的阻滞**

**（一）阻滞之一：权力垄断如何打破**

城乡教育一体化体制构建是对不同主体之间行为规范的重塑，在此过程中，就势必会牵扯到不同主体之间的权力关系。在我国的教育发展中，形成了教育就是国家的权力与责任这样一种根深蒂固的教育理念，《宪法》也是从这样一个角度来确定教育性质的，政府长期集投资者、举办者、管理者于一身，这使得教育陷入了一个自我封闭的系统，成为社会和市场无涉的领域，也导致政府与学校关系的模糊、学校法人性质不确定、教师身份缺失、学生权利诉求得不到保障、学术权力与行政权力冲突加剧、素质教育流于形式、教育资源配置不均等等问题。改革开放以来，社会结构发生巨大变化，国家行政权力已逐步从社会各领域完全或部分退出，社会生活也逐步摆脱一种泛政治化的状态，那么，在此大潮流中，教育如何打破这种高度集权的权力垄断模式，如何在中央政府、地方政府、市场、社会、学校、家长、学生等不同主体间实现权力转移，以及分权的类型、分权的程度，就成为城乡教育一体化体制改革的头等难题。

**（二）阻滞之一："一体化"如何把握**

教育本身就是一个内在相互联系的系统，并且在各个学级之间、各个层级之间、各个地区之间相互联系、相互影响、相互渗透，这决定了教育体制改革的综合性。早在 1987 年，教育部就已经启动了农村教育

综合改革和城市教育综合改革的试点工作，1993 年颁布的《中国教育
改革和发展纲要》提出要"积极推进农村教育、城市教育和企业教育
综合改革"。城乡教育特别是基础教育是统筹城乡的对象，城市—直辖
市、副省级城市、地级市、县级市、县以及中心镇（生产力较发达的建
制镇）、乡村——城乡边缘区（城乡结合部）和其他特殊偏僻地区是统
筹城乡的主阵地。[①] 在我国城乡教育一体化体制改革中，有针对教育的
综合性政策，如《国家中长期教育改革和发展规划》；有城乡教师流动
的政策，如《关于大力推进城镇教师支援农村教育工作的意见》；有教
育费用问题的政策，如《关于进一步做好城市义务教育免除学杂费试点
工作的通知》；也有随着城市化发展而出现的流动人口子女就学的政策，
如《城镇流动人口中适龄儿童少年就学办法（试行）》。可见，在相关
政策中已注意到强调改革的"一体性"，但在眼下的教育体制改革实践
中，往往将"一体化"理解为是由众多分离、零散孤立的城乡教育一
体化体制改革简单叠加而成的，是单一的、单方面的、某一个教育阶段
的体制改革，没有把握城乡教育一体化教育体制改革之间的内在联系，
没有在城乡教育一体化教育体制改革的内容上整体设计、整体推进、整
体评价，并将原本城乡教育一体化改革任务切割成若干子任务分配给下
一层政府和学校承担，[②] 而且在推动主体方面还是强调单兵作战模式，
忽略多部门之间的合作与协同创新，导致改革实施逻辑关系的错位与失
位。当前，我国城乡教育一体化教育改革已经入"深水区"，"要突破

① 李涛：《统筹城乡教育的实践探索》，《教育发展研究》2008 年第 20 期，第 1 –
5 页。
② 例如："江西省将教育规划纲要细分成 190 项任务，逐一落实到 60 个部门；福
建省将教育规划纲要分成 11 个方面、257 项任务分解到省直有关部门；辽宁省
确定教育发展、教育体制改革、保障措施、重大工程 4 个方面 30 个大类 142 项
工作任务，将任务明确到了 43 个省直单位。"参见周洪宇、叶平：《中国教育
黄皮书（2012 年教育体制改革呼唤区域突破）》，湖北教育出版社 2012 年版，
第 6 页。

传统体制盘根错节的桎梏，可能取得进展的方式必定是综合配套改革"，那么，如何把握这个"一体化"，会成为城乡教育一体化教育体制改革的第二难题。①

**（三）阻滞之三：四组关系如何平衡与协调**

其一，中央与地方的利益关系，这涉及城乡教育一体化教育体制改革宏观性与纵深性的统一。城乡教育一体化改革是党中央针对城乡教育一体化发展所作的宏观层面的整体布局、全面统筹、顶层设计，是一种"自上而下"主导的改革，但这种改革模式有其弊端就是容易导致后发动力不足，不利于调动地方、学校的积极性。2007年6月国家正式批准重庆市和成都市设立全国统筹城乡综合配套改革试验区，并在第二年签署《建设国家统筹城乡教育综合改革试验区战略合作协议》，2009年4月教育部、四川省人民政府与成都市人民政府共同签署了《共建统筹城乡教育综合改革试验区合作协议》，全国统筹城乡教育综合改革首先在成都和重庆两市进行"全国统筹城乡综合配套改革试验区"试水。因此，统筹城乡教育发展的实验区全面启动就是一种"自下而上"的改革，其基本思想就是使地方政府和基层学校的城乡教育一体化改革试验所得经验成为其向前发展的新的生长点。在此基础上，还应该突破的是要使教育第一线的校长和教师拟定的议题成为教育体制改革的核心，而中央政府相比较以往发挥"改革设想"的角色，应转为发挥统筹全局、宏观调控、监督保障的作用。但具体如何实现教育体制综合改革宏观性与纵深性的统一，保障中央与地方政府的双方利益，打破"放—乱—收—死"的不良循环局面，是在其改革过程中需要面对的难题。

其二，国家需求与民众诉求的关系，这反映出城乡教育一体化改革体制综合改革整体性与分散性的统一。城乡教育一体化改革教育体制改革涉及国家或政府、教育投资者、学校行政管理人员、家长、学生，以

---

① 周洪宇、叶平：《中国教育黄皮书（2012年教育体制改革呼唤区域突破）》，湖北教育出版社2012年版，第6页。

及考试组织、出版界、工商界等利益集团，内部各主体之间利益是多样性的、分散性的，甚至有时候是相互冲突的。那么，这就引申出一个问题，如何平衡整体利益与个人利益，如何协调个体之间差别性的利益诉求，比如当下所进行的异地考高改革方案，就涉及不同地区之间、不同考生之间的利益冲突。不得不说，城乡教育一体化改革教育体制综合改革过程中所牵扯的利益主体是多样复杂的，这就给其顺利推进形成严重制约。

其三，教育系统与其他系统的关系。教育区别于其他社会系统的核心问题教育直接面对的对象是人的发展问题，是处理好人与社会之间的关系问题，这决定了教育体制改革不可以照搬其他社会改革的思路、模式、方式，否则不仅是阻碍到教育的发展，更严重的是影响一群人甚至一代人的发展。因此，城乡教育一体化改革教育体制改革要遵循自身的规律与逻辑。不过，教育系统仍是社会系统的一部分，自然受到外部政治、经济、社会、文化等因素影响，一些教育问题与其说是"教育领域存在的问题"，毋宁说是社会系统变迁中的问题在教育领域的反映。那么，如何"综合考虑这些因素对改革的影响，将改革的力度与社会可接受的程度统筹考虑"，[1] 如何把握教育与非教育部门间的相互联系与合作，并使得教育改革与经济、政治、文化、社会和生态文明改革协调配套，亦是城乡教育一体化体制改革所要面对的难题。

其四，改革与发展的关系如何平衡。"无数经验证明，改革并非一次事件，它是一个过程、一个动态演进的复杂过程。"[2] 正如吉纳·霍尔所说的，"变革不是领导发表一次演讲、或为教师举行培训或向学校

---

[1]　宋德明：《坚定不移深化教育领域综合改革》，2012 年 12 月 12 日，见 http://teacher. eol. cn/jiao_ yu_ ren_ cai_ zi_ xun_ 52/20121212/t20121212_ 879869. shtml。

[2]　潘新民、石雷：《基础教育课程"渐进"改革的理论构建与实践探索》，《教育发展研究》2012 年第 2 期，第 13 - 17 页。

提供新课程或新技术，就能一蹴而就，获得成功。相反，变革是一个过程，在这个过程中，个人、组织机构逐渐理解了新事物、新方法，并且在运用它们时愈熟练和有技巧。"① 城乡教育一体化体制改革作为一项重大决策，必然是循序渐进的，改革中多元参与主体的观念转换及行为适应可能会是一个长期的过程。这就要求我们要处理好教育体制改革与教育发展的关系，两者之间不存在谁先谁后的关系，体制改革是为了促进教育发展，教育发展同时所出现的新问题又为体制改革提供了新的素材。但在具体实践中，往往容易出现偏重发展、轻视改革的问题，往往过重着力于"加快教育发展"而没有将力显现于体制改革与机制创新上。因此，如何平衡改革与发展的关系，使两者之间不偏不倚，互不掣肘，而是相互促进，这个"度"是难以把握的。

**二、城乡教育一体化体制构建中"国家支持"与"社会支持"的合作框架**

对于城乡一体化教育体制改革这样一种公共行动，并不意味着是追寻一种单一主体支持的"同质性""均等化""单向度"一体化，而是多主体支持的"协调性""差异化""嵌入性"一体化。其体制改革的真谛在于以促进政府权力合理配置为核心来统筹城乡教育发展，打破制度单一供给格局，打破以往不同主体之间的权利运作关系，从而建立多元制度供给结构与建构一套崭新的权利运作规范，实现政府机制与社会机制的有效配合，是一个对主体权利变更、调整、重塑的过程。这也就意味着如何打破政府权力垄断，如何规范性地分配政府与社会之间的权利，健全城乡一体化教育发展的社会支持路径成为城乡一体化教育体制改革的重要内容。这就需要遵循公共利益最优的理念，基于"政府与社会"双向制度供给与制度执行的视角来诠释城乡一体教育体制，基于城

---

① ［美］吉纳·霍尔、雪莱·霍德：《实施变革：模式、原则与困境》，浙江教育出版社 2004 年版，第 6－7 页。

乡一体化教育发展过程中的具体问题来厘清政府支持与社会支持的行动逻辑与合作畛域。

20 世纪 90 年代以前，政府与社会的关系认识一直受一种单向思维的影响，倾向于认为政府与社会是一种零和博弈的关系。20 世纪 90 年代以来，对政府与社会互动的理解从冲突与对抗为主转向合作互动，形成了现代治理体系的基本共识：政府与社会合作治理不但是可能的，也是有效的。"任何制度的变迁既不是单纯地自发型，也非纯粹的国家建构型，而是一个系统的两个结合和互动的过程。"[1] 具体来说国家与社会主要有两种融合：一是国家吸纳社会，即"通过向一个竞技场注入新的社会组织、资源、符号和力量使其能够利用现有社会力量和符号建立一种新的统治模式"。[2] 二是现存社会力量对国家的吸纳。"国家成分的存在刺激处于主导地位的社会力量的调解，但是没有使统治模式发生根本改变。或者在有些情况下，国家介入的新情况的确产生新的统治模式，但是在其中晋升到主导地位的却是新兴的非国家力量，国家成分的组织和符号被社会力量所用"。[3] 改革开放以来，我国经历了一个从计划经济体制向市场经济体制的大变革，经历了一个追求效率向追求公平平等的大转型，"一些旧的社会关系消失了，一些新的社会关系产生了，还有一些社会关系虽然还存在，但其性质却发生了变化。"[4] 这些变化直接投射在了教育领域内，引起了教育关系的变化，从而推动了每次教育改革。

---

[1]　许杰：《现代学校制度建设动力机制探析》，《中国教育学刊》2014 年第 6 期，第 9 – 14 页。

[2]　［美］乔尔·S. 米格代尔：《社会中的国家——国家与社会如何相互改变与相互构成》，李杨等译，江苏人民出版社 2013 年版，第 131 页。

[3]　［美］乔尔·S. 米格代尔：《社会中的国家——国家与社会如何相互改变与相互构成》，李杨等译，江苏人民出版社 2013 年版，第 131 页。

[4]　劳凯声：《我国教育法制建设的宏观改革背景》，载劳凯声主编：《中国教育法制评论》（第 1 辑），中国教育科学出版社 2002 年版，第 1 页。

社会治理的核心点在于"国家力量和社会力量，公共部门与私人部门，政府、社会组织与公民，共同来治理和管理一个社会。"[①] 教育改革的真正希望还是在民间，靠自下而上的多样化生长，靠教育理念的逐渐更新，靠基层教育改革的探索，逐渐为整体性的教育改革奠定基础，创造条件。[②] 遵循"政府与社会"两条线，政府自身的局限性决定了政府不能够包揽一切事务，而且随着国家治理体系现代化的提出，以及公民社会的发展成熟，决定了原先由政府操办的事务可释放给社会。那么，在城乡教育一体化体制领域，政府应该如何放权以打破权力垄断？怎么放权？谁来继承所放出的权力？怎么承接？怎么规范？对于此，可将政府的局限性从三个层次进行区分：意识（X）、能力（Y）与效果（Z），从而形成三维立体象限，8 个具体维度。

1. 政府有意识、有能力、效果好的问题（Ⅰ）（最优性选择）
2. 政府没意识，有能力、效果好的问题（Ⅱ）（意识性选择）
3. 政府没意识，没有能力、效果又好的问题（Ⅲ）（假设性选择）
4. 政府有意识，没有能力、效果又好的问题（Ⅳ）（能力性选择）
5. 政府有意识，有能力、效果不好的问题（Ⅴ）（效果性选择）
6. 政府没意识，有能力、效果不好的问题（Ⅵ）（便宜性选择）
7. 政府没意识、没能力、效果不好的问题（Ⅶ）（排斥性选择）
8. 政府有意识、没能力、效果不好的问题（Ⅷ）（权变性选择）

概括性来看，在城乡一体化教育体制改革中，最终呈现出三类性问题：一是能力性问题：政府意识到该解决但自身不能解决；二是便宜性问题：政府能够解决但不方便解决；三是效果性问题：政府去解决了但效果欠佳。另外，这三种类型的划分并不是绝对的，在城乡一体化教育发展中好多问题是这三个维度的综合性表现，是三个维度的融合。具体

① 郑杭生、邵占鹏：《中国社会治理体制改革的视野、举措与意涵——三中全会社会治理体制改革的启示》，《江苏社会科学》2014 年第 2 期，第 66 - 74 页。
② 杨东平：《教育体制改革是核心》，《中国改革》2009 年第 8 期，第 12 - 13 页。

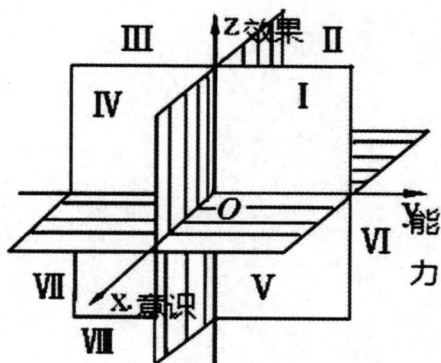

图 4.1 城乡一体化教育体制社会支持框架图

在城乡教育一体化发展中,比如农村留守儿童教育问题、随迁子女教育问题、农民工培训、农村教师培训问题,都或多或少地体现了这三个方面。

# 第五章

田野考察（一）：
农村留守儿童教育的社会支持系统研究

## 第一节　农村留守儿童教育的社会支持主体

### 一、农村留守儿童教育社会支持的必要性

#### （一）农村留守儿童问题是城乡发展不均衡的反映

好久没人牵我的手/好久没人摸我的头

冰凉的小手发烫的额头/生病是最想你们的时候

爸爸妈妈/我会很听话

爸爸妈妈/不要累着啦

墙壁上涂满你们的画/枕头下留着我换的牙

委屈的时候总对着猫咪说话/屋后面的桃树又开了几多花

啊/妈妈我梦见你回了家

啊/爸爸我梦见你胡子扎

爸爸妈妈/我说话算话

爸爸妈妈/我的成绩不会落下

——王蓓《留守儿童之歌》（2007）

2015年贵州省"毕节四名留守儿童集体服毒死亡"事件震惊了整个中国社会，而令人更为惊讶的是，此次惨剧与2012年震动全国的"五名留守儿童取暖闷死垃圾箱"事件都发生在毕节市七星关区。随着

此事件的发酵，人们在质问为什么又是毕节之时，进一步将目光聚焦于农村留守儿童群体，并对农村留守儿童关爱保护不足的残酷现实进行深入思考。在反思的背后是一幕幕让人心痛的现实：是家庭关爱、精神支持和早期教育不到位；是学校关爱硬件投入不足，软件建设不配套；是社会组织关爱缺乏针对性和连续性；是各级党政的政策制定、资源投入、工作推进仍有不足。

正如歌手王蓓所创作的《留守儿童之歌》中所唱的那样，"好久没人牵我的手，好久没人摸我的头，冰凉的小手发烫的额头，生病是最想你们的时候……妈妈我梦见你回了家，爸爸我梦见你胡子扎"。这或许可以作为留守儿童现状的最佳脚注，更折射出我国经济社会发展背后的"时代悲哀"。美国著名经济学家斯蒂格利茨曾预言，"21 世纪影响世界进程和改变世界面貌的将有两件事：一是美国高科技产业的发展，二是中国的城市化进程。"① 自改革开放以来，我国经济发展经历了三十多年的高速增长，平均增长率保持在 8% 左右。但与此同时，随着工业化、城镇化的快速推进，城乡间人口流动的限制被打破，特别是在《中共中央关于促进农民增收若干问题的意见》等一系列政策推动下，大量农村剩余劳动力为改善家庭经济状况，走出家乡向城镇迁移，寻求更好的就业机会。根据第六次全国人口普查发布的主要数据公报，2010 年我国流动人口数量已超过 2.6 亿，与 2000 年相比约增加 1.2 亿人，增长幅度81.03%。② 在这些流动人口中，有相当数量是育有未成年子女的父母，然而不可否定的是，受当前户籍、教育、住房、医疗、社会保障制度，以及城市高生活成本的影响，农民工父母无法带子女一起到城

---

① ［美］约瑟夫・斯蒂格利茨：《信息经济学—应用》，纪沫等译，中国金融出版社 2007 年版，第 216 页。
② IUD 领导决策数据分析中心：《第六次人口普查数据解读（上）——流动人口达 3128 万 广东成人口第一大省》，《领导决策信息》2011 年第 19 期，第 30 – 31 页。

市生活，从而产生了大批因父母外出务工而滞留农村的"留守儿童"。

留守儿童从 80 年代开始出现，到 90 年代逐步发展，但规模不是很大。进入新世纪以后，由于我国经济的迅猛发展，流动人口的急剧增加，留守儿童数量开始迅速增多。2013 年，全国妇联在发布的《我国农村留守儿童、城乡流动儿童状况研究报告》中指出，依照《中国 2010 年第六次人口普查资料》样本数据来推算，全国农村留守儿童人数达 6102.55 万，占农村儿童比例 37.7%，占全国儿童比例 21.88%。与 2005 年全国 1% 抽样调查估算数据相比，五年间全国农村留守儿童增加约 242 万。① 这也就意味着，平均每四个农村儿童中就有一个是留守儿童。2016 年，民政部、教育部、公安部对全国范围内联合开展农村留守儿童摸底排查的数据显示，截至目前，不满十六周岁的农村留守儿童数量为 902 万人。其中，由（外）祖父母监护的 805 万人，占 89.3%；由亲戚朋友监护的 30 万人，占 3.3%；一方外出务工另一方无监护能力的 31 万人，占 3.4%；有 36 万农村留守儿童无人监护，占 4%。从范围来看，东部省份农村留守儿童人数达 87 万，占全国总数的 9.65%；中部省份农村留守儿童人数达 463 万，占全国总数的 51.33%；西部省份人数达 352 万，占全国总数的 39.02%。从省份来看，江西、四川、贵州、安徽、河南、湖南和湖北等省的农村留守儿童数量都在 70 万人以上。② 在当前大数据背景下，如果底数不清、情况不明，所有的对策都不能对症下药，因此，重视留守儿童问题首先需要对这个群体有一个基本的量化数据判断。无论是全国妇联依据《中国 2010 年第六次人口普查资料》样本数据估算的 6102.55 万人，还是民政部通过全面摸底排查得出的 902 万人，都足以说明留守儿童数量规模巨大，已经形成一个需要予以高度重视的群体。2016 年 1

---

① 全国妇联课题组：《全国农村留守儿童 城乡流动儿童状况研究报告》，《中国妇运》2013 年第 6 期，第 30 – 34 页。

② 民政部：《农村留守儿童 902 万 超 9 成在中西部省份》，2016 年 11 月 10 日，见 http://news.sohu.com/20161110/n472764078.shtml。

月 27 日，李克强总理在部署农村留守儿童关爱保护工作的国务院常务会议上指出，"当前中国处在特殊发展时期，大量外出务工人员为我国经济建设作出了特殊贡献，但也因多种复杂的现实原因，形成了数以千万计的留守儿童，这种现象短时期内恐怕难以消除。""决不能让留守儿童成为家庭之痛、社会之殇。"国务院印发的《关于加强农村留守儿童关爱保护工作的意见》指出："农村留守儿童问题是我国经济社会发展中的阶段性问题，是我国城乡发展不均衡、公共服务不均等、社会保障不完善等问题的深刻反映。"同时要求，"建立翔实完备的农村留守儿童信息台账，一人一档案，实行动态管理、精准施策"。

从上述可以看出，留守儿童问题已是我国社会转型发展中衍生出的突出社会问题，并得到党和政府的高度重视与密切关注，但是由于城乡发展不均衡的现实，加之留守儿童面临监护真空、亲情缺失的状况，使得这一群体在心理情感、人格品质、学业成就、安全健康等方面存在问题。同时，也从行动逻辑上凸显出当前留守儿童这一特殊群体需求社会支持的必要性。一方面，从宏观层面来讲，"留守儿童问题是伴随着农民工流动、工业化、城镇化过程而产生的，是涉及地区发展不平衡、欠发达地区可持续发展的重要问题，需要动员全社会的力量予以应对"[1]，也就是说，要解决留守儿童问题，"绝不是哪一级政府哪一个部门想解决就能立刻解决好的，而是一项系统工程，需要社会各种力量通力合作，形成强大而广泛的社会支持网络"[2]；另一方面，从微观层面来说，"父母外出务工致使留守儿童的原生家庭出现结构性不完整，原有的社会支持体系发生了重要变化，家庭生态系统中的近端支持转化成了远端支持，这无疑在一定程度上降低留守儿童的支持力度，由此可能引发满

---

[1] 陈世海等：《西部农村留守儿童的社会支持研究及启示》，《青年探索》2016 年第 5 期，第 71 – 79 页。

[2] 徐传新：《"留守儿童"教育的社会支持因素分析》，《中国青年研究》2007 年第 9 期，第 24 – 28 页。

足其需求的某些'资源真空'"。

## （二）农村留守儿童教育问题关涉义务教育均衡发展

父母的外出改变了儿童在家庭中正常的受教育方式，也正是这个原因，使得教育问题成为留守儿童问题被关注的主要根源，也就是说留守儿童问题的核心在教育问题，最主要的表现在义务教育。2003 年，国务院出台的《关于进一步加强农村教育工作的决定》强调要变革义务教育管理体制和经费投入体制，打破了义务教育非均衡发展的制度格局。2006年，全国人大常委会新修订的《义务教育法》规定，"国务院和县级以上地方人民政府应该合理配置教育资源，促进义务教育均衡发展。"这是我国首次以法律的形式规定"义务教育均衡发展"，实现了将"义务教育均衡发展"政策的法律化，带有明显的强制性。2010 年教育部出台的《关于贯彻落实科学发展观，进一步推进义务教育均衡发展的意见》明确提出了"2012 年实现义务教育区域内处不均衡，2020 年实现区域内基本均衡"的路线图。2010 年国务院出台的《国家中长期教育改革和发展规划纲要（2010—2020 年）》指出"均衡发展是义务教育的战略性任务。"2012 年，国务院出台的《关于深入推进义务教育均衡发展的意见》进一步明确了义务教育均衡发展的目标和要求。党的十八大报告进一步将"均衡发展义务教育"作为全面建成小康社会进程中义务教育的战略性任务。由此可见，"推进义务教育均衡发展"已上升为国家战略性任务的高度，被看作是推进社会公平发展的重要基石。

社会发展与教育发展的转型，迫使我们更加关注农村留守儿童的教育问题。"农村留守儿童能否公平接受教育的问题，不仅是关系这一群体的健康成长和义务教育均衡发展的民生问题，更是涉及以农村留守儿童父母为代表的农村剩余劳动力群体能否实现稳妥转移的农村重大战略问题。"[1] "如果不更迅速和更大地减少教育的不平等，它将成为整个社

---

① 范先佐、郭清扬：《当前我国义务教育均衡发展改革的重点和难点》，《教师教育学报》2016 年第 2 期，第 71 – 81 页。

会和经济进步的一种日益严重的障碍因素，并成为很多国家政治动乱的原因。"① 但 "从社会结构来看，教育被政治经济严重边缘化；从教育系统自身来看，农村教育被城市教育严重边缘化。双重边缘化的压力，使农村教育成为现代化进程，尤其是教育现代化进程中的'弃儿'。当整个农村教育成为'弃儿'时，那么，农村的留守儿童无疑就成了更加弱势的群体，在义务教育均衡发展过程中若得不到有效的教育支持，难以实现真正意义上的教育公平。"② 另外，再加上个体才能、资源禀赋、社会地位的差异，导致农村留守儿童享受公平平等的教育愈加困难，也就无从谈起义务教育实现了真正的均衡发展。

（三）农村留守儿童教育成为家庭教育与学校教育的棘手难题

"抚育作用不能有一女或一男单独负担，有了母亲还得有父亲。"③ 家庭在儿童成长中的作用毋庸置疑。"受我国传统儒家文化思想的影响，人们对农村家庭保障功能寄予厚望，强调并希望家庭承担起照顾子女生活的衣、食、住、行等家庭育儿责任。"④ 但随着我国城市化进程的推进，大量农村剩余劳动力转向城市，使得留守儿童长时间没与父母双方共同生活在一起，同时，人口转变和家庭变迁客观上造成了农村文化的衰落与乡村文化的真空，也使得农村家庭保障的传统根基遭受破坏，使得父母与孩子的亲子互动受时间和空间的隔阻而无法正常进行，进而造成农村家庭抚育能力自生性不断减弱、家庭策略日趋失灵，家庭难以有效承载育儿的责任，直接导致了家庭教育与学校教育、社会教育链条的断裂。从这个意义上来讲，农村留守儿童的教育客观上需要学校教育与

---

① ［美］菲力蒲·库姆斯：《世界教育危机》，赵宝恒等译，人民教育出版社 2000 年版，第 241 页。
② 季彩君：《基于实证调查的留守儿童教育支持研究——以苏中 X 地区为例》，《全球教育展望》2016 年第 3 期，第 34－47 页。
③ 费孝通：《生育制度》，商务印书馆 1999 年版，第 123 页。
④ 杨汇泉：《农村留守儿童关爱服务路径的社会学考察》，《华南农业大学学报（社会科学版）》2016 年第 1 期，第 37－44 页。

社会教育加以支持弥补。

2006 年，教育部在关于教育系统贯彻落实《国务院关于解决农民工问题的若干意见》的实施意见中规定，"学校要充分调动各方面力量，建立农村'留守儿童'教育和监护体系。"2016 年，国务院颁布出台的《关于加强农村留守儿童关爱保护工作的意见》强调要"加大教育部门和学校关爱保护力度"。这些政策文件均强调了学校在留守儿童教育中的作用与职责。学校教育"指通过专门的教育机构，依据一定的社会要求，对学习者所进行的一种有目的、有计划、有组织、有系统地传授知识、技能，培养思想品德，发展智力和体力的专业活动。"① 但"由于亲子关系的不可替代性，学校无法完全替代父母在儿童成长和发展中的作用，又因为失去了教育规律发生作用的基础条件，这就构成了学校教育直接解决农村留守儿童教育问题的技术性困难"。② 另外，乡村教育深植于乡村文化生活中，但在当前学校教育实践中，受考试和升学目标的驱动，乡村学校教育日益"城市化"，造成儿童学习一味追求学习成绩，学习压力过大，从形式和内容上真正实现了对乡村儿童生活社区的剥离，造成了留守儿童在认知和人格发展方面出现先天不足的问题。

农村留守儿童家庭教育与学校教育存在的不足，不仅从侧面说明了留守儿童教育本身的复杂性、全局性、系统性，更说明了留守儿童教育需要多主体通力合作，需要政府、社会组织等其他群体的社会支持。但不容否定的是，从留守儿童身心发展的角度来看，家庭教育与学校教育之间有效衔接成为农村留守儿童教育获得社会支持的重要支持源头。

## 二、农村留守儿童教育问题社会支持主体的选择

党的十八大报告指出，要"大力促进教育公平，合理配置教育资

---

① 李劲松、王艳玲：《学校教育基础》，高等教育出版社 2015 年版，第 1 页。
② 季彩君：《基于实证调查的留守儿童教育支持研究——以苏中 X 地区为例》，《全球教育展望》2016 年第 3 期，第 34 – 47 页。

源，重点向农村、边远、贫困、民族地区倾斜，支持特殊教育，提高家庭经济困难学生资助水平，积极推动农民工子女平等接受教育，让每个孩子都能成为有用之才。"从前面分析来看，农村留守儿童问题是衍生于我国社会转型发展中出现的突出问题，是城乡发展不均衡的体现。而在留守儿童众多问题中，教育问题是其核心，不仅关系到义务教育均衡发展，也关系到家庭教育与学校教育能否有效开展。这也就是意味着，农村留守儿童需要其他支持主体对其给予充足教育支持。那么，与农村留守儿童教育发展相关的社会主体有哪些呢？这是一个必须正视的问题。正所谓"没有准确的概念，明晰的思想和文字也就无从谈起"①，"在每一个研究的初级阶段，概念恰恰是最难界定的。之所如此，是因为只有随着研究的深入才会全面揭示研究对象。这就意味着，在研究的成熟阶段，反而有可能发现我们的研究对象与原初的预想是有差距的。但是，为了研究和交流的方便，我们尝试性地对其加以大致的描述型界定，以便勾勒出我们研究对象的大体轮廓。"② 在回答留守儿童教育社会支持主体有哪些这个问题之前，有必要先界定清楚留守儿童的概念范畴。

何谓留守儿童？留守儿童的概念是一个具有争议的话题，争议的焦点首先在于留守儿童的年龄界定。目前，比较官方的留守儿童概念主要有两个：一是在 2013 年全国妇联发布的《我国农村留守儿童、城乡流动儿童状况研究报告》中，将留守儿童界定为，"父母双方或一方从农村流动到其他地区，孩子留在户籍所在地的农村地区，并因此不能和父母双方共同生活在一起的儿童。"这个概念界定没有明确父母外出工作的时间，以及留守儿童的年龄。另外一个是，在《国务院关于加强农村留守儿童关爱保护工作的意见》中，将留守儿童界定为，"父母双方外

---

① ［德］沃尔夫冈·布列钦卡：《教育科学的基本概念分析、批判和建议》，胡劲松译，华东师范大学出版社 2001 年版，第 11 页。
② 罗豪才：《软法与公共治理》，北京大学出版社 2006 年版，第 5－6 页。

出务工或一方外出务工另一方无监护能力，无法与父母正常共同生活的不满十六周岁农村户籍未成年人"。民政部 2016 年在精准摸排留守儿童人数时用的也是这个概念。

要针对留守儿童问题对症下药，就要对这个问题要有一个基本判断与清晰描述。首先，留守儿童是一个需要政府面对的社会问题，不是只有问题严峻的 902 万，另外的 5000 多万，也具有社会危险性。如果是社会问题，当然要对这样一个群体全民化的服务。在这种情况下，民政部和教育部这样一些以公共服务为主的政府部门，应该直面问题，不应该像公安部或者司法部把它作为一个法律问题去判断。当然了，眼下所说的 902 万，凸显了留守儿童问题，说明这一部分留守儿童是需要紧迫处理的，增强了问题的阶段性。但不能否认，另外的 5000 多万是全面性的覆盖的，需要考虑的是怎样把留守儿童从法律问题过渡到社会问题。其次，这个概念界定，排除了被祖父母监管的留守儿童，而这一部分留守儿童是绝对的主体，占到 70% 以上，甚至也排除了原先 16—18 岁的留守儿童。那么，这就造成这部分留守儿童隐形福利的消失，比如，之前没有部门有专项说因为是留守儿童给补助的，政府的、社会组织的、学校统计的服务组织只有一些无常的自主性行动，但是现在有这样一个官方界定，就可以找到名义说这部分儿童不算留守儿童，从而使得这部分儿童原本享受的待遇被取消。

基于以上留守儿童的概念探讨，可以看出界定留守儿童概念时有这几个关键：（1）居住地区：居住在农村地区，具有农业户口；（2）父母离家时间：父母双方或者一方外出打工一年及以上；（3）儿童年龄：年龄在 16 岁及以下的孩子。

厘清留守儿童的概念范畴后，再来看社会支持的概念范畴。通过前文的分析可以知道，社会支持是"一种有利于脆弱或弱势群体自身的生存环境，是社会的脆弱群体通过来自外界的帮助得以更好地生活、发展的途径"，"除了具备社会救助、社会稳定、社会整合等宏观的功能外，也是个体应付压力、保持心理健康的资源"。①如果从宏观层面来说，也就是从国家政策法规的角度来看，社会支持系统可分解为国家、社会、社区、学校、家庭等层面来探讨；②如果从微观层面来说，也就是从个体的角度来看，社会支持是个体从外界得到的物质或精神帮助，或者是个体对外界支持的感知等。③可以看出，留守儿童作为弱势群体，是符合这个概念范畴的，是需要社会支持的，但与其教育发展相关的这个"外界"主体有哪些呢？

2016年2月出台的《国务院关于加强农村留守儿童关爱保护工作的意见》，提出要"完善农村留守儿童关爱服务体系""强化家庭监护主体责任""落实县、乡镇人民政府和村（居）民委员会职责""加大教育部门和学校关爱保护力度""发挥群团组织关爱服务优势""推动社会力量积极参与"。随后，各地方省市在各自关爱保护留守儿童工作的实施意见也相应提出，要"完善农村留守儿童关爱服务体系""强化家庭监护主体责任""落实区县（自治县）人民政府、乡镇人民政府（街道办事处）和村（居）民委员会职责""加大教育部门和学校关爱保护力度""发挥群团组织关爱服务优势""推动社会力量积极参与"。具体来说，也就是从政府、家庭、学校、群团组织、社会力量五个方面加强对留守儿童的关爱保护，这种关爱保护的内容也可以看作是留守儿童发展的社会支持。

再从理论上来看，如果"以留守儿童为中心，以直接支持和间接支持为分界线，将与其产生支持关系的支持源划分为近端支持源和远端支

① 江立华等：《转型期留守儿童问题研究》，上海三联书店2013年版，第26页。
② 殷世东、朱明山：《农村留守儿童教育社会支持体系的构建——基于皖北农村留守儿童教育问题的调查与思考》，《中国教育学刊》2006年第2期，第14－16页。
③ C. K. Malecki, M. K. Demaray, "Measuring Perceived Social Support: Development of the Child and Adolescent Social Support Scale ( CASSS)", *Psychology in the Schools*, 2002, Vol. 39, No. 1 (2002), pp. 1 – 18.

持源两大类。在留守儿童社会支持系统里，留守儿童作为被支持者，监护人、父母、学校、政府和其他社会支持力量是支持者，其中监护人和学校被认定为近端支持源；外出务工的父母、政府和其他社会支持力量被认定为远端支持源。"[①] 这也就是说，在留守儿童教育问题上，其教育发展的社会支持是指远端支持源与近端支持源为其接受教育所提供的物质、观念、服务等方面的帮助和扶持。其中，留守儿童教育发展关涉到的具体社会支持主体包括其监护人、外出务工的父母、学校、政府和其他社会支持力量，以及留守儿童自我等。

## 第二节 农村留守儿童教育社会支持的现状

### 一、调查设计

本次调查研究结合国家民政部对农村留守儿童摸底排查的数据，主要采用自编问卷调查的方法，分别设计了"留守儿童调查学生卷""留守儿童调查家长卷""留守儿童教师卷""留守儿童学校行政管理人员卷"。其中，"留守儿童调查学生卷"共计40题，包括留守儿童个人基本情况、家庭情况、学习情况三个维度；"留守儿童调查家长卷"共计34题，包括留守儿童家长个人基本情况、家庭基本情况、孩子的教育情况三个维度；"留守儿童教师卷"共计39题，包括教师个人基本情况、教师对留守儿童认知评价情况；"留守儿童行政管理人员卷"共计41题，包括学校管理人员个人基本信息、学校留守儿童基本信息、学校社会环境情况。

本调查在取样时遵循分层抽样、整群抽样、目的性抽样原则。根据目前留守儿童在各省份的分布情况，主要对重庆、四川、贵州等省市进

---

① 李敏、陈道发：《社会支持理论视域下农村留守儿童的教育问题研究》，《教学与管理》2015年第6期，第45－47页。

行调查，共选取 29 个样本区县；在每个区县选择 2 个不同发展层次的乡镇；在每个乡镇选 2 至 3 所农村学校（包括小学和初中），其中，小学阶段主要选择 4 年级学生作为样本；初中阶段主要选择 8 年级学生作为样本。在样本学校以班级为单位进行整群抽样（包括留守与非留守）。其中，留守儿童学生卷共发放 25000 份，回收问卷 21750 份，回收率 87%，有效问卷 20635 份，有效率 94.87%；留守儿童家长卷共发放 2500 份，回收问卷 2093 份，回收率 83.72%，有效问卷 1815 份，有效率 86.72%；留守儿童教师卷发放 500 份，回收问卷 463 份，回收率 93.60%；留守儿童学校管理人员卷发放 400 份，回收问卷 360 份，回收 90.00%。

在调查问卷的基础上，本报告还采用半结构访谈法、个案追踪法，对留守儿童、非留守儿童、监护人、主要知情人、学校教师、教育行政管理人员，以及民政部门、教与部门、妇联、团委、社会组织等负责人进行深入细致的访谈。

表5.1　本调查样本情况

| 是否留守 ＼ 学校类型 | 小学（6（含）—13 岁） | 中学 14（含）—16 岁 |
|---|---|---|
| 否 | 4095 | 1059 |
| 是 | 8070 | 7411 |

表5.2　本报告调查框架

| 工作层面 | 指标体系 | 调查对象 | 调查方法 |
|---|---|---|---|
| 留守儿童层面 | 家庭劳动力的状况；父母及家庭经济状况；对父母外出打工的态度；学习成绩；学习行为；学习兴趣；学习意愿；在学校的表现；师生关系；同学关系；生活状况；生活环境；需求状况；心理状况。 | 留守儿童、监护人、同伴非留守儿童、教师 | 问卷、访谈、个案、对比、参与观察 |

续表

| 工作层面 | 指标体系 | 调查对象 | 调查方法 |
|---|---|---|---|
| 监护人层面 | 监护人状况；监护人照料状况；对留守儿童学习成绩的看法；对留守儿童心理状况、情感世界、安全状况的关心。 | 监护人、留守儿童、同伴非留守儿童、教师 | 访谈、观察 |
| 主管部门层面 | 儿童总数，入学率；辍学率；留守儿童对社会的影响；对留守儿童问题采取的措施。 | 民政局、教委、妇联、团市委、社会组织 | 访谈 |
| 学校层面 | 在校学生数量中留守儿童所占数量；办学规模；留守儿童在校的学习状况及学习成绩；入学率；辍学率；家长评价；教学环境及条件；学生的心理状况。 | 校长、教师、班主任 | 问卷、访谈、观察 |

## 二、家庭对留守儿童教育的支持情况

### （一）留守儿童父母离家时间

**表5.3 留守儿童父母离家时间情况**

| 项　　目 | 时间 | 频数 | 占比（%） |
|---|---|---|---|
| 孩子的爸爸或妈妈不在家多长时间 | 不到半年 | 302 | 16.6 |
| | 半年至一年 | 772 | 42.5 |
| | 1－2 年 | 416 | 22.9 |
| | 2－3 年 | 95 | 5.2 |
| | 3 年以上 | 154 | 8.5 |

从表5.3 可以看出，留守儿童父母离家时间"不到半年"的人数有302 人，占比16.6%；留守儿童父母离家时间"半年至一年"的人

数有 772 人，占比 42.5%；留守儿童父母离家时间"1—2 年"的人数有 416 人，占比 22.9%；留守儿童父母离家时间"2—3 年"的人数有 95 人，占比 5.2%；留守儿童父母离家时间"3 年以上"的人数有 154 人，占比 8.5%。其中，留守儿童父母离家时间"半年至一年"所占比例最高，离家时间在"2—3 年"之间的所占比例最低。如果以半年为界限，有 79.1% 的留守儿童父母；如果以一年为界限，有 39.6% 的留守儿童父母。

（二）留守儿童父母回家看孩子情况

表5.4　留守儿童父母回家看孩子情况

| 项　　目 | 次数 | 频数 | 占比（%） |
|---|---|---|---|
| 孩子的爸爸或妈妈一年中回家看孩子的次数 | 0 | 89 | 4.9 |
| | 1 | 681 | 37.5 |
| | 2 | 437 | 24.1 |
| | 3 | 165 | 9.1 |
| | 4 次及以上 | 361 | 19.9 |

从表 5.4 可以看出，留守儿童父母一年中回家看孩子 1 次的有 681 人，占比 37.5%；看孩子 2 次的有 437 人，占比 24.1%；看孩子 3 次的有 165 人，占比 9.1%；看孩子 4 次及以上的有 361 人，占比19.9%；一年之中没有看孩子的有 89 人，占比 4.9%。其中，留守儿童父母一年中回家看孩子 1 次的人占比最高，一年之中没有看孩子的占比最低。表明，留守儿童父母绝大多数情况一年之中回一次家，这与前面"留守儿童父母离家时间"的分析结果一致。同时，根据中国的习俗，可以断定，一年之中，留守儿童父母多数在春节回家看孩子。

（三）留守儿童父母与孩子联系情况

**表5.5 留守儿童父母与孩子联系情况**

| 项 目 | 次数 | 频数 | 占比（%） |
|---|---|---|---|
| 孩子的爸爸或妈妈与<br><br>孩子通电话的频率 | 一天一次 | 322 | 17.7 |
| | 一周一次 | 928 | 51.1 |
| | 半个月一次 | 224 | 12.3 |
| | 一个月一次 | 161 | 8.9 |
| | 半年一次 | 47 | 2.6 |
| | 其他 | 58 | 3.2 |

从表5.5可以看出，留守儿童父母与孩子通电话的频率为"一天一次"的有322人，占比17.7%；留守儿童父母与孩子通电话的频率为"一周一次"的有928人，占比51.1%；留守儿童父母与孩子通电话的频率为"半个月一次"的有224人，占比12.3%；留守儿童父母与孩子通电话的频率为"一个月一次"的有161人，占比8.9%；留守儿童父母与孩子通电话的频率为"半年一次"的有47人，占比2.6%。其中，留守儿童父母与孩子通电话的频率为"一周一次"的人数占比最高；频率为"半年一次"的人数占比最低。数据分析表明，留守儿童父母与孩子通电话的频率主要表现为"一周一次"，这样的频率还算可观。

（四）留守儿童父母对孩子的关心情况

**表5.6 留守儿童父母对孩子的关心情况**

| 项 目 | 频 数 | 占比（%） |
|---|---|---|
| 学习情况 | 1355 | 74.7 |
| 生活习惯 | 641 | 35.3 |
| 交友情况 | 205 | 11.3 |
| 身体状况 | 890 | 49.0 |
| 心理状况 | 190 | 10.5 |
| 其 他 | 12 | 0.7 |

从表 5.6 可以看出，留守儿童父母关心孩子学习情况的选择人数是 1355 个，占比 74.7%；关心孩子生活习惯的选择人数是 641 个，占比 35.3%；关心孩子交友情况的选择人数是 205 个，占比 11.3%；关心孩子身体状况的选择人数是 890 个，占比 49.0%；关心孩子心理状况的选择人数是 190 个，占比 10.5%。其中，留守儿童父母关心孩子学习情况的人数最多，而且人数超过了七成；关心孩子心理状况的人数最少，而且人数仅一成；其他依次是孩子身体状况、生活习惯、交友情况。由此可知，留守儿童父母更多的关心孩子的学习状况，而对孩子的心理状况与交友情况则比较忽视。

（五）留守儿童父母给孩子辅导功课情况

表 5.7 留守儿童父母给孩子辅导功课情况

| 项 目 | 次数 | 频数 | 占比（%） |
|---|---|---|---|
| 上个星期，您是否辅导过孩子的功课 | 没有 | 1071 | 59.0 |
| | 1 次 | 116 | 6.4 |
| | 2 次 | 122 | 6.7 |
| | 3 次 | 57 | 3.1 |
| | 4 次及以上 | 104 | 5.7 |

从表 5.7 可以看出，留守儿童父母给孩子辅导过 1 次功课的人数有 116，占比 6.4%；给孩子辅导过 2 次功课的人数有 122，占比 6.7%；给孩子辅导过 3 次功课的人数有 57，占比 3.1%；给孩子辅导过 4 次及以上功课的人数有 104，占比 5.7%；没有给孩子辅导过功课的人数有 1071，占比 59.0%。数据分析表明，在一个星期之内，留守儿童父母没有给孩子辅导过功课的占绝大多数，将近 6 成，而辅导过 1 次、2 次、3 次、4 次及以上的人数占比相当比，都不到 1 成。这显示出，留守儿童父母可能一方面是自己文化水平的问题，自己没有能力去辅导孩子功课，另一方面，也可能是留守儿童父母对孩子的功课关心重视程度不够。

## （六）留守儿童父母对孩子"管教"严厉情况

**表 5.8　留守儿童父母对孩子"管教"严厉情况**

| 项　　目 | 不管 | 管，但不严 | 管得很严 |
|---|---|---|---|
| 作业、考试 | 147(8.1%) | 1066(58.7%) | 576(31.7%) |
| 在学校表现 | 237(13.1%) | 1119(61.7%) | 423(23.3%) |
| 每天上学 | 206(11.3%) | 968(53.3%) | 602(33.2%) |
| 每天几点回家 | 202(11.1%) | 975(53.7%) | 587(32.3%) |
| 和谁交朋友 | 383(21.1%) | 985(54.3%) | 402(22.1%) |
| 穿着打扮 | 370(20.4%) | 1011(55.7%) | 392(21.6%) |
| 看电视时间 | 201(11.1%) | 971(53.5%) | 595(32.8%) |
| 晚上睡觉时间 | 130(7.2%) | 996(54.9%) | 642(35.4%) |

从表 5.8 可以看出，留守儿童父母对孩子在作业、考试、学校表现、每天上学、每天几点回家、和谁交朋友、穿着打扮、看电视时间、晚上睡觉时间都"管"，但是多呈现出"不严"的状态。相比较而言，留守儿童父母对孩子在学校表现（61.7%）、作业、考试（58.7%）、穿着打扮（55.7%）"管"的较为严格，而在每天上学（53.3%）、每天几点回家（53.7%）、和谁交朋友（54.3%）、看电视时间（53.5%）、晚上睡觉时间（54.9%）方面相对"管"的"不严"。这里比较奇怪的是，留守儿童父母对孩子"穿着打扮""管"的比较严厉。

### 三、政府部门对留守儿童教育的支持情况

### （一）政府机构对留守儿童教育的支持情况

"公共政策就是政府选择做与选择不做的事情"①，因此，通过对政

---

① ［美］托马斯·R.戴伊：《理解公共政策》，谢明译，中国人民大学出版社 2013年版，第 1 页。

府所出台的有关留守儿童政策的梳理，可以窥见政府针对留守儿童问题所采取行动举措的逻辑。

表5.9 样本市所出台的部分留守儿童关爱保护政策

| 序号 | 政策名称 | 时间 |
|---|---|---|
| 1 | C市人民政府关于加强农村"留守儿童"工作的意见 | 2008 |
| 2 | C市妇联关于进一步做好农村留守流动儿童工作的意见 | 2008 |
| 3 | 中共C市委办公厅C市人民政府办公厅关于印发《关爱农村留守儿童行动计划》的通知 | 2010 |
| 4 | C市人民政府办公厅关于印发《C市农村留守儿童安全保护联动方案》的通知 | 2010 |
| 5 | 中共C市委办公厅C市人民政府办公厅关于建立关爱农村留守儿童工作联席会议制度的通知 | 2011 |
| 6 | C市关爱农村留守儿童工作联席会议办公室关于印发《C市关爱农村留守儿童联席会议成员单位工作职责》的通知 | 2011 |
| 7 | 中共C市委办公厅C市人民政府办公厅关于进一步加强关爱农村留守儿童工作的通知 | 2012 |
| 8 | C市人民政府关于加强农村留守儿童关爱保护工作的实施意见 | 2016 |
| 9 | C市家庭教育促进条例 | 2016 |

具体来讲，当前政府机构主要采取了如下几方面的行动措施：

1. 建立农村留守儿童关爱保护机制。如C市以民政部门妇儿工委办公室为牵头管理部门，建立关爱农村留守儿童工作联席会议制度，构建"政府主导、部门联动、社会参与、家庭尽责"的留守儿童工作机制。

2. 改善农村留守儿童上学条件。以C市为例，主要从三个方面着手：一是尽力满足农村留守儿童寄宿需求。大力实施农村寄宿制学校建设、薄弱学校改造、农村初中校舍改造、学校食堂建设等工程，使得全市义务教育学校办学条件标准化率达到83%，1755所学校住宿留守儿童28.76万人，占义务教育留守儿童的32.10%。二是努力改善农村留守儿童营养水平。全市农村义务教育学生营养改善计划 14 个试点区县惠及学生 86.81 万人，实现义务教育学生全覆盖。三是灵活解决农村留守儿童交通问题。通过优化校点布局、发展寄宿制学校、错时上下学、临时调整运力、延伸服务等措施，最大限度解决留守儿童上下学交通需求问题。

3. 提升农村留守儿童教育管理水平。以 C 市为例，主要从四个方面着手：一是加强农村留守儿童基础管理工作。实行农村留守儿童普查登记制度，每年定期开展留守儿童普查工作，建立全市留守儿童成长信息库。目前 C 市义务教育阶段建档留守儿童 67.27 万人，占留守儿童的 92.25%。二是加强农村留守儿童控辍保学工作。出台义务教育阶段学籍管理办法，充分发挥中小学生学籍管理系统作用，强化义务教育学生学籍异动规范管理，做好留守儿童控辍保学工作。目前 C 市小学入学率 99.99%，巩固率 98.53%；初中入学率 99.75%，巩固率 99.41%。三是加强农村留守儿童心理健康教育。C 市义务教育学校亲情电话、视频聊天室基本普及，有 51.5% 的学校建立了心理咨询室，90% 的学校开展了团体心理辅导活动，促进了学生良好心理品质和健全人格的形成。四是加强农村留守儿童法治安全教育。将安全和法治教育课作为学校必修课程，纳入学校教学计划，保证每月不少于 4 课时，做到了安全法治教育计划、课时、教材、师资和经费"五落实"。

4. 完善农村留守儿童其他关爱服务形式。以 C 市为例，主要从四个方面着手：一是构建农村留守儿童社会共育体系。如创新"寄宿之家""亲属代管""亲情连线""托管家园"等教育培养模式。目前，C 市 22.72 万留守儿童有"代理家长"，15.09 万留守儿童有"知心哥哥（姐姐）"。二是建设农村留守儿童校外服务阵地。C 市建设"乡村学校少年宫"332 所、"留守儿童之家"4385 个、校外托管机构 1292 个，利用科技馆、博物馆、图书馆等建设农村留守儿童活动基地，为留守儿童提供校外活动场地。三是加大农村留守儿童权益保障力度。建立农村留守儿童维权中心，开通农村留守儿童维权热线电话，开展留守儿童权益保障执法检查，推进"平安校园"建设，保障留守儿童不受侵害。四是督促落实农村留守儿童监护责任。多渠道多形式开展教育宣传活动，家长学校定期授课培训，开展"家庭教育流动学校"宣讲活动，引导监护人落实教育、管理等法定责任。

### （二）群团组织对留守儿童教育的支持情况

群团组织是中国特色社会主义政治体系的组成部分，形成了具有鲜明特色的支持留守儿童教育的活动形式与方法。本书主要对 C 市团市委与妇联关于留守儿童关爱保护的做法进行梳理总结。

1. "冬日阳光·温暖你我"新春关爱行动

"冬日阳光·温暖你我"新春关爱行动是共青团 C 市委关爱留守儿童的一项品牌活动。此项活动的具体做法是：（1）征集少年儿童新年心愿。各区县（自治县）团委、少工委征集及实现心愿数量分配表，发动社区市民学校志愿者、NGO 组织爱心志愿者和一线少先队工作者，广泛、客观、真实地征集孩子们的新年心愿。然后，各区县（自治县）团委、少工委将征集的心愿录入"冬日阳光·温暖你我"新春关爱行动官网心愿征集系统。（2）实现少年儿童新年心愿。所有征集的心愿由团市委及各区县（自治县）团委分别牵头完成（区县多征集的心愿由区县自主完成）。（3）全市示范性活动。主要是在元旦期间，社会化征集城市爱心家庭组成自驾爱心车队，对农村留守儿童学校实地慰问。（4）儿童新年心愿实现情况实时追踪。捐助人（单位）可以通过"冬日阳光·温暖你我"新春关爱行动官网系统，实时追踪每一个心愿的实现情况。各区县（自治县）团委及团市委相关部室在帮助实现新年心愿后，要安排专人在工作系统中录入心愿的完成情况，以便整体掌握活动进度及社会公众查询捐助情况。

2. "家庭教育服务"活动

一是家庭教育流动学校走村入户送教上门。创办"家庭教育流动学校"，组织宣讲人员 1.5 万余人，组建市、区县、街镇三级讲师团宣讲队伍 2124 支，确保每个村、社区每年不少于 2 次家教宣讲。二是拓展电视、网络、口袋书等家教传播渠道。在电视台都市频道和公共农村频道开辟"家庭·未来·中国梦—家庭教育讲堂"电视专题节目，滚动播放十堂家教精品课；开办"家庭教育网"，为家长学习科学家庭教育知识、亲子沟通交流搭建互动平台；免费编发《培养孩子的良好习惯》《儿童性健康教育绘本》等口袋书 15.5 万册。三是自编自演家庭教育情景剧。开展"我演我家""我爱我家"等家庭教育情景剧展演，组织家庭自编自导自演自家的故事，传播家教知识，弘扬文明家风。

3. 推行"1＋1＋N"留守儿童帮扶行动

（1）"1＋1"常态帮扶：充分发挥妇联横向到边、纵向到底的组织优势，针对留守儿童分布零散、且多数散居在贫困偏远农村地区的特点，按照就近和属地原则，建立了以村居妇联干部为主体，村居干部为补充的"1＋1"结对帮扶模式，与留守儿童结成了一对一帮扶对子。具体来讲，村社妇联干部担任"爱心妈妈"开展六个一关爱活动，即每周与孩子见面了解情况、每半个月与孩子一次谈心、每月与监护人交流一次、每季度与班主任进行一次沟通、每学期陪伴参加一次亲子活动、每年陪孩子过一次节，弥补留守儿童在成长过程中亲情和家庭温暖的缺失，给予他们持续稳定的亲情关爱和心灵成长支持。

（2）拓展社会帮扶"N"力量：各级妇联组织通过对接留守儿童学校老师、征集爱心志愿者和爱心家庭等方式，汇聚社会爱心力量，帮助留守儿童监护人加强对孩子们的日常关爱，努力实现家庭监护、学校教育、社会关爱的无缝对接，让留守儿童"亲情有依、生活有护、困难有帮、成长有助"。

4. 购买服务实施留守儿童心理辅导活动

C 市妇联以购买服务的方式，依托市心理咨询师协会、高校心理咨询研究与培训中心等专业团队，启动留守儿童心理服务项目，开展留守儿童团体辅导、留守儿童及爱心妈妈混合团体辅导、心理测评、爱心妈妈及片区督导等帮扶人员培训，帮助留守儿童学习沟通和情绪纾解等方法，让爱心父母掌握与留守儿童沟通和心理疏导的方法技巧，促进双方相互了解、相互沟通，增进亲密感，建立起良好的帮扶关系，结合团辅及心理测评，对筛查出来有较为严重心理问题的孩子给予为期一年的免费心理辅导，确保留守儿童得到专业的心理帮助和长期稳定的情感支持。据了解，C 市 2016 年完成了首批 10 个区县的项目实施，500 余名留守儿童和 800 余名爱心志愿者参加了心理团辅和培训。

### 四、学校对留守儿童教育的支持情况

（一）学校对留守儿童基本信息掌握以及日常事务情况

表 5.10  学校对留守儿童基本信息掌握以及日常事务情况

| 项　　目 | 没有 | 有 |
|---|---|---|
| 学校是否做过对留守儿童人数的统计 | 70（19.4%） | 242（67.2%） |
| 学校是否有留守儿童花名册 | 111（30.8%） | 231（64.2%） |
| 学校是否有关爱留守儿童的机构 | 212（58.9%） | 132（36.7%） |
| 学校有无留守儿童心理辅导老师 | 224（62.2%） | 121（33.6%） |
| 寄宿学生有无专门生活老师管理 | 136（37.8%） | 60（16.7%） |
| 学校有无专门针对留守儿童的助学金 | 147（40.8%） | 88（24.4%） |

从表 5.10 可以看出，在对留守儿童信息了解方面，有 67.2% 的学校对留守儿童人数做过统计，有 64.2% 的学校有留守儿童花名册。在对留守儿童日常管理方面，58.9% 的学校没有设立关爱留守儿童的机构，62.2% 的学校没有聘请留守儿童心理辅导老师；37.8% 的学校没有专门生活老师，40.8% 的学校无专门针对留守儿童的助学金。从数据分析结果来看，绝大多数学校都只是对留守儿童的人数和基本信息进行了

统计，但是在关爱保护留守儿童的具体行动方面仍做得不到位。

（二）学校与家长联系情况

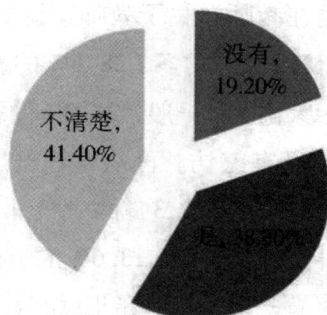

图 5.1　学校是否会定期主动联系留守儿童在外务工父母

表 5.11　学校与家长联系情况

| 项目 | 没有 | 一年1次 | 一学期1次 | 一月1次 | 一周1次 | 其他 |
|---|---|---|---|---|---|---|
| 学校教师做留守儿童家访的情况 | 41 (11.4) | 27 (7.5%) | 164 (45.6%) | 101 (28.1%) | 15 (4.2%) | 5 (1.4%) |
| 学校开家长会的情况 | 29 (8.1%) | 19 (5.3%) | 244 (67.8%) | 49 (13.6%) | 3 (0.8%) | 4 (1.1%) |

表 5.12　教师家访情况

| 项　　目 | 完全没有 | 比较少 | 一般 | 比较多 | 非常多 |
|---|---|---|---|---|---|
| 教师家访次数 | 18 (2.4%) | 196 (26.0%) | 270 (35.8%) | 216 (28.6%) | 35 (4.6%) |

从图 5.1、表 5.11、表 5.12 可以看出，有 38.30% 的学校会定期联系留守儿童父母，有 19.20% 的学校不会定期联系留守儿童父母，有 41.40% 的学校对此表示不清楚。再从学校教师做留守儿童家访的情况

来看，"一年1次"的占比为7.5%，"一学期1次"的占比为45.6%，"一月1次"的占比为28.1%，"一周1次"的占比为4.2%，"其他"的占比为1.4%，这个也在教师卷关于教师家访次数的调查中得到印证，4.6%的教师表示家访次数非常多，28.6%的教师表示家访次数比较多，35.8%的教师表示家访次数一般，26.0%的教师表示家访次数比较少，2.4%的教师完全没有家访。再从学校开家长会的情况来看，8.1%的学校没有召开过家长会，5.3%的学校一年召开家长会一次，67.8%的学校一学期召开家长会一次，13.6%的学校一个月召开家长会一次。从数据分析结果来看，学校与留守儿童家长联系主要以"学期"为单位，多数是"一学期一次"。

（三）教师接受留守儿童教育方面的培训情况

从图5.2可以看出，67.3%的教师表示没有接受过留守儿童教育方面的培训，29.3%的教师表示接受过留守儿童教育方面的培训。数据表明，绝大多数教师未曾接受过与留守儿童教育相关的培训。这里面可能的原因，目前尚无开展该类主题的培训，另一方面，也可能是教师的类型，有些是班主任教师就参加了，有些只是普通的认可教师参加次数相对就少，或者没有参加。

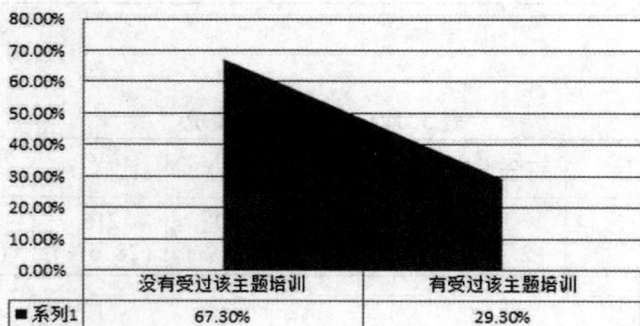

图5.2 教师接受留守儿童教育方面的培训情况

### （四）学校与社会力量合作情况

**表5.13　学校与社会力量合作情况**

| 项目 | 没有 | 有 | 不清楚 |
|---|---|---|---|
| 这一学年，学校有无接受社会捐助 | 190(54.2%) | 34(9.4%) | 130(36.1%) |
| 学校每年有无固定的社会团体对口帮扶 | 162(45.0%) | 45(12.5%) | 152(42.2%) |
| 学校每年有无流动的志愿者支教 | 178(49.4%) | 57(15.8%) | 124(34.4%) |
| 学校有无与社会团体合作开展对留守儿童的帮扶活动 | 170(47.2%) | 49(13.6%) | 140(38.9%) |

**表5.14　社会团体参与学校留守儿童帮扶的次数**

| 项目 | 没有 | 一年1次 | 一学期1次 | 一月1次 | 一周1次 | 其他 |
|---|---|---|---|---|---|---|
| 社会团体参与贵校留守儿童帮扶的次数 | 107(29.7%) | 62(17.2%) | 63(17.5%) | 11(3.1%) | 2(0.6%) | 114(31.7%) |

从表5.13可以看出，在"学校接受社会捐助"方面，有54.2%的学校表示没有接受过，有9.4%的学校表示接受过，有36.1%的学校表示不清楚；在"社会团体对口帮扶"方面，有45.0%的学校表示没有对口帮扶，有12.5%的学校表示有对口帮扶，有42.2%的学校表示不清楚；在"流动的志愿者支教"方面，有49.4%的学校表示没有志愿者支教，有15.8%的学校表示有志愿者支教，有34.4%的学校对此表示不清楚；在"学校与社会团体合作开展帮扶活动方面"，有47.2%的学校表示没有开展过，有13.6%的学校表示有开展过，有38.9%的学校表示不清楚。数据分析表明，绝大多数学校都没有接受过社会力量的帮扶活动。表5.14的数据分析结果也印证了这一结论，29.7%的学校

没有社会团体参与留守儿童帮扶，"一月1次""一周1次"的参与帮扶更是寥寥无几，而更多的是"1学期1次""1年1次"。

（五）学校对留守儿童关爱行动情况

表5.15 学校对留守儿童关爱行动情况

| 项 目 | 频数 | 占比（%） |
|---|---|---|
| 建立留守儿童辅导站 | 57 | 15.8 |
| 建立专门的留守儿童档案 | 132 | 36.7 |
| 开展春节关爱活动 | 146 | 40.6 |
| 组织为留守儿童补习功课 | 65 | 18.1 |
| 不定期组织留守儿童家长会 | 132 | 36.7 |
| 开展心理辅导 | 128 | 35.6 |
| 进行感恩教育 | 91 | 25.3 |
| 进行法制安全教育 | 136 | 37.8 |
| 为留守儿童建立娱乐健身活动室 | 18 | 5.0 |
| 开展监护人培训 | 21 | 5.8 |
| 开办留守儿童学生报刊、板报 | 22 | 6.1 |
| 组织志愿者帮扶活动 | 17 | 4.7 |
| 对留守儿童有特殊优惠政策 | 42 | 11.7 |
| 其他 | 4 | 1.1 |

从表5.15可以看出，学校对留守儿童关爱行动主要体现在"建立专门的留守儿童档案"（36.7%）、"开展春节关爱活动"（40.6%）、"不定期组织留守儿童家长会"（36.7%）、"开展心理辅导"（35.6%）、"进行法制安全教育"（37.8%）这五个方面，对留守儿童"开展感恩教育"（25.3%）的行动次数较为适中，而在"建立留守儿童辅导站"（15.8%）、"组织为留守儿童补习功课"（18.1%）、"为留守儿童建立娱乐健身活动室"（5.0%）、"开展监护人培训"（5.8%）、"开办留守儿童学生报刊、板报"（6.1%）、"组织志愿者帮扶活动"（4.7%）、"对留守儿童有特殊优惠政策"（11.7%）这七个方面的活动

则开展的较少。其中，最突出的问题是在"组织志愿者帮扶活动"与
"开展监护人培训"这两个行动上，基本没有学校开展。

## （六）教师对留守儿童关爱行动情况

**表5.16　教师对留守儿童关爱行动情况**

| 项　　目 | 频数 | 占比（%） |
|---|---|---|
| 关注留守儿童身体状况 | 472 | 62.5 |
| 为留守儿童学习困难解惑 | 544 | 72.1 |
| 物质上帮扶留守儿童 | 217 | 28.7 |
| 参与留守儿童的手拉手活动 | 154 | 20.4 |
| 与留守儿童共度一个愉快的周末 | 252 | 33.4 |
| 家访留守儿童 | 375 | 49.7 |
| 写有关"留守儿童"的论文 | 117 | 15.5 |
| 对留守儿童进行心理辅导 | 399 | 52.8 |
| 组织留守儿童相关主题班会 | 136 | 18.0 |
| 其他 | 6 | 0.8 |

从表5.16可以看出，教师对留守儿童的关爱帮扶活动主要表现在
两个方面："关注留守儿童身体状况"（62.5%）与"为留守儿童学习
困难解惑"（72.1%），这两项行动的占比都超过了60%，表明绝大多
数教师对留守儿童的帮扶主要体现在留守儿童身体健康和学习上。教师
在"家访留守儿童"（49.7%）与"对留守儿童进行心理辅导"
（52.8%）方面比较适中，有近一半的教师都有过这两个维度的活动。
教师在"物质上帮扶留守儿童"（28.7%）、"参与留守儿童的手拉手活
动"（20.4%）、"与留守儿童共渡一个愉快的周末"（33.4%）、"写有
关留守儿童的论文"（15.5%）、"组织留守儿童相关主题班会"
（18.0%）这五个方面参与的次数较少。

## （七）学校对留守儿童的教育情况

**表 5.17　学校对留守儿童的教育情况**

| 项　　目 | 频数 | 占比（%） |
|---|---|---|
| 围绕升学的文化知识课程 | 192 | 53.3 |
| 感恩教育 | 96 | 26.7 |
| 思想品德教育 | 153 | 42.5 |
| 心理素质教育 | 78 | 21.7 |
| 法制安全教育 | 129 | 35.8 |
| 爱国主义教育 | 129 | 35.8 |
| 学习动机激励教育 | 176 | 48.9 |
| 其他 | 6 | 1.7 |

从表 5.17 可以看出，学校对留守儿童平时教育内容最主要体现在"围绕升学的文化知识课程"（53.3%）、"学习动机激励教育"（48.9%）、"思想品德教育"（42.5%）这三个方面，占比将近一半。对留守儿童的"法制安全教育"（35.8%）、"爱国主义教育"（35.8%）则比较适中。问题比较明显的是，对留守儿童的"感恩教育"（26.7%）与"心理素质教育"（21.7%）的占比较低。这里不能否认学校应该重视留守儿童的学习教育，但是对"感恩教育"与"心理健康教育"也不能同时忽视。

### 五、社会力量对留守儿童教育的支持情况

在此次调查中，本书主要以社会组织为代表，选取了一个专门做留守儿童关爱保护的民间非营利性组织进行深度跟踪考察。

### （一）Q 社会组织简介

Q 社会组织是一个发动社会的力量改善留守儿童生活状况与质量，让他们得到尊重和关怀，以专业的志愿服务参与城市社区发展的 NGO 非营利性组织。协会创建于 2005 年，2007 年民政注册，在 2005 年至

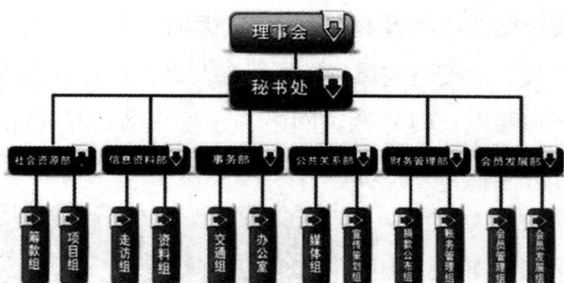

图 5.3　Q 社会组织组织架构图

2015 年期间，10 年来累计参与志愿者和捐款人数达至上万，志愿时超 40 万小时，受过关爱的儿童有 4 万多名。

经过多年的发展，Q 社会组织逐步完善了组织架构及规章制度，现有事务部、社会资源部、信息资料部、公共关系部、财务管理部、会员发展部六大部门。其愿景是"让每个孩子的梦想发声"；其使命是"以专业创造价值，以奉献服务社会"；其团队精神是"激情，志远，协作，专注"；其核心价值是"无私，包容，精进，执著"；其助学宗旨是"让山里的孩子不仅有书读，还敢有梦想"；其关爱理念是"施点滴心，聚万千爱"；其志愿核心是"志愿为荣，为爱所乐"。

**（二）Q 社会组织开展的留守儿童支持行动**

1. 27℃暖冬行动

Q 社会组织依托共青团市民学校，高职院校共青团团委，中、小学共青团团委、街道、社区团工委、各企事业单位团支部，通过网络、爱心人士招募志愿者进入社区开展试点社区旧衣物捐赠活动和挑选适合的学校、家庭捐助。具体来讲，主要通过四种渠道展开：（1）高职院校团组织。组织在校团员，青、志、协在校通过海报、班级宣传，并在人员集中之地设立爱心衣物回收点收集旧衣物。（2）中小学团组织。通过班主任有效的告知在校学生此次活动，组织在校团员青年在校设立回收点集中放置捐赠的衣物及物品。（3）街道社区团工委。通过前期海报、居民楼栋长、治安巡逻员告知居民参与此次活动，并在当地团支部设立爱心衣物捐赠点。（4）通过网络、在互联网是开展此次活动宣传。倡议周边区县爱心人士、单位参与此次活动。

活动结束后，Q 社会组织将组织爱心车辆对各爱心物资回收点旧衣物进行分类，挑选各年龄适合穿着的衣物、鞋子等用于捐赠，其中，对于不能穿着的衣物我们将进行统一低碳处理从而减少碳排放为创建国家环保模范城市而添彩。据调查了解，2007—2013 年 Q 社会组织"27℃暖冬行动"帮助2000 多位山里孩子不受严寒侵扰。

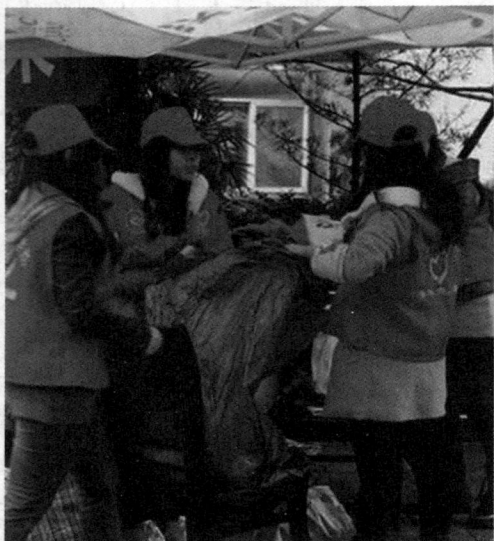

图 5.4　Q 社会组织收到的捐赠衣物

2."益心益易"闲置物品循环使用项目

"益心益易"闲置物品循环使用项目的目的是将收集到的物资进行整理、分类、清洗、消毒，然后选择部分直接捐助需要帮助的人，最后将不实用和过于破旧的物资交由环保公司处理，实现"第二次生命"。据调查了解，"益心益易"闲置物品循环使用项目，从 2013 年 3 月至2015 年 1 月共募集衣物 223.56 万件，合计物资 638.747 吨（按照 3500件/吨），书籍 18748 册，文具 6470 套，废旧手机 2403 部，活动板房500 平方，海白菜 1 万斤。参与捐赠人数近 46 万人，筹集项目资金588761 元，帮助了 4500 余留守儿童。

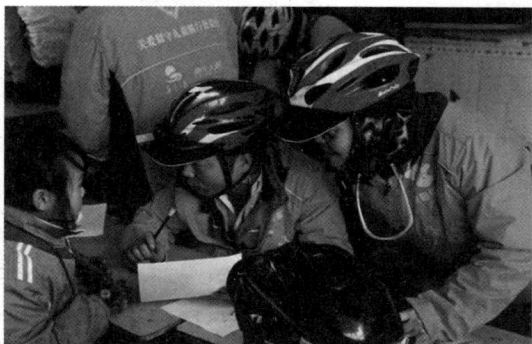

图 5.5 Q 社会组织"益心益易"闲置物品循环使用项目

"益心益易"闲置物品循环使用项目的特色之处表现在以下几个方面：（1）发动高校及社区志愿者力量参与。共有 24 所高校，6269 人次高校志愿者参与"益心益易"活动中，招募 3240 名的社区志愿者，全年志愿者服务次数达到 3.5 万人次，志愿服务时长达 25.2 万小时。（2）发动企业青年骨干力量参与。共有 12 家大型企业参与"益心益易"活动，超过 1000 名企业志愿者参，捐赠人数达 5 万余人。（3）发挥市民学校阵地优势。项目覆盖 23 个区县 1125 个城乡社区市民学校，覆盖人群近千万人。（4）发动社区居民参与。向西藏林芝、云南鲁甸、四川雅安、四川邻水共捐赠 1.5 万余件衣服、书籍、文具等物资用于救灾和灾后重建。向重奉节县、江北区等区县山区学校图书室、漂书角捐赠图书共计 11500 余册，文具 2980 余件。

## 第三节　农村留守儿童教育社会支持系统的结构

### 一、农村留守儿童教育社会支持系统的结构框架

通过对农村留守儿童教育支持现状的调查，本书总结出各主体支持农村留守儿童教育的方式与特征，并尝试构建以"政府为主导、学校为重点、家庭为核心、乡村为依托，全社会共同参与"的留守儿童教育社

会支持系统的结构框架。

**表 5.18 各主体支持农村留守儿童教育的特征与方式**

| 所属系统 | 支持主体 | 支持方式 | 支持特征 |
|---|---|---|---|
| 正式系统 | （全国人大、国家领导人）；政府（国务院、各级地方政府等相关职能部门）；学校（学校、幼儿园等公立教育机构）；家庭 | 人大提案；领导人讲话；政府各种关爱保护政策；学校教育平台；家庭监护 | 责任式支持，具有明确的支持责任和较强的支持动机，支持能力有差异 |
| 辅助系统 | 准行政组织（妇联、共青团、工会、关工委等）；村委会 | 组织关爱活动，提供经济资助、生活帮助、情感关怀等；政策宣传、提供活动场所等；实施家长培训、安排亲情团聚等 | 协助式支持，没有明确支持责任，支持能力较强 |
| 非正式系统 | 留守儿童教育培训结构、校外托管机构 | 留守儿童提供学习、交往等生活的场所与环境 | 市场式支持，没有法定的支持责任，自利动机较强，支持能力较弱 |
| | 社会慈善机构、慈善基金会、国际国内社会志愿者等 | 组织帮助留守儿童学习辅导、结对关怀等活动；组织慈善活动为留守儿童筹集教育资金等 | 公益式支持，没有法定支持责任，出于慈善动机，支持能力较弱 |
| | 社会媒体、学术机构 | 报道留守儿童教育困难，动员社会支持；研究问题，提出政策建议 | 公益式支持，没有法定支持责任，支持动机复杂，支持能力较强 |
| | 留守儿童自我 | 法律认知，学习法律保护自我；道德认知，提升道德行为能力；心理认知，摆脱心理问题，积极融入社会；自律认知，提高个人素质 | 自强式支持，没有法定支持，支持动机与支持能力均差异较大 |

从表 5.18 可以看出，农村留守儿童教育社会支持系统共包括"正式系统""辅助系统""非正式系统"。"正式系统"的支持主体主要包括各级政府、各级各类学校、家庭，采取的支持方式主要是出台留守儿童关爱保护的政策法规，学校提供留守儿童教育关爱平台，家庭对留守儿童的教育监护责任。该系统属于一种责任式支持，具有明确的支持责任和较强的支持动机，支持能力有差异。"辅助系统"主要是准行政组织（妇联、共青团、工会、关工委等）与村委会，采取的支持方式有组织关爱活动，提供经济资助、生活帮助、情感关怀等；政策宣传、提供活动场所等；实施家长培训、安排亲情团聚等。该系统属于一种协助式支持，没有明确支持责任，支持能力较强。"非正式系统"包括留守儿童教育培训结构、校外托管机构、社会慈善机构、慈善基金会、国际国内社会志愿者、社会媒体、学术机构、留守儿童自我。该系统涉及主体较多，采取的支持方式也较为多样，都没有正式的支持责任，支持能力也差异较大，但从支持特征来看，主要涵盖市场式支持、公益式支持、自强式支持三种。

## 二、农村留守儿童教育社会支持系统的结构关系

### （一）家庭对留守儿童教育支持的运行特征

家庭作为一个初级群体，是人实现社会化、健全人格的主要场所。2016 年 2 月出台的《国务院关于加强农村留守儿童关爱保护工作的意见》，提出"父母要依法履行对未成年子女的监护职责和抚养义务。"这说明，家庭是留守儿童受教育的核心，家庭成员是儿童的基本家庭教育环境，采取的支持方式有物质支持、精神支持、教育支持等。其中，家长作为其法定监护人，为留守儿童提供生活和教育条件、履行家庭教育职能、负责成长监护的社会责任，但由于留守儿童父母大多外出务工，呈现出一种"隔代监护"的特征。这就凸显出了家庭在留守儿童

教育支持方面的困境与弊端。具体来说，有以下几点：

1. 监护责任意识不强导致父母未履行监护义务

调查发现，有 42.5% 的留守儿童父母离家时间在"1—2 年"，有 31.4% 的留守儿童父母离家时间在"2—3 年"，其中，如果以"离家时间 1 年"为界限，有 90.5% 的留守儿童父母，表明绝大多数留守儿童父母离家时间都在 1 年以上。同时，有 57.4% 留守儿童父母一年中回家看孩子 1 次，有 24.1% 留守儿童父母一年中没有回家看孩子。这表明留守儿童父母在绝大多数情况下一年之中回一次家，而根据中国的习俗，可以断定留守儿童父母多数在春节回家看孩子。另据民政局负责人反映，"在开展基层摸底排查时，大家一听是上面的领导来调查，争柜给自己的孩子报名，无论这个孩子是不是留守儿童"。"在对一个村进行留守儿童统计时，村支书给孩子家长打了 5 个电话都无人接听"，而且"有村民反映这个孩子的父亲从孩子出生就出去打工了，母亲听说父亲在外面有人，也在 2 岁时外出务工"。这反映出在"留守儿童"潜在福利的诱惑下，处于利益关系的考虑和政策优惠的考量，家长在乎的是自己的孩子可不可以从中得到"好处"，在乎的是这个名头，从而从父母意愿的角度，更"期盼"自己的孩子被纳入留守儿童体系。

造成这样的原因是农村留守儿童父母在生存理性的驱动下，选择了远离乡土与子女的就业方式，对"父母"在孩子发展中的作用认识不足，使得不少农村留守儿童父母"只管生不管养"的观念浓厚，家庭观念淡薄，责任意识不强，未能履行对孩子的监护义务，严重影响对孩子正常的关爱。如在对留守儿童父母访谈过程中，有父母表示"要是我有足够的钱，我就留在家里每天睡觉陪孩子了"，"现在不离开家工作能有什么办法"，"孩子长大会理解的，不能让孩子继续像我一样出来打工"。如秀山县凯堡村、云隘村一些村干部反映，"隔壁留守儿童父母几年不往家寄一分钱，长期对孩子不闻不问，孩子在学校出了问题，老人打电话不接、村里打电话不理、学校打电话不管，只有让派出所打电话，才变得老实一点"。

2. 监护责任能力不足导致父母及家人不能有效履行监护义务

调查发现，留守儿童父亲受教育程度多为初中（53.2%）或者小学（26.6%），少部分读过高中或中专（18.9%）；留守儿童母亲受教育程度多为初中（56.9%）或者小学（28.4%）。而从留守儿童父母辅导孩子学习情况来看，59.0%留守儿童父母没有给孩子辅导过功课，占比最高。另外，再从父母教养方式来看，有31.2%的留守儿童父母"偶尔"鼓励夸赞孩子，有24.5%的留守儿童父母"从不"鼓励夸赞孩子；有53.8%的留守儿童"经常"与父母发生冲突。这表明留守儿童父母文化水平较低，受自身受教育程度较低的限制，没有能够准确把握孩子青春期心理的变化，没有足够的能力与合适的方式对孩子进行教导。

同时，很多留守儿童父母没有时间精力和教育能力"管"孩子，所引发的直接后果就是"隔代教育"。数据显示，目前留守儿童由"祖父母、外祖父母监护"的有328557人，占比91.29%，表明留守儿童当前的监护方式主要是"隔代监护"。从祖父母、外祖父母的角度来说，由于祖辈与孙辈年龄相差较大，思想观念与孙辈有很大差距，难以与孩子交流沟通，如35.8%的留守儿童表示"家人都只是偶尔和我谈谈知心话"，33.9%的留守儿童表示"家人从不和我谈知心话"。另外，监护留守儿童的祖父母、外祖父母，大多数年纪较大，本身就是需要关爱照顾的"留守老人"，没有足够的精力来监护1个甚至几个孩子，如有53.2%留守儿童家庭"有2个小孩"，占比最高；有27.7%留守儿童家庭"有3个小孩"；有8.5%留守儿童家庭"有4个或以上小孩"；如果以"2个小孩"为界，留守儿童家庭至少"有2个小孩"的比例高达89.4%。在这样的情况下，本处于颐养天年、含饴弄孙、享承欢膝下之乐的耄耋之年，却要肩负起管教孩子的主要责任，往往只能做到"一天三顿饱、冷暖更衣别感冒"，从而出现只满足孩子物质、生活上的需求，缺少对孩子道德情操、人格人品、社会认知等方面教育引导的问题。

再者，从留守儿童父母职业环境角度来看，也不具备有效履行监护义务的条件。数据显示，71.15%的留守儿童家庭经济来源靠"打工"。具体从留守儿童父母从事职业来看，留守儿童父亲的职业主要是"体力劳动工人（如建筑工人、装修工人等）、个体户"（38.2%）；母亲的职业主要是"无工作人员、临时工、农民"（25.1%）或"体力劳动工人（如建筑工人、装修工人等）、个体户"（19.2%）。父母取得居住证以后把孩子接到父母工作地就近入学，就是带着孩子去打工，这本是解决留守儿童问题很重要的措施，但是受留守儿童父母从事行业、生活环境、就学条件等因素限制无法携带子女，从而进一步导致留守儿童父母监护责任能力不足。

另外，监护责任能力不足还导致个别特殊留守儿童沦为独居儿童或"事实孤儿"。数据显示，目前 C 市身体"残疾"留守儿童有 3589 人，占比 1.00%；身体"患病"有 573 人，占比 0.16%。在走访调查时发现，那些祖辈去世，父母或因工伤亡、或犯罪服刑、或离婚出走、或重病残疾，沦为独居儿童或"事实孤儿"的留守儿童，生活异常窘迫。如秀山县钟灵镇凯堡村 41 名留守儿童中，有困难儿童 8 名，其中 3 名父亲死亡，5 名父母重度残疾；特困儿童 1 名，其母远嫁后父亲去世，由其 69 岁的奶奶监护，除政府救助外无任何收入来源。丰都县白江洞村一户留守儿童，家徒四壁，透风漏雨，环境脏乱，睡觉只能大大小小男女 4 个孩子跟母亲挤在一张简易床上，儿童身心发育受到极大影响，又未能享受到农村低保政策，生活境况令人揪心。

3. 监护责任内容不合理导致父母履行监护义务不当

调查发现，从留守儿童父母关心孩子内容来看，关心孩子学习情况的人数最多，占比 74.7%，并且 35.6%父母期望孩子读到"大学本科毕业"，所占比例也最高，而关心孩子心理状况的人数最少，占比10.5%。另外，在父母与留守儿童交流沟通内容上，排在前三位的是

"学习成绩"（17.8%）、"身体健康"（13.0%）、"安全问题（自我保护）"（12.8%），排在后三位的是"行为习惯"（6.5%）、"人际交往"（5.7%）、"社会热点"（2.2%）。从父母的角度来说，父母关心孩子的学习情况本无可厚非，但在实际过程中，往往是侧重关心孩子的学习情况与身体健康，而疏忽了对孩子心理健康、行为习惯、交友行为等方面的关心。造成这个问题的可能原因是，留守儿童家长缺乏家庭可持续发展观念，仅追求快速改善家庭生活，以及浓厚的"鱼跃龙门""金榜题名"观念，更多期盼孩子通过努力学习来改变自己命运，而不是再像他们一样辛苦打工，以至于没有考虑到孩子及家庭长远的发展，造成了孩子成长过程中一系列心理问题。

同时，再从留守儿童父母与学校联系的情况来看，呈现出家校联系次数少，内容侧重于"孩子学习"的特点。调查发现，有41.90%的留守儿童父母表示"一学期从来没有"联系过学校，有22.92%的留守儿童父母表示"一学期联系一次"学校。单纯从次数来看，留守儿童父母与学校联系的次数较少。再从与教师交流沟通的内容来看，有67.9%留守儿童父母与教师沟通谈话的内容有关"孩子的学习"，仅有19.5%的父母与教师的交流为"孩子的心理状况"，仅有18.4%父母与教师的交流为"孩子的交友行为"。这表明，在关于留守儿童父母与教师的沟通交流内容方面，家长更重视孩子的学习情况，而对孩子的"心理健康"与"交友行为"则比较忽略。造成这方面的原因可能是，一方面家校之间沟通渠道不畅，很多家长表示"不知道孩子班主任叫什么，没有孩子老师的联系方式"；另一方面，很多父母并没有意识到家校合作的重要性，再加上自己所从事工作的限制，往往把教育孩子的责任简单抛给学校，从而忽略了与孩子所在学校的沟通，同时，也导致在有限的沟通次数内，只能将更多的沟通内容放在自己比较在乎的孩子学习上。

（二）学校对留守儿童教育支持的运行特征

学校在留守儿童教育中具有特殊支持优势，由于留守儿童尚未进入社会，弥补家庭教育不足的责任就主要落在了学校教育的肩上，无论是学习还是生活都与学校环境息息相关。在留守儿童的学龄阶段，学校是除了其外出父母与监护人外与其关系最为亲密的主体。在家庭教育欠缺的情况下，学校不但是留守儿童的学习场所，更是培养其习惯和塑造其人格的重要环境。

1. 学校与留守儿童父母联系多以"学期"为周期

调查发现，有38.30%的学校会定期联系留守儿童父母，67.8%的学校一学期召开家长会一次。同时，从学校教师做留守儿童家访的情况来看，有45.6%的教师是"一学期1次"，有35.8%的教师表示家访次数一般，占比最高。表明学校与留守儿童家长联系主要以"学期"为单位，多数是"一学期一次"。

2. 学校在关爱保护留守儿童的具体行动方面仍做得不到位

调查发现，学校对留守儿童关爱行动主要体现在"建立专门的留守儿童档案"（64.4%）、"开展春节关爱活动"（40.6%）、"定期召开家长会"（36.7%）、"进行法制安全教育"（35.6%）这四个方面，但在对留守儿童日常管理方面，58.9%的学校没有关爱留守儿童的专门机构，62.2%的学校没有留守儿童心理辅导老师，37.8%的学校没有专门生活老师，40.8%的学校无专门针对留守儿童的助学金。表明绝大多数学校都只是对留守儿童的人数（67.2%）和基本信息（64.2%）进行了统计，但是在关爱保护留守儿童的具体行动方面仍做得不到位。其中，最突出的问题是在"组织志愿者帮扶活动"（4.7%）与"开展监护人培训"（5.0%）这两个行动上，基本没有学校开展。

3. 学校对留守儿童忽视"感恩教育"与"心理健康教育"

调查发现，学校对留守儿童平时教育内容最主要体现在"围绕升学的文化知识课程"（53.3%）、"学习动机激励教育"（48.9%）、"思想品德教育"（42.5%）这三个方面，占比将近一半。而对留守儿童的"感恩教育"（26.7%）与"心理素质教育"（21.7%）的占比较低。

同时，从教师的角度来看，教师对留守儿童的关爱帮扶活动主要表现在
"关注留守儿童身体状况"（62.5%）、"为留守儿童学习困难解惑"
（72.1%）、"物质上帮扶留守儿童"（52.8%）三个方面。这里不能否
认学校应该重视留守儿童的学习教育，但是对"感恩教育"与"心理
健康教育"却比较忽视。可能原因是，农村教育逐步"城市化"，城市
现代教育的弊病蔓延到农村，在以考试升学和"跳出农门"为目标的
教育到乡下，农村学校教育愈加注重学生的学习成绩，缺乏针对孩子全
面发展及潜能激发的启蒙和培养，对留守儿童情感、尊重、安全需要和
思想品德、心理健康等问题的关注远远不够。

　　但不容忽视的一个问题是留守儿童心理比较敏感，压力应对方式以
"自己承受"为主。调查发现，在留守儿童日常生活中，54.0%的留守
儿童表示"害怕在别的孩子面前做没做过的事情"，54.2%的留守儿童
表示"担心别的孩子会取笑我"，47.1%的留守儿童表示"我担心别的
孩子会不喜欢我"，49.4%的留守儿童表示"担心其他孩子会怎样说
我"，44.4%的留守儿童表示"周围都是我不认识的小朋友时，我觉得
害羞"，53.2%的留守儿童表示"和小伙伴一起时很少说话"，44.8%
的留守儿童表示"和陌生的小朋友说话时感到紧张"，40.3%的留守儿
童表示"只同我熟悉的小朋友说话"。在压力应对方面，高达63.70%
的留守儿童表示在生活中受到欺负或是遇到困难主要是"自己独立承受
解决"，有47.50%的留守儿童表示会找好朋友，有31.30%的留守儿童
表示会找老师，仅有7.80%的留守儿童会找亲近的家人。这反映出留
守儿童性格比较内向，情绪比较敏感，对自己缺少自信，对周围人存在
不信任感，容易怀疑别人瞧不起自己，甚至议论自己，无法与他人进行
有效的沟通和交流，以至于在生活中遇到困难或压力时，更多想的是
"自己独立承受解决"。同时，在问及"你是否具有明确的努力理想与
目标"时，仅有9.2%的留守儿童表示"符合"，表明留守儿童学业方
向不明确，对自己也没有信心，感觉无法控制自己的未来，在成就动机

方面，对自己未来理想目标的规划比较模糊。

可能的原因有三个方面：一是家庭教育的缺位，亲情关爱的缺失。很多家长在外出务工后，就把孩子托付给年迈的爷爷奶奶或者外公外婆照管，负责照管孩子的农村老人受年龄和素质的限制，难以从体力和智力上担负监管重任，而"留守儿童"长期与父母分离，对孩子采取物质补偿的方式来表现对孩子的爱，没有正确的人生取向引导，在正常的亲情关爱缺失影响下，容易产生"父母只为赚钱抛弃自己"的念头，容易因"情感饥饿"产生畸形心态，这也就是说，隔代监管和隔代教育使"留守儿童"不同程度地产生心理问题。二是学校不当的教育质量评价方式。学校以成绩为标尺的评价方式，容易使学习成绩差的留守儿童产生抑郁悲观情绪，往往以"不好""更不听话"的方式与教师对抗。三是农村优秀传统文化和家庭伦理、道德等对留守儿童在心灵滋养、人格养成和品格熏陶等方面的引导功能逐渐衰退。随着农业生产方式的深刻变化，农村原有的集体性特征逐步改变，农村社会规范、人情网络与社会联结等社会支持也急剧变化，村社邻里之间对于儿童的教化、关爱作用也进一步削弱，孩子从农村社会中得到的教育越来越少，对农村社区的认同与归属感淡化。尤其是当前有的农村地区封建迷信活动不断，非法宗教活动渗透，赌博、色情、公开与隐蔽的网吧近在身边，直接影响到农村留守儿童价值观和人格特质的形成与发展。如，在调查的农村学校中，有 68.9% 的学校旁边有公开或者隐蔽的网吧、游戏厅。

4. 教师缺乏与留守儿童相关的培训

在调查中，67.3% 的教师表示没有接受过与留守儿童相关的培训，29.3% 的教师表示接受过与留守儿童相关的培训，表明绝大多数教师没有接受过与留守儿童相关的培训。可能的原因是，一方面目前尚无开展该类主题的培训；另一方面，也可能是教师类型的影响，有些是班主任教师，参加次数就相对较多，有些只是普通的任课教师，参加次数相对就少，或者没有参加。

5.学校与社会力量合作情况较差

调查发现，有54.2%的学校表示没有接受过社会捐助，有45.0%的学校表示没有社会团体对口帮扶，有49.4%的学校表示没有流动的志愿者支教，有47.2%的学校表示没有与社会团体合作开展帮扶活动。表明学校与社会力量合作情况较差。

6.留守儿童学习条件缺乏有效社会支撑

调查发现，95.4%的留守儿童上学方式是"步行"，43.8%的留守儿童上学时长在"半小时—1小时以内"，18.8%的留守儿童上学时长在"1小时—2小时以内"。这表明留守儿童上学方式以"走读"为主，上学时长"较长"，将大量时间花在"上放学"路上，造成应有学习时间不够，也造成留守儿童上学路上的安全无法得到保障。出现这样的原因可能有：一是随着农村中小学校撤并，农村中小学逐步向乡镇、县城集中，学校覆盖半径大，一些偏远地区上学的孩子每天不得不在"月亮、星星和夕阳"的陪伴中上下学，浪费了很多的学习时间和精力。如秀山洪安镇中心校有的学生上学要走一两个小时，早上六点多就要出发；如秀山苓龙小学周边山高林密，冬天常年积雪积冰，最远的学生要不行3个小时左右的崎岖山路。二是特殊地理环境的制约，地处西南地区，以山地和丘陵为主，越边远地区、高寒地区留守儿童占比尤其高，比如C市某县的毛坝乡中心小学校，留守儿童占比高达77%，远超过该县的33.36%的平均值；C市某区的城区学校留守儿童仅占学生总数的4%，一般乡镇这一比例则为12.5%，偏远山区学校达到了30%，属于高海拔偏远地区的石莲乡中心小学65%的在校生为留守儿童。在对民政局负责人访谈时，她就表示，"有些村里一些居民住的地方看着在眼前，在对面的山坡上，但是等走到哪里就花费了两个小时"。南川区教委负责人也反映，"现在好多村都建立了公共服务中心"，但是"从学校到公共服务中心近，公共服务中心离家较远，中间过程出了事，该谁负责不清楚，造成不少留守儿童不知晓或不愿去"。

　　同时，在调查中发现，有些地方寄宿制学校建设数量较少，对低龄儿童覆盖不足，大多功能不完善，公共浴室、食堂等生活设施缺乏。如南川区马嘴小学地处偏远，实行"大周制"，学生每两周才放一次假，但限于经费和安全考虑，学校拆掉原有的洗澡设施，学生至少半个月才能洗上澡。这反映出目前寄宿制学校无论在数量上，还是在容量和条件上都无法有效满足学生需求。而对于无能力建设寄宿制的学校来说，未经审批的校外托管机构在校园周围应运而生，学校或家长只能无奈选择这样的方式，从而形成校外"寄宿制"，可这样的寄宿方式多存在很大的安全隐患。如丰都县新堤完小旁的一家托管机构，将租赁民房改造成学生宿舍，托管的 80 个学生中有 73 个是农村留守儿童，屋里设施简陋、空间狭窄，一旦出事后果不堪设想。甚至还有不少托管机构为躲避执法部门的查处取缔，多以孩子亲戚的名义照管 3—5 个小孩。另外，在校园暴力方面，46.6% 的留守儿童表示经常经历校园暴力，35.7% 的留守儿童表示偶尔经历校园暴力，这也反映出农村学校校园环境较差，给留守儿童营造的学习环境较差。造成这方面的原因可能有，一是虽然政府加大对寄宿制学校建设力度，如 C 市计划到 2017 年累计投入寄宿制学校建设资金 27.87 亿元，建设完善寄宿制学校 1000 所、183 万平方米，偏远地区县镇中心校基本都是寄宿制，大部分村中心小学也是寄宿制，但"僧多粥少"，非寄宿学生数量众多，仍不能有效满足农村学生需求。二是校外托管机构政策准入门槛高，导致许多校外托管机构"非法"存在，进而出现设施不完善、场地狭小、师资力量薄弱、管理水平低等问题。如《C 市民办非学历文化教育培训机构设置标准》第 3 条规定，"申请举办培训机构的社会组织应当具有法人资格，无不良诚信记录，总资产不少于 200 万元，净资产不少于 100 万元，资产负债率不超过 50%"，第 4 条规定，"培训机构的负责人达到本科以上学历，具有一定学识水平和管理能力"。

### （三）政府部门对留守儿童支持的运行特征

面对留守儿童这一社会性、公共性较强的问题，国家是如何应对的呢？或者说政府采取了哪些关爱措施呢？留守儿童在 2002 年以后特别是进入 2004 年以后才受到政府的重视，本书依据此，从 2005 年开始选取与留守儿童直接或者间接相关的政策。具体来说，本书选取的留守儿童政策文本均来源于国务院相关部委及其直属机构网站公开颁布的涉及留守儿童相关的法律法规、规划、意见、办法、通知、公告等能体现政府政策的文件，最终梳理出有效政策文本 17 份。从这 17 份留守儿童政策看出，针对留守儿童关爱保护问题，主要涉及社会、政府、学校和家庭四个不同责任主体。其中，针对政府责任出现 75 次，占比60.48%；学校责任出现 15 次，占比 12.10%；家庭责任出现 20 次，占比 16.13%；社会责任出现 14 次，占比 11.29%。

留守儿童作为我国社会发展转型期的重大社会问题，政府拥有义不容辞的责任。通过政策的梳理和时间的调查，可以看到，政府在留守儿童教育中应发挥主导作用。但无法否认的是，政府在留守儿童教育支持中存在以下的问题。具体来说：

**表 5.19　政府所出台的部分留守儿童关爱保护政策**

| 序号 | 政策名称 | 发布部门 | 时间 |
|---|---|---|---|
| 1 | 关于进一步推进义务教育均衡发展的若干意见 | 教育部 | 2005. 5 |
| 2 | 关于解决农民工问题的若干意见 | 国务院 | 2006. 1 |
| 3 | 关于教育系统贯彻落实《国务院关于解决农民工问题的若干意见》的实施意见 | 教育部 | 2006. 5 |
| 4 | 关于大力开展关爱农村留守儿童行动的意见 | 全国妇联 | 2006. 7 |
| 5 | 关于贯彻落实中央指示精神，积极开展关爱农村留守流动儿童工作的通知 | 中组部等7 部门 | 2007. 7 |
| 6 | 关于切实加强农业基础建设进一步促进农业发展农民增收的若干意见 | 国务院 | 2008. 1 |

续表

| 序号 | 政策名称 | 发布部门 | 时间 |
|------|---------|---------|------|
| 7 | 关于贯彻落实科学发展观进一步推进义务教育均衡发展的意见 | 教育部 | 2010.1 |
| 8 | 国家中长期教育改革和发展规划纲要（2010—2020年） | 国务院 | 2010.7 |
| 9 | 中国儿童发展纲要（2011—2020年） | 国务院 | 2011.7 |
| 10 | 关于深入推进义务教育均衡发展的意见 | 国务院 | 2012.9 |
| 11 | 关于加强义务教育阶段农村留守儿童关爱和教育工作的意见 | 教育部等5部门 | 2013.1 |
| 12 | 关于开展"翼校通关爱留守儿童大型公益活动"的通知 | 教育部 | 2013.5 |
| 13 | 关于进一步做好为农民工服务工作的意见 | 国务院 | 2014.9 |
| 14 | 关于进一步动员社会各方面力量参与扶贫开发的意见 | 国务院 | 2014.11 |
| 15 | 关于印发国家贫困地区儿童发展规划（2014—2020年）的通知 | 国务院 | 2014.12 |
| 16 | 关于开展农村留守儿童教育关爱情况自查工作的通知 | 教育部 | 2015.8 |
| 17 | 关于加强农村留守儿童关爱保护工作的意见 | 国务院 | 2016.2 |

1. 支持项目"一站式"

在调查中，有工作人员就表示，"有些区县是职成科在负责，有些区县是基教科在负责""现在留守儿童关爱保护活动轰轰烈烈"，但"很多活动都只是象征性地开展""想起来就慰问一次，有时间就看望一回，有时无人过问，有时又是一蜂窝人"。一个鲜明的差异是，有些留守儿童短短几天之内收到了 8 个书包，而有些留守儿童则很长时间没有人来看过。

2. 支持项目分散化

各个部门各有一套关爱举措，看似风风火火，实则"各按各的章法办事""各关爱保护主体之间缺乏有效的沟通合作"，导致关爱保护行动未形成合力，并且"大量在做重复工作，导致资源浪费"。很多关爱项目，或者说关爱者采取的行动并不真正建立在对留守儿童日常行为长期田野观察和深度研究的主体需要上，多来自被媒介公开描摹而被话语定型化的部分留守极端个案，"中心化""粗放式""随意性"的关爱较为普遍。如"很多中学阶段的留守儿童并不太愿意见父母""不喜欢和父母呆在一起"，这种心理叛逆期和个体社会化的提前，打破了目前关爱项目动不动就是毫无检视而一成不变的"代理家长""临时妈妈"等关爱行动逻辑，这也就意味着"自上而下"的成人世界关爱体系本身并不符合留守儿童思考的逻辑。

3. 支持工作成效缺乏具体评估标准

一方面，从留守儿童的角度来看，不能简单说"捐赠的钱多，捐赠的物多就说明关爱保护工作做得好"，也不能说"政府今日出台了这个政策，明日某个领导前往慰问就说明留守儿童关爱保护工作做得好"，这也就意味着，留守儿童关爱保护工作成效的高低取决于留守儿童自身。但目前，我们更多的关爱保护行动都是来自成人世界自上而下的逻辑，很少去关注留守儿童的真正需求，而且，由于留守儿童年纪正处于青春叛逆期，很多时候是"今日开心，明天不开心；这会开心，下一秒不开心"。这也就在某种程度上使得现有"留守儿童关爱保护自查报告""留守儿童成效评估"等停留于纸面。另一方面，现有关于留守儿童关爱保护政策的执行手段更多是倡导型的，缺少具体追责条款，也缺少具体职责条款。在调查中也发现"目前留守儿童关爱保护工作情况的好坏并没有直接和校长或者其他领导相挂钩"，"除非是出了像贵州毕节那样的事故"。再比如，有校长反映"目前政策更多是倡导型的，缺少具体内容条款的约束，没有政策的保障，学校目前没有能力与经费做这些事"。

（四）社会组织对留守儿童教育支持的运行特征

社会力量在留守儿童关爱保护中的重要作用，主要通过组织帮助留守儿童学习辅导、结对关怀等活动；组织慈善活动为留守儿童筹集教育资金等对留守儿童教育进行支持。但是不能否认的是，目前社会力量参与留守儿童教育支持的工作依然有限，参与力度不足，具体表现在：

1. 政府向社会组织购买服务机制不够健全

具体表现在，对哪些政府部门向社会力量购买服的目录清单尚不透明，政府购买服务的服务评价和监督体系缺失，还没有形成制度设计和政策保证。同时，一些社会组织的关爱活动主要靠政府资助、社会捐赠等，资金来源很不稳定，无法实现长期性、持续性。比如，在对某社会组织负责人进行访谈时，他就表示"05 年到 10 年没有一分钱工资"，"我们的一些活动是自己组织的，主要靠捐赠，志愿者形式，人员主要是在'志愿服务网'上发布信息，拿民政部门的钱比较少"，"也向基金会申请资金支持，基金会对社会组织资格认证，但是基金会只给一半经费，另一半得自筹"，"期盼政府的支持，期盼社会更多人的理解，有能力的去做好，没有能力的只好自生自灭"。

2. 社会组织对留守儿童关爱服务能力较弱

从社会组织的角度来讲，社会组织对留守儿童关爱服务能力较弱，专门从事儿童保护的社会组织还不多，社工和志愿者等专业人才比较匮乏，勉强留守儿童的服务人员大多是简单培训的下岗人员，只能组织开展简单的活动，无法对留守儿童进行专业化的心理辅导。如，调查发现29.7%的学校没有社会团体参与留守儿童帮扶，"一月 1 次""一周 1 次"的参与帮扶更是寥寥无几，而更多的是"1 学期 1 次""1 年 1 次"。C 市某区没有本地注册的社会组织，30 多个社工基本都是初级社工，持证心理咨询师不到 10，很多偏远区县连初级社工也很少。青助会只有 5 个人是专职人员，更多都是兼职的工作人员。

## 第四节　农村留守儿童教育社会支持的健全路径

### 一、推进留守儿童关爱供给侧的结构性改革

《国务院关于加强农村留守儿童关爱保护工作的意见》要求从政

府、家庭、学校、群团组织、社会力量五个方面加强对留守儿童的关爱保护。但摆在眼前的首要工作就是需要明确政府、家庭、学校和社会等主体在农村留守儿童关爱中的行动逻辑、行动资源、行动范围与比较优势，以及制度和机制安排，也就是说要明确各主体的支持方式与问题，明确各主体在关爱保护留守儿童体系中的角色作用，才可以避免各部门"你一套，我一套"重复且浪费资源的关爱行动，加强多部门之间的联动合作，从而推进留守儿童关爱供给侧的结构性改革，构建"政府主导，多方协同治理"的长效机制。具体来讲：

一是转变政府领导方式，建立由民政部门牵头，教育、公安、司法行政、卫生计生等部门和妇联、共青团等群团协同参与的农村留守儿童关爱保护工作领导机制。二是在经费投入方面，政府可以将农村留守儿童关爱保护关爱平台建设、政府购买服务等所需专项经费纳入同级财政预算。三是鼓励社会力量、社会各主体参与留守儿童关爱保护工作，健全政府向社会组织购买服务机制，明确社会力量购买服务的方式、目录清单等，加强对社会力量的服务进行严格监督和科学评估。四是在"大众创业，万众创新"的背景下，大力发展县域经济和地方优势特色产业，促进具备有条件、能力的农民工返乡创业就业，为农民工返乡创业就业提供便利条件。五是逐步建立留守儿童关爱保护工作成效评估体系，完善具体职责条款与问责条款。

**二、落实家庭监护主体责任**

一是针对留守儿童父母监护意识不足的问题，一方面宣传鼓励外出务工人员携带未成年子女共同生活或父母一方留家照料，增强留守儿童父母对孩子的监护意识；另一方面，政府可以通过加强制度设计如要求其参加劳动技能培训等，强制规定父母不得让不满十六周岁的儿童脱离监护单独居住生活，引导父母树立正确的教育理念，增强家庭履行监护责任的法律意识，保障留守儿童父母依法履行对未成年子女的监护职责和抚养义务。

二是针对留守儿童父母监护能力不足的问题，一方面通过促进外出务工人员"就近就业"，为留守儿童的父母提供就近就业培训的机会与服务。另一方面，政府可通过直接提供或间接向社会组织购买服务等方式，通过专业性社会组织间接满足留守儿童的生活、学习等基本的需求，缓解留守儿童父母的抚育压力。

三是针对监护责任内容不合理的问题，从父母的角度来说，留守儿童父母要加强与留守未成年子女的联系，及时了解孩子心理情感的状况，给予更多的情感关怀。

### 三、加强学校关爱留守儿童主阵地建设

在调查中，有教委的相关人士表示，"目前关爱保护留守儿童的部门很多"，"考虑到留守儿童更多时间段待在学校，应该让教委来负责留守儿童工作"，并"建议学校在暑期阶段开放学校校园，而寒暑假正是留守儿童心理关爱最缺乏的时候"，"一定要合理地利用好现在的农村教师"。

一是加快完善寄宿学校建设，满足农村留守儿童的寄宿需求。二是建立学校农村留守儿童普查登记制度，健全农村留守儿童档案，定期核实更新。三是落实免费义务教育和教育资助政策，完善农村留守儿童的失学、辍学教育管理制度。四是加强对农村留守儿童相对集中学校教职工的专题培训，着实提高班主任和宿舍生活教师关爱照料农村留守儿童的意识与能力。五是对于农村幼儿教育发展，要坚持政府主导，建立县、乡镇、村"三级二点"学前教育管理模式，完善幼儿教育机构注册制度和准入制度；推进"村＋镇联合办园"形式，扶持山区村办园发展，加大民办公助力度，积极探索和完善普惠性幼儿园建园模式；增加政府经费投入，建立区（县）学前教育财政专项经费，同时保证成本分担比例合理；设立弱势儿童学前教育专项扶助资金，对符合资助条

件的贫困家庭幼儿减免保育费。

**四、建立留守儿童社会支持预警系统**

留守儿童社会支持预警系统的主要功能：（1）方便政府及时了解和获取留守儿童人数变化、流动变化等信息，为政府相关部门提供决策信息咨询；（2）对特殊对象随时跟踪监控和救助，强化留守儿童困境儿童的动态管理和分类管理；（3）民政局、公安、教委、妇联等相关部门可同时掌握各区县留守儿童信息动态。（4）根据词频找出每日关键词集合，利用情感词库辨别情感词，完成每日留守儿童危机报警、情感趋势分析和危机关联工作。

留守儿童社会支持预警系统的主要构成部分：包括留守儿童数据获取层：留守儿童信息分析层；留守儿童结果展示层。其中，留守儿童数据获取层包含原始数据获取、预处理和数据存储两部分内容。数据获取和预处理针对数据源不同和获取时间不同，包含以下分类：重点网站数据获取、网页元搜索引擎数据获取、社交网络数据获取。留守儿童信息分析层：完成文本分词、情感判断、危机预警、危机来源发现、危机结点发现，主要流程和方法包括：对获取的标题、正文和社交网络上的发言进行分词处理，统计词频，根据词频找出每日关键词集合；利用情感词库辨别情感词，分为正面、负面和中性，正面、负面词根据词汇本身的情感强度赋予一定的情感强度值；对每条文本的不同类型情感词进行统计。留守儿童结果展示层：完成每日危机报警、情感趋势分析和危机关联工作。

# 第六章

## 田野考察（二）：
## 随迁子女教育的社会支持系统研究

## 第一节　随迁子女教育的社会支持主体

### 一、随迁子女教育社会支持的必要性

#### （一）随迁子女教育是中国城乡教育二元结构中的"第三元"

进城务工人员（亦称"农民工"）是我国城市化进程中伴随着农村剩余劳动力转移和城乡二元经济结构转型而出现的一个特殊群体。这一群体开始出现于 20 世纪 80 年代初。这一时期，进城务工人员总体规模比较小，主要以男性劳动力为主，很少出现举家外出现象。90 年代以后，随着举家外出进城务工人员的显著增加，使得进城务工人员随迁子女①的规模不断增大。由于城乡二元分割的户籍制度以及基于户籍制度的"属地化"义务教育管理体制等制度限制，随迁子女在流入地接受义务教育面临上学难、升学难等一系列困难。进入 21 世纪后，进城务

---

① 自"随迁子女"这一群体受到关注以来，政府部门和学术界对其称谓不一，但总的趋势是逐渐清晰化。如政策法规中的表述为 1996 年的"城镇流动人口中适龄儿童少年"、1998 年的"流动儿童少年"、2001 年的"流动人口子女"、2003 年的"农民工子女"和"进城务工就业农民工子女"以及 2008 年的"进城务工人员随迁子女"。学术界的表述有"打工子弟""民工子女""流动儿童""流动儿童少年""进城务工农民随迁子女""流动人口儿童少年""农民工流动子女""流动人口子女"等。本文中的"随迁子女"主要是指，户籍不属于流入地城市（镇），但随父母或监护人在流入地城市（镇）居住的儿童。文中除引用时使用上述类似称谓外，其余地方均使用"随迁子女"。——笔者注。

工人员"家庭化"流动趋势进一步凸显，随迁子女规模持续增加速。如图 6.1 所示，全国 0—17 岁随迁子女总数从 2000 年的 1982 万人增至 2005 年的 2533 万人[①]，5 年间增加了 551 万人，年均增加 110.2 万人。2010 年第六次全国人口普查显示，全国 0—17 岁随迁子女总数已从 2005 年的 2533 万人增至 2010 年的 3581 万人[②]，5 年间增加了 1048 万人，年均增加 209.6 万人。从随迁子女的户籍来看，农业户籍随迁子女的数量和增长速度远大于城市户籍随迁子女。2000—2010 年间，农业户籍随迁子女数量增加了一倍多，从 2000 年的 1405 万人增至 2010 年 2877 万人[③]，占随迁子女总数的比例从 70.89% 增至 80.34%。

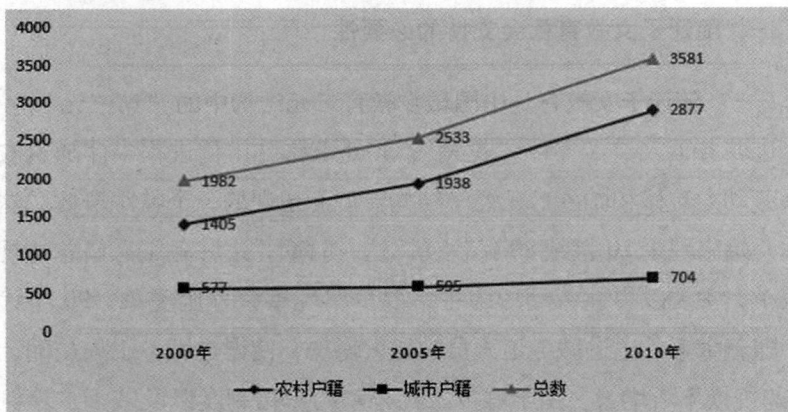

图 6.1　全国 0—17 岁随迁子女人口数量（单位：万人）

从随迁子女的年龄结构来看，2005—2010 年间，15—17 岁随迁子女增长最快。如图 6.2 所示，0—5 岁（学龄前儿童）的随迁子女规模从 2005 年为 708 万人增至 2010 年的 899 万人，增加了 191 万，增幅为

① 段成荣、吕利丹、王宗萍等：《我国流动儿童生存和发展：问题与对策——基于 2010 年第六次全国人口普查数据的分析》，《南方人口》2013 年第 4 期。
② 段成荣、吕利丹、王宗萍等：《我国流动儿童生存和发展：问题与对策——基于 2010 年第六次全国人口普查数据的分析》，《南方人口》2013 年第 4 期。
③ 参见新公民计划编写的《中国流动儿童数据报告（2014）》。

26.91%；6—11 岁（小学阶段学龄儿童）随迁子女规模从 2005 年的
765 万人增至 2010 年的 929 万人，增加了 164 万人，增幅为 21.44%；
12—14 岁（初中阶段学龄儿童）随迁子女规模从 2005 年的 361 万人增
至 2010 年的 464 万人，增加了 103 万人，增幅为 28.53%；15—17 岁
（大龄儿童）随迁子女规模从 2005 年的 699 万增至 2010 年的 1290 万
人，增加了 591 万人，增幅达 84.54%。①

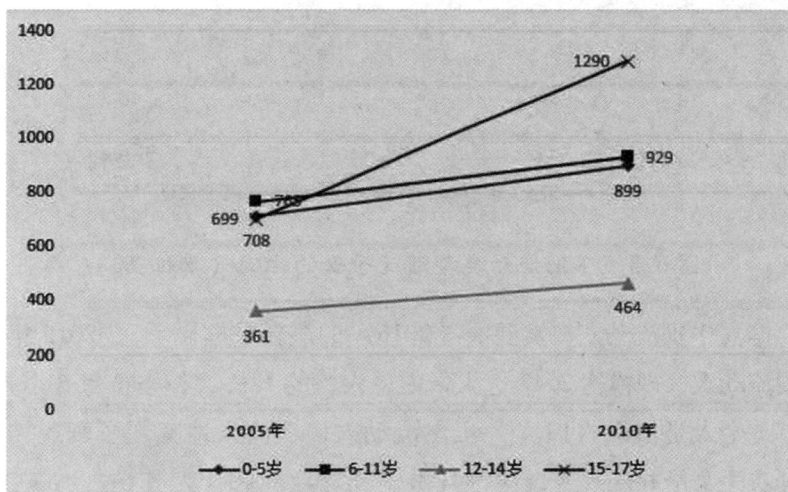

图 6.2　全国随迁子女的年龄结构分布（单位：万人）

从随迁子女的流动类型来看，跨省随迁子女、省内跨市县随迁子女
和县内随迁子女各占全国流动儿童的 1/3 左右。如图 6.3 所示，跨省随
迁子女占全国随迁子女的比例从 2000 年的 24.02% 增至 2005 年的
34.87%，然后降至 2010 年的 30.11%；省内跨市县随迁子女占全国流
动儿童的比例从 2000 年的 34.96% 降至 2005 年的 31.52%，然后增至
2010 年的 31.63%；县内随迁子女占全国流动儿童的比例从 41.02% 降

———————

① 段成荣、吕利丹、王宗萍等：《我国流动儿童生存和发展：问题与对策——基
于 2010 年第六次全国人口普查数据的分析》，《南方人口》2013 年第 4 期。

至 2005 年的 33.61%，然后增至 2010 年的 28.25%。[①]

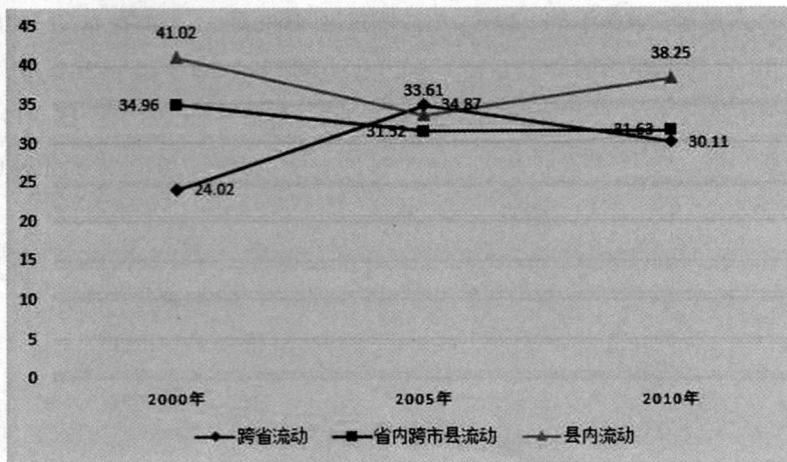

图 6.3　不同流动类型随迁子女的比例（单位:%）

　　据《中国流动人口发展报告 2016》的最新数据显示，"2015 年末，我国流动人口规模达 2.47 亿人，占总人口的 18%，相当于每 6 个人中就有 1 个人是流动人口。"[②] 虽然流动人口在流入地实现了职业转换，但其农民身份并未改变，这种身份差异导致他们（尤其是进城务工人员）在就业、医疗、教育等方面遭遇制度性排斥，成为有别于城市居民的社会弱势群体，从而呈现出城市内部"二元"结构特征。[③] 当前，进城务工人员俨然已成为农村农民与城市居民之间的"第三个"社会群体，我国已由传统的城乡二元结构变成了现在以流动人口为"第三元"

---

① 段成荣、梁宏:《我国流动儿童状况》，《人口研究》2004 年第 1 期；段成荣、杨舸:《我国流动儿童最新状况——基于 2005 年全国 1% 人口抽样调查数据的分析》，《人口学刊》2008 年第 6 期；段成荣、吕利丹、王宗萍等:《我国流动儿童生存和发展：问题与对策——基于 2010 年第六次全国人口普查数据的分析》，《南方人口》2013 年第 4 期。

② 吴少杰:《〈中国流动人口发展报告 2016〉发布》，《中国人口报》2016 年 10 月 20 日。

③ 李翔:《城市二元结构：困局与破局》，《理论与改革》2014 年第 4 期。

的"三元社会结构"。① 与此相适应，义务教育领域也呈现出"三元结构"趋势。② 由于城乡教育"二元结构"的制度限制，以随迁子女为代表的社会弱势群体的教育已成为我国农村教育、城市教育中的"第三元"。因此，能否解决好规模庞大的随迁子女的教育问题，已成为我国推进教育公平、缩小城乡教育差距、实现城乡教育一体化的关键。

### （二）随迁子女教育的"公共支持"面临制度瓶颈

目前，政府部门为解决好随迁子女教育问题已经制定了一系列政策法规，为随迁子女教育提供了很大程度上的"公共支持"。但是，由于户籍制度、财政体制、教育管理体制等制度障碍限制了政府部门的"公共支持"力度，导致随迁子女在流入地接受教育仍然存在不少问题。一方面，基于户籍制度的教育管理体制弱化了流入地政府的支持责任。随迁子女教育问题产生的根源来自城乡二元分割的户籍制度。1949—1978年，我国的国家发展总体战略是优先发展重工业。为此，公共资源更多地集中于城市，城市居民比农民享有更好的社会福利。为了控制人口流动和社会管理，1958 年颁布的《中华人民共和国户口登记条例》确立了城乡二元分割的户籍管理体制。③ 改革开放以后，户籍制度限制人口流动的功能不断弱化。然而，户籍制度只是放松了人口流动的控制，并没有解决流动人口的社会福利问题。以户籍制度为基础的"属地化管理体制"规定了地方性公共产品的供给主体是地方政府。④ 由于在"以县为主"的义务教育管理体制下，义务教育属于地方性公共产品，因此，

---

① 徐明华、盛世豪、白小虎：《中国的三元社会结构与城乡一体化发展》，《经济学家》2003 年第 6 期。
② 褚宏启：《城乡教育一体化：体系重构与制度创新——中国教育二元结构及其破解》，《教育研究》2009 年第 11 期。
③ 蔡昉：《中国流动人口问题》，社会科学文献出版社 2007 年版，第 19 – 20 页。
④ 杨明：《属地化管理体制下进城务工人员随迁子女义务教育公共资源配置探析》，《浙江大学学报（人文社会科学版）》2015 年第 6 期。

流入地政府并没有义务为非本地户籍的随迁子女提供义务教育。① 另一方面，过度分权的财政体制抑制了流入地政府的支持能力与意愿。新中国成立以来，我国财政体制经历了改革开放前的高度集权、改革开放后的分级包干和1994年以后的分税制等三个阶段。分税制改革调整了中央与省的财政分配关系，使得财权向中央集中，但却并未相应地调整事权，造成财权与事权的不对称，加剧了地方政府（尤其县级政府）财政运行困难。② 所以，在现行财政体制下，随迁子女规模较大的县级政府的财政承受能力已不能应付其教育经费支出水平。因此，在解决随迁子女教育问题上，流入地县级政府即使"有心"但也"无力"。鉴于户籍制度、财政体制及教育管理体制等制度障碍限制了政府部门解决随迁子女教育问题的能力、职责及意愿，造成政府部门的"公共支持"不足，而社会力量提供的"社会支持"一定程度上有助于弥补这一不足，为此，需要社会力量的积极参与，为随迁子女教育提供"社会支持"。

**二、随迁子女教育社会支持主体的选择**

本书认为，随迁子女教育社会支持主要是指政府、各类社会组织、公民个人等社会支持主体为随迁子女接受教育提供的各种帮助和扶持。从实践上来看，我国随迁子女教育的社会支持主体目前呈多元化趋势，主要有以下六大类：一是，中央政府、省级政府以及县（区）级政府等各级政府部门；二是，以共青团、妇联、工会等为代表的准行政机构；三是，以在民政部门或其他政府管理机构登记注册的社会团体、基金会、民办非企业单位等为代表的正式社会组织；四是以没有在政府部门正式登记注册的学生社团、志愿者团体等为代表的草根社会组织；五

① 韩嘉玲：《流动儿童教育与我国的教育体制改革》，《北京社会科学》2007年第4期。
② 杨会良、张朝伟：《改革开放以来我国农村义务教育财政体制：演变、特征与政策建议》，《河北大学学报（哲学社会科学版）》2012年第4期。

是以民办教育办学集团、私人办学者为代表的市场部门；六是以随迁子
女家庭、亲友、邻里等为主体的社会网络。

　　从理论上而言，教育也是一种广义上的社会福利，主要是指如何通
过各种制度安排为公民提供令人满意的教育。[①] 随迁子女教育问题的实
质反映出我国教育福利制度的城乡二元结构本质，即由于城乡二元结构
的制度限制，随迁子女不能在流入地获得平等的教育福利待遇，结果面
临"上学难""上好学难"及"升学难"等一系列问题。虽然，已有研
究从不同学科视角探讨了随迁子女教育问题的成因与解决路径，但多侧
重于强调政府部门的主体责任，一定程度上忽视了市场部门、志愿组织
等多元主体的参与。本书认为，社会福利的供应主体应当包括国家、市
场、家庭、社区和志愿组织等多元化主体[②]，即由国家单一主体提供福
利模式转向国家、市场及社会等多元主体共同提供福利模式[③]。随迁子
女的教育需求呈多元化趋势，单靠政府部门难以满足其多元化的教育需
求，需要政府、市场、社会等多元主体的积极互动与相互沟通。基于
此，本书将随迁子女教育的社会支持主体分为政府部门、市场部门、志
愿部门和非正式部门四大类。其中，政府部门主要包括中央政府、省级
政府、县级政府以及共青团、妇联等；市场部门主要包括民办学校办学
集团或个人、民办打工子弟学校举办者以及以收费形式提供各种校外辅
导的培训机构或个人；志愿部门主要包括正式社会组织和非正式社会组
织；非正式部门主要是指随迁子女的家庭及其亲友、邻里等社会网络。

---

① 　尹力：《多元化教育福利制度构想》，《中国教育学刊》2009 年第 3 期。
② 　彭华民：《福利三角：一个社会政策分析的范式》，《社会学研究》2006 年第 4 期。
③ 　陈雅丽：《城市社区服务供给体系及问题解析——以福利多元主义理论为视
　　角》，《理论导刊》2010 年第 2 期。

## 第二节　随迁子女教育的社会支持现状

### 一、调查设计

#### （一）调查目的与内容

本次调查的目的在于了解政府部门、市场部门、志愿部门及非正式部门对随迁子女教育的社会支持情况及存在的突出问题，为进一步完善随迁子女教育的社会支持提供对策建议。

从社会支持的内容来，有研究认为随迁子女教育的社会支持内容主要包括权利与机会、经济与物质、情感交往以及服务与帮助等方面；[①]也有研究把随迁子女的教育支持分为现金、物品、服务三类。[②] 基于已有相关研究，本书将随迁子女教育的社会支持分为四大类：教育机会与权利支持、教育物品支持、教育资金支持、教育服务支持。其中，（1）教育机会与权利支持主要是指社会支持主体为随迁子女提供接受教育的机会，如中央与地方各级政府部门制定相关政策保障随迁子女的受教育权利，县级政府开放公办学校为随迁子女提供受教育机会，社会力量举办民办学校为随迁子女提供受教育机会，等等。（2）教育物品支持主要是指社会支持主体为随迁子女接受教育而提供的各种实物，如志愿者捐赠的图书、作业本、电脑、多媒体、衣物等。（3）教育资金支持主要是指社会支持主体为随迁子女接受教育而提供的各种资金，如政府部门给予的困难补助、学杂费减免，志愿者的捐款或设立的奖学金，等等。（4）教育服务支持主要是指社会支持主体为随迁子女接受教育而提供的各种服务，如志愿者提供的学业辅导、心理咨询、教师培训，亲

---

① 周国华：《流动儿童的教育管理与社会支持》，山东教育出版社 2014 年版，第 266 页。

② 余秀兰：《社会弱势群体的教育支持》，中国劳动社会保障出版社 2007 年版，第 97 页。

友网络提供的学校信息，等等。

（二）调查对象与方法

本次调查采取目的性与随机性抽样相结合的原则，首先，确定东部的S省A市和J省B市作为样本地区。其次，在样本地区，按照随迁子女就读的不同学校类型（公办学校与打工子弟学校），各选择2所样本学校。然后，在样本学校，随机抽取五至九年级中的2—3个班级作为样本班级。最后，把样本班级中的随迁子女全部入样。本次的调查工具主要包括调查问卷与访谈提纲。调查对象主要包括四类：（1）随迁子女及其家长，主要采取问卷调查法与访谈法。本次调查共发放学生问卷2890份，回收问卷2700份，回收率93.43%，有效问卷2478份，有效率91.78%；共访谈随迁子女30人，家长20人。（2）地方教育行政部门工作人员，主要采取访谈法，共访谈10人。（3）随迁子女就读学校管理人员与教师，以访谈法为主，共访谈学校管理人员8人，教师10人。（4）志愿组织负责人与志愿者，主要是访谈法，共访谈负责人5人，志愿者4人。

**表6.1　样本随迁子女的人口学特征**

| | | | | | |
|---|---|---|---|---|---|
| 性别 | 男 | 58.90% | 年级 | 五年级 | 4.10% |
| | 女 | 41.10% | | 六年级 | 12.30% |
| 学校类型 | 公办学校 | 64.50% | | 七年级 | 37.10% |
| | 打工子弟学校 | 35.50% | | 八年级 | 34.10% |
| | | | | 九年级 | 12.50% |

此外，本次调查还采用了实地观察和文本收集等方法收集研究资料。实地观察法主要用于三个方面：一是，观察随迁子女就读学校的硬件设施、课堂教学等方面；二是，观察社会组织针对随迁子女开展的各种教育服务；三是，观察随迁子女家庭环境。文本收集法主要用于方

面：一是，收集样本城市的相关政策文本、官方统计资料；二是，收集有关样本城市的新闻媒体报道；三是，收集有关样本城市的学术研究文献。为提升本书的信效度，本书主要采取从研究方法、资料来源等方面进行"三角互证"，例如，使用文件、访谈、观察等多种资料，并进行资料间的相互比较，并对不同访谈对象的资料进行相互比较。

### 二、政府部门支持随迁子女教育的现状

政府部门为随迁子女教育提供的社会支持主要表现为教育权利与机会支持、教育资金支持、教育服务支持，较少提供教育物品支持。

#### （一）政府部门的教育权利与机会支持现状

中央与省级政府部门主要是通过制定相关政策法规的方式为随迁子女间接提供教育权利与机会支持，而县级政府部门则是通过制定具体实施细则与开放公办学校等方式直接提供教育权利与机会支持。

1. 中央政府的教育权利与机会支持

中央政府对随迁子女教育的政策支持经历了一个从"不作为"到"消极应对"再到"规范管理"的逐步发展且不断深入的过程（见表6.2）。中央政府对随迁子女的教育权利与机会支持大致可分为四个阶段：（1）政府不作为时期（改革开放以来—1996 年以前）。由于这一时期随迁子女总体规模偏小，其教育问题尚未成为突出的社会矛盾。因此，中央政府并未制定相关政策。（2）限制教育机会时期（1996—2000 年）。这一时期，由于随迁子女规模的剧增，其教育问题引起了社会的广泛关注，并开始进入中央政府的政策议程。中央政府先后制定了《城镇流动人口中适龄儿童、少年就学办法（试行）》（以下简称《就学办法》）和《流动儿童少年就学暂行办法》（以下简称《暂行办法》）。这两个政策文件虽然一定程度上保障了随迁子女的教育机会，但其中有关"临时学籍""借读费"等规定均体现出一种"差别对待"的政策理念。（3）逐步接纳时期（2001—2011 年）。进入 21 世纪后，流动人口

"家庭化""长期化""常住化"等特点更加明显，随迁子女的数量达到了前所未有的规模，对流入地的公共教育资源和教育管理形成了巨大的冲击。这一时期，中央政府出台的一系列相关政策主要表现在确立了随迁子女义务教育"两为主"的政策原则、明确了流入（出）地政府职能部门的具体职责、加强了随迁子女义务教育的经费保障、强调了"接纳""一视同仁"等政策理念，等等。（4）扩大教育机会时期（2012年至今）。这一时期，中央政府的政策支持主要表现在如下几个方面：一是，要求各地开放义务后教育，允许随迁子女在流入地异地升学。二是，中小学生学籍管理系统实现全国联网运行，有利于随迁子女教育的学籍管理。三是，随迁子女教育政策从"两为主"转向"两纳入"（纳入教育发展规划和财政保障范畴）。四是，提出义务教育"两免一补"和生均公用经费基准定额资金随学生流动可携带。

**表 6.2　中央政府出台的随迁子女教育政策文件**

| 时间 | 发文机构 | 政策名称 |
|---|---|---|
| 1996 | 原国家教委 | 《城镇流动人口中适龄儿童少年就学办法（试行）》 |
| 1998 | 原国家教委、公安部 | 《流动儿童少年就学暂行办法》 |
| 2001 | 国务院 | 《关于基础教育改革与发展的决定》 |
| 2003 | 国务院 | 《关于进一步加强农村教育工作的决定》 |
| 2003 | 教育部、中央编办、公安部等六部门 | 《关于进一步做好进城务工就业农民子女义务教育工作的意见》 |
| 2004 | 中共中央、国务院 | 《关于进一步加强和改进未成年人思想道德建设的若干意见》 |
| 2006 | 国务院 | 《关于解决进城务工农民问题的若干意见》 |
| 2006 | 第十届全国人民代表大会常务委员会 | 新修订的《中华人民共和国义务教育法》 |
| 2010 | 中共中央、国务院 | 《国家中长期教育改革和发展规划纲要（2010—2020 年）》 |

续表

| 时间 | 发文机构 | 政策名称 |
|---|---|---|
| 2012 | 教育部、发展改革委、公安部、人力资源社会保障部 | 《关于做好进城务工人员随迁子女接受义务教育后在当地参加升学考试工作的意见》 |
| 2013 | 教育部 | 《中小学生学籍管理办法》 |
| 2014 | 中共中央、国务院 | 《国家新型城镇化规划（2014—2020 年)》 |
| 2015 | 第十二届全国人民代表大会常务委员会 | 《义务教育法》第二次修订 |
| 2015 | 国务院 | 《关于进一步完善城乡义务教育经费保障机制的通知》 |
| 2016 | 国务院 | 《关于统筹推进县域内城乡义务教育一体化改革发展的若干意见》 |

从全国层面来看，政府部门对随迁子女教育权利与机会的支持取得了巨大的成效。一方面，全国义务教育阶段随迁子女在校生数逐年增加。如图 6.4 所示，全国义务教育阶段随迁子女在校生数从 2007 年的 766 万人增至 2012 年的 1394 万人，5 年间增加了 628 万人，增幅达 82%。其中，小学阶段随迁子女在校生数从 2007 年的 592 万人增至 2012 年的 1036 万人，增加了 444 万人，增幅为 75%；初中阶段随迁子女在校生数从 2007 年的 174 万人增至 2012 年的 358 万人，增加了 184 万人，增加了1.06倍。[1] 2013 年，全国义务教育阶段随迁子女在校生数首次出现下降，规模为 1277 万人，比 2012 年减少 117 万人。其中，小学阶段减少 105 万人，初中阶段减少 12 万人。2014 年，全国义务教育阶段随迁子女在校生数又开始回升，增至 1295 万人，比 2013 年增加了 18 万人。其中，小学阶段增加了 24 万人，初中阶段减少了 7 万人。[2]

---

[1] 教育部发展规划司编：《2012 全国教育事业发展简明统计分析》，2013 年版，第 33 页。

[2] 教育部：《2014 年全国教育事业发展统计公报》，2015 年 7 月 30 日，见 http://www.moe.edu.cn/srcsite/A03/s180/moe_633/201508/t20150811_199589.html。

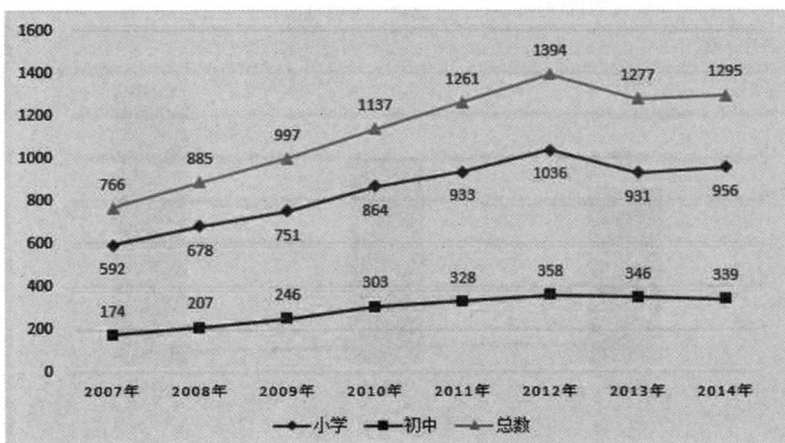

图 6.4　全国义务教育阶段随迁子女在校生数（单位：万人）

另一方面，21 世纪以来，虽然未按要求接受义务教育的全国适龄随迁子女人数逐年增加，但其占义务教育阶段全国适龄随迁子女总数的比例逐年下降。如图 6.5 所示，未按要求接受义务教育的全国适龄随迁子女人数从 2000 年的 42 万增至 2005 年的 49 万，然后增至 2010 年的 67 万，其占义务教育阶段全国适龄随迁子女总数的比例从 2000 年的 4.8% 降至 2005 年的 4.35%，然后降至 2010 年的 2.94%。①

此外，2005—2010 年，高中阶段（15—17 岁）适龄随迁子女未按规定完成义务教育的人数与比例也逐年下降。如图 6.6 所示，全国 15—17 岁随迁子女未按规定完成义务教育的规模在 2005 年为 63 万人，2010 年减少为 31 万人，减少了 32 万人；其占全国 15—17 岁随迁子女总数

① 有关义务教育阶段流动儿童人数和未按要求接受义务教育的流动儿童比例的原始数据整理自：段成荣、梁宏：《我国流动儿童状况》，《人口研究》2004 年第 1 期；段成荣、杨舸：《我国流动儿童最新状况——基于 2005 年全国 1% 人口抽样调查数据的分析》，《人口学刊》2008 年第 6 期；段成荣、吕利丹、王宗萍等：《我国流动儿童生存和发展：问题与对策——基于 2010 年第六次全国人口普查数据的分析》，《南方人口》2013 年第 4 期。

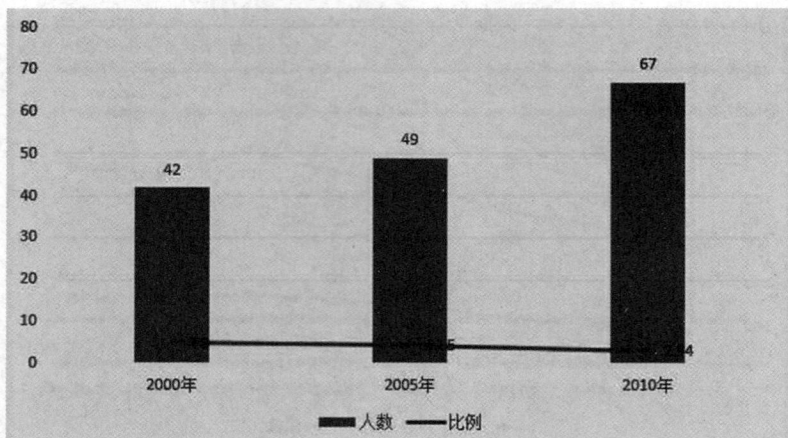

图 6.5　未按要求接受义务教育的全国适龄
随迁子女人数（万人）及比例（％）

的比例从 2005 年的 9.04％ 降至 2010 年2.41％，减少了 6.63％。①

2. 地方各级政府的教育权利与机会支持

21 世纪以来，为进一步做好随迁子女义务教育工作，根据中央相关政策文件的精神，各省市级政府结合地区实际纷纷制定了解决随迁子女义务教育问题的指导文件。而且，在"以县为主"的义务教育管理体制下，各县级政府又进一步结合本地区实际制定了符合当地的随迁子女义务教育政策。本次调查发现，有关专门针对随迁子女教育的政策文件，B 市主要是 2002 年的《B 市人民政府关于外来流动人口子女就学的若干意见》和2008 年的《B 市义务教育阶段外来务工人员子女就学管理试行办法》，A 市主要是 2004 年的《关于 A 市区进城务工就业流

———————————

① 有关 15—17 岁流动儿童人数及其未按要求完成义务教育的流动儿童比例原始数据整理自：段成荣、杨舸：《我国流动儿童最新状况—基于 2005 年全国 1％人口抽样调查数据的分析》，《人口学刊》2008 年第 6 期；段成荣、吕利丹、王宗萍等：《我国流动儿童生存和发展：问题与对策——基于 2010 年第六次全国人口普查数据的分析》，《南方人口》2013 年第 4 期。

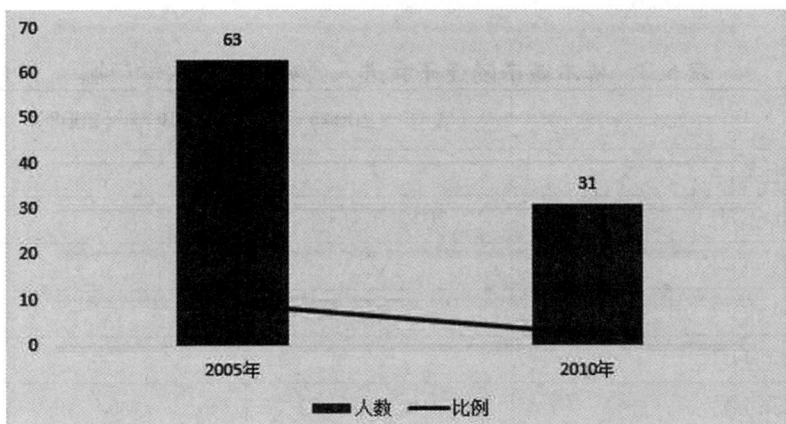

图 6.6　未按规定完成义务教育的全国 15—17 岁
随迁子女人数（万人）及比例（%）

动人口子女接受义务教育的若干意见》和 2012 年的《关于进一步做好
A 市区外来务工就业人员子女义务教育工作的意见》。上述政策文件对
随迁子女教育权利与机会支持主要表现在两大方面，一是确立"以公办
学校为主"的入学原则，二是逐步取消随迁子女在公办学校就读的借
读费。

（1）随迁子女入学以公办学校接纳为主

2001 年，国务院发布的《关于基础教育改革与发展的决定》初步
确立了解决随迁子女教育问题的"两为主"政策原则。2003 年，教育
部等六部门联合发布的《关于进一步做好进城务工就业农民子女义务教
育工作的意见》（以下简称《意见》）进一步明确了"两为主"政策原
则。本次调查发现，虽然 A、B 市的政策文件均规定了随迁子女义务教
育实行"以公办学校接纳为主"的原则，但是，两地县级政府限于公
办教育资源的压力，在随迁子女进入公办学校上均设置了一定的"入学
门槛"（见表 6.3）。由下表可知，B 市的公办学校入学门槛要高于 A
市，而且，A 市 2012 年的入学门槛比 2004 年有一定程度的提高。

表 6.3　样本城市随迁子女进入公办学校的入学门槛

| | A市（2004） | B市（2008） |
| --- | --- | --- |
| 学生条件 | √ | √ |
| 监护证明 | （2012 年新增） | √ |
| 居住证明 | √ | √ |
| 就业证明 | √ | √ |
| 婚育证明 | √ | — |
| 社保证明 | （2012 年新增） | √ |
| 预防接种证明 | — | √ |
| 转学证明 | | √ |

　　调查发现，A、B 两市之所以设置公办学校入学门槛，主要是担心如果没有入学门槛，会导致随迁子女越来越多，形成"低洼效应"。例如，A 市 CN 区教育局的赵科长指出："你如果没有一定的门槛是容纳不下的，会越来越多的人来"。B 市 WL 区教育局的徐科长指出："我们必须要有一个条件的限制，不然的话，我们有时候说，有个地方保护主义呀，我们不能形成一种低洼嘛。"

　　总的来看，A、B 两市在解决随迁子女义务教育问题上基本上做到了"以公办中小学接纳为主"的政策目标。如图 6.7 所示，2005 年以来，A 市随迁子女在公办学校就读率一直在 90% 以上。截至 2012 年底，全市 365 所中小学 100% 向外来务工人员子女开放，共有 158018 名外来务工人员随带子女在公办中小学就读，公办学校接纳率达到了 91.96%，其中，有四个区的接纳率为 100%。

　　相对而言，B 市随迁子女就读公办学校的比例要低于 A 市，基本上在 75 - 85% 之间波动，而且，自 2012 年以来，逐年有所降低。例如，B 市随迁子女就读公办学校的比例在 2009 年为 84.34%，2012 年为 81.1%，随后持续下降至 2015 年的 75.87%。

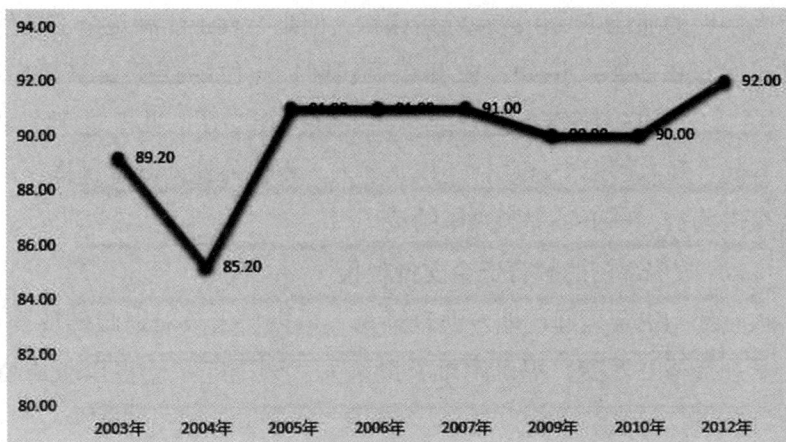

图 6.7　A 市随迁子女公办学校就读率（单位:%）
（资料来源：整理自 A 市相关媒体报道）

## （2）逐步取消借读费，教育收费一视同仁

1998 年颁布的《暂行办法》第十一条有关收取借读费的相关规定，为流入地公办学校向随迁子女收取借读费提供了依据。直到 2003 年《意见》的出台，中央政府才规定随迁子女接受义务教育要"做到收费与当地学生一视同仁"。2004 年 3 月，国家财政部进一步明确规定，随迁子女的教育收费要与当地学生一视同仁，禁止收取借读费、择校费等费用。2006 年国务院颁布的《关于解决进城务工农民问题的若干意见》（以下简称《若干意见》）再次重申了随迁子女教育收费一视同仁的原则。从政策文本上看，A、B 两市的政策均规定，只有符合公办学校就读条件的随迁子女的学校收费项目和标准才能与当地学生一视同仁；而不符合条件的随迁子女进入公办学校就需要缴纳借读费等费用。调查发现，2006—2010 年，A 市区公办中小学的借读费分省内异地流动和省外流动两类，小学阶段每学期分别为 190 元和 250 元，初中阶段分别为 340 元和 390 元。2005 年，B 市小学和初中每学期的借读费分别为 300 元和 600 元，2008 年分别降为 200 元和 470 元。虽然，两地的政策均规

定符合条件的随迁子女可以免除借读费，但是，真正能满足全部条件的随迁子女只占少数。例如，在 B 市调研时，一位随迁子女家长指出："我那个儿子是在公家学校。小学六年的钱一起交了。儿子进那个学校很不容易，我办了七个证件，还找了熟人。我们外地人就是这样……我们要交借读费，一下子交了六年的。"

**（二）政府部门的教育资金支持现状**

政府部门主要是通过地方财政预算、中央与省政府财政转移支付、减免学杂费与书本费、提供困难补助等方式为随迁子女提供教育资金支持。

1. 地方政府把随迁子女教育费用列入经费预算

2003 年教育部等六部门联合颁布的《意见》第五条一方面要求流入地政府建立随迁子女义务教育经费筹措保障机制，并在城市教育费附加中安排一部分经费用于随迁子女义务教育，另一方面要求流入地政府要补助接收较多随迁子女的公办学校。这一规定首次从经费保障层面上提供了解决随迁子女义务教育问题的思路。2006 年国务院颁布的《若干意见》第二十一条进一步要求流入地政府一方面要把随迁子女义务教育纳入当地教育发展规划和列入教育经费预算，另一方面要按照实际在校学生人数拨付公用经费。从政策文本上看，A、B 两市均作出了与中央政策相类似的规定。从政策实践来看，两市只把在公办学校就读的随迁子女纳入了财政保障范畴。例如，A 市 CN 区教育局钱科长指出："只要进入公办学校，政府就要就根据人头费拨款，民工子女的生均公用均经费也一样，也都要拨给学校。"B 市 WL 区教育局陈科长指出："如果是进公办的，全免费的，一分钱都没有出的，连课本费都是由地方财政出了，不用说学费了，学费肯定是没有了，连课本费也是那个地方财政来承担的。"

2. 中央、省级财政专项资助随迁子女义务教育

2008 年 12 月，财政部、教育部共同颁布《进城务工农民工随迁子

女接受义务教育中央财政奖励实施暂行办法》，规定中央财政从 2008 年
秋季学期起，将适当奖励接收随迁子女较多且义务教育问题解决较好的
省份。① 如表 6.4 所示，2008—2012 年，中央财政逐年增加随迁子女奖
励性补助资金，补助资金从 2008 年的 8.6 亿元持续增至 2012 年的 50.3
亿元，五年内共投入 158.3 亿元。②

表 6.4　用于随迁子女义务教育的中央专项资金（单位：亿元）

| | 2008 年 | 2009 年 | 2010 年 | 2011 年 | 2012 年 | 总计 |
|---|---|---|---|---|---|---|
| 东部地区 | 4.8 | 12.5 | 20.6 | 25.6 | – | 63.5 |
| 中部地区 | 1.8 | 3.7 | 6.7 | 9.9 | – | 22.1 |
| 西部地区 | 2.0 | 3.8 | 6.3 | 10.3 | – | 22.4 |
| 总计 | 8.6 | 20.0 | 33.6 | 45.8 | 50.3 | 158.3 |

（资料来源：教育部财政司。转引自李阳：《流动人口公共产品提供
的公共政策研究：以流动儿童义务教育为例》，北京理工大学出版社 2015
年版，第 104 页。）

随后，一些省级政府也加大了对随迁子女义务教育的专项资助。例
如，2013 年以来，湖北省共落实奖补资金 67868 万元用于对接收随迁
子女的城市学校进行专项奖补。③ 2015 年，江西省财政下拨 2.2 亿元专
项资金，主要用于补充接受随迁子女的城市义务教育阶段学校公用经费

① 中国财政部网：《财政部 教育部关于印发〈进城务工农民工随迁子女接受义务
教育中央财政奖励实施暂行办法〉的通知》，2008 年 12 月 10 日，见 http://
jkw. mof. gov. cn/czzxzyzf/201108/t20110822_ 588203. html。
② 中国财政部网：《中央财政支持进城务工农民工随迁子女平等接受义务教育》，
2013 年 6 月 5 日，见 http://jkw. mof. gov. cn/zhengwuxinxi/gongzuodongtai/
201306/t20130604_ 902609. html。
③ 中国新闻网：《湖北安排财政专项奖补资金 确保随迁子女就近入学》，2015 年
10 月 20 日，见 http://www. chinanews. com/sh/2015/10 – 20/7579344. shtml。

及改善办学条件等支出。① 调查发现，A 市所在的 S 省从 2006 年起开始
安排专项资金支持随迁子女接受义务教育，2013 年下拨 3000 万元随迁
子女接受义务教育专项补助经费，主要用于补充接收随迁子女的公办学
校和经批准的民办民工子弟学校的公用经费、学校校舍建设或添置教学
仪器设备等。"十二五"期间，S 省级财政共下达 27.5 亿元随迁子女专
项奖补资金。B 市在 2007 年、2008 年分别争取到 J 省随迁子女教育专
项资金 615 万元和 865 万元，全部用于改善学校办学条件。虽然，中央
与省市级政府为随迁子女义务教育提供了一定的财政补助，但其财政支
出主要还是由区县政府承担。例如，B 市教育局杨处长指出："中央和
省里的转移支付都很少的。我们自己市里面是以奖代补，是奖励，主要
靠区县。义务教育以县管理为主嘛。"而 B 市 WL 区教育局的陈科长指
出，他们"几乎没有"获得上级政府的转移支付。

3. 免除随迁子女学杂费

2008 年 8 月，国务院颁发的《关于做好免除城市义务教育阶段学
生学杂费工作的通知》规定从 2008 年秋季学期开始，全部免除城市义
务教育阶段公办与民办学校学生的学杂费。② 据统计，2008—2012 年，
中央财政共投入 157.2 亿元用于城市义务教育学生免学杂费补助资金。③
调查发现，2006 年，B 市教育局出台《关于加强 B 市义务教育中小学
生免除学杂费管理工作的通知》，规定免除学杂费的标准为小学 100 元/
生·学期、初中 130 元/生·学期，而随迁子女享受免除学杂费待遇必

① 新华网：《江西2.2亿元专项资金助农民工子女进城读书》，2015 年 7 月 9 日，
见 http://news.xinhuanet.com/local/2015 - 07/09/c_ 1115875324.htm。
② 中国政府网：《国务院关于做好免除城市义务教育阶段学生学杂费工作的通
知》，2008 年 8 月 15 日，见 http://www.gov.cn/zwgk/2008 - 08/15/content_
1072915.htm。
③ 中国财政部网：《中央财政支持进城务工农民工随迁子女平等接受义务教育》，
2013 年 6 月 5 日，见 http://jkw.mof.gov.cn/zhengwuxinxi/gongzuodongtai/
201306/t20130604_ 902609.html。

须满足以下条件：一是户籍地无监护证明；二是外出借读证明；三是居住证明；四是社保证明或就业证明；五是独生子女证明。2006年秋季，B市H区全面开展落实义务教育阶段中小学全部免收学杂费，截至2007年，符合相关条件享受学杂费免除的随迁子女为9783人（小学7021人，初中2762人），占该区总免除人数的23.8%，同时占该区就读随迁子女总数的27.3%。与B市类似，随迁子女在A市享受学杂费免除也必须符合一定的条件，具体包括：一是在公办学校就读满两年；二是监护人有稳定的住所、职业、收入，三是提供户口簿、身份证、暂住证以及社保证明或营业执照；四是提供婚育证明或独生子女证。

4.资助家庭经济困难的随迁子女

1996年原国家教委颁发的《就学办法》第十七条和1998年原国家教委与公安部联合颁发的《暂行办法》第十三条都规定，要对家庭经济困难的随迁子女酌情减免费用。2003年教育部等六部门颁发的《意见》第六条进一步明确规定了资助家庭经济困难随迁子女的具体方式，包括一是设立助学金，二是减免费用，三是免费提供教科书。调查发现，A、B两市的相关政策均作出了类似规定，如鼓励社会各界捐款捐物资助随迁子女接受义务教育。例如，B市R区教育部门每年以"教育助学凭证"形式资助1000名家庭经济特别困难的随迁子女，同时给予在困难地区学校就读的随迁子女"两免一补"的优惠待遇。2007年，R区教育部门对家庭经济贫困随迁子女的资助标准为，除免交学杂费外，小学每生每年享受300元补助，初中每生每年享受400元补助。

然而，本次有关"政府提供了经济资助或困难补助"的调查发现（如图6.8所示），大部分随迁子女没有获得政府提供的经济资助或困难补助。例如，69.60%的随迁子女表示完全不符合，13.40%的人表示不符合，10.80%的人表示差不多，3.90%的人表示比较符合，2.40%的人表示非常符合，表示"完全不符合"和"不符合"的合计为83.00%。例如，在B市调研时，一位随迁子女家长指出："除了不要交学费，其他的好像没什么减免，也没有困难补助"。

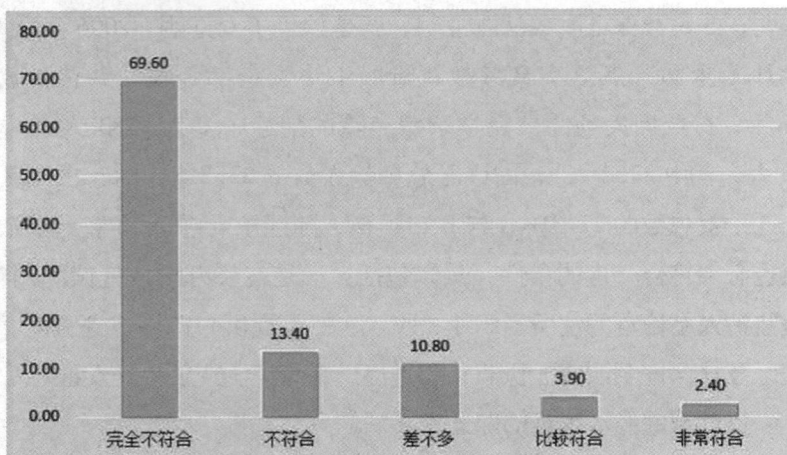

图6.8　"政府提供了经济资助或困难补助"的调查结果（单位:%）

与此调查结果相似，民政部政策研究中心的"中国城乡困难家庭社会政策支持系统建设"项目2013年的抽样数据显示，城市流动人口家庭对住房补助的需求最大（19.23%），其次为医疗救助（15.02%）和教育救助（12.91%），但是，仅有4.33%的流动人口家庭表示接受过教育救助。[①]

（三）政府部门的教育服务支持现状

中央与地方各级政府出台的政策都规定了要为随迁子女提供教育服务支持。例如，2003年颁发的《意见》第四条明确规定了教育服务支持的具体内容：一是要完善教学管理；二是教学管理要一视同仁；三是加强家校联系；四是促进随迁子女的学校适应。调查发现，A、B两市的相关政策均作出了类似规定，从内容来看，两地政府部门提供的教育

---

① 民政部政策研究中心：《中国城乡困难家庭社会政策支持系统建设蓝皮书（2013）》，中国社会出版社2014年版，第195—199页。

服务支持大致可分为五类：一是学校教育管理一视同仁；二是提供学习辅导；三是提供心理咨询；四是加强家校联系；五是资助贫困生；从支持主体来看主要包括两大类，一类是城市公办学校，另一类是准行政机构。

1. 公办学校的教育服务支持现状

（1）教育管理上一视同仁

有关"在这里读书也有学籍"的调查发现（如图 6.9 所示），14.00% 的随迁子女表示完全不符合，14.30% 的人表示不符合，24.50% 的人表示差不多，20.80% 的人表示比较符合，26.40% 的人表示非常符合，表示"完全不符合"和"不符合"的合计为 28.30%，说明大部分随迁子女在学校读书是有学籍的。

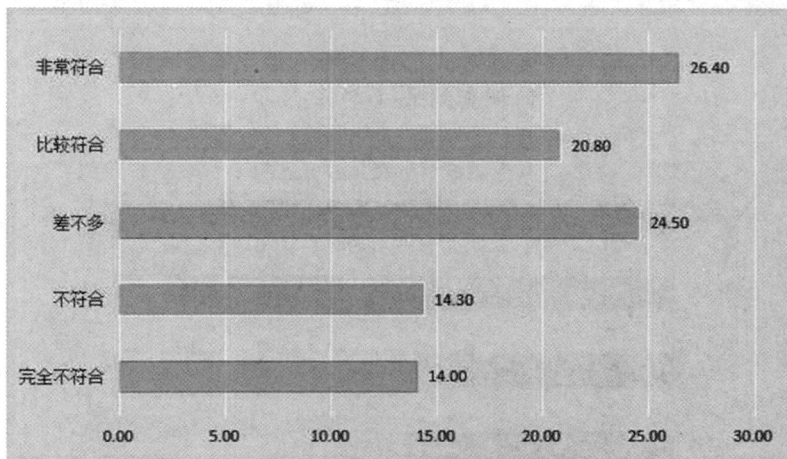

图 6.9　"在这里读书也有学籍"的调查结果（单位:%）

有关"老师对我们这些外地学生同等对待"的调查发现（如图 6.10所示），8.80% 的随迁子女表示完全不符合，7.50% 的人表示不符合，19.10% 的人表示差不多，15.30% 的人表示比较符合，49.30% 的人表示非常符合，表示"完全不符合"和"不太符合"的合计为

16.30%，说明大部分随迁子女认为自己所在学校的老师对自己是一视同仁的。

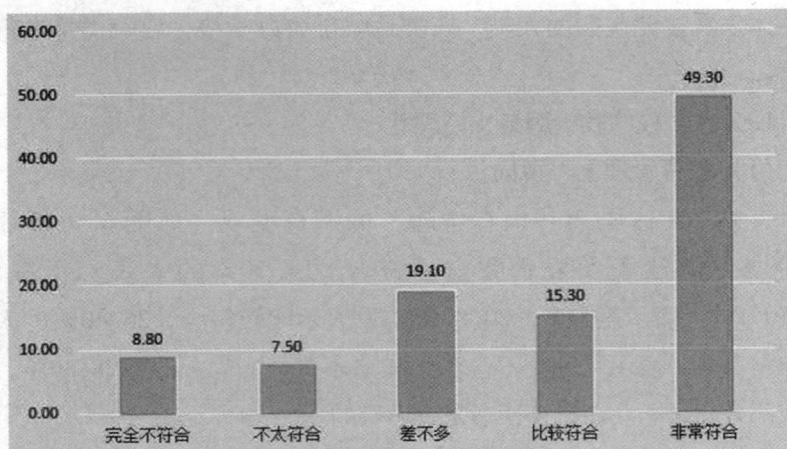

图6.10  "老师对我们这些外地学生同等对待"
的调查结果（单位:%）

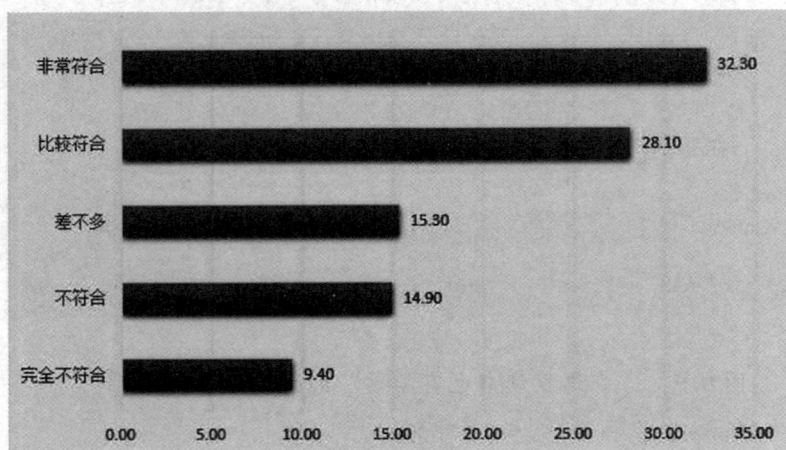

图6.11  "在学校读书并没有被别人看不起"
的调查结果（单位:%）

有关"在学校读书并没有被别人看不起"的调查发现（如图6.11

所示），9.40%的随迁子女表示完全不符合，14.90%的人表示不符合，15.30%的人表示差不多，28.10%的人表示比较符合，32.30%的人表示非常符合，表示"完全不符合"和"不太符合"的合计为24.30%，说明大部分随迁子女认为自己在学校并没有被人看不起。

有关"我能和当地学生一样在学校读书与学习"的调查发现（如图6.12所示），8.70%的随迁子女表示完全不符合，4.70%的人表示不符合，11.70%的人表示差不多，14.00%的人表示比较符合，60.90%的人表示非常符合，表示"完全不符合"和"不符合"的合计为13.40%，说明大部分随迁子女认为自己能和当地学生一样在学校读书与学习。

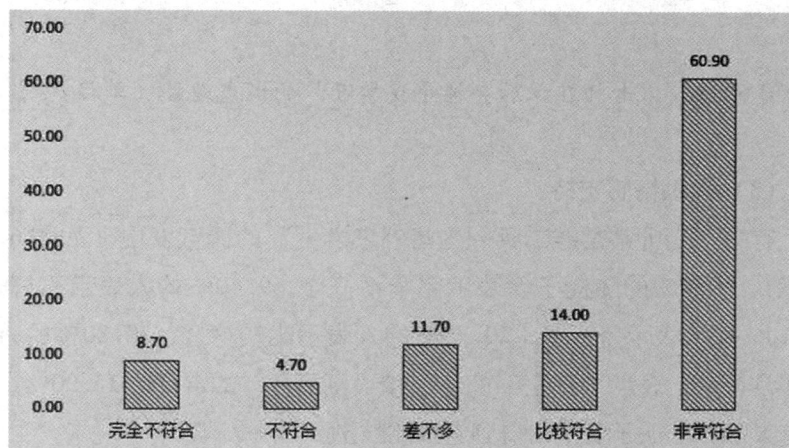

图6.12 "我能和当地学生一样在学校读书与学习"
的调查结果（单位:%）

### （2）较少提供学习辅导

有关"老师在课后会辅导我学习"的调查发现（如图6.13所示），18.50%的随迁子女表示完全不符合，26.20%的人表示不符合，31.20%的人表示差不多，15.20%的人表示比较符合，8.90%的人表示非常符合，表示"完全不符合"和"不符合"的合计为44.70%，说明有接近半数的随迁子女表示自己在课后没有得到老师的学习辅导。

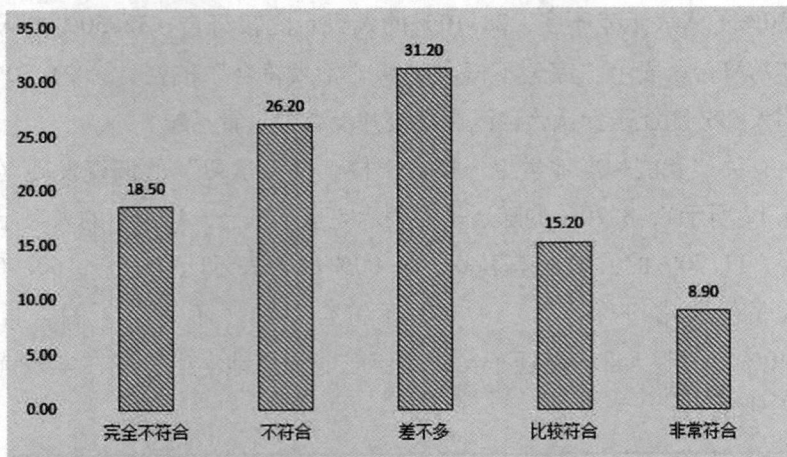

图 6.13 "老师在课后会辅导我学习"的调查结果（单位:%）

（3）提供情感支持

有关"老师常常鼓励我们这些外来学生"的调查发现（如图 6.14 所示），6.50%的随迁子女表示完全不符合，9.40%的人表示不符合，33.10%的人表示差不多，20.30%的人表示比较符合，30.80%的人表示非常符合，表示"完全不符合"和"不符合"的合计为 15.90%，说明有大部分随迁子女常常得到老师的鼓励。

有关"老师对我的关心情况"的调查发现（如图 6.15 所示），1.80%的随迁子女表示很不关心，3.80%的人表示不太关心，27.70%的人表示一般，32.60%的人表示比较关心，34.20%的人表示非常关心，表示"比较关心"和"非常关心"的合计为 66.80%，说明大部分随迁子女认为老师比较关心自己。

（4）很少联系家长

有关"老师经常进行家访"的调查发现（如图 6.16 所示），39.70%的随迁子女表示完全不符合，28.70%的人表示不符合，

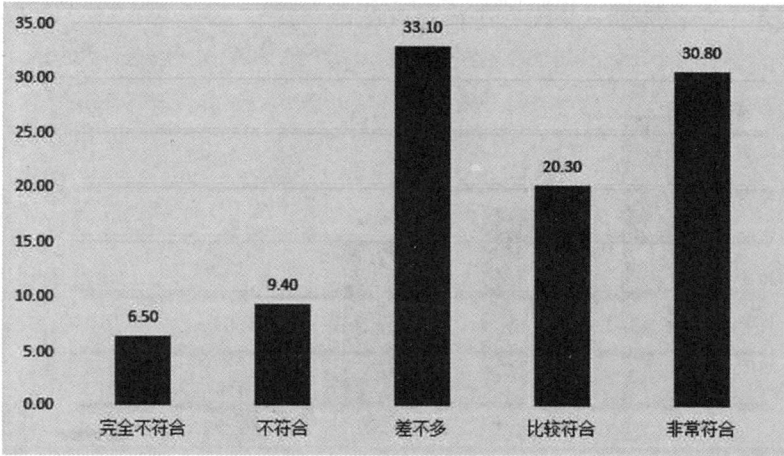

图 6.14　"老师常常鼓励我们这些外来学生"
的调查结果（单位:%）

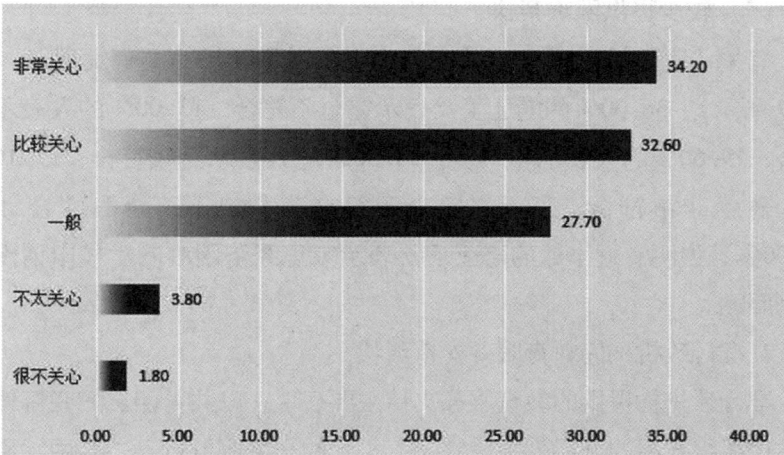

图 6.15　"老师对我的关心情况"的调查结果（单位:%）

24.60%的人表示差不多，4.70%的人表示比较符合，2.30%的人表示非常符合，表示"完全不符合"和"不符合"的合计为68.40%，说明大部分随迁子女认为老师没有经常进行家访。例如，在访谈时，一些家长表示，学校老师从来没有进行过家访。

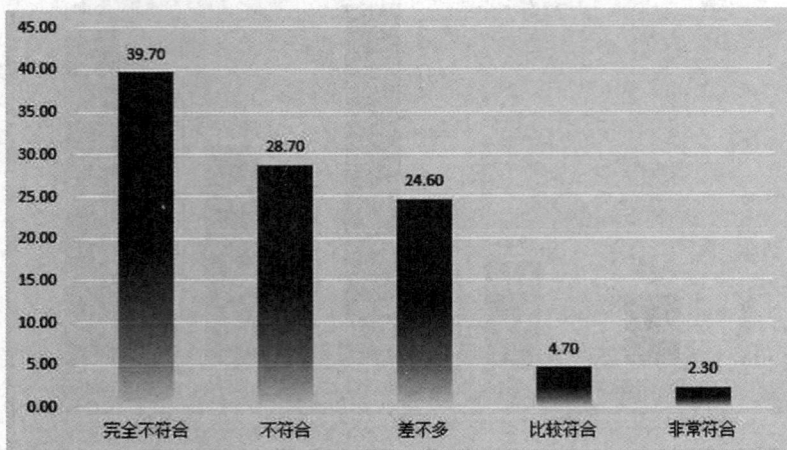

图 6.16 "老师经常进行家访"的调查结果（单位:%）

（5）较少提供困难帮扶

有关"家里经济困难向学校申请能得到照顾"的调查发现（如图6.17 所示），36.00% 的随迁子女表示完全不符合，13.00% 的人表示不符合，19.60% 的人表示差不多，14.30% 的人表示比较符合，17.10% 的人表示非常符合，表示"完全不符合"和"不符合"的合计为49.00%，说明有近半数的随迁子女表示家里经济困难向学校申请没有得到照顾。

2. 准行政机构的教育服务支持现状

准行政机构提供的教育服务支持主要表现在以共青团、妇联等部门为主体组织开展的一系列关爱农民工子女的志愿服务行动。其中，影响最广的要数2010 年4 月团中央下发的《关于开展"共青团关爱农民工子女志愿服务行动"的通知》①，要求各团组织、青年志愿者组织广泛

① 浙江共青团网:《关于开展"共青团关爱农民工子女志愿服务行动"的通知》，2012 年8 月22 日，见 http://www.zjgqt.org/Item/11958541.aspx。

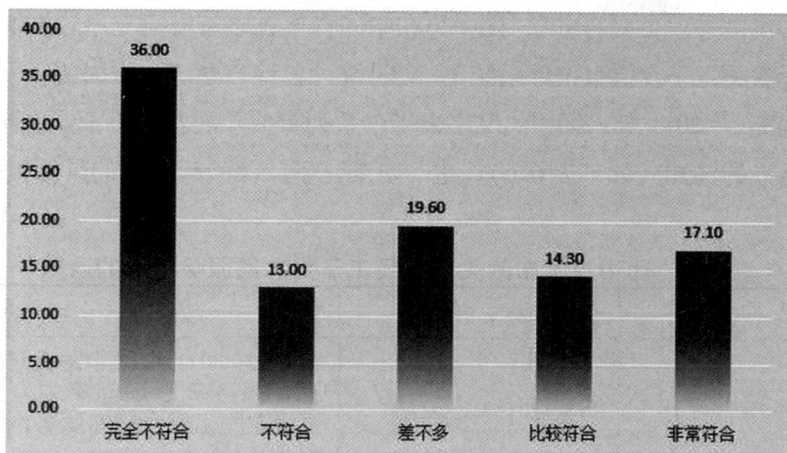

图6.17 "家里经济困难向学校申请能得到照顾"
的调查结果（单位:%）

动员社会各界青年志愿者，整合社会资源，针对农民工子女的实际需求，重点开展学业辅导、亲情陪伴、感受城市、自护教育、爱心捐赠等五项工作（见表6.5）。

表6.5 共青团关爱农民工子女志愿服务行动的工作内容

| 类别 | 具体内容 |
| --- | --- |
| 学业辅导 | 课余时间的学习和功课辅导；开展音体美等活动，等等。 |
| 亲情陪伴 | 与留守儿童交朋友；倾听他们的心声；帮助其与父母联系，等等。 |
| 感受城市 | 课余时间参观城市，了解和融入城市，等等。 |
| 自护教育 | 向其传播安全、健康、卫生等知识，助其养成健康生活习惯，等等。 |
| 爱心捐赠 | 开展学习、生活用品等物资与资金捐助，等等。 |

2010年"六一"儿童节期间，共有24个省级团委开展农民工子女志愿服务活动41项，286个地州市团委开展农民工子女志愿服务活动391项，1335个县市区团委开展农民工子女志愿服务活动1783项。为

进一步推进"关爱行动"，团中央在中国青年志愿者网建立了"共青团关爱农民工子女信息统计系统"，实时统计各地志愿者与农民工子女结对情况。① 2011 年，团中央又下发了一系列有关开展农民工子女志愿服务活动的通知（如下表 6.6），进一步细化了"关爱行动"的具体实施。

表 6.6　团中央发布的关爱农民工子女志愿服务活动的通知

| 时间 | 发文机构 | 政策文件 |
| --- | --- | --- |
| 2011 年 2 月 18 日 | 共青团中央办公厅 | 《关于在 2011 年"中国青年志愿者服务日"期间集中开展关爱农民工子女志愿服务活动的通知》② |
| 2011 年 4 月 27 日 | 团中央青年志愿者工作部 | 《团中央志工部 2011 年"五四"工作通知》③ |
| 2011 年 5 月 17 日 | 团中央青年志愿者工作部、中国青年志愿者协会秘书处 | 联合下发《关于在"六一"期间集中开展关爱农民工子女志愿服务活动的通知》④ |
| 2011 年 5 月 26 日 | 团中央青年志愿者工作部 | 《关于开展共青团关爱农民工子女志愿服务行动工作自查和典型案例征集的通知》⑤ |

---

① 中国文明网：《共青团关爱农民工子女志愿服务行动》，2011 年 3 月 4 日，见 http://www. wenming. cn/zyfw_ 298/ganmg/yw/201104/t20110413_ 148874. shtml。

② 中国青年志愿者网：《关于在 2011 年"中国青年志愿者服务日"期间集中开展关爱农民工子女志愿服务活动的通知》，2011 年 11 月 9 日，见 http://zgzyz. cyol. com/content/2011 –11/09/content_ 5154129. htm。

③ 中国青年志愿者网：《团中央志工部 2011 年"五四"工作通知》，2011 年 11 月 9 日，见 http://zgzyz. cyol. com/content/2011 –11/09/content_ 5154169. htm。

④ 中国青年志愿者网：《关于在"六一"期间集中开展关爱农民工子女志愿服务活动的通知》，2011 年 11 月 9 日，见 http://zgzyz. cyol. com/content/2011 –11/09/content_ 5154170. htm。

⑤ 中国青年志愿者网：《关于开展共青团关爱农民工子女志愿服务行动工作自查和典型案例征集的通知》，2011 年 11 月 9 日，见 http://zgzyz. cyol. com/content/2011 –11/09/content_ 5154171. htm。

续表

| 时间 | 发文机构 | 政策文件 |
|---|---|---|
| 2011 年 8 月 16 日 | 团中央青年志愿者工作部 | 《关于建设共青团关爱农民工子女志愿服务行动首批"七彩小屋"有关事项的通知》① |
| 2011 年 8 月 18 日 | 团中央青年志愿者工作部、中国青年志愿者协会秘书处 | 《关于共青团关爱农民工子女第二批"集善之家"及保险项目有关工作的通知》② |
| 2011 年 9 月 14 日 | 团中央青年志愿者工作部 | 《关于进一步抓好"共青团关爱农民工子女志愿服务行动"结对工作的通知》③ |

　　自团中央于 2010 年 5 月启动关爱农民工子女志愿行动以来，到 2012 年 12 月，全国已有 2800 多个县市区实施了"关爱行动"，有 4.6 万所农民工子女比较集中的学校与志愿者进行了结对，其中，包括 1140 万人农民工子女和 460 万青年志愿者，共建设近 3 万个"七彩小屋"等各类活动阵地。④

　　本次调查发现，为响应团中央的号召，共青团 A 市委员会也积极开展了"共青团关爱农民工子女志愿服务行动"（详见下表 6.7）。

---

① 中国青年志愿者网：《关于建设共青团关爱农民工子女志愿服务行动首批"七彩小屋"有关事项的通知》，2011 年 11 月 9 日，见 http://zgzyz.cyol.com/content/2011 - 11/09/content_ 5154189.htm。

② 中国青年志愿者网：《关于共青团关爱农民工子女第二批"集善之家"及保险项目有关工作的通知》，2011 年 11 月 9 日，见 http://zgzyz.cyol.com/content/2011 - 11/09/content_ 5154190.htm。

③ 中国青年志愿者网：《关于进一步抓好"共青团关爱农民工子女志愿服务行动"结对工作的通知》，2011 年 11 月 9 日，见 http://zgzyz.cyol.com/content/2011 - 11/09/content_ 5154191.htm。

④ 中国青年志愿者网：《关爱农民工子女成志愿服务新亮点》，2012 年 12 月 5 日，见 http://zgzyz.cyol.com/content/2012 - 12/05/content_ 7537937.htm。

**表 6.7　共青团 A 市委员会开展的随迁子女关爱行动**

| 年份 | 参与者 | 内容 |
|---|---|---|
| 2010 | 124 支志愿服务团队、1035 名志愿者骨干 | 结对帮扶全市 7.2 万名农民工子女。 |
| 2011 | 160 支志愿服务团队、3239 名志愿者骨干 | 结对帮扶全市 73441 名农民工子女，开展志愿服务活动 3745 场次。 |
| 2012 | 143 支志愿服务团队、20579 名志愿者骨干 | 结对帮扶全市 75609 名农民工子女，学校结对率为 100%，个人结对率为 100%。完成"希望来吧""共青团周末剧场""共青团圆梦课堂"等载体建设，累计开展"共青团周末剧场"64 次，服务外来务工人员及其子女 2.3 万人次。实施七彩课堂品牌项目，开展学业辅导、亲情陪伴、城市感知、爱心捐赠等活动 4225 场次。 |
| 2013 | 120 支志愿服务团队、206 名项目专员、19359 名志愿者骨干 | 与学校、个人 100% 结对，实现全覆盖。联合国家电网新建 6 家市级希望来吧。举办 2013A 市暑期"希望来吧"集中开课仪式，开展"希望来吧"暑期项目评展会。"六一"期间集中开展关爱行动，市（县）区两级共开展主题活动 19 项，覆盖 4082 名农民工子女，帮助 6678 名农民工子女实现微心愿。 |
| 2015 | 368 支志愿服务团队 | 对全市 222 个农民工子女集中的学校进行梳理和排摸。与学校、个人 100% 结对，实现全覆盖。新建市级"希望来吧"5 家。 |

（资料来源：整理自共青团 A 市委员会网站）

### 三、市场部门支持随迁子女教育的现状

市场部门为随迁子女教育提供的社会支持主要表现在教育机会支持、教育资金支持和教育服务支持三方面。

## （一）市场部门的教育机会支持现状

市场部门的教育机会支持主要表现为举办民办的打工子弟学校[①]。此外，还有一部分招收随迁子女的民办学校。由于一部分随迁子女不符合流入地政府规定的公办学校入学条件，结果就催生了一些专门招收低收入进城务工人员随迁子女的非正规学校，即通常所说的"打工子弟学校"。打工子弟学校的产生，反映出我国现行的义务教育体制在解决随迁子女教育问题上的乏力。[②] 从国家有关打工子弟学校的政策来看，其发展大致经历了自由发展时期、鼓励发展时期和规范管理时期三个阶段。

第一阶段，自由发展时期（1996 年以前）。这一时期，由于随迁子女规模较小，其教育问题并没有得到社会的广泛关注，中央政府也没有制定相应的政策法规，有关打工子弟学校的相关规定此时处于"政策真空期"。有调查表明，早在 1993 年，在北京等大城市的边缘地带以及进城务工人员比较集中的城乡结合部就出现了以"半间窝棚、一个教师、七八个学生"的"私塾"形式的打工子弟学校。[③] 最初，打工子弟学校的出现，绝大多数情况下是由于自己或亲友的子女在流入地无法接受教育，或者是由于承担不起进入流入地公办学校需要交纳的高昂借读费。[④] 例如，在北京打工的河南人马德纯，正是因为在了解到很多进城务工人员因为交不起 2000 元的赞助费而被迫让其子女辍学这一情况，才决定与其姐夫一起于 1998 年 9 月创办了"光明小学"。[⑤] 有学者在

---

① 与"打工子弟学校"类似的称谓还有"民工子弟学校""流动人口子女专门学校""农民工子女学校"等。本文对此不做严格区分，除引用时使用上述类似称谓外，主要使用"打工子弟学校"一词。——笔者注。

② 吕绍青、张守礼：《城乡差别下的流动儿童教育——关于北京打工子弟学校的调查》，《战略与管理》2001 年第 4 期。

③ 张军：《无奈的"私塾"》，《北京日报》2001 年 5 月 25 日。

④ 黄胜利：《农民工子弟义务教育谁来关注》，《中国经济时报》2005 年 12 月 14 日。

⑤ 黄建林：《走近打工子弟学校》，《法制日报》2001 年 6 月 15 日。

1999—2000 年间对北京的打工子弟学校进行了较大规模的寻访调查，结果共寻访到 114 所打工子弟学校，共有学生 10694 人。从创办时间来看，1993 年 1 所，1994 年 3 所，1995 年 10 所，1996 年 13 所，1997 年 24 所，1998 年 57 所。从学校规模来看，规模一般较小，但差异很大。如最小的学校只有 7 人，最大的有 1300 人，超过 200 人的学校只有 7 所。从地域分布来看，打工子弟学校主要位于进城务工人员集聚的城乡结合部。①

第二阶段，鼓励发展时期（1996—2002 年）。这一时期，随着相关政策法规的相继出台，打工子弟学校合法地位得到了国家的初步承认，其发展更加迅速。例如，1996 年颁发的《就学办法》第十一条有关可举办专门招收流动人口子女的学校的规定初步确立了民办打工子弟学校的合法地位。1998 年颁发的《暂行办法》第九条进一步明确规定社会力量可以举办专门招收流动人口子女的"简易学校"，同时规定可以酌情放宽"简易学校"的设立条件。随后，武汉等一些城市相继出台了相应的具体实施办法，而北京等地则尚未制定相应实施办法，对打工子弟学校应具备什么样的条件、符合什么标准等问题未做明确规定。② 例如，北京大多数区县教育行政机关对打工子弟学校采取既不支持也不反对的态度，不批准办学申请，也很少干预。③ 正是因为中央政府的政策许可和地方政府的默许，这一时期，打工子弟学校发展迅速。例如，上文中提到的北京市 114 所打工子弟学校中，1997 年的举办学校数是 1996 年的 1.8 倍，1998 年是 1997 年的 2.4 倍，超过半数（57%）的学校是 1998 年成立的。据不完全统计，2000 年，北京市至少有 300 所打

① 吕绍清：《留守还是流动?："民工潮"中的儿童研究》，中国农业出版社 2007 年版，第 224 – 226 页。
② 周泽：《执法不能"睁只眼闭只眼"》，《法制日报》2000 年 8 月 19 日。
③ 王德先：《打工子弟学校现状堪忧——透视流动人口子女教育问题系列报道之二》，《华夏时报》2001 年 11 月 22 日。

工子弟学校。① 另外，据北京市教育科学研究院 2000 年 5 月的调查数据显示，北京有近 20 万流动人口子女，其小学阶段入学率为 90%，其中又有 90% 就读于打工子弟学校。② 截至 2001 年 10 月，北京市共有约 15 万流动儿童，其中有近 5 万流动儿童在打工子弟学校就读。③ 可见，打工子弟学校解决了北京市近三分之一流动儿童的教育问题。

第三阶段，规范管理时期（2003 年至今）。这一时期，中央出台了一系列相关政策，要求加强对打工子弟学校的扶持和管理。随后，地方政府相继调整了打工子弟学校的管理规定，在审批一部分打工子弟学校的同时，也关停了一部分办学条件较差的学校，打工子弟学校数量整体上不断减少。例如，2003 年颁发的《意见》第八条在规范打工子弟学校办学行为方面作出了重要的规定，具体包括：一是要把打工子弟学校纳入民办教育管理，明确审批办法与办学标准；二是要分批管理，审批符合条件的学校，关停不符合条件的学校；三是加强对打工子弟学校的监督与指导。④ 这一时期，地方政府加强了对打工子弟学校的规范管理，在审批少量打工子弟学校的同时，关闭了大量的打工子弟学校。例如，2003 年，北京市丰台区取缔了辖区内 51 所打工子弟学校。⑤ 2004 年秋季，上海市打工子弟学校共有 357 所，比上年减少 55 所。⑥ 从下表 6.8 可知，2006—2013 年间，北京市打工子弟学校总数不断减少。

---

① 黄建林：《走近打工子弟学校》，《法制日报》2001 年 6 月 15 日。
② 谢磊：《"打工子弟"就学难》，《中华工商时报》2002 年 1 月 9 日。
③ 辛华：《北京去掉借读高门槛的背后》，《中国教育报》2002 年 9 月 2 日。
④ 中国教育部网站：《国务院办公厅转发教育部等部门关于进一步做好进城务工就业农民子女义务教育工作意见的通知》，2003 年 9 月 13 日，见 http://www. moe. edu. cn/publicfiles/business/htmlfiles/moe/moe_ 40/200309/147. html。
⑤ 郝卫江：《流动儿童究竟该在哪上学》，《中国妇女报》2004 年 11 月 10 日。
⑥ 李阳：《流动人口公共产品提供的公共政策研究：以流动儿童义务教育为例》，北京理工大学出版社 2015 年版，第 133 页。

**表 6.8　北京市随迁子女就学情况**

| 年份 | 随迁子女数（万人） | | | 打工子弟学校数（所） | | |
| | 总数 | 公办学校 | 民办学校 a | 总数 | 获得许可 | 未经许可 |
| --- | --- | --- | --- | --- | --- | --- |
| 2006 | 37.5 | 23(62%) | 13 | 300 | 58 | 239 |
| 2007 | 40 | 25(63%) | 14.6 | 268 | 63 | 205 |
| 2008 | 40 | 26.4(66%) | 13.6 | 228 | 63 | 165 |
| 2009 | 41.8 | 28(67%) | | | | |
| 2011 | 43.37 | 30.4(70%) | 13 | 176 | 62 | 114 |
| 2012 | 47.8 | — | | 158 | 59 | 99 |
| 2013 | 52.9 | 40.07(75.8%) | 12.8 | 130 | 67 | 63 |

（a 民办学校包括民办中小学和未经审批的打工子弟学校。资料来源：李阳：《流动人口公共产品提供的公共政策研究：以流动儿童义务教育为例》，北京理工大学出版社 2015 年版，第 146 页；王思海：《北京回应打工子弟学校拆除问题》，《新华每日电讯》2010 年 3 月 4 日。）

在本次调查发现，与 2004 年的相关政策相比，A 市 2012 年的相关政策明显加强了对打工子弟学校的扶持与管理，尤其是加大了对未经审批的打工子弟学校的整治力度。例如，A 市打工子弟学校数量从 2005 年的 20 所减至 2012 年的 13 所。截至 2012 年底，全市共有 9 所民办打工子弟学校，共接收随迁子女 12310 人，占全市随迁子女在校生的 7.16%。同样，B 市 2008 年出台的相关政策也加强了对打工子弟学校的扶持与管理。一方面，要求区县相关职能部门加强对打工子弟学校的监督与管理，审批达到标准的学校，取缔不符合标准的学校。另一方面，要求相关职能部门加强对打工子弟学校的扶持力度，在师资队伍建设、经费投入、办学条件、教学管理等方面为其提供帮助。例如，B 市教育局郑处长指出，"全市最低小产的民办学校就是外来务工人员子女的学校"，"比较好的大约只有 50 所"；对于比较差的打工子弟学，采

取"先安置学生，然后再予以取缔"的做法；对于比较好的打工子弟
学校，一方面，市财政每年拿出一定的资金资助30所学校，另一方面，
让名校与这些学校结对。

表6.9 B市随迁子女就读的民办学校与打工子弟学校（单位：所）

|  | 民办学校 | 打工子弟学校 |
|---|---|---|
| 2002 | — | 6 |
| 2003 | 41 | 9 |
| 2004 | 58 | 13 |
| 2005 | 59 | 37 |
| 2006 | 59 | 37 |
| 2008 | 72 | 150 |
| 2009 | 72 | 150 |

（资料来源：整理自B市相关媒体的报道。）

## （二）市场部门的教育资金支持现状

除了入学手续简单之外，打工子弟学校吸引随迁子女的另一重要原
因就在于其教育收费低于公办学校，且收费方式灵活。例如，有学者
1999—2000年对北京市114所打工子弟学校的调查发现，虽然，这些学
校主要靠收取学生费用维持生存，但是，其收费普遍较低，远低于公立
学校收费标准。例如，在这114所学校中，43.9%的学校每学期学费低
于300元，28.9%的学校的每学期学费为300—399元，只有6所学校
（5.3%）的学费在600元及以上，平均学费为323.4元。然而，在公办
学校，除了每学期100元的学费之外，还需要交纳300元的借读费、
1000到几万元不等的赞助费。打工子弟学校收费方式比较灵活主要表
现在它是按学期收费，或按月收费，且允许拖欠学费。而且，有的打工
子弟学校还对有2个以上孩子上学的家庭给予优惠，并对一些困难家庭

减免部分学费。而公办学校则往往要求几年的学费一次交清。① 例如，北京市的相关政策规定，从 2004 年秋季学期开始，北京市公办中小学禁止向农民工子女收取借读费。但是，仍然有不少农民工子女选择就读质量相对较差的打工子弟学校。其中的一个原因即是，在公办学校就读需交纳的费用总额远远高于上打工子弟学校的费用总额。②

在 A 市调查发现（见下表 6.10），在公办学校就读的随迁子女每学期需要交纳的费用因户籍地和年级不同而有所差别。整体而言，小学阶段随迁子女每人每学期的教育费用为 700—800 元左右，初中阶段随迁子女每人每学期的教育费用为 1200 元左右。

**表 6.10　A 市区公办中小学收费标准（单位：元/生·学期）**

|  | 小学 | | 初中 | |
|---|---|---|---|---|
|  | 省内 | 省外 | 省内 | 省外 |
| 最低 | 700 | 760 | 1168 | 1218 |
| 最高 | 764 | 824 | 1188 | 1238 |

（根据 A 市相关政策文件计算而得。小学阶段一、二年级费用最低，五、六年级费用最高；初中阶段初一年级费用最高，初三年级费用最低。）

对于大部分低收入进城务工人员家庭而言，这笔教育费用支出无疑是一笔巨大的开支。更何况，不少进城务工人员家庭中有不止一个子女在接受教育。结果，限于经济压力，一部分进城务工人员最终还是选择收费不高的打工子弟学校。例如，该市一位校长也表达了类似的看法："以前 X 区有民工子弟学校和希望学校，这些学校家长会觉得收费比较

① 吕绍清：《留守还是流动?："民工潮"中的儿童研究》，中国农业出版社 2007年版，第 227－228 页。
② 何春雷、姚敏、郭兆锋：《北京 30 余所打工子弟学校被叫停》，《中国消费者报》2006 年 8 月 11 日。

低，而送孩子去那里读书。现在这些学校都取缔了，为此一些家长闹事，希望这些学校继续下去，因为他们收费低。"

（三）市场部门的教育服务支持现状

市场部门提供的教育服务支持主要表现在举办各种学习辅导班或兴趣班。例如，本次调查发现，51.3%的随迁子女参加过校外辅导班。卡方检验显示，公办学校与打工子弟学校存在显著差异（X2 = 27.04，p < 0.001）。从分布上看（如图6.18），数学（26%）、英语（23%）、语文（11%）是随迁子女参加校外辅导的主要选择（合计占60%），此外，还包括音乐（10%）、绘画（6%）、舞蹈（5%）及书法（4%），等等。说明，大部分随迁子女参加校外辅导主要是为了提高数学、英语、语文等主要科目的学习能力。

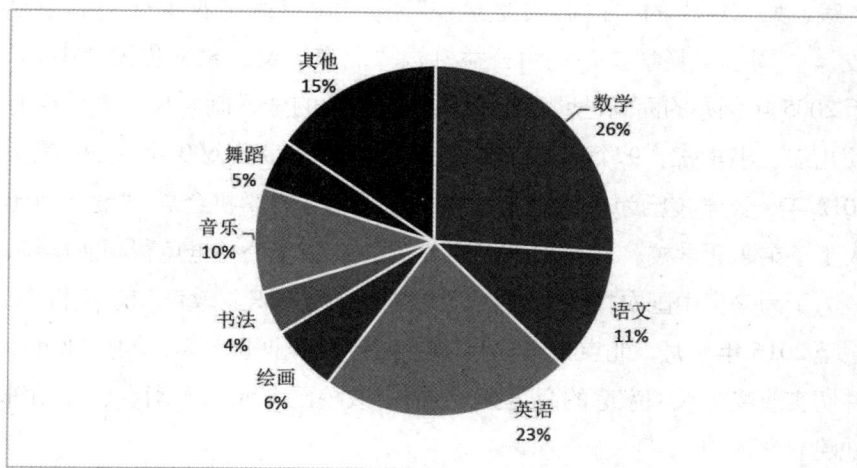

图6.18　随迁子女参与校外辅导班的分布情况

从访谈结果来看，随迁子女家庭没有参与校外辅导的原因主要有，一种情况是孩子成绩本来就很好，不想增加额外的压力。例如，一位家长说："小孩成绩一直比较好，所以，也没请家教，也没报辅导班，不想给她太多的压力"。另一种情况是，孩子的成绩太差，认为没有补习的必要。例如，一位家长认为，一方面，数学、物理及化学等课程短时间内补习很难有效果；另一方面，自己的孩子基础太差，就算补习也成效不大。

**四、志愿部门支持随迁子女教育的现状**

志愿部门为随迁子女教育提供的社会支持主要是教育服务支持、教育资金以及教育物品支持，而很少涉及教育机会支持。

**（一）志愿部门的教育机会支持现状**

在本次调查的样本地区，尚未发现有志愿组织举办公益性质的学校为随迁子女提供受教育机会。然而，从网络媒体的报道可知，志愿组织通过举办学校为随迁子女提供教育机会支持的现象在其他城市已有一些实践，如北京市的"同心实验学校"和"北京百年农工子弟职业学校"。"同心实验学校"是由公益机构"北京工友之家文化发展中心"于 2005 年创办的面向进城务工人员随迁子女的全日制学校。学校现有幼儿部、小学部，9 个年级，16 个教学班，师生共 600 余人。[1] 截至 2012 年，该学校已为 6300 多名打工子弟提供了就学机会。[2] "北京百年农工子弟职业学校"成立于 2005 年，是国内首家公益全免费职业学校，致力于为来自中国农村的贫困年轻人提供优质的职业教育和就业机会。截至 2016 年 9 月，北京百年职校毕业生合格毕业 865 名，均全部就业并切实改变个人和家庭的命运。[3] 目前，该校已在北京、南京、郑州等地建立学校。[4]

**（二）志愿部门的教育资金支持现状**

1. 资助随迁子女学生

---

① 同心实验学校官网：《学校介绍》，2011 年 4 月 10 日；见 http://tongxinedu. org/Item/Show. asp?m = 1&d = 6。

② 王羚：《打工子弟学校彷徨》，《第一财经日报》2012 年 8 月 6 日。

③ 百年职校官网：《学校介绍》，见 http://www. bnvs. cn/School/BeiJing/。

④ 百年职校官网：《学校简介》，见 http://www. bnvs. cn/about/School/。

　　志愿部门为随迁子女提供的教育资金支持主要有捐款、设立助学金等形式。例如，嘉里粮油（中国）有限公司2004年捐赠5000万元资助5万名家境困难的农民工子女上学。[①] 虽然，志愿部门通过捐款、设立助学金等多种方式为随迁子女提供了教育资金支持，但整体来看，其覆盖面还是很小，受益对象有限。例如，2012年，B市慈善总会新居民基金专门设立困难新居民子女助学金，将筹集的8万元仅用于资助100名新居民子女。

　　本次有关"得到了他人捐款"的调查发现（如图6.19所示），91.60%的随迁子女表示完全不符合，6.00%的人表示不符合，2.00%的人表示差不多，0.40%的人表示比较符合，0.0%的人表示非常符合，表示"不符合"和"完全不符合"的合计为97.60%，说明绝大部分随迁子女在流入地没有得到社会的捐款。

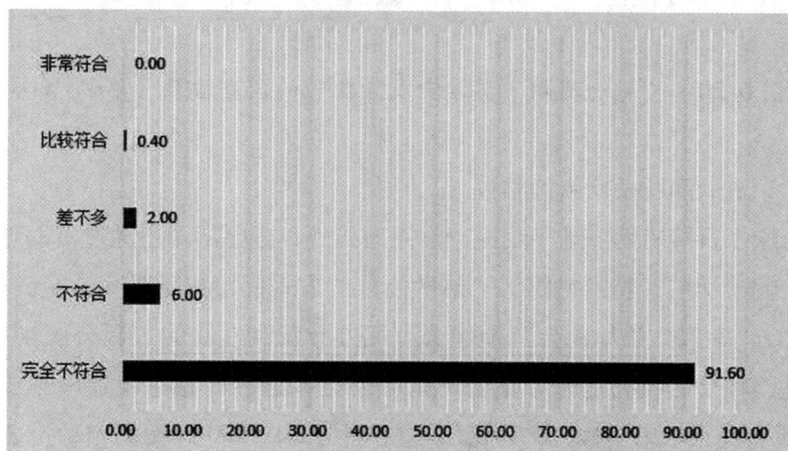

图6.19　"得到了他人捐款"的调查结果（单位:%）

　　同样，有关"社会提供了奖学金或贷款"的调查（如图6.20所示）也发现，绝大部分随迁子女在没有得到社会提供的奖学金或贷款。

---

[①]　戚海燕：《5000万元资助农民工子女上学》，《北京日报》2004年1月14日。

例如，83.00%的随迁子女表示完全不符合，7.70%的人表示不符合，3.40%的人表示差不多，4.70%的人表示比较符合，1.00%的人表示非常符合，表示"不符合"和"完全不符合"的合计为90.70%。

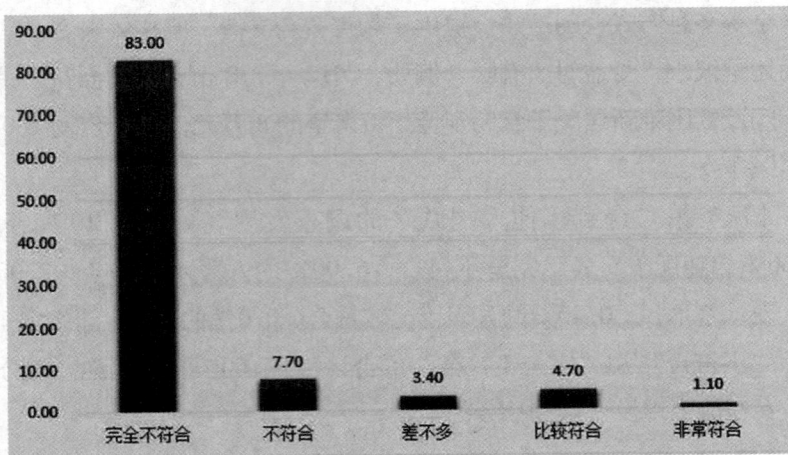

图6.20　"社会提供了奖学金或贷款"的调查结果（单位:%）

2. 资助随迁子女就读学校

除了直接资助随迁子女这一常用方式外，志愿部门还通过资助随迁子女就读学校（特别是打工子弟学校）的方式间接提供教育资金支持。例如，"南都公益基金会"捐建公有民办非营利性质的"新公民学校"即是比较有影响力的一个案例。南都公益基金会计划每年建设不少于10所农民工子弟学校，并为每所学校提供150—200万元的启动资金。[1] 2007年8月，南都公益基金会资助的第一所"新公民学校"诞生。目前，北京已有5所"新公民学校"。[2] 2009年，"南都公益基金会"捐

---

[1]　张帆:《新公民学校：农民工子女教育新路径》，《中国经济时报》2007年9月5日。

[2]　李阳:《流动人口公共产品提供的公共政策研究：以流动儿童义务教育为例》，北京理工大学出版社2015年版，第100页。

赠 200 万元在 B 市开始建立第一所"新公民学校"，第一年招收了 500 名随迁子女。

**（三）志愿部门的教育物品支持现状**

1. 给随迁子女捐赠学习或生活物品

志愿部门捐赠的学习物品主要有图书、书包、笔、文具盒、作业本以及校服等。例如，A 市的志愿者队伍"飞梦驿站"通过多方筹措等方式共募得"爱心图书"2000 余册，并将其全部捐献给本市 ZS 小学的随迁子女，同时帮助该学校建立了"红领巾读书驿站"。2013 年 1 月，某慈善基金会公益项目"爱心鞋柜"向 B 市 11 个县（市、区）的 50 所学校的随迁子女捐赠了 12000 双爱心童鞋。虽然，各地有不少类似的捐赠行为，但由于捐赠的数量有限，大部分随迁子女并未获得捐赠物品。例如，本次有关"得到了社会捐赠的学习用品或生活用品"的调查发现（如图 6.21 所示），76.80% 的随迁子女表示完全不符合，14.20% 的人表示不符合，6.20% 的人表示差不多，2.80% 的人表示比较符合，0.0% 的人表示非常符合，表示"不符合"和"完全不符合"的合计为 91.00%，说明绝大部分随迁子女没有得到社会捐赠的学习或生活物品。

2. 援建随迁子女就读学校办学条件

除了常见的直接捐赠学习或生活用品外，志愿部门提供教育物品支持的另一种方式，即时帮助建设随迁子女所在学校（尤其是打工子弟学校）的办学条件，包括捐赠电脑、多媒体设备、桌椅，等等。例如，"安利公益基金会"为打工子弟学校捐建图书馆即是比较突出的一例。2008 年，安利公益基金会与中国少年儿童基金会合作，为打工子弟学校捐建图书室。截至 2010 年，安利公益基金会已在 24 个重点城市援助 25 所打工子弟学校建设了图书室，受益儿童达 6.5 万人。[①] 2011 年 9 月，由 J 省某高校和 B 市 W 区团区委联合主办、W 区志愿者协会承办

---

① 蔡然：《首推农民工子女三大爱心扶助项目》，《北京商报》2011 年 6 月 15 日。

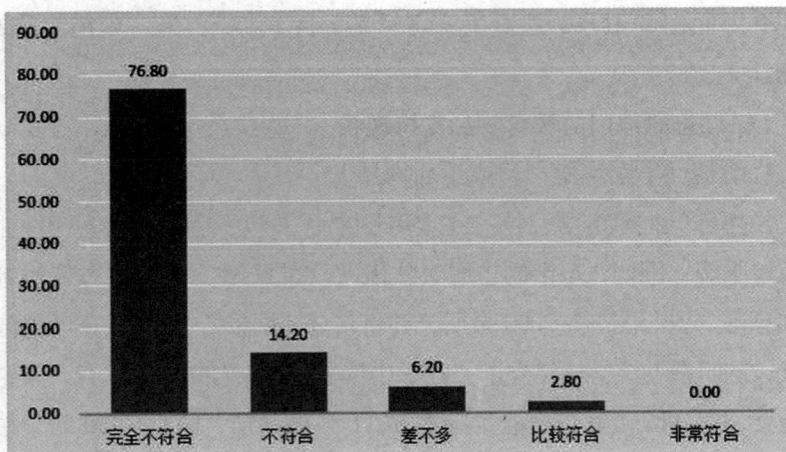

图 6.21 "得到了社会捐赠的学习用品或生活用品"
的调查结果（单位:%）

的"致远学堂"在 14 所民工子弟学校成立，该高校共向"致远学堂"
捐赠 60 台教学电脑。

**（四）志愿部门的教育服务支持现状**

志愿部门为随迁子女提供的教育服务支持主要有大学生义务支教、
慰问看望、培训学校教师等。

1. 大学生义务支教

大学生义务支教是志愿部门提供的最常见的一种教育服务支持。例
如，2002 年，志愿组织"农民之子"组织了 300 余名大学生志愿者为
14 所打工子弟学校提供义务支教。① 本次有关"大学生对我们进行过教
学或辅导"的调查发现（如图 6.22 所示），48.40% 的随迁子女表示完
全不符合，25.10% 的人表示不符合，20.70% 的人表示差不多，3.00%
的人表示比较符合，2.80% 的人表示非常符合，表示"不符合"和
"完全不符合"的合计为 73.50%，说明大部分随迁子女没有得到大学

① 徐恒杰：《都市面向乡村的微笑》，《农民日报》2003 年 9 月 11 日。

生等志愿者提供的教学或学习辅导。

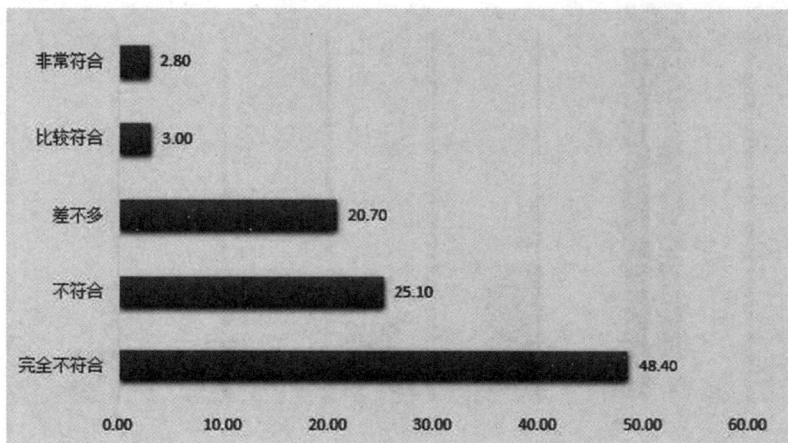

图 6.22　"大学生对我们进行过教学或辅导"
的调查结果（单位:%）

　　与大学生较少为随迁子女提供义务教学与辅导的调查结果一样，本次有关"有大学生哥哥或姐姐看望过我"的调查发现（如图 6.23 所示），大学生提供的情感支持也比较少。如 66.20% 的随迁子女表示完全不符合，19.00% 的人表示不符合，7.70% 的人表示差不多，4.30% 的人表示比较符合，2.80% 的人表示非常符合，表示"不符合"和"完全不符合"的合计为 85.20%。

　　2.支持打工子弟学校的教师发展

　　众多研究发现，打工子弟学校不仅基础设施不健全，而且，教师队伍质量也普遍不高。例如，据北京市丰台区教委对 10 余所非法打工子弟学校 335 名教师的调查显示，受过正规教师培训的只占 38.03%，教龄达到 5 年以上（评中级职称的资格）的只有 43.38%，高中毕业的仅占 11.83%。[1] 为此，一部分社会力量除了直接为随迁子女提供社会支

————————————

① 梁凤鸣：《为了 2.1 万外来务工人员子弟》，《北京日报》2003 年 9 月 6 日。

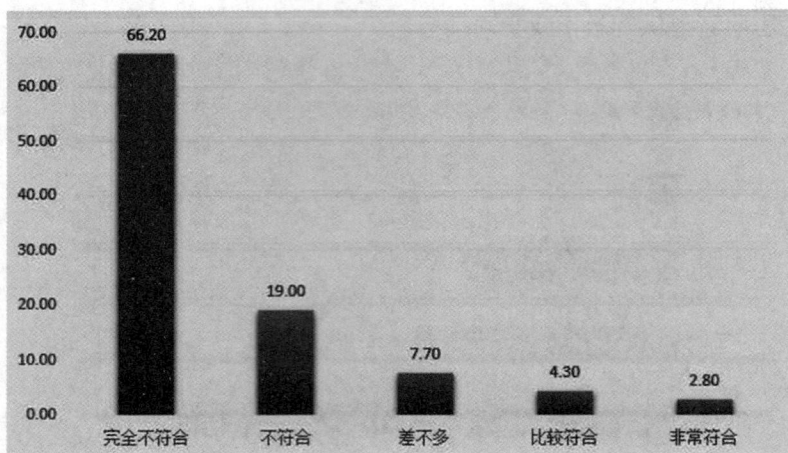

图 6.23  "有大学生哥哥或姐姐看望过我"的调查结果（单位:%）

持外，也将社会支持的对象"瞄准"了打工子弟学校的教师。例如，为给随迁子女教育提供更好的社会支持，"北京真爱教育服务机构"于 2007 年组织发起了"农民工子弟学校教师支持计划"，旨在通过帮助教师来支持随迁子女教育。[①]

### 五、非正式部门支持随迁子女教育的现状

非正式部门为随迁子女教育提供的社会支持主要表现在教育资金支持、教育服务支持以及教育物品支持三个方面。

#### （一）非正式部门的教育资金支持现状

1. 随迁子女家庭的教育资金支持

随迁子女家庭提供的教育资金支持主要表现为家庭的教育支出，包括校内教育支出和校外教育支出两部分。其中，校内教育支出主要有学杂费、借读费、校服费等，校外教育支出主要有辅导班费、家教费等。

①  张眉：《"农民工子弟学校教师支持计划"启动》，《人民政协报》2007 年 9 月 12 日。

例如，本次调查发现，2006—2010 年，A 市公办中小学校的收费项目包括杂费、课本费、借读费、作业本费、住宿费、社会实践活动费、校服费，等等。就每学期需要交纳的费用总额而言，小学阶段为 700—800 元左右，初中阶段为 1200 元左右。民政部政策研究中心主持的"中国城乡困难家庭社会政策支持系统建设"项目 2012 年的抽样数据显示，城市流动人口家庭接受义务教育的平均人数最多，其次为学前教育、高中教育和大学教育。在户均教育花费上，平均教育支出为 2400.94 元/年，大学阶段最多，为 9252.09 元/年，其次为高中教育（4832.21 元/年）、学前教育（3929.87 元/年）、校外辅导（2724.27 元/年），义务教育阶段最少，为 1847.92 元/年。[①]

2. 社会网络的教育资金支持

众多研究发现，虽然大部分进城务工人员的收入比较低，但是他们却较少寻求社会网络的经济支持。例如，"中国城乡困难家庭社会政策支持系统建设"项目 2012 年的抽样数据显示，城市流动人口家庭教育费用的来源中，家里积蓄占比最大（87.3%），其次为借钱，而且，借债的主要原因有住房（28.5%）、医疗（21.06%）、教育（19.12%）及经营需要（18.23%）。[②] 本次有关"没钱的时候向亲戚借钱上学"的调查发现（如图 6.24 所示），74.50% 的随迁子女表示完全不符合，18.20% 的人表示不符合，6.10% 的人表示差不多，0.40% 的人表示比较符合，0.70% 的人表示非常符合，表示"不符合"和"完全不符合"的合计为 92.70%，说明只有很少一部分随迁子女家庭在子女接受义务教育的问题上寻求亲友的经济支持。

差异分析显示，打工子弟学校随迁子女的平均得分显著高于公办学

---

① 民政部政策研究中心：《中国城乡困难家庭社会政策支持系统建设蓝皮书（2013）》，中国社会出版社 2014 年版，第 185 - 198 页。

② 民政部政策研究中心：《中国城乡困难家庭社会政策支持系统建设蓝皮书（2013）》，中国社会出版社 2014 年版，第 187 - 198 页。

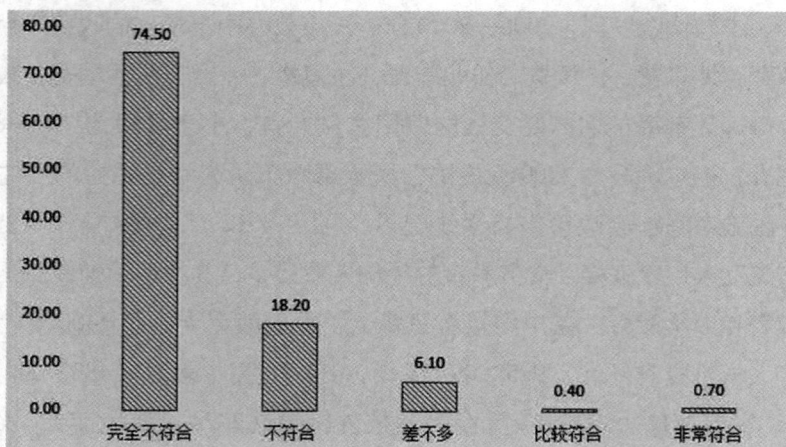

图 6.24  "没钱的时候向亲戚借钱上学"的调查结果（单位:%）

校中随迁子女（M = 1.53）M = 1.24，p < 0.01），说明，相对而言，打工子弟学校中的随迁子女家庭更多的寻求亲友的经济援助。原因可能在于，因很多随迁子女家庭更倾向于"选择"收费较低的打工子弟学校，所以，公办学校中随迁子女的家庭经济状况普遍优于打工子弟学校中的随迁子女家庭经济状况。

**（二）非正式部门的教育服务支持现状**

**1.随迁子女家庭的教育服务支持**

**（1）辅导子女的学业**

以往很多研究发现，随迁子女在学习上很少得到父母的辅导，主要原因在于其父母的教育程度较低、工作时间长，等等。本次的调查发现（如图 6.25 所示）也基本证实了这一点。在"父母会教我做作业"的调查中，27.20% 的随迁子女表示完全不符合，32.20% 的人表示不符合，19.60% 的人表示差不多，12.40% 的人表示比较符合，8.70% 的人表示非常符合，表示"不符合"和"完全不符合"的合计为 59.40%，说明有超过半数的随迁子女在学习上没有得到父母的帮助。例如，在问

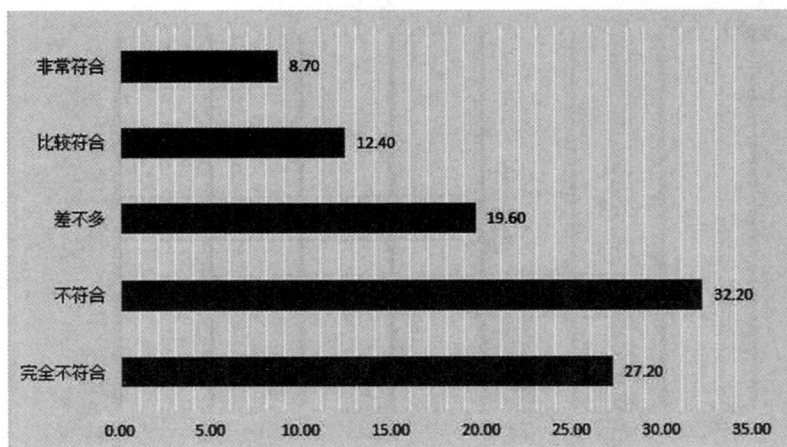

图 6.25　"父母会教我做作业"的调查结果（单位：%）

及子女是否会向父母询问学习问题时，B 市一位随迁子女家长表示："有是有，但我们也不懂。就让他自己想想，或者去学校问问老师。像我们都不懂，只能找人问一下，或者在电脑上搜一下。"A 市一位随迁子女家长表示："她现在的课本我们都不懂，我们只能教教她做人的道理，他的试卷什么的，我们现在都看不懂。"

（2）鼓励子女努力学习

由于各种原因，随迁子女父母虽然很少辅导子女的学业，但是，他们却非常重视子女的教育，给予了子女很高的教育期望。例如，本次有关"父母给我学习鼓励"的调查发现（如图 6.26 所示），10.50% 的随迁子女表示完全不符合，17.80% 的人表示不符合，19.30% 的人表示差不多，26.40% 的人表示比较符合，26.00% 的人表示非常符合，表示"不符合"和"完全不符合"的合计为 28.30%，说明大部分随迁子女在学习上得到了父母的鼓励。

（3）给予子女比较高的教育期望

本次有关"父母希望你读到什么程度"的调查发现（如图 6.27 所

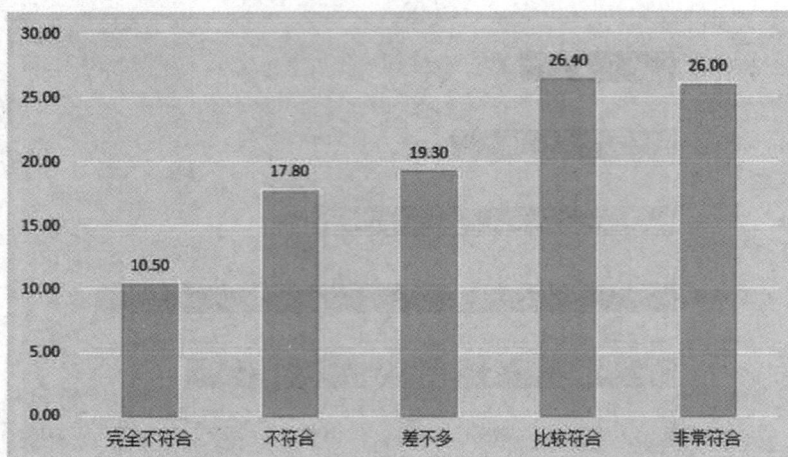

图 6.26 "父母给我学习鼓励"的调查结果（单位:%）

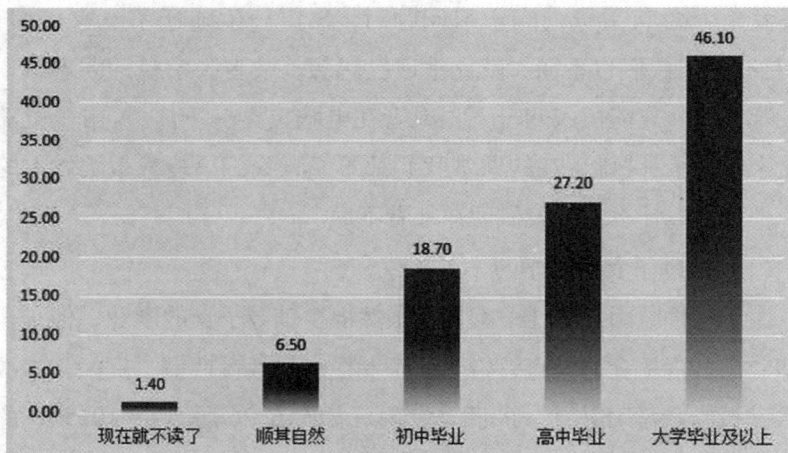

图 6.27 "父母希望你读到什么程度"的调查结果（单位:%）

示），1.40%的随迁子女表示"现在就不读了"，6.50%的人表示顺其自然，18.70%的人表示初中毕业，27.20%的人表示高中毕业，46.10%的人表示大学毕业及以上，可见，大部分随迁子女父母希望其子女获得较高的学历。

（4）参与子女所在学校的家长会

众多研究发现，由于工作、自身意识等原因，随迁子女父母很少参与其子女的学校活动。例如，本次有关"父母来学校参加家长会的次数如何"的调查发现（如图6.28所示），21.70%的随迁子女表示非常少，11.70%的人表示比较少，30.60%的人表示一般，12.40%的人表示比较多，23.50%的人表示非常多，表示"非常多"和"比较多"的合计为35.90%，说明大部分随迁子女的父母很少参与其子女的家长会。例如，在问及是否经常参加家长会时，B市一位随迁子女家长表示："参加过一次。去年跟今年有收到过通知，但是我没去，因为还要带小孩。"

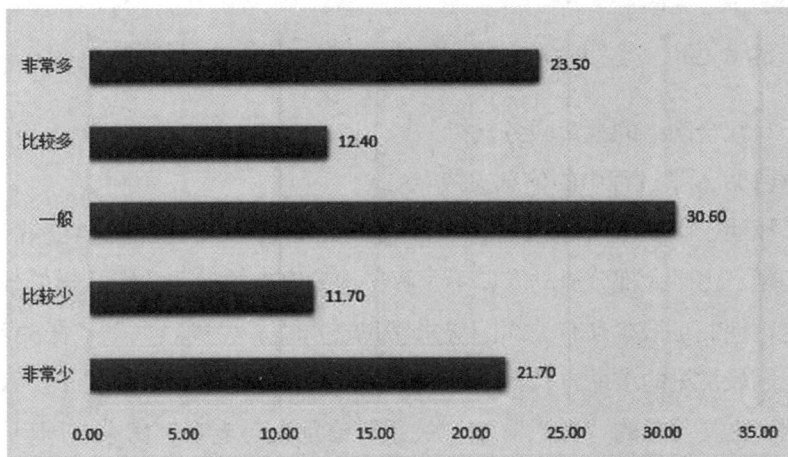

图6.28　"父母来学校参加家长会的次数"的调查结果（单位:%）

（5）主动联系教师

同样，有关"父母和老师联系的次数如何"的调查也发现（如图6.29所示），大部分随迁子女的父母很少联系子女的老师。例如，24.90%的随迁子女表示父母与老师联系的非常少，22.60%的人表示比较少，35.20%的人表示一般，11.00%的人表示比较多，6.40%的人表示非常多，表示"非常多"和"比较多"的合计只有17.40%，说明大部分随迁子女的父母较少与其子女的老师进行交流。

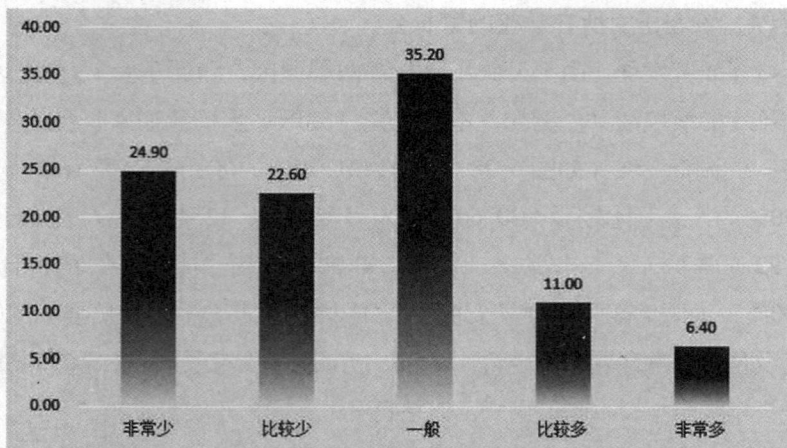

图 6.29 "父母和老师联系的次数"的调查结果（单位：%）

2. 社会网络的教育服务支持

（1）入学过程中的信息支持

随迁子女在流入地入学，一开始就面临着"能去哪所学校就读"的问题。由于大部分流动人口不了解当地政府有关随迁子女入学的政策规定，他们也很少向有关部门寻求帮助，所以，"找熟人""托关系"是他们最常见的求助方式。从访谈结果来看，随迁子女家庭在子女入学问题上主要寻求的"熟人"或"关系"有朋友、老乡、房东、同事等，这些直接"关系"或间接"关系"（如"朋友的朋友"）为随迁子女入学提供了非常重要的信息支持。例如，一位在 B 市公办学校就读的随迁子女在谈到入学问题时指出："是靠关系进去的……感觉这关系有点复杂，我爸的朋友的亲戚在那个学校当什么主任来着。"一位子女在 A 市就读公办学校的随迁子女家长表示，其子女的上学问题是通过自己一个认识教育局的人的朋友的介绍才解决的。

（2）社会融入中的交往支持

有关"我家邻居对我很友好"的调查也发现（如图 6.30 所示），5.60% 的随迁子女表示完全不符合，6.60% 的人表示不太符合，

26.10%的人表示一般，23.60%的人表示比较符合，38.00%的人表示
非常符合，表示"完全不符合"和"不太符合"的合计为12.20%，说
明大部分随迁子女认为其邻居对自己很友好。

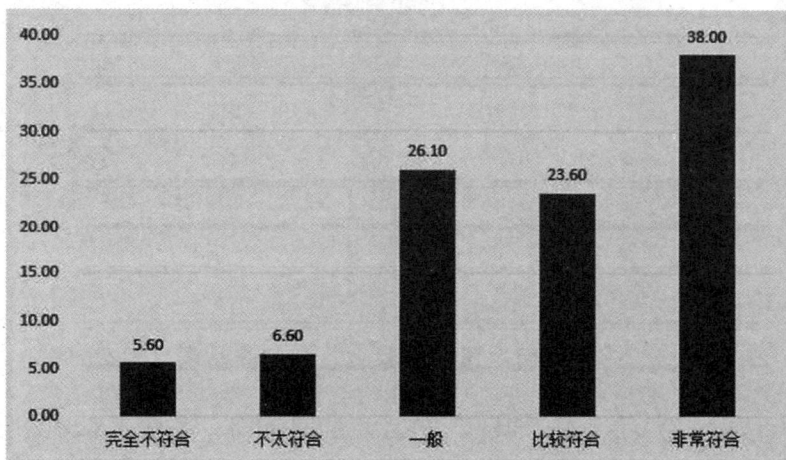

图 6.30　"我家邻居对我很友好"的调查结果（单位:%）

3. 同伴的教育服务支持

（1）**同伴的学习支持**

有关"不懂的问题同学会教我"的调查也发现（如图6.31所示），
9.10%的随迁子女表示从不，18.30%的人表示很少，27.00%的人表示
一般，27.00%的人表示比较多，18.30%的人表示非常多，表示"从
不"和"很少"的合计为27.40%，说明大部分随迁子女遇到学习问题
时得到过同学的帮助。

（2）**同伴的情感支持**

有关"心情不好时我会与学校中好朋友聊天"的调查也发现（如
图6.32所示），11.90%的随迁子女表示从不，11.70%的人表示很少，
20.40%的人表示一般，23.40%的人表示比较多，32.50%的人表示非

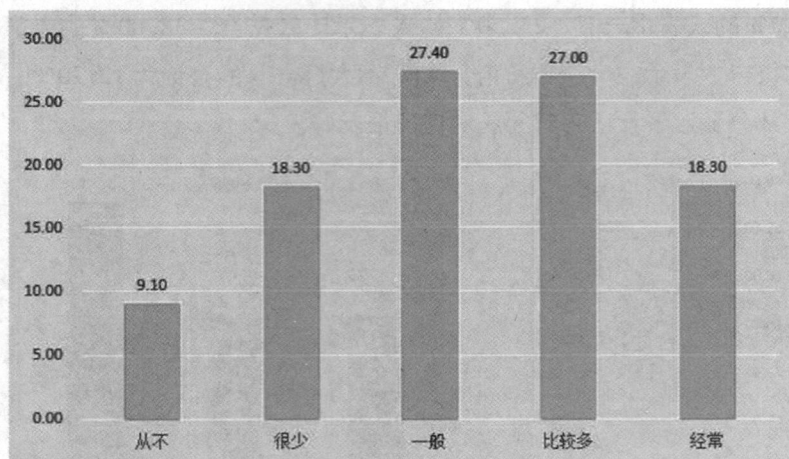

图 6.31 "不懂的问题同学会教我"的调查结果（单位:%）

常多，表示"从不"和"很少"的合计为 23.60%，说明大部分随迁子女心情不好时会寻求学校中好朋友的帮助。

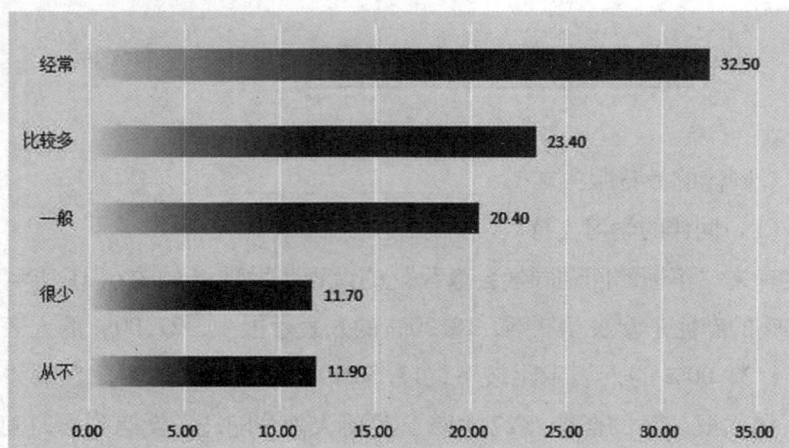

图 6.32 "心情不好时我会与学校中好朋友聊天"的调查结果（单位:%）

（3）本地同学的支持

有关"在学校比较要好的本地同学的人数"的调查也发现（如图

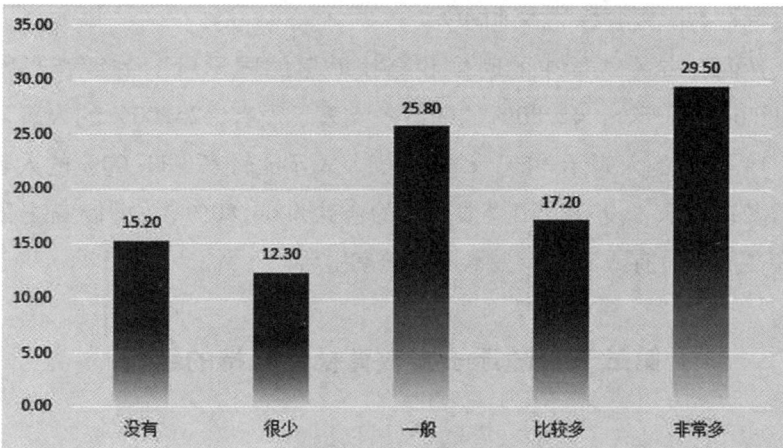

图 6.33　"在学校比较要好的本地同学的人数"的调查结果（单位:%）

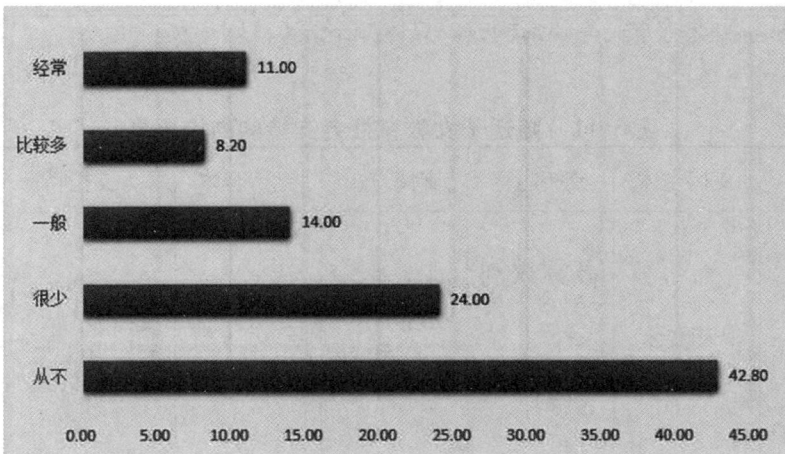

图 6.34　"周末的时候我会找城里的同学玩"的调查结果（单位:%）

6.33 所示），15.20% 的随迁子女表示没有，12.30% 的人表示很少，
25.80% 的人表示一般，17.20% 的人表示比较多，29.50% 的人表示非
常多，表示"没有"和"很少"的合计为 27.50%，说明大部分随迁子

女在学校有比较要好的本地同学。

　　然而，有关"周末的时候我会找城里的同学玩"的调查也发现（如图 6.34 所示），42.80% 的随迁子女表示没有，24.00% 的人表示很少，14.00% 的人表示一般，8.20% 的人表示比较多，11.00% 的人表示非常多，表示"没有"和"很少"的合计为 66.80%，说明大部分随迁子女在周末没有或者很少去本地同学家里玩。

## 第三节　随迁子女教育社会支持的结构

### 一、随迁子女教育社会支持的结构框架

#### （一）随迁子女教育社会支持的结构要素

　　随迁子女教育社会支持的结构要素主要由支持主体、支持客体、支持内容和支持方式等要素构成。具体如下表 6.11 所示。

表 6.11　随迁子女教育社会支持的结构要素

| | 支持主体 | 支持内容 | 支持方式 | 支持客体 | 支持特征 |
|---|---|---|---|---|---|
| 政府部门支持 | 中央政府 | 教育权利与机会支持 教育资金支持 | 制定政策法规 财政转移支付 | 所有随迁子女（普遍性） | 【权威型支持】 支持能力大 支持责任大 支持意愿强烈 |
| | 省/市政府 | 教育权利与机会支持 教育资金支持 | 制定政策法规 财政转移支付 | 辖区内满足条件的随迁子女（有条件的普遍性） | 【权威型支持】 支持能力较大 支持责任较大 支持意愿不强烈 |

续表

| | 支持主体 | 支持内容 | 支持方式 | 支持客体 | 支持特征 |
|---|---|---|---|---|---|
| 政府部门支持 | 县/区政府 | 教育权利与机会支持 教育资金支持 教育物品支持 教育服务支持 | 制定实施细则 教育财政支出 困难补助 开放公办学校 | 辖区内满足条件的所有随迁子女（有条件的普遍性） | 【权威型支持】 支持能力较大 支持责任大 支持意愿不高 |
| | 妇联、共青团等准行政机构 | 教育物品支持 教育资金支持 教育服务支持 | 组织志愿活动 捐款/赠 提供教育服务 | 部分随迁子女（选择性） | 【辅助型支持】 支持能力较大 支持责任一般 支持意愿较高 |
| 市场部门支持 | 营利性组织及个人 | 教育机会支持 教育资金支持 | 举办民办学校 降低教育收费 | 有支付能力的所有随迁子女（普遍性） | 【商业型支持】 支持能力一般 支持责任小 支持意愿高 |
| | | 教育物品支持 教育资金支持 | 志愿捐款/赠 设立助学金 | 部分随迁子女（选择性） | 【志愿型支持】 支持能力一般 支持责任小 支持意愿较高 |
| 志愿部门支持 | 正式社会组织 草根社会组织 公民个人 | 教育机会支持 教育物品支持 教育资金支持 教育服务支持 | 举办公益学校 捐款/赠 提供教育服务 | 部分随迁子女（选择性） | 【志愿型支持】 支持能力一般 支持责任较小 支持意愿较高 |

续表

| | 支持主体 | 支持内容 | 支持方式 | 支持客体 | 支持特征 |
|---|---|---|---|---|---|
| 非正式部门支持 | 随迁子女家庭 | 教育物品支持<br>教育资金支持<br>教育服务支持 | 购买学习物品<br>支付教育费用<br>辅导学业<br>鼓励学习 | 自家的子女 | 【自助型支持】<br>支持能力较小<br>支持责任较大<br>支持意愿高 |
| | 亲友、邻里等社会网络 | 教育物品支持<br>教育资金支持<br>教育服务支持 | 赠送学习物品<br>帮助联系学校<br>经济援助<br>学业辅导 | 部分随迁子女 | 【自助型支持】<br>支持能力小<br>支持责任小<br>支持意愿一般 |

## （二）随迁子女教育社会支持系统的结构模式

由上述分析可知，目前，随迁子女教育社会支持已初步形成"政府部门主导、市场部门补充、志愿部门参与、非正式部门自助"的结构模式，具体如下图6.35所示。在该系统中，政府部门同市场部门、志愿部门、非正式部门按照各自的权（能力）、责（义务）、利（意愿）参与社会支持行动，并且形成了一定的关系模式。然而，随迁子女教育社会支持系统当前还处于形成初期，特别是在社会转型过程中，各社会支持主体自身的权、责、利以及它们之间的相互关系仍然处于逐渐明确和完善之中。因此，该系统中的各主体之间现在尚未形成良好的互动关系。

## 二、随迁子女教育社会支持的结构关系

### （一）政府部门支持随迁子女教育的运行特征

1. 政府部门支持的特点

政府部门的性质与职能，决定了其在随迁子女教育社会支持中的主

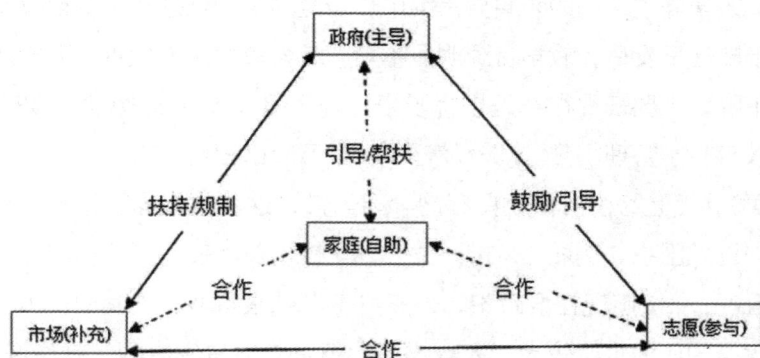

图 6.35　随迁子女教育社会支持系统的结构模式

导地位。在"以县为主"的义务教育管理体制下，流入地县（区）级政府中的教育行政部门、财政部门、公安部门等职能部门是现阶段直接参与随迁子女教育的政府机构，它们构成了随迁子女教育所依赖的正式组织。我国政府部门在随迁子女教育中的作用主要体现在四个方面：一是制定相关法律、法规和政策，保障随迁子女接受义务教育的权利与机会；二是通过财政拨款、转移支付、财政补贴、购买服务等方式，为随迁子女教育提供经费保障；三是运用行政或法律手段，监督、管理及规范随迁子女义务教育工作的实施情况；四是出台相关政策法规，鼓励与支持社会力量参与随迁子女教育，同时加强对他们工作的监督与管理。

2. 政府部门支持的困境

一是，地方政府教育供给能力难以满足随迁子女日益增长的多元教育需求。随着城镇化进程的不断加快，进城务工人员及其随迁子女总数不断增长，给流入地政府带来了很大的财政、师资和土地等压力，导致流入地政府教育服务供给不足，造成学校容量不足、师资短缺、教学设备设施短缺、生均教育资源降低等问题，教育资源供需矛盾突出。例如，A 市 2002 年接纳的义务教育阶段适龄随迁子女仅为 5 万，2012 年已超过 17 万，十年间增长 340%，结果导致该市义务教育资源供给与随迁子女入学需求之间的矛盾异常突出。与此同时，公办学校普遍反映接纳大批随迁子女后，教学资源明显不足，教育教学压力加重，办学水平有所下降，主要表现在一是校舍紧张，班额超标；二是教师缺额较多；三是教育教学管理困难。部分随迁子女学习基础相对而言比较差（尤其是英语），而且，没有养成良好的学习习惯，这些都增加了接收学校的教学与管理困难。例如，A 市一位公办学校校长就表达了这一资源供需矛盾境况："按照现在的政策，外来打工者越来越多，上学的适龄儿童多，政府的压力也比较大，人数增多，但是教育资源有限。就像我校，明年我们还是招 15 个班，而民工子女却增加很多。"

二是，教育经费投入的责任主体不明，中央与省级政府的职责缺位。在随迁子女教育问题上，中央政府并没有在经费投入的责任分担上作出具体的、明确的规定。我国义务教育长期以来实行"地方负责、分级管理"的体制。在"以县为主"的义务教育管理体制和"以流入地政府为主"的原则下，随迁子女教育经费主要来自流入地县级财政，而中央财政和省级财政的转移支付中很少涉及随迁子女义务教育。例如，2008 年，B 市 N 县财政性教育支出 7.06 亿元，其中，县级财政支出 5.6亿元，占比近80%，上级财政转移支付仅占20%。2008 年，省级财政用于随迁子女义务教育的专项补助仅为 865 万元。而且，现行的分税制财政体制一方面限制了县级政府增加财权的能力，另一方面却又没有对其事权作出相应的调整。结果造成随迁子女较多的流入地县级政府面临巨大的财政支出压力，制约了其解决随迁子女教育问题的意愿与能力。例如，B 市教育局郑处长指出："流动过来的人，你中央要协调。这个要全国一盘棋，真正（做到）人、财统一。否则，地方政府就没有积极性了，就会把这个责任推到门外去……严格意义上讲，你中央不作为，你把皮球踢给我们。"

三是，支持政策的执行效果不理想。虽然，中央政府有关随迁子女教育的相关政策在不断的完善，并为大部分的随迁子女提供了义务教育

的机会。但是，限于教育资源供给能力有限，地方政府的政策执行效果
并不理想，随迁子女在城市上学依然存在着各种困难。首先，公办学校
的显性与隐性"入学门槛"并存。例如，实地调查发现，随迁子女进入
A 市公办学校除了要满足政策文件明确规定的条件外，还需要符合其他一
些"隐性"条件。例如，一是要有老家学校开的转学证明；二是要参加
当地学校的入学考试，能否顺利进入公办学校要依据考试成绩而定，等
等。例如，当问及为何没有送孩子去公办学校就学时，一位家长道出了
其缘由："想是想（去公办学校），但是进不去。她这个成绩进不去，不
及格是进不去的。公家的一般进不去。如果是一年级进去还好，现在插
班一般不能进去。"其次，公办学校招生录取程序不公平。公办学校招生
录取不公平主要表现在，一是优质公办学校优先招生；二是优先考虑本
地户籍子女和各种"人才"子女；三是优先考虑对流入当地贡献大的进
城务工人员的随迁子女。例如，2014 年，B 市 H 区义务教育阶段招生实
行"学校分期、对象分类、录取分批"的"三分"招生政策。其中，"学
校分期"是指优质学校先招生，其他公办学校后招生；"对象分类"是把
该区招生对象分成四类，第一类包括户籍在施教区的学生、各种引进人
才子女以及满足"积分入学"政策的随迁子女，第二类为父母在施教区
有房产证的本区户籍学生，第三类为父母在施教区有房产证的非本区户
籍学生，第四类为居住在施教区内符合入学条件的随迁子女，而且，父
母参加社保两年以上的子女优先就学；"录取分批"是指公办学校按第一
至第四类对象分批次录取学生。再者，"上好学"的问题比较突出。随迁
子女"上好学"问题主要表现在：一是，少部分优质公办学校没有或很
少向随迁子女开放。二是，即使能够进入城市公办学校就读，这些学校
也往往是城乡结合部的薄弱学校。例如，2011 年，B 市 H 区开始实施
流动人口"积分制"管理政策，凡符合有关要求的 B 市流动人口凭能
够证明学历水平、技能水平、特殊身份等表现的有效证件、证书以及证
明累计积分，按"多积多得"原则享受户口迁入居住地、子女就近入

读公办学校、优先入住"安心公寓"或公租房等保障性住房等政策优惠。经过试点，2012年以来，B市各地全面推行新居民积分制相关实施细则，在教育、居住、入户等方面分级、分层次地陆续铺开新居民"高积分换取高待遇"政策。2013上半年，全市共接受新居民积分申请1601份，其中申请积分入学的有1209份，实现"积分入学"264人，申请成功率为21.84%。最后，义务后教育支持不足。虽然，从2012年开始，各地陆续出台了随迁子女"异地升学政策"。但是，随迁子女在当地升学一方面面临"高门槛"，另一方面也无法接受"优质高中教育"，只能选择职业高中或民办高中。例如，A市一位公办学校校长指出，随迁子女在该市不能报考"四星级"高中，除非有当地户籍，结果造成很多成绩比较好的随迁子女转回老家读初三。在B市，H区2015年的"异地升学政策"规定：非本市户籍的初中毕业生可以参加本市中等职业学校和民办普通高中的录取，但参加本市普通公办高中的录取则需要满足一定的条件，包括在HO区初中连续就读三年，父母或监护人中的一方取得本区《居住证》一年以上，且在本区正式就业一年以上，同时缴纳养老保险一年以上，并有固定住所。

**（二）市场部门支持随迁子女教育的运行特征**

1.市场部门支持的特点

在我国随迁子女教育发展中，市场部门发挥了重要的补充作用。正如A市一位打工子弟学校校长所言："随着大量民工子女进入到城镇里来，流入地政府因财力有限，不可能解决所有有关问题。所以，我们这类学校还是有生存和发展的空间……私人办学追求的是利益最大化，但是私人办学弥补了政府办学兼顾不到的地方，私人办学有其积极作用……我们这类学校是特定背景下的产物，有其特殊性，但是也有存在的必要性。"市场部门的参与，不仅分担了政府部门在教育服务提供上的负担，而且能提供更有效率及有品质的教育服务。市场部门对随迁子女义务教育的支持主要具体如下三个特点：（1）市场部门为随迁子女教

育服务引入了市场竞争机制，提高了随迁子女教育服务效率。例如，民
办学校为吸引生源，不断改善教育教学质量，为随迁子女接受教育提供
了服务。（2）市场部门为随迁子女教育引入了选择机制，增加了服务
的多样性，拓展了随迁子女的选择范围。例如，随迁子女必须满足特定
的条件（如提供居住、就业、社保等证明）才有机会享受到政府所提供
的教育服务，这一定程度上窄化了政府部门的服务对象，从而不能满足
不符合条件的随迁子女的教育需求。而打工子弟学校则很少有这类入学
条件限制，只需随迁子女缴纳一定的费用即可接受教育。（3）市场部门
提供的教育服务能一定程度上满足随迁子女家庭多元化的教育需求。例
如，打工子弟学校在如下方面对随迁子女家庭具有一定的吸引力：一是，
教育收费相对而言较低，而且，收费方式比较灵活，允许家长"分期支
付"；二是，学校选址多位于进城务工人员集聚地，离学生家庭住所不
远，方便随迁子女就近上学以及家长接收子女；三是，针对大部分进城
务工人员工作时间长、下班比较晚等特点，为了学生的安全起见，学校
相应地延后下午放学时间，减少随迁子女无人看管的时间，等等。

2. 市场部门支持的困境

市场部门的社会支持，有力推动了随迁子女教育的福利供给。但
是，市场部门的总体参与水平仍然较低，存在如下一些突出的问题。

一是，打工子弟学校办学水平较低，支持能力有限。打工子弟学校
办学水平较低主要表现在学校硬件设施建设滞后和学校教师队伍质量整
体不高两个方面。一方面，打工子弟学校硬件设施建设滞后主要表现为
大部分打工子弟学校建筑面积小、办学条件差、教学仪器设备不齐全
等。就本书所调查的打工子弟学校而言，它们都存在硬件设施比较差、
不达标等问题。例如，这些学校基本上都是位于居民住房里，只有一栋
教学楼，没有运动场地，或只有很少的操场，教室少，人数众多，等
等。另一方面，打工子弟学校教师队伍质量整体不高主要表现在教师流
动性大、生师比高、教育程度较低等方面。例如，A 市的一所打工子弟

学校校长道出了打工子弟学校教师队伍建设的困境：

> 我们的困难是教师队伍的建设。教师的流动性大是我们的最大苦恼。民工子弟学校的教师工资比较低，教师的收入和教师的投入是不平衡的，这就造成我们学校教师的流动性大，学校留不住教师，影响我们学校的教师队伍建设。这也是我们学校管理最头疼的事。因为学校的发展根本在于教师队伍建设……他们多是农村过来的教师，对新课程标准的理解，对相关教育法规、教育政策的阅读与理解不够，在教学方法、教学手段、教学理念上和城市公办学校的教师相比存在严重的不足……我们现在在想办法怎样留住教师，怎样提高教师的待遇。

二是，政府的支持力度不足。政府部门对打工子弟学校的支持不足主要表现在，一是资金支持不足，二是学校用地规划支持不足，三是管理制度不规范。首先，政府的资金支持不足主要表现在，一是没有落实按随迁子女人数拨付生均公用经费的政策规定；二是经费支持数额有限，难于支撑打工子弟学校的发展需要。例如，当问及当地政府对打工子弟学校的经费支持时，B 市一所打工子弟学校校长坦言：

> 政府也会给我们一部分资金，但是没有多少。上面规定是说每个人100元，我这里三千人最多给我三十万。平时给五万、八万这样。政府虽然说是按学生数拨款，但是最后资金没到位……这些钱也只能用于投资学校硬件，不能用来发教师工资。这些钱对于办学作用是很有限的。

其次，打工子弟学校缺乏政府的用地规划支持。很多打工子弟学校之所以占地面积较少，一个很重要的原因就是政府没有在学校用地规划上为其提供必要的支持。例如，B 市的一所打工子弟学校办学者也希望扩大学校的办学规模，而且自己也能获得办学资金支持，但是却得不到

政府的用地规划支持。正如该办学者所言:

> 土地是限制学校发展的瓶颈……我觉得用地的政策是最重要的，学校发展就靠这个地。但是在这儿是很难解决的。我觉得实际问题还是这个地，这个问题不解决的话，我们就没什么想法了，拿几个补贴的话我觉得无所谓……这个事情（将这个学校办大）我之前想过，但是我觉得在这儿很难。如果可以，我想过再建个教学楼。钱不是问题，我家里人都会支持我。但是这个地太贵了，不太现实……B 市对这一块儿还不是很重视。政府应该专门批多少地给教育用地。B 市工厂太多了，地太贵了。一百五十亩的地至少一个亿，还得要盖房子，这样下来办个学校得要两三个亿。

再者，打工子弟学校管理制度欠规范主要表现在政府的相关政策规定很少考虑到打工子弟学校的实际情况。例如，B 市的有关政策规定打工子弟学校教师要参与教师培训，但是，这些学校因师资力量有限，并没有时间参与教师培训。该市一所打工子弟学校的教务主任道出了其中缘由: 主要是由于该校教师总数有限，而且，每个教师都有自己的教学任务。如果有教师去参与教师培训，该校没有额外的老师来"顶替"这些老师的任务。如此既增加了其他老师的教学工作量，也会影响学校的教学质量。

此外，流入地政府之所以对打工子弟学校支持不足，一个很重要的原因就是中央政府有关随迁子女义务教育"两为主"的政策规定的限制。因为，如果地方政府大力支持打工子弟学校的发展，结果可能会造成在打工子弟学校就读的随迁子女人数超过在公办学校中就读的人数，一定程度上会影响到地方政府的绩效考核。为此，地方政府宁愿选择举办专门招收随迁子女的公办学校，也不愿大力支持民办打工子弟学校。因为，只有对打工子弟学校给予"有限支持"，才能既可以基本解决随迁子女的义务教育问题，又可以实现"以公办学校接纳为主"的政策目标。例如，当被问及"B市民办教育发展得挺好，但是民办打工子弟学校却发展不起来"的原因时，该市一所打工子弟学校办学者指出：

（原因在于）政府不支持。因为现在公办学校越办越多了，公办学校也有将差的合并的。公办学校自己可以解决这个问题了，不需要我们了。刚开始办民工子弟学校，局长是很客气的，你需要什么可以找他。现在问题解决了，我们再办民工子弟学校就不受重视了，他不需要你了。他们自己辖区的学生可以自己解决了。还有一些不负责任的领导说，不用你们办学，他们找不到学校就会回去的。他说你们多办一所学校，我们就多一份责任。

### （三）志愿部门支持随迁子女教育的运行特征

#### 1.志愿部门支持的特点

在我国，志愿部门的主体是各种社会组织。随着我国社会组织相关政策法规的不到完善，社会组织近年来发展迅速。我国社会组织的数量已由1988年的4446个发展到2015年的66.2万个[①]。社会组织的非政府性、非营利性、志愿性、公益性等特点一定程度上能弥补"政府失灵"和"市场失灵"的缺陷。近年来，为随迁子女教育提供社会支持的社会组织的数量和类型日益增多，除登记注册的社会团体、基金会等正式社会组织外，还包括大量的未登记的民间或草根社会组织，如大学生社团、大学生支教队伍、志愿团体等。社会组织的积极参与，很大程度上弥补了政府部门和市场部门在随迁子女教育服务支持方面的不足，其在随迁子女教育社会支持中的重要角色日益凸显，主要表现：（1）各种社会组织在人力、财力以及物力等资源动员方面的有着出色的行动

---

[①] 中国社会组织网：《社科院报告：中国社会组织进入整体性变革期》，2017年2月27日，见 http://www.chinanpo.gov.cn/1940/101701/index.html。

能力，一定程度上弥补了政府部门和市场部门在随迁子女教育物品支持和教育服务支持方面的不足。例如，志愿者组织在随迁子女教育捐赠、教育辅导等方面发挥了重要作用。（2）社会组织为广大志愿者参与随迁子女教育服务提供了组织化的渠道。通过各种社会组织的宣传与组织，广大志愿者参与到随迁子女教育中来。（3）社会组织由各种不同取向、不同动机、不同领域的人群发起组成，其组织形态更灵活，应变力更强。相对于政府部门而言，社会组织更容易接近随迁子女及其家庭，能更快速、灵敏地回应随迁子女及其家庭多样化的教育需求，为其提供多元化的社会支持。

2.志愿部门支持的困境

一是，支持能力不足，支持效果欠佳。一方面，社会组织的活动经费短缺，主要表现在社会组织运作所需要的开支与其所能筹集到的资金之间存在巨大的缺口。社会组织，尤其是民间社会组织的资金主要是来源于社会捐助和基金会，基本上没有得到政府的经费支持。资金不足是我国非政府组织普遍面临的突出问题。从非政府组织运作资金的来源上看，慈善捐款仅仅占比 10%—15%。① 经费短缺很大程度上影响了社会组织教育服务项目的质量和可持续性。例如，本次调查发现，某随迁子女"小记者公益培训项目"通过广泛宣传，仅为项目筹集到资金三万余元。正是因为活动经费限制，该项目最终只把随迁子女培训时间压缩为 35 个周末 70 个课时。另一方面，参与志愿服务的人员的专业性与稳定性不高。在为随迁子女提供教育服务支持时，社会组织因自身人员数量有限，通常需要临时招募一部分志愿者。然而，这些志愿者大部分专业性不高，缺乏社会工作经历。例如，上文提到的"小记者公益培训项目"的目的在于对随迁子女进行新闻传播基础知识培训，使其认识大众传媒形态，引导他们树立正确的媒体认识。该项目共招募了 2 名大学生

---

① 王名、刘求实：《中国非政府组织发展的制度分析》，《中国非营利评论》2007年第 1 期。

志愿者，但这两名志愿者既没有新闻传播的知识背景，也没有参与志愿服务的实践经历。总之，因社会组织资源的不足以及人才的缺乏导致社会组织在社会支持能力上的欠缺，最终很难保障项目的产出效果。

二是，缺乏其他部门的支持与配合。一方面，流入地政府部门支持不力，主要表现在流入地政府部门仅仅在政策文本层面鼓励各界社会力量大力支持随迁子女教育，却没有制定具体的鼓励举措，也没有可操作的鼓励机制。政府部门对志愿服务的财政支持主要有财政拨款、补贴、购买服务、税收优惠等几种形式。然而，政府的财政支持不仅数额有限，而且基本上仅限于有官方背景的志愿组织或官方力推的志愿服务项目。例如，有学者调查发现，除了人民团体和极少数政府重点支持的非政府组织外，绝大部分非政府组织没有得到政府的资金支持与税收优惠。[1] 此外，分别由登记管理机关与业务主管单位对社会组织进行监督管理的"双重管理体制"总体上也限制了其发展。[2] 另一方面，随迁子女所在学校不愿配合。本书调查发现，随迁子女学校普遍倾向于社会组织提供教育物品支持和教育资金支持，而对其提供教育服务支持不是很配合。原因主要在于，社会组织提供的教育服务支持有些是在周末进行，而且持续时间较长，导致学校担心随迁子女的人身安全等问题。而对于那些在日常教学时间内进行的教育服务活动，学校又担心这些活动会影响学生的正常学习，从而影响学校的教育质量。

## （四）非正式部门支持随迁子女教育的运行特征

### 1. 非正式部门支持的特点

中国人历来重视家庭、朋友及邻里等社会网络，因此，非正式部门提供的各种帮助也是随迁子女教育社会支持的一个重要来源。亲属、朋

---

① 王名、刘求实：《中国非政府组织发展的制度分析》，《中国非营利评论》2007
年第 1 期。

② 王名、刘求实：《中国非政府组织发展的制度分析》，《中国非营利评论》2007
年第 1 期。

友、邻里等非正式部门的社会支持以情感为基础，体现了人与人之间的相互关怀和帮助。一方面，非正式部门提供的服务能更有效地回应随迁子女个性化的教育需求。另一方面，因服务提供者与服务对象之间存在情感交流与互动，亲属、朋友、邻居提供的服务可以满足彼此间的社会交往和情感慰藉等方面的需求，这对于情感方面的社会交往尤为重要。事实上，非正式部门在随迁子女教育社会支持中发挥了其他部门所无法取代的作用。

### 2. 非正式部门支持的困境

随迁子女教育的非正式部门支持的一个困境就是家庭支持能力较低，主要表现在如下几个方面。一是父母教育程度低，学习辅导力度不够。本书调查发现，随迁子女父母的教育程度普遍较低（见下图6.36），大部分为初中及以下，而且，民工子弟学校中随迁子女父母的教育程度显著低于公办学校中随迁子女父母的教育程度（母亲：$M = 1.78 < M = 2.02$，$p < 0.01$；父亲：$M = 2.04 < M = 2.30$，$p < 0.01$），结果造成随迁子女父母在辅导子女学习上"有心无力"。例如，一位母亲在谈到辅导子女学业问题时坦言："我那个小的（孩子），放学后就把他托到老师那儿。像我没读过书的，教不来。我把他放在老师那里辅导作业，他现在还没回来。这个也要交钱，两个小孩读书，开销很大的。"

二是父母工作时间长，花在子女身上的时间比较少。本书调查发现，大部分随迁子女父母从事的工作时间都比较长，经常是"早出晚归"，而且没有节假日。所以，他们较少有时间关心子女的学习与生活，甚至一天连见面的时间都不多。例如，A 市一所公办学校的教务主任在谈到随迁子女的家庭教育时指出："现在中学生也不好管。孩子处在叛逆期，加上孩子的家长工作比较忙，他们就把孩子交到学校。有时候老师打电话联系家长，家长就会说，我很忙，我要上班。小孩出了校门之后，家长都不知道孩子干了什么。有小孩说，我上学的时候，爸妈还没起来，我回家的时候，他们还没回来。"该校一位班主任也指出："父母亲工作压

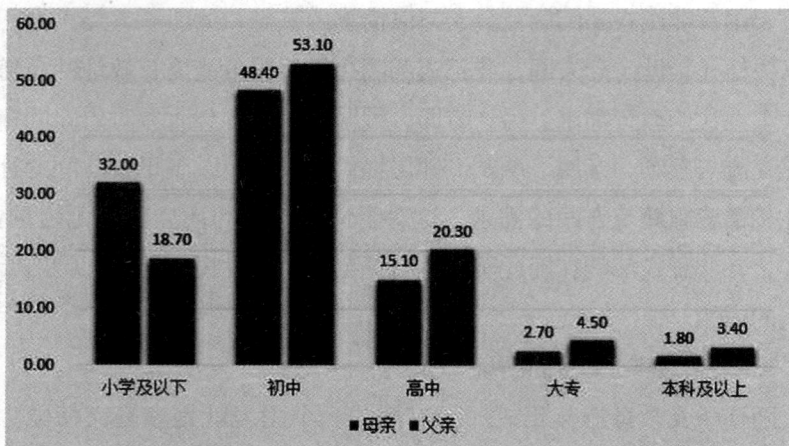

图 6.36  随迁子女父母的教育程度分布情况（单位:%）

力非常大，非常繁忙的，一般来都体力劳动者嘛，上班可能还没个定
点，那这样的话，就算是他们想管着，也是心有余而力不足的。"

三是经济收入不高，物质支持匮乏。随迁子女父母大部分从事体力
活，工作收入普遍不高。所以，为节省生活成本，他们尽量减少各项生
活支出。除了支付子女的教育费用外，他们很少为子女提供书籍、书桌
等必要的学习物品支持。从下面的三段访谈中，大致可以看出随迁子女
家庭的教育支持的极度匮乏。

我去家访时看到他们身居陋室，就是十来个平方，一家人都拥挤在
这个空间。小孩的学习就是一张小凳子。他们的条件就是这么艰难。
(A 市一所公办学校校长)

部分同学因为家庭的环境，放学都不愿意回家，家里连一般的学习
环境都提供不上，同学们情愿在学校学习，但这又增加了老师的工作
量。(B 市一所公办学校校长)

我曾经去过一个学生家里，他是这样子的，那里有个大仓库嘛，然
后里面不是住一家人家，里面是用小棚子搭起来，就是几根柱子一竖，

上面拿块油布一遮，它里面住了 N 户人家，就是像那个贫民窟。哎，一格一格，然后他们家是这样一格，还分前后两进的，就是两根柱子为一进，前后两进。外面了作为起居间，里面就作为住的地方，住的地方就 2 张床……比如说做个作业，你往哪个地方坐，连个桌子都没有看见。还有，像比如说，英语要听录音的啦，连录音机都没有。然后，比如说，要有个台灯做作业，他们家是拿几根电线，拉了个灯泡，很暗的那种。（A 市一所公办学校班主任）

四是随迁子女家长教育观念不科学，责任意识不到位。因文化程度不高等原因，一部分随迁子女家长没有认识到父母参与在子女教育中的重要性，而是把子女教育的主要责任人归为学校教育，从而导致他们很少与子女所在学校进行沟通交流。例如，A 市一所公办学校校长在谈到父母教育观念时指出："比如说，孩子送到学校里来了，学校就应该负责的，他就这种意识，所以，外地孩子给学校管理的造成了一定的困难。"

## 第四节　完善随迁子女教育社会支持的对策建议

### 一、确立"以人为本"的随迁子女教育社会支持价值理念，保障流动人口教育权益

数据显示，2015 年，我国流动人口已达 2.47 亿，其家庭规模为 2.61 人，在流入地的平均居住时间超过 4 年，超过半数的流动人口打算未来在现住地长期居住。[①] 虽然，流动人口在流入地中工作和生活多年，但是，他们却因为没有流入地户籍而无法平等地享受流入地提供的包括公共医疗、子女教育、社会保障等在内的基本公共服务。长期以

---

① 吴少杰:《〈中国流动人口发展报告 2016〉发布》,《中国人口报》2016 年 10 月 20 日。

来，我国追求的是"土地的城镇化"，很大程度上忽视了"人口的城镇化"，结果在城镇化过程中出现了不少社会问题。针对当前我国城镇化快速发展过程中日益凸显的问题与矛盾，党的十八大明确提出了"新型城镇化"的概念。2014 年，中共中央、国务院印发了《国家新型城镇化规划（2014—2020 年）》，强调"新型城镇化"要坚持"以人为本，公平共享"的基本原则，稳步推进城镇基本公共服务覆盖常住人口，使全体居民共享发展成果。[①] 基于此，流入地政府应当确立"以人为本"的公共产品供给理念，把流动人口的公共服务需求纳入当地发展规划之中，逐步建立基于常住人口的城乡一体化公共服务体系，保障流动人口与本地居民同等的国民待遇。

**二、加强随迁子女教育社会支持的制度供给，完善多部门参与的制度环境**

**（一）强化政府部门支持随迁子女教育的制度供给**

1. 加快户籍管理制度改革，建立城乡一体化的公共服务体系

随着我国社会经济的不断发展，最初用于人口登记与管理的户籍制度逐渐成为城市政府提供公共服务"差别化"分配的制度载体。以户籍制度为基础的城市内部"新二元体制"将流动人口排斥在城市社会之外，成为城市中的边缘群体。随迁子女教育问题的实质，是人口流动背景下的公共产品供给问题。以户籍制度为基础的相对封闭的地方公共产品供给制度已经无法适应流动人口的需求。为此，要从根本上解决随迁子女教育问题，必须加快户籍管理制度改革，有步骤地剥离附着于户籍制度上的福利与权利[②]，建立以常住人口为准的城乡一体化的公共服

---

① 中国政府网：《中共中央、国务院印发〈国家新型城镇化规划（2014－2020年）〉》，2014 年 3 月 16 日，见 http://www.gov.cn/gongbao/content/2014/content_2644805.htm。

② 彭希哲等：《中国大城市户籍制度改革研究》，经济科学出版社 2014 年版，第214 页。

务体系，保障流动人口与城市居民在国民待遇上的一致性。

2. 改革财政体制，明确各级政府的教育经费投入责任

我国随迁子女义务教育问题的实质是基于人口流动性而产生的政府公共服务供给问题。流入地政府之所以"既无心，也无力"解决随迁子女教育问题，原因在于我国当前的义务教育财政体制存在弊端，具体表现为分税制财政体制造成的过度分权、地方政府财政收入结构的负激励机制以及财政转移支付制度的不规范。[①] 因此，要从根本上解决随迁子女义务教育问题，关键在于明确中央政府、省市级政府与区县政府的教育经费投入责任。首先，要明确界定各级政府间的财权与事权，避免出现职责"缺位"与"越位"。例如，跨省流动人口的义务教育具有全国性公共产品的特征，因此，中央政府应当承担一部分经费责任；而省内流动人口的义务教育则具有地方性公共产品特征，因此，需要地方各级政府承担相应的经费责任。其次，应建立"以中央政府或省级政府为主"的随迁子女义务教育经费投入体制。具体而言，中央政府主要承担跨省流动人口的义务教育经费投入责任；省级政府主要承担省内流动人口义务教育经费投入责任；与此同时，区县政府主要承担辖区内常住人口的义务教育管理责任。再者，依据各级政府责任实行随迁子女教育经费分担机制。例如，对于跨省流动人口，可由中央财政承担人员经费责任，区县财政承担公用经费与基建经费责任；对于省内流动人口，可由省级财政承担人员经费责任，区县财政承担公用经费与基建经费责任。最后，健全随迁子女义务教育经费的使用与监管制度，提高教育经费使用效率。

3. 建立基于常住人口的义务教育管理体制机制

当前，"以县为主"的义务教育管理体制已不能适应人口大规模流动的现实。因此，有必要建立以常住人口为基础的义务教育管理体制。一是，加快教育事业科学布局规划和学校建设，坚持把随迁子女接受义

---

[①] 苗振青：《农民工子女义务教育的财政问题研究》，线装书局 2012 年版，第152 - 191 页。

务教育工作纳入当地经济社会发展规划，纳入常住人口综合管理体系，纳入当地义务教育发展整体规划。二是，进一步优化随迁子女入学服务体系，建立随迁子女入学预报名制度，加强随迁子女招生录取政策的宣传力度，健全随迁子女教学管理制度。三是，建立健全随迁子女教育协同管理机制，一方面加强教育行政部门与公安、财政等职能部门间的合作，建立齐抓共管的工作机制，另一方面强化教育行政部门与学校间的沟通与交流，建立随迁子女教育信息共享机制。四是，强化流入地区县政府对随迁子女接受义务教育的管理责任，把随迁子女义务教育纳入其绩效考核之中。

**（二）健全市场部门支持随迁子女教育的制度环境**

充分发挥打工子弟学校的重要补充作用，是解决随迁子女入学问题一个重要的现实途径。一方面，要积极扶持打工子弟学校的发展。一是要出台优惠政策，鼓励和扶持社会力量办学。二是要加强对社会力量办学的经费支持，建立健全经费支持办法。三是要在用地规划方面为打工子弟学校提供支持，帮助其改善办学条件。四是结合打工子弟学校实际情况，采取针对性措施帮助其提供教师队伍素质。另一方面，要进一步健全打工子弟学校的规范管理。一是结合当地实际，合理确定打工子弟学校办学标准。二是简化打工子弟学校审批程序。三是加强对打工子弟学校的监督，保障教育教学质量。

**（三）完善志愿部门支持随迁子女教育的制度环境**

在政府部门无法完全满足随迁子女教育需求的情况下，志愿部门的参与将有助于随迁子女教育需求的有效供给。针对当前我国志愿部门支持随迁子女教育存在的困境，政府应加强志愿部门参与随迁子女教育的制度供给，完善其提供社会支持的制度环境。一是，改革志愿部门的登记与管理制度，降低准入门槛，简化管理流程。二是，加大对志愿部门的财政扶持力度，组织建立志愿服务发展基金，建立健全财政预算支持志愿服务事业的发展机制。三是，进一步健全有关志愿部门的税收减免、政府购买服务等方面的具体规定。

### （四）构建随迁子女发展型家庭政策，提升家庭发展能力

家庭对随迁子女教育具有不可替代的重要作用。针对当前随迁子女教育的家庭支持存在的困境，需要构建以流动人口的"家庭化"迁移趋势为基础的"家庭友好型"社会政策①，以提升家庭的发展能力。一方面，要把流动人口家庭的教育、就业、医疗、社保等各种社会福利需求纳入进相应的制度安排中，以便更好地满足他们的多元需求。另一方面，要不断完善流动人口家庭发展能力的支持政策，提升流动人口家庭的发展能力。

## 三、促进随迁子女教育社会支持主体间的良性互动，整合多部门资源

在随迁子女教育社会支持系统中，虽然各支持主体在行动中也有一定的互动，但并不是一种良性互动，主要表现在各自角色不明确、相互协调机制未建立以及各主体间的协同欠缺。政府、市场、家庭及社会组织在社会支持系统中究竟分别扮演什么角色、各自如何在社会支持系统中发挥作用、用什么样的手段激发这些主体积极行动以及各主体之间如何协同等，目前都尚不明确。随迁子女教育社会支持不仅需要多元部门的参与，更需要不同部门之间的有效沟通、协调与合作，以便进一步加强各方力量的资源整合。为此，一是加强政府部门与市场部门间的沟通与协作。二是加强政府部门与志愿部门间的沟通与合作。三是加强志愿部门与非正式部门间的沟通与合作。四是加强市场部门与非正式部门间的互动与合作。

---

① 吴帆：《中国流动人口家庭的迁移序列及其政策涵义》，《南开学报（哲学社会科学版）》2016 年第 4 期。

# 第七章

田野考察（三）：
农民工培训的社会支持系统研究

# 第七章

## （三）

改革开放以来，农民工为我国经济和社会的发展做出了重要贡献，但由于文化水平较低、知识技能缺乏、安全法律意识薄弱等，他们面临着生存、心理和社会认同等多重危机，这不仅不利于农民工群体获得公平生存、发展的机会，更不利于国家人力资源的提升和社会的稳定和谐。世界主要资本主义发展国家在工业化和城市化的进程中，往往将劳动力转移培训作为提升国家人力资本和人口质量的主要途径，并在过程中注重整合政府、市场和用人单位等社会主体的力量，在最大程度上保障劳动力转移培训的资源供给。当前我国农民工培训工作亦出现与西方发达国家劳动力转移培训高度一致的趋势，即在政府的主导和引领下，整合社会各界最广泛的力量、发挥各社会支持主体的优势，保证农民工培训工作顺利、有效地开展。因此，本书在厘清农民工培训社会支持的必要性和社会支持的主体选择基础上，通过调查研究明晰当前农民工培训社会支持的现状，阐述农民工培训社会支持系统构建的原则、要素、机理及其运作特征，并为完善农民工培训社会支持提出对策建议。

## 第一节　农民工培训的社会支持主体

### 一、农民工培训社会支持的必要性

#### （一）农民工培训问题产生的社会背景

1. 国外大工业生产"资本主义式"农民工的发轫

18 世纪六七十年代开始，英、法、德、美、日等主要资本主义国家相继进行了第一次工业革命，开创了大机器生产代替手工劳动新时代，生产工具革新带来的工业产业出现、人口不断聚集、城市化进程加快等一系列改变影响着人类社会的发展进程。在这种社会背景下，这些国家在极短时间内通过自然或主动的方式促使大批农村劳动力流入城市。为了适应城市工业化的要求，大量农村劳动力流入城市后，从事各行各业农村转移劳动力的培训工作，尤其是职业技能培训成为当时各国亟待解决的一个社会问题。① 这些国家各级政府很早就发现并重视这一社会问题，政府在加大人力资本投资力度的同时，通过聚合企业、工厂、机关单位、社会团体等多种力量积极推动农村劳动力转移培训的发展，使得专业化、正规化、职业化的产业工人队伍逐渐形成。与此同时，当劳动力转移培训转化成知识资本和人力资本后，这些主要资本主义国家的经济实现了迅猛发展，国家工业基础和国民经济生产部门基本确立，世界政治经济出现新格局，最终确立了资产阶级对世界的统治地位。

2. 我国"传统"农民工与"新生代"农民工的跃迁

由于受到各种历史条件的影响和制约，近代我国工业化和城市化呈现出起步晚、发展慢等基本特点。但改革开放以后，大量农村剩余劳动力涌入城市迅速形成了"农民工"这一特殊群体。十一届三中全会以后，随着农村家庭联产责任承包制的实施，生产关系的变革极大地解放与发展了农村的生产力，使得农村产生大量剩余劳动力，加之社会主义市场经济推动城市化进程产生了巨大吸引力，农村剩余劳动力纷纷涌向城市，尤其是沿海经济更为发达的城市寻找更多的赚钱机会。涌入城市的农民工尚未具备产业工人的职业技能和城市居民的文化素质，绝大多数农民工多就业于对职业技能和文化素养要求较为低下的劳动密集型产业。在经济全球化特别加入世贸组织（WTO）的时代背景下，为了发展出口导向型经济以增加国家外汇储备，中国以廉价劳动力生产科技含

---

① 陈洪连、杜婕：《我国农民工培训政策的国际借鉴与本土建构》，《中国成人教育》2011 年第 19 期，第 124 – 127 页。

量较低位低端的产品切入全球经济链条，并于 21 世纪初确立了"中国制造"式的"世界工厂"地位。农民工对国民经济的快速增长做出巨大贡献，中国的国民经济由此产生了"人口红利"的显著特征。21 世纪以后，随着"传统人口红利"逐渐消退，中国进入不断开发"新型人口红利"的新时期，而且农民工群体出现"代际更替"现象，新生代农民工逐渐成为农民工群体中的主力军。青壮年新生代农民工在价值观念、发展定位、择业动机、流动趋势和生活方式等方面均表现出不同于传统农民的显著群体特征。2013 年十八届三中全会完成了"加快国家城镇化进程，有序推进城乡一体化，破除城乡二元结构的顶层设计"①，这一战略部署对于加快我国工业化和城市化进程，推动专业结构转型升级，实现传统农民工向产业技术工人和现代城市居民转型，进一步释放人口红利和制度红利具有积极的推动作用。因此，通过职业培训，开发并利用好农民工这一宝贵的人力资源具有重要而深远的意义，不仅是提高农民工群体的就业能力和公民素养的主要途径，也是国家进行人口红利的"二次开发"和促进国民经济转型升级的重要渠道。

（二）农民工培训问题产生的制度瓶颈

1. 户籍制度与人事管理体制导致农民工"身份边缘化"

我国长期存在着以户籍制度为基础的城乡二元结构，这就使得城乡居民存在着两种不同的社会身份，从而形成了两种截然不同的人事管理体制。近年来，尽管国家对人口流动的限制政策不断放宽，但尚未彻底进行户籍制度改革，国家对城乡居民的身份管理也并未发生根本性改变。经济发达的大城市，尤其是特大城市为了控制人口规模，落户条件要求非常严格、苛刻。城市居民拥有单位，以其人事档案关系的归属决定其管理上的归属，这一群体成为传统意义上的"单位人"，其人事关系自然由单位委托管理。由于农民工在这些城市没有"单位"归属，

---

① 《国家新型城镇化规划（2014—2020）》，《人民日报》2004 年 3 月 17 日。

也无人事档案，他们的管理归属就取决于其户口所在地。由于现行户籍制度的遮蔽作用，农民工在由农村向城市转移就业过程中，人与户口发生分离，即人离开农村土地而户口却留在农村。在这种情况下，农民工户口所在地只管理户口而不管理人，人居住在城市但无城市户口，不能真正进入到城市人事管理体系之中，使得他们难以成为真正意义上的城市市民。农民工成了一个既相异于农民、又不同于市民的尴尬群体，即均不属于传统意义上的农村居民和城市居民。这种二元体制导致流入城市的农民工无法建立与城市居民相互交流的生活圈子，即使在城市工作和生活多年，依然无法通过户口形式获得城市居民的身份认同，难以享受与城市居民同等的薪酬待遇和福利待遇。农民工生活在城市却不是城市人，是农村人却没有工作和生活在农村，这使得他们实际上成为游离于两种管理体制的"边缘人"。据相关数据统计，城乡分割的二元户籍制度在城乡居民和城乡劳动力的自由流动之间构筑一道难以逾越的鸿沟，这道鸿沟迫使近 2 亿农村人口成为亦工亦农的"两栖人口"无法融入城市社区①，农民工在长时间内难以享受到城市市区的培训福利。

2. 社会保障制度与就业政策致使农民工"职业分隔化"

我国的社会保障制度是在户籍制度与人事管理制度城乡二元社会结构模式的基础上而建立起来，把社会成员人为地划分为城镇居民和农村居民，并且社会保障制度明显地向城镇倾斜。当前尽管政府实行了养老保险、医疗保险等社会保险制度的基础性改革，但依然未把已经为城市建设和城市居民生活做出来巨大贡献的农民工群体纳入城镇社会保障体系。目前在享受社会保障的对象中，城镇居民和少量条件极好的农村居民享受养老、医疗、失业、生育和工伤等保险，流入城市的农民工难以享受到社会保障待遇，政府给予城镇居民、下岗职工和离退休职工的养老、失业和最低生活保障等政策性福利更是无法享受。农民工以工资性

① 王晓峰、温馨：《劳动权益对农民工市民化意愿的影响——基于全国流动人口动态监测 8 城市融合数据的分析》，《人口学刊》2017 年第 1 期，第 38 - 49 页。

收入作为主要生活来源，在遭遇风险后难以再完全依赖原有土地获得生活保障，加之，就业不稳定、可支配收入低，一旦失业或发生意外会使原本困难的生活雪上加霜，这就使得农民工极少有多余收入用于人力资本投资。更为严重的是，当前一些大城市制定了系列就业政策和法规，相对人为地对外来务工人员和小商贩的数量、工种和行业等进行严格划分，这使得农民工在求职、晋升、就业和创业等方面遭遇到极大不平等待遇，具体表现为强制性收取管理费、变相收取用工调节费、职业歧视、雇佣歧视、工资歧视、再就业歧视。① 在社会保障制度与就业政策的规限下，农民工被迫受雇于与收入低、福利差、工作环境恶劣的次属劳动力市场，次属劳动力市场由于劳动力过剩必将使得农民工时刻面临着被解雇的风险②，同时，农民工还普遍面临着同工不同酬、克扣工资、拖欠工资等难题。因此，社会保障制度的不公平性与城市就业政策的歧视性，使得农民工多就业于次属劳动力市场，出现了明显的"职业分隔化"态势，这种劳动力市场分离与职业分隔直接影响并制约着农民的社会经济地位，尴尬的社会经济地位境遇使得农民工难以获得并享受培训的机会和权利。

（三）农民工培训问题消解的理论转型

1. 农民工培训传统理论的"桎梏"

国外培训理论最初以发展个人技术与工作态度而提升企业的生产效率为主，强调教育培训对产业发展的意义，从而引导政府、用人单位和企业管理者对工人培训的关注和重视。随着培训实践活动的深入发展，培训理论进入到行为科学阶段，除继续重视发展个人技术和工作态度之外，更加重视工人的人际关系和培训迁移环境。提出在岗培训、职前职

---

① 钱雪飞：《农村进城务工经商人员的生存现状及特点——对南京市 578 名外来务工经商人员的调查与分析》，《人口与发展》2004 年第 2 期，第 11 – 18 页。
② 程蹊、尹宁波：《农民工就业歧视的政治经济学分析》，《农村经济》2004 年第 2 期，第 20 – 23 页。

后培训和成人教育的强化理论、社会学习理论、知觉转换理论和学习过程理论等①，试图为实践层面探讨决定培训效能的关键影响因素提供理论指导。20 世纪 90 年代，彼得·圣吉又提出"学习型组织理论"，认为真正出色的企业和用人单位将是具有持续学习能力的学习型组织，能够全心投入并有能力不断学习的组织。经过近一百年培训理论与实践的不断发展，职业教育培训最终形成了比较系统和全面的内容体系，并且被广泛地运用于培训实践。在这些理论中，比较经典的、适用于农民工培训的理论主要有人的全面发展理论、终身学习理论、人力资本投资理论、成人培训分析理论和培训迁移理论等。以上培训理论对于开展农民工培训工作都具有指导意义，有利于建立农民工培训的基本原则，培训效益认知、培训课程内容、培训教学方式、培训质量和绩效评估等方面的理论分析基础，有利于完成操作性较强的方法体系，积极促进农民工培训的实践运用。但这些培训理论多关注农民工培训的微观过程，未能从整体上把握农民工培训的资源供给，尤其是资源供给主体、各供给主体间的关系、各主体间的权责等系列问题，这就导致农民工培训实践中某些"痼疾"难以根本消除。因此，农民工培训问题的有效消解，急需需求新的理论基础并实现理论转型。

2. 农民工培训社会建制理论的"鉴仿"：由"社会支持"到"社会支持系统"

当前国内外研究者对农民工社会支持系统，或农民工教育、农民工培训的社会支持进行了初步探讨。在国内，有学者对农民工城市社会支持系统进行结构分析和内容分析，认为农民工城市支持系统包括先赋支持系统和后赋支持系统，前者分为血缘支持和地域支持，后者分为政府

① 周小刚：《新生代农民工职业技能培训和创业教育模式研究》，经济科学出版社 2015 年版，第 53 - 66 页。

支持、社区支持、民间社团支持和用工单位支持①；有研究者通过实证研究，将农民工社会支持划分为工具支持、交往支持、情感支持和对支持的利用度四个维度②；也有研究者探讨了农民工职业技能培训的社会支持系统，认为其包括客观支持、主观支持和支持利用度三个维度③；有学者在此基础上，利用一元线性回归分析探讨了农民工的性别、年龄、婚姻状况、居住条件、受教育水平等因素对其社会支持的影响程度④。在国外，研究者多探讨农村剩余劳动力进入城市以后与社会、城市的融入程度，如转移劳动者社会支持与生活质量⑤、社会支持与城市适应性⑥、社会支持与择业倾向⑦等。

关于"社会支持系统"的研究，国内外学者多从社会学、心理学、生理学等角度对其进行探讨⑧；也有学者提出了解决某些具体教育问题

---

① 王东：《农民工社会支持系统的研究》，《西南民族大学学报（人文社科版）》2005 年第 1 期，第 77 – 79 页。

② 赵立、郑全全：《当代农民社会支持研究》，《中国农业大学学报（社会科学版）》2006 年第 4 期，第 11 – 15 页。

③ 许林园：《新生代农民工教育培训实证研究——基于社会支持视角》，硕士学位论文，山西师范大学 2014 年，第 73 – 74 页。

④ 杨淑芸：《新生代农民工社会支持的多元线性回归分析》，《社会科学论坛》2014 年第 11 期，第 216 – 221 页。

⑤ C. Kasimis, G. Papadopoulos, C. Pappas, "Gaining from Rural Migrants: Migrant Employment Strategies and Socioeconomic Implications for Rural Labour Markets", *Sociologia Ruralis*, Vol. 50, No. 3 (2010), pp. 258 – 276.

⑥ I. Gupta, A. Mitra, "Rural Migrants and Labour Segmentation: Micro – Level Evidence from Delhi Slums", *Economic & Political Weekly*, Vol. 37, No. 2 (2002), pp. 163 – 168.

⑦ A. Green, M. Hoyos, P. Jones, "Rural Development and Labour Supply Challenges in the UK: The Role of Non – UK Migrants", *Regional Studies*, Vol. 43, No. 10 (2009), pp. 1261 – 1273.

⑧ 丘海雄、陈健民、任焰：《社会支持结构的转变：从一元到多元》，《社会学研究》1998 年第 4 期，第 33 – 39 页。

的社会支持系统，如解决留守儿童和流动儿童教育问题的社会支持系统①；还有学者提出社会支持系统是对公共政策制定和执行起支撑与扶持作用的各种社会因素的总和②。与本书问题相关的研究主要见诸零散的研究教育与某个或多个外部因素互动关系的文献中，如探究教育与社会基础，经济发展、城镇化水平、人口、财政分权、分税制、家庭社会文化资本、社会和谐等要素的相互影响与作用。③ 此外，国外关于社会建制/机制（social institution/mechanism）相关理论和方法的研究比较丰富，如（Scott，1994）、（Hedstrom & Swedberg，1998，2008）、（Sarason，2009）、（Schotter，2008）、（Gross，2009）等学者的研究。④ 本课

① 宋春：《社会支持体系：农民工子女教育外部环境的建构》，《太原大学教育学院学报》2010 年第 4 期，第 39 - 42 页；谭深：《中国农村留守儿童研究述评》，《中国社会科学》2011 年第 1 期，第 138 - 150 页。

② 阮博：《论公共政策的社会支持系统及其优化》，《理论与改革》2011 年第 6期，第 16 - 19 页。

③ 吴康宁：《制约中国教育改革的特殊场域》，《教育研究》2008 年第 1 期，第 16 - 20 页；温涛等：《教育对经济发展的贡献测度》，《改革》2009 年第 5 期，第 81 - 87 页；高书国：《我国四大城市群教育综合竞争力与教育合作区的战略构想》，《教育发展研究》2006 年第 1 期，第 23 - 27 页；马守春：《人口与基础教育发展趋势预测模型研究及应用》，《西藏教育》2009 年第 6 期，第 44 - 45页；李祥云、陈建伟：《我国财政农业支出的规模、结构与绩效评估》，《农业经济问题》2010 年第 8 期，第 20 - 25 页；林挺进：《分税制改革、财政依赖度与教育均衡度改进》，《复旦教育论坛》2009 年第 2 期，第 61 - 67 页；翟本瑞：《原住民小学缩减数字鸿沟可行性研究——以台湾阿里山"山美国小"为例》，《兰州大学学报（社会科学版）》2009 年第 5 期，第 120 - 127 页；薛二勇：《教育公平与社会和谐关系的实证分析——基于国际报告中的国别比较与数据分析视角》，《清华大学教育研究》2009 年第 5 期，第 60 - 66 页。

④ P. Hedstrom，R. Swedberg，*Social Mechanism: An Analytical Approach to Social Theory*, Cambridge University Press, 2005; I. Sarason，*Social Support: Theory, Research and Applications*, Springer, 2009; A. Schotter, *The Economic Theory of Social Institutions*, Cambridge University Press, 2008.

题主要以尼尔·格劳斯（Neil Gross）等的社会建制理论为理论基础。[①]
基于社会建制理论，我国农民工培训可以划分为"五主体向度"的二
维结构，其中"五主体"包括政府主体、市场主体、用人单位主体、
社会团体和农民工个人主体（包括个人及家庭），"四向度"包括观念
支持、行为支持、组织支持和物质支持（如表7.1所示，字母指代内容
具体见附录）。

表 7.1　农民培训社会支持系统的"五主体四向度"二纬结构

|  | 政府 | 市场 | 用人单位 | 社会团体 | 农民工个人 |
|---|---|---|---|---|---|
| 观念支持 | A1 | A2 | A3 | A4 | A5 |
| 行为支持 | B1 | B2 | B3 | B4 | B5 |
| 组织支持 | C1 | C2 | C3 | C4 | C5 |
| 物质支持 | D2 | D3 | D4 | D5 | D6 |

## 二、农民工培训社会支持的主体选择

从不同的培训模式、培训运作方式出发，我国农民工培训可以分为
不同的社会支持主体，这些不同的社会支持主体，都以各自的优势和适
用性发挥着对农民工培训工作的重要作用。对当前我国农民工培训模
式、运作方式等进行分析发现，其社会支持主要分为政府、市场、用人
单位、社会团体和农民工个人（包括家庭支持）五大主体。

### （一）农民工培训的政府支持主体

职业或技能培训是基础教育的延续，农民工培训是我国职业教育和
继续教育不可分割的重要组成部分。从本质上来看，农民工培训的消费

---

① B. Kuklick, "Neil Gross, Richard Rorty: The Making of an American Philosopher",
*Transactions of the Charles S Peirce Society A Quarterly Journal in American Philoso-
phy*, Vol. 47, No. 1 (2009), pp. 33 – 37.

性质和收益性质都具有非排他性，是介于纯公共产品与私人产品之间的准公共产品。培训学习权作为公民一项基本受益权，是政府提供给农民工这一特殊群体所需的准公共产品。根据公共产品理论，公共产品的提供主体主要追求外部的经济收益，市场经济体制下的市场竞争和企业竞争可以有效地提供私人产品，但不愿意提供效益外部化而成本内部化的公共产品。政府作为公共服务的提供者和公共政策的制定者，处于社会公共经济活动的中心地位，从社会责任和市场失灵的角度考虑，有义务和责任为农民工培训提供公共产品。公共产品的有效供给，是经济资源优化配置、市场经济秩序有效运行的重要条件，但农民工培训准公共产品的市场供给具有天然的缺陷，单一的市场供给会导致市场失灵。政府作为市场经济活动的"看不见的手"，应当履行为经济发展提供制度环境和基础服务的职能[1]，为农民工培训提供充分的公共产品。因此，政府为农民工培训提供公共产品是其履行公共服务职能的重要体现，政府是农民工培训社会支持的重要主体。

政府支持是指政府部门利用行政力量和宏观政策，将各类人力、物力和财力等培训资源进行有效整合与配置，通过实施培训政策、项目计划、直接派遣人员、提供资金、建立培训基地和构建培训体系等方式，进而对农民工培训进行有效的扶持、引导等，从而有效实现农村剩余劳动力转移和第二次"新型人口红利"的最终目的。政府支持主要有两种表现形式：[2] 第一，资源整合转移支持形式。这一支持形式表现出"政府统整，院校（培训机构）自主"的特点，即政府在坚持优势互补、资源共享、效益优化和共同发展等原则的前提下，通过自身的行政力量和公共服务职能发挥导向作用，统筹规划与整合游散于社会的各种

---

① 何盛明：《调整政府与市场关系、改变政府配置资源方式》，《财政研究》2001年第9期，第11－12页。

② 徐建军：《我国农民工就业培训模式研究》，博士学位论文，西南财经大学2013年，第85－87页。

培训资源，从而开展农民工培训工作的合力与网络体系。其中，资源整合的范畴囊括了成人教育与职业教育资源的整合、普通教育与职业教育资源的整合、城乡培训资源的整合、农业科技培训资源的整合、社会散落培训资源的整合等。第二，制度创新转移支持形式。这一支持形式表现出"政府导向、制度规范"的特色，即政府通过职业教育和继续教育制度及其相关的就业制度与社会保障制度的改革与创新，调动农民工自觉、自愿参与培训的主动性与积极性，激发其参与培训的内驱力而实现提升就业能力、职业技能和职业素养的目的。其中，转移制度改革与创新主要包括"垫付—偿还"信用投资、激励性政策扶持和就业准入引导三种形式。

**（二）农民工培训的市场支持主体**

政府积极扶持与推动农民工培训取得了显著成效，但相对于近2亿农民工而言，完全依靠政府力量来支持农民工培训活动，覆盖群体与培训效果依然十分有限。农民工培训作为一种准公共产品，市场是除政府之外的供给培训资源的基本方式。[①] 首先，市场经济客观要求培训的市场支持。社会主义市场经济决定政府与培训机构或承担院校必然分开，培训机构自主办学，自主发展与完善，主动建立与社会主义市场经济相适应的"政校"分开新体制。其次，劳动力市场迫切需求培训的市场支持。在信息、科技和人才市场相继发育、完善的条件下，已经出现相对完整的农民工培训市场机制，培训机构或承担院校之间的招标项目、培训生源、培训收益等利益竞争，在一定程度上刺激培训质量不断提高。再次，投入多元化催生培训的市场支持。目前政府所提供的公共培训资源不足，客观上要求投入机制多元化，多元化的资源投入机制相应地要求教育政策和教育管理多元化，从资源使用效益出发，市场作为重要的资源投入者，客观上索取培训的决策权和管理权。最后，劳动力需求导

---

① 张艳、夏丹丹：《农民工教育培训的经济学分析及政策选择》，《农业经济》2012年第5期，第112–114页。

向引发培训的市场支持。随着市场经济条件下就业竞争日益激烈，为提高就业竞争能力，劳动者必须具备一定的职业技能和生产技术，加之劳动力市场招聘方式的转变，劳动者从过去追求学历逐渐转变为注重技能和综合素质的提升，"学以致用""学用结合"已成为劳动者培训的必然选择。因此，在职业教育和技能培训产业化和市场化的趋势下，以农民工培训的市场需求为导向，遵循价值规律和市场规律，通过经济利益驱动和市场机制竞争，从而形成了农民工培训社会支持的市场主体。

市场支持是培训机构或承担院校根据所掌握的市场信息（包括用人单位对人才的需求情况和农村转移劳动力对培训的需求情况等），结合本机构或院校的教育资源、师资力量、教学设备、培训经验等特点，通过项目招标或委托服务承接等方式开展农民工培训工作，并实现合理盈利、增加经济收益的目的。市场支持主体通常在培训目标、培训课程、招生对象、培训方式等方面具有较高的培训自主权，政府在培训活动中所起的作用主要是政策支持和培训经费拨付，部分用人单位也会为其提供一定赞助或实习岗位。市场支持主要有三种表现形式：① 第一，区域协作转移支持形式。这一支持形式表现出"院校主导，政府推动"的特色，即不同发展区域的培训机构或职业院校，根据本区域农村劳动力转移的就业特点，结合区域教育资源的优势和特点而实行灵活多样的培训方式。第二，校企合作转移支持方式。这一支持方式表现出"院校主导，企业参与"的特色，即培训机构或职业院校与企业充分利用"校企"双方的优势和资源，双方共同参与方案制定、招生计划、培训实施、就业指导等整个培训过程。第三，城乡协作转移支持方式。这一支持方式表现出"院校主导、政府统筹"的特色，即培训机构或职业院校与政府根据区域内城镇化的发展水平和趋势，在全盘考虑城市和农村培训资源的分布特点、优劣条件、承载能力基础上，实施统筹与协调、

---

① 杨晓军：《农民工就业技能培训模式研究》，中国社会科学出版社 2011 年版，第 161 - 162 页。

重组和优化城乡培训资源。

（三）农民工培训的用人单位支持主体

从政治经济学的角度审视，农民工培训与职业教育和继续教育一样，具有准公共产品的性质。从这一理论出发，政府和市场是为农民工培训筹集资金、供给资源的两大基本渠道。然而，通过对西方主要发达资本主义国家职业教育和技能培训的相关研究发现，用人单位或企业在劳动力转移培训活动中扮演着越来越重要的角色。① 第一，从效率标准来看，与政府和市场相比较，用人单位提供的培训对员工的职业技能、就业能力、生产效率和工资增长等方面的影响效果更为显著，这主要得益于用人单位提供的培训更具有针对性，"做中学""工作场"式培训活动更加有利于员工对实用知识和技能的获取，其中英美等国的实证数据有效地支撑了这一结论。第二，在特殊的制度环境下，许多用人单位或企业愿意为员工教育培训提供资金等方面的支持，如相关实证研究表明，德国的企业或用人单位对用于员工培训的资金投入，已经超过了同时期联邦政府为劳动工人购买培训服务的资金投入。因此，除政府与市场对具有准公共产品的教育培训供给培训资源外，用人单位或企业也是农民工培训社会支持的重要主体。

用人单位支持是指用人单位或企业根据农民工的文化基础、生产知识、技能状况、职业道德等特点，综合考虑用人单位或企业对上岗人员的职业技能和综合素质要求，有针对性、目的性地对农民工等进行岗前、岗中培训。培训内容主要包括用人单位或企业基本情况介绍、单位或企业发展特点、设备的基本操作、生产劳动的基本流程、各岗位对从业人员综合素质要求、生产劳动的安全事项等；培训目的主要是使得农民工尽快适应新行业、岗位和新工作环境的要求，提高单位或企业的劳动生产效率。通过用人单位或企业支持的培训活动，不仅可以直接提升

① 张文秀、李洁：《企业、职业院校与农民工培训三方对接新模式探讨》，《农业经济》2014 年第 6 期，第 29 - 31 页。

农民工的生产知识和职业技能，而且还可促使他们认同、接受和融入单位或企业文化，实现企业单位和劳动者个人共同发展。近年来，在用人单位支持主体下的农民工培训逐渐产生了以促进产业发展为目的的新趋势，主要表现为根据当地重点创办的第二三产业的发展状况，以招聘用人单位或企业为培训主体对农民工进行培训，用来满足招聘用人单位或企业以及当地产业发展的要求。在这种趋势下，用人单位支持的农民工培训包括两种主要方式①：一是针对当地经济发展情况和资源供给禀赋，对相关产业或行业、用人单位或企业所需要的农民工劳动力进行培训；二是由当地龙头产业或企业牵头组织农民工培训，对农民工进行产品的生产、加工、运输、销售、售后服务等系列产业链式培训。

**（四）农民工培训的社会团体支持主体**

从农民工培训的公共产品属性出发，政府支持与市场支持构成了农民工培训治理的两套基本机制，即政府治理机制和市场治理机制，但这两套机制存在着政府失效与市场失灵不可避免的天然缺陷。20世纪80年代非盈利部门的兴起，在全球逐渐掀开了一场影响深远的"社团革命"，其出现对长期困扰人们的政府失效与市场失灵做出了的正面回答，为解决政府和市场的天然缺陷提供了可能路径。非盈利部门又称为第三领域，是政府（公共领域）与市场（盈利组织）之外的非常政府组织（NGO）或非盈利组织（NPO）。对于非垄断性的准公共产品提供，非政府性或非营利性的社会团体组织优势更大，这些优势主要表现为反应迅速、贴近基层、运行灵活、经济资本耗用低、社会资本易聚集等②，尤其是社会团体中往往有志愿者提供免费服务，并能够得到私人或企业的物资捐赠，发起人和组织者具较强的社会责任感和时代使命感，团队成员对这

---

① 徐建军：《我国农民工就业培训模式研究》，博士学位论文，西南财经大学2013年，第89-90页。

② 王振海：《社会组织发展与国家治理现代化》，人民出版社2015年版，第66-67页。

些团体所从事业具有相当大的组织认同感和奉献精神，这就使得社会团体产生极大的凝聚力去开展利国利民的社会活动。正是因为这些独特优势，非政府性部门和非营利性部门的社会团体在准公共产品供给与社会公共服务提供过程中扮演着愈来愈重要的角色，并显示出越来越强大的生命力。因此，随着非政府性和非营利性社会组织或团体的发育成熟及其独特的社会服务优势，社会团体支持是农民工培训的重要支持主体。

社会团体支持是指非政府性和非营利性社会团体根据本组织工作的开展计划，积极通过募捐、志愿提供等方式筹集培训资源，并充分利用社区内一切培训资源对失地农民，以及转移后劳动者城镇角色的形成和职业适应所进行的职前或职后培训。与西方国家不同的是，当前我国一些非政府性和非营利性社会团体，如工会、妇联、街道居委会等往往带有半官方性质，这就决定了社会团体支持主体中某些组织的"社会性""非政府性""非营利性"和"第三方性"并不特别明显，并非单一地隶属于纯非政府组织和非营利性组织，加之，国内社会团体获得的培训资源稳定性较差，这些社会团体与所在社区进行合作，从而形成了独具特色的"社会社区协作式"支持模式，这种支持模式下的农民工培训，往往将社会团体和社区资源进行有效整合，社会团体和社区人员对农民工培训均具有较高的参与度和决策权，作为培训服务的主要提供者，社会团体对培训活动的成功实施发挥着关键性的作用，如对社区所开展的培训项目在技术、资金、师资力量等方面提供一定的帮助和指导，及时对社区培训项目提供所需要的无偿性服务，并通过各种形式对培训项目进行舆论宣传和舆论监督等。

### （五）农民工培训的个人支持主体

根据舒尔茨、贝克尔等人的经典人力资本理论，人力资本投资包括正规教育、在职培训、医疗保健、家庭迁徙等方式，个体人力资本主要表现为个体所拥有的知识、技能、健康状况、生活态度等方面的价值总和，人力资本投资比物质性消费具有更大的经久性、耐用性和回报性优势。个体人力资本投资决策行为取决于投资前后预期收益增值与投资成本的比较分析[1]，当个体预判通过一定的投资方式具有理想的收益性和增值性，使其"年龄—收益"曲线呈现出更倾斜、陡峭的趋势，人力资本投资行为就将发生。卢卡斯人力资本投资主要有两种途径，一种是舒尔茨式的学校正规教育，主要是通过全日制中职、高职教育的方式，逐渐丰富并提高劳动者的生产知识和技能，为将来收入水平提升产生"内在效应"；另一种是阿罗式"做中学"或在职培训，通过生产经验的累积为当前收入水平和职业发展产生"外在效应"[2]。人力资本投资实施主体主要有雇主和员工，贝克尔提出企业在职培训的基本原则是"谁受益，谁花钱；共同受益，共同花钱"。[3] 企业支付的工资率是由其他企业的边际生产力决定，工资率与边际产品增量完全相同，提供培训的企业也就得不到任何多余的收益，只有预期未来的边际投资收益大于投入的前提下，企业才会进行提升人力资本的培训投资。加之，在一个完全竞争的劳动力市场，劳动者享有在职培训的个人收益，个人相当一部人力资本积累是以在职培训的形式实现，理应承担一定的培训成本。因此，农民工个人（包括家庭）作为最重要的培训受益者，个人支持是农民工培训的重要支持主体。

个人支持主体是指农民工个人或家庭在"成本—收益"的预判基础上，根据自己职业技能和职业发展的需求，积极、自愿地参与相关培训活动，以实现提高其职业技能或综合素质、提升个人人力资本、增加个人或家庭收入的目的。其中，"成本"主要分为直接成本和间接成本，直接成本包括参与培训过程中的学费、杂费、交通费、资料费、食

---

① 李汉通：《个人人力资本投资决策行为分析模型》，《系统工程》2006 年第 8 期，第 62 - 64 页。

② 夏文伟：《人力资本投资与区域经济发展——武汉市的实证分析》，硕士学位论文，华中科技大学 2005 年，第 35 - 36 页。

③ 李默迪、周远强：《香港地区继续教育调研及其启示》，《中国成人教育》2011 年第 7 期，第 109 - 113 页。

宿费等，间接成本包括参与培训过程中的机会成本，也就是为参与培训而放弃的就业机会的潜在收益；"收益"既包括参与培训后获取从业证书、增加经济收入等直接收益，又包括搭建社会关系、获得晋升机会等间接受益。在现实中，影响农民工个人或家庭支持培训的影响因素很多，不仅有农民工"成本—收益"决策分析和个人特征因素，而且还有培训政策、培训渠道和培训组织等外部环境因素。① 在诸多因素中，农民工自身产生的培训需求欲望、意愿和动机是实现个人支持的前提性心理因素；从人力资本投资角度出发，预期收益的增长方式是农民工参加培训的内在动力。作为支持主体的农民工，由于个人素质、能力和智力等不尽相同，教育、经济和社会环境等因素的持久性差异，拥有资源的可塑性不同、价值观差别、行为环境不确定以及理性认知能力差异，必然导致农民工预期人力资本的边际报酬能力和职业风险认知不同，从而导致参与培训的最终目标发生改变。

## 第二节　农民工培训社会支持的现状

### 一、调查设计

#### （一）调查工具

农民工培训社会支持最主要的受益者是接受过培训的农民工，从已经参加过培训的农民工感知角度可以更为直接地认识和把握社会支持的现状。因此，本书主要采用问卷调查法对已经参加过培训的农民工群体进行调查研究。本书所采用的《农民工培训的社会支持调查问卷》为自编问卷，主要由两部分构成。第一部分涵盖了性别、年龄、收入、教育程度、婚姻状况、从事行业、培训地点等基本信息；第二部分分别从"四向

---

① 吕莉敏、马建富：《新生代农民工教育培训需求及策略探究》，《中国职业技术教育》2010 年第 33 期，第 67 – 71 页。

度"（价值观念、行为规范、组织系统和物质支撑）描述"五主体"（政府、市场、用人单位、社会团体、农民工个人）对农民工培训支持的基本现状，以及农民工对"五主体"对其培训所提供社会支持的感知力度。

此外，由于问卷调查存在一些诸如灵活性不足、难以有效保证填写质量、对调查者的文化素质有一定要求等局限性，因此本书采用访谈法对问卷调查进行必要补充。在问卷设置的基础上，分别编制了针对政府、市场、用人单位、社会团体和农民工个人的访谈提纲，主要内容包括农民工培训的主体划分、培训主体的目的、培训主体的角色、培训条件保障、培训优缺点、培训过程实施、培训经验、培训效果等内容，试图通过深度访谈更加深入了农民工教育培训过程中的社会支持问题。

（二）调查对象

本书问卷调查采用立意性抽样和目的性抽样方式，调查对象主要为我国西部某省人力资源与社会保障局、各区县职教中心和职业院校"2016—2017 年度劳动力转移培训"相关项目的参与学员（即进城务工人员）。本书共发放问卷 2500 份，其中回收 1983 份，有效问卷 1674 份，回收率和有效率分别为 79.32 和 84.41%。就有效问卷而言（见表 7.2）：在性别方面，男 1026 份（占 61.3%），女 648 份（占 38.7%）；在婚姻状况方面，已婚 1269 份（占 75.8%），未婚 405 份（占 24.2%）；在学历方面，小学及以下 153 份（占 9.1%），初中 783 份（占 48.8%），高中 531 份（占 31.7%），大专及以上 207 份（占 12.4%）；在收入方面，1500 元及以下 612 份（占 36.6%），1500—2500 元 531 份（占 31.7%），2500—3500 元 360 份（占 21.5%），3500—4500 元 99 份（占 5.9%），4500 元及以上 72 份（占 4.3%）；在培训地点方面，主城 468 份（占 28.0%），区县 765 份（占 45.7%），乡镇 441 份（占 26.3%）。

本书访谈对象共计五类，即政府、市场、用人单位、社会团体和农民工个人，主要涉及西某省"2016—2017 年度劳动力转移培训"相关项目的利益相关者。本书共个别访谈 30 人次，其中政府、市场、用人单位、社会团体分别各访谈 4 人次，农民工个人访谈 14 人次。

### 表 7.2　问卷调查有效样本分布表（N = 1674）

| | | 有效问卷 | 百分比 |
|---|---|---|---|
| 性别 | 男 | 1026 份 | 61.3% |
| | 女 | 648 份 | 38.7% |
| 婚姻状况 | 已婚 | 1269 份 | 75.8% |
| | 未婚 | 405 份 | 24.2% |
| 教育程度 | 小学及以下 | 153 份 | 9.1% |
| | 初中 | 783 份 | 46.8% |
| | 高中 | 531 份 | 31.7% |
| | 大专及以上 | 207 份 | 12.4% |
| 月均收入 | 1500 元及以下 | 612 份 | 36.6% |
| | 1500—2500 元 | 531 份 | 31.7% |
| | 2500—3500 元 | 360 份 | 21.5% |
| | 3500—4500 元 | 99 份 | 5.9% |
| | 4500 元及以上 | 72 份 | 4.3% |
| 培训地点 | 主城 | 468 份 | 28.0% |
| | 区县 | 765 份 | 45.7% |
| | 乡镇 | 441 份 | 26.3% |

### 二、农民工培训政府主体支持的现状

#### （一）农民工培训政府主体观念支持的现状

问卷中"您认为政府部门（如各级社保部门、教育部门、建设部门、农业部门等）对进城务工人员进行培训是为了（多选）"一题主要是为了考察政府主体观念支持的现状。总体上看，政府观念支持由高到

低依次为，维护进城务工人员利益（76.3%）、履行政府服务职能（68.3%）、促进社会更加和谐（64.0%）、提升政府知名度（29.0%）、其他（22.6%）、谋取政府政绩（11.3%）。从培训区位差异来看，对于"维护进城务工人员利益"而言，区县（82.4%）大于乡镇（75.5%）大于主城（67.3%）；对于"履行政府服务职能"而言，区县（69.4%）大于乡镇（69.3%）大于主城（65.4%）；对于"促进社会更加和谐"而言，乡镇（77.6%）大于区县（62.4%）大于主城（53.8%）；对于"提升政府知名度"而言，乡镇（44.9%）大于区县（24.7%）大于主城（21.2%）；对于"其他"而言，乡镇（49.0%）大于区县（14.1%）大于主城（11.5%）；对于"谋取政府政绩"而言，乡镇（16.3%）大于区县（15.3%）大于主城（0.0%）。访谈中进一步了解到，由于该省为西部某劳务输出大省，区县一级政府更加注重农民工职业技能培训实现外出就业，以解决本地收入、就业不足等问题，政府更加注重政府公共服务职能发挥。因此，超过六成的农民工认为政府主体为其提供培训在观念上支持是政府在履行其服务职能的基础上，最大限度保护农民工群体的利益，从而促进社会更加和谐；相比主城而言，在区县和乡镇参加培训的农民工更能够感知到政府为其提供的观念支持。

表 7.3　政府主体观念支持基本现状统计表（N = 1674）

| 政府主体观念支持 | 培训区位 | | | 总体 |
|---|---|---|---|---|
| | 主城 | 区县 | 乡镇 | |
| 履行政府服务职能 | 65.4% | 69.4% | 69.3% | 68.3% |
| 维护进城务工人员利益 | 67.3% | 82.4% | 75.5% | 76.3% |
| 促进社会更加和谐 | 53.8% | 62.4% | 77.6% | 64.0% |
| 提升政府知名度 | 21.2% | 24.7% | 44.9% | 29.0% |
| 谋取政府政绩 | 0.0% | 15.3% | 16.3% | 11.3% |
| 其他 | 11.5% | 14.1% | 49.0% | 22.6% |

### （二）农民工培训政府主体行为支持的现状

问卷中"根据您的培训经历您认为政府在进城务工人员的培训工作中做好了哪些事情（多选）"一题主要是为了考察政府主体行为支持的现状。总体上看，政府行为支持由高到低依次为，按照职责分工落实培训责任（70.4%）、宣传引导（69.9%）、严格培训要求确保培训效果（65.1%）、提供政策扶植（63.4%）、完善培训制度推进依法培训（62.9%）、加强组织协调严格监督管理（57.0%）、提供后续服务强化培训保障（51.6%）、其他（19.4%）。从培训区位差异来看，对于"按照职责分工落实培训责任"而言，主城（76.9%）大于区县（68.2%）大于乡镇（67.3%）；对于"宣传引导"而言，乡镇（79.6%）大于区县（74.1%）大于主城（53.8%）；对于"严格培训要求确保培训效果"而言，乡镇（75.5%）大于主城（65.4%）大于区县（58.8%）；对于"提供政策扶植"而言，乡镇（71.4%）大于区县（70.6%）大于主城（44.2%）；对于"完善培训制度推进依法培训"而言，主城（67.3%）大于乡镇（63.3%）大于区县（60.0%）；对于"强组织协调严格监督管理"而言，主城（67.3%）大于乡镇（55.1%）大于区县（51.8%）；对于"提供后续服务强化培训保障"而言，乡镇（59.2%）大于主城（55.8%）大于区县（44.7%）；对于"其他"而言，主城（21.2%）大于区县（20.0%）大于乡镇（16.3%）。访谈分析进一步发现，由于行政权力和政府职能作用，政府在农民工培训中支持行为的优势和效果都较为明显，在农民工培训中发挥着主导作用。因此，超过六成的农民工认为政府主体为其提供培训在行为支持上做好了职责分工、宣传引导、培训要求、政策扶持和培训制度等工作；相比较而言，乡镇地区在宣传引导、政策扶持、培训要求和后续服务等方面具有更大的优势。

表 7.4 政府主体行为支持基本现状统计表 （N = 1674）

| 政府主体行为支持 | 培训区位 | | | 总体 |
|---|---|---|---|---|
| | 主城 | 区县 | 乡镇 | |
| 宣传引导 | 53.8% | 74.1% | 79.6% | 69.9% |
| 提供政策扶植 | 44.2% | 70.6% | 71.4% | 63.4% |
| 按照职责分工，落实培训责任 | 76.9% | 68.2% | 67.3% | 70.4% |
| 完善培训制度，推进依法培训 | 67.3% | 60.0% | 63.3% | 62.9% |
| 严格培训要求，确保培训效果 | 65.4% | 58.8% | 75.5% | 65.1% |
| 加强组织协调，严格监督管理 | 67.3% | 51.8% | 55.1% | 57.0% |
| 提供后续服务，强化培训保障 | 55.8% | 44.7% | 59.2% | 51.6% |
| 其他 | 21.2% | 20.0% | 16.3% | 19.4% |

### （三）农民工培训政府主体组织支持的现状

问卷中"在您所参加的培训经历中政府组织活动的力度"与"在您所参加的培训经历中政府组织活动的效果"两题主要是从组织支持力度和组织支持效果两个向度来考察政府主体组织支持的现状。组织支持力度的总体均值（3.45 ± 0.63）大于中间值 3.0，位于"一般"与"较大"表现水平之间，并且靠近两者之间的中间水平，其中"较大"与"非常大"的累积百分比达到 62.4%；主城和区县的均值都位于总体均值之上，乡镇的均值位于总体均值之下；不同区位之间差异显著（P = 0.000），主城大于区县且差异较为显著（P = 0.045），区县大于乡镇且差异十分显著（P = 0.000），主城大于乡镇且差异十分显著（P = 0.000）。组织支持效果的总体均值（3.89 ± 0.61）大于中间值 3.0，位于"一般"与"较好"表现水平之间，并且靠近"较好"水平，其中"较好"与"非常好"的累积百分比达到 72.0%；区县和乡镇的均值都位于总体均值水平之下，主城的均值位于总体均值水平之上；不同区位之间差异显著（P = 0.000），主城大于区县且差异十分显著（P =

0.000），区县大于乡镇且差异十分显著（P＝0.000），主城大于乡镇且差异十分显著。访谈分析进一步发现，主城地区经济发展水平、政府级别层次、组织人员管理水平等都较高，主城地区政府农民工培训支持行为也在很大程度上优于区县地区和乡镇地区。农民工培训政府主体的组织支持表现较为理想，尤其是组织支持效果处于较高水平；相比较而言，主城地区比区县与乡镇地区具有较大的优势。

### 表 7.5　政府主体组织支持基本现状统计表（N＝1674）

| 政府主体组织支持 | | 培训区位 | | | | | | 总体（P&CP） | |
|---|---|---|---|---|---|---|---|---|---|
| | | 主城（P&CP） | | 区县（P&CP） | | 乡镇（P&CP） | | | |
| 组织支持力度 | 非常小 | 11.5% | 11.5% | 11.8% | 11.8% | 6.1% | 6.1% | 10.2% | 10.2% |
| | 较小 | 9.6% | 21.2% | 14.1% | 25.9% | 40.8% | 46.9% | 19.9% | 30.1% |
| | 一般 | 9.6% | 30.8% | 5.9% | 31.8% | 8.2% | 55.1% | 7.5% | 37.6% |
| | 较大 | 34.6% | 65.4% | 42.4% | 74.1% | 40.8% | 95.9% | 39.8% | 77.4% |
| | 非常大 | 34.6% | 100.0% | 25.9% | 100.0% | 4.1% | 100.0% | 22.6% | 100.0% |
| | 均值（M±SD） | 3.71±0.53 | | 3.56±0.56 | | 2.96±0.61 | | 3.45±0.63 | |
| | F 值 | 45.662***(a›b*，b›c***，a›c***) | | | | | | | |
| 组织支持效果 | 非常差 | 0% | 0% | 7.1% | 7.1% | 4.1% | 4.1% | 4.3% | 4.3% |
| | 较差 | 9.6% | 9.6% | 9.4% | 16.5% | 8.2% | 12.2% | 9.1% | 13.4% |
| | 一般 | 11.5% | 21.2% | 7.1% | 23.5% | 30.6% | 42.9% | 14.5% | 28.0% |
| | 较好 | 23.1% | 44.2% | 44.7% | 68.2% | 40.8% | 83.7% | 37.6% | 65.6% |
| | 非常好 | 55.8% | 100.0% | 31.8% | 100.0% | 16.3% | 100.0% | 34.4% | 100.0% |
| | 均值（M±SD） | 4.25±0.59 | | 3.85±0.61 | | 3.57±0.69 | | 3.89±0.61 | |
| | F 值 | 45.742***(a›b***，b›c***，a›c***) | | | | | | | |

**（四）农民工培训政府主体物质支持的现状**

问卷中"您认为政府部门为培训工作提供了哪些物质条件"一题主要是为了考察政府主体物质支持的现状。总体上看，政府主体物质支持由高到低依次为，培训费用（85.2%）、培训机构（69.4%）、培训教材（66.7%）、培训师资（49.7%）、培训仪器（39.9%）、培训场所（238.8%）、其他（20.2%）。从培训区位差异来看，对于"培训费用"而言，区县（89.3%）大于乡镇（87.2%）大于主城（76.9%）；对于"培训机构"而言，区县（79.8%）大于乡镇（78.7%）大于主城（44.2%）；对于"培训教材"而言，乡镇（74.5%）大于区县（70.2%）大于主城（53.8%）；对于"培训师资"而言，乡镇（70.2%）大于区县（54.8%）大于主城（23.1%）；对于"培训仪器"而言，主城（44.2%）大于乡镇（38.3%）大于区县（38.1%）；对于"培训场所"而言，区县（44.0%）大于乡镇（36.2%）大于主城（32.7%）；对于"其他"而言，区县（23.8%）大于主城（21.2%）大于乡镇（12.8%）。访谈分析进一步发现，区县和乡镇主要负责外出务工人员的职前培训工作，它们也更加注重农民工培训的物质设施等方面的投入与工作。因此，政府主体为农民工培训提供的物质支持在培训费用方面具有非常大的优势，超过六成认为政府还提供了培训机构和培训教材；相比较而言，区县地区在培训费用、培训机构和培训场所放慢占据着较大的优势，乡镇地区在培训师资和培训教材方面占据着一定优势。

**表7.6 政府主体物质支持基本现状统计表（N=1674）**

| 政府主体物质支持 | 培训区位 | | | 总体 |
|---|---|---|---|---|
| | 主城 | 区县 | 乡镇 | |
| 培训费用 | 76.9% | 89.3% | 87.2% | 85.2% |
| 培训机构 | 44.2% | 79.8% | 78.7% | 69.4% |
| 培训师资 | 23.1% | 54.8% | 70.2% | 49.7% |

| 政府主体物质支持 | 培训区位 | | | 总体 |
|---|---|---|---|---|
| | 主城 | 区县 | 乡镇 | |
| 培训教材 | 53.8% | 70.2% | 74.5% | 66.7% |
| 培训场所 | 32.7% | 44.0% | 36.2% | 38.8% |
| 培训仪器 | 44.2% | 38.1% | 38.3% | 39.9% |
| 其他 | 21.2% | 23.8% | 12.8% | 20.2% |

### 三、农民工培训市场主体支持的现状

#### （一）农民工培训市场主体观念支持的现状

问卷中"您认为职业院校（如中职、高职、职教中心等）和培训机构组织进城务工人员进行培训是为了（多选）"一题主要是为了考察市场主体观念支持的现状。总体上看，市场主体观念支持由高到低依次为，履行院校或机构服务职能（72.0%）、维护进城务工人员利益（67.7%）、促进社会更加和谐（58.6%）、提升本院校或机构知名度（34.4%）、赚钱创收（22.6%）、其他（19.9%）。从培训区位差异来看，对于"履行院校或机构服务职能"而言，乡镇（79.6%）大于区县（76.5%）大于主城（57.7%）；对于"维护进城务工人员利益"而言，区县（78.8%）大于乡镇（71.4%）大于主城（46.2%）；对于"促进社会更加和谐"而言，乡镇（65.3%）大于主城（57.7%）大于区县（55.3%）；对于"提升本院校或机构知名度"而言，主城（42.3%）大于区县（38.8%）大于乡镇（18.4%）；对于"赚钱创收"而言，乡镇（34.7%）大于区县（17.6%）大于主城（19.2%）；对于"其他"而言，乡镇（28.6%）大于主城（21.2%）大于区县（14.1%）。因此，超过半数以上的农民工认为市场主体为其提供培训在观念上支持是为了本院校或培训机构的社会服务职能，并同时维护进城务工人员利益和促进社会更加和谐，并且相比主城而言，乡镇和区县

在这些方面的观念支持更加由于主城地区；然而，主城地区更加注重提升本院校或机构的社会知名度，乡镇地区更加注重通过培训实现赚钱创收。但是访谈分析与问卷调查结果存在不一致现象，访谈了解到农民工培训市场主体的主要目的是在提升培训院校或培训机构知名度的基础上，进一步赚钱创收以增加本单位或机构的总体收入和职工待遇。

表7.7　市场主体观念支持基本现状统计表（N = 1674）

| 市场主体观念支持 | 培训区位 | | | 总体 |
|---|---|---|---|---|
| | 主城 | 区县 | 乡镇 | |
| 履行院校或机构服务职能 | 57.7% | 76.5% | 79.6% | 72.0% |
| 维护进城务工人员利益 | 46.2% | 78.8% | 71.4% | 67.7% |
| 促进社会更加和谐 | 57.7% | 55.3% | 65.3% | 58.6% |
| 提升本院校或机构知名度 | 42.3% | 38.8% | 18.4% | 34.4% |
| 赚钱创收 | 19.2% | 17.6% | 34.7% | 22.6% |
| 其他 | 21.2% | 14.1% | 28.6% | 19.9% |

（二）农民工培训市场主体行为支持的现状

问卷中"根据您的培训经历您认为职业院校（如中职、高职、职教中心等）和培训机构在进城务工人员的培训工作中做好了哪些事情？（多选）"一题主要是为了考察市场主体行为支持的现状。总体上看，市场主体行为支持由高到低依次为，严格培训要求确保培训效果（79.0%）、宣传引导（73.1%）、完善培训制度推进依法培训（72.0%）、按照职责分工落实培训责任（68.8%）、加强组织协调严格监督管理（65.6%）、提供后续服务强化培训保障（42.5%）、提供物质奖励（39.2%）、其他（17.7%）。从培训区位差异来看，对于"严格培训要求确保培训效果"而言，区县（80.0%）大于乡镇（79.6%）大于主城（76.9%）；对于"宣传引导"而言，主城（76.9%）大于区县（71.8%）大于乡镇（71.4%）；对于"完善培训制度推进依法培训"而言，主城（76.9%）

大于区县（70.6%）大于乡镇（69.4%）；对于"按照职责分工落实培训责任"而言，乡镇（75.5%）大于区县（74.1%）大于主城（53.8%）；对于"加强组织协调严格监督管理"而言，乡镇（69.4%）大于主城（65.4%）大于区县（63.5%）；对于"提供后续服务强化培训保障"而言，乡镇（44.9%）大于主城（44.2%）大于区县（40.0%）；对于"提供物质奖励"而言，区县（44.7%）大于乡镇（36.7%）大于主城（32.7%）；对于"其他"而言，乡镇（24.5%）大于主城（21.2%）大于区县（11.8%）。访谈中进一步了解到，农民工培训市场主体行为主要受到市场经济利益的驱动，它们更加重视培训效果和培训宣传。因此，超过七成的农民工认为市场主体为其提供培训在行为支持上做好了培训要求、宣传引导和培训制度建设等工作，超过六成认为市场主体做好了职责分工和监督管理等工作；相比较而言，主城地区在宣传引导、培训制度建设两方面具有较大的优势。

**表7.8　市场主体行为支持基本现状统计表**（N＝1674）

| 市场主体行为支持 | 培训区位 | | | 总体 |
|---|---|---|---|---|
| | 主城 | 区县 | 乡镇 | |
| 宣传引导 | 76.9% | 71.8% | 71.4% | 73.1% |
| 提供物质奖励 | 32.7% | 44.7% | 36.7% | 39.2% |
| 按照职责分工,落实培训责任 | 53.8% | 74.1% | 75.5% | 68.8% |
| 完善培训制度,推进依法培训 | 76.9% | 70.6% | 69.4% | 72.0% |
| 严格培训要求,确保培训效果 | 76.9% | 80.0% | 79.6% | 79.0% |
| 加强组织协调,严格监督管理 | 65.4% | 63.5% | 69.4% | 65.6% |
| 提供后续服务,强化培训保障 | 44.2% | 40.0% | 44.9% | 42.5% |
| 其他 | 21.2% | 11.8% | 24.5% | 17.7% |

### （三）农民工培训市场主体组织支持的现状

问卷中"在您所参加的培训经历中职业院校（如中职、高职、职教中心等）和培训机构组织活动的力度"与"在您所参加的培训经历中职业院校（如中职、高职、职教中心等）和培训机构组织活动的效果"两题主要是从组织支持力度和组织支持效果两个向度来考察市场主体组织支持的现状。组织支持力度的总体均值（3.55±0.62）大于中间值3.0，位于"一般"与"较大"表现水平之间，并且略微靠近"较大"水平，其中"较大"与"非常大"的累积百分比达到65.1%；区县和乡镇的均值都位于总体均值之上，主城的均值位于总体均值之下；不同区位之间差异显著（P=0.001），区县大于乡镇但差异不显著（P=0.299），乡镇大于主城且差异较为显著（P=0.021），区县大于主城且差异十分显著（P=0.000）。组织支持效果的总体均值（3.92±0.65）大于中间值3.0，位于"一般"与"较好"表现水平之间，并且靠近"较好"水平，其中"较好"与"非常好"的累积百分比达到72.1%；主城和区县的均值都位于总体均值之上，乡镇均值位于总体均值之下；不同区位之间差异显著（P=0.000），主城大于区县且差异十分显著（P=0.000），区县大于乡镇且差异十分显著（P=0.000），主城大于乡镇且差异十分显著。访谈中进一步了解到，农民工培训市场主体的组织支持力度和支持效果都较为理想，尤其是主城地区的市场经济发展更为成熟，组织支持也优于区县和乡镇地区。因此，农民工培训市场主体的组织支持表现较为理想，尤其是组织支持效果处于较高水平；相比较而言，区县地区的组织支持力度优于乡镇和主城地区，主城地区的组织支持效果优于区县和乡镇地区。

**表7.9　市场主体组织支持基本现状统计表（N = 1674）**

| 市场主体组织支持 | | 培训区位 | | | | | | 总体（P&CP） | |
|---|---|---|---|---|---|---|---|---|---|
| | | 主城（P&CP） | | 区县（P&CP） | | 乡镇（P&CP） | | | |
| 组织支持力度 | 非常小 | 11.5% | 11.5% | 9.4% | 9.4% | 0% | 0% | 7.5% | 7.5% |
| | 较小 | 19.2% | 30.8% | 11.8% | 21.2% | 24.5% | 24.5% | 17.2% | 24.7% |
| | 一般 | 11.5% | 42.3% | 8.2% | 29.4% | 12.2% | 36.7% | 10.2% | 34.9% |
| | 较大 | 34.6% | 76.9% | 45.9% | 75.3% | 44.9% | 81.6% | 42.5% | 77.4% |
| | 非常大 | 23.1% | 100.0% | 24.7% | 100.0% | 18.4% | 100.0% | 22.6% | 100.0% |
| | 均值（M ± SD） | 3.38 ±0.63 | | 3.65 ±0.62 | | 3.57 ±0.60 | | 3.55 ±0.62 | |
| | F 值 | 6.797***(b›c,c›a*,b›a***) | | | | | | | |
| 组织支持效果 | 非常差 | 0% | 0% | 3.5% | 3.5% | 24.5% | 24.5% | 1.6% | 1.6% |
| | 较差 | 9.6% | 9.6% | 8.2% | 11.8% | 18.4% | 42.9% | 12.9% | 14.5% |
| | 一般 | 11.5% | 21.2% | 11.8% | 23.5% | 36.7% | 79.6% | 13.4% | 28.0% |
| | 较好 | 23.1% | 44.2% | 42.4% | 65.9% | 20.4% | 100.0% | 35.5% | 63.4% |
| | 非常好 | 55.8% | 100.0% | 34.1% | 100.0% | 24.5% | 24.5% | 36.6% | 100.0% |
| | 均值（M ± SD） | 4.25 ±0.69 | | 3.95 ±0.65 | | 3.53 ±0.64 | | 3.92 ±0.65 | |
| | F 值 | 54.579***(a›b***,b›c***,a›c***) | | | | | | | |

## （四）农民工培训市场主体物质支持的现状

问卷中"您认为职业院校（如中职、高职、职教中心等）和培训机构为培训工作提供了哪些物质条件"一题主要是为了考察市场主体物质支持的现状。总体上看，市场主体物质支持由高到低依次为，培训场所（77.4%）、培训教材（74.7%）、培训机构（69.4%）、培训师资（68.3%）、培训仪器（55.9%）、培训费用（41.4%）、其他（12.9%）。从培训区位差异来看，对于"培训场所"而言，区县（90.6%）大于乡镇（90.6%）大于主城（65.4%）；对于"培训教材"而言，区县（77.6%）大于主城（76.9%）大于乡镇（67.3%）；对于"培训机构"而言，区县（74.1%）大于主城（67.3%）大于乡镇（63.3%）；对于"培训师资"而言，区县（77.6%）大于乡镇（75.5%）大于主城（56.2%）；对于"培训仪器"而言，区县（70.6%）大于乡镇（55.1%）大于主城（32.7%）；对于"培训费用"来看，乡镇（51.0%）大于区县（47.1%）大于主城（23.1%）；对于"其他"而言，区县（14.1%）大于乡镇（12.2%）大于主城（11.5%）。访谈中进一步了解到，农民工培训市场主体一般通过"招标"的形式、获得"政府购买服务"性质的培训项目，市场主体获取政府给予的培训经费，并能够在许可范围内取得收益，必须承担培训经费之外的所有物质设施条件。因此，市场主体为农民工培训提供的物质支持表现十分理想，其中超过七成认为市场提供了培训场所和培训教材，超过六成认为提供了培训机构和培训师资；相比较而言，除培训费用乡镇地区略占优势之外，区县地区在其他方面都占据着较为优势的地位。

表 7.10　市场主体物质支持基本现状统计表（N = 1674）

| 市场主体物质支持 | 培训区位 | | | 总体 |
|---|---|---|---|---|
| | 主城 | 区县 | 乡镇 | |
| 培训费用 | 23.1% | 47.1% | 51.0% | 41.4% |
| 培训机构 | 67.3% | 74.1% | 63.3% | 69.4% |
| 培训师资 | 56.2% | 77.6% | 75.5% | 68.3% |
| 培训教材 | 76.9% | 77.6% | 67.3% | 74.7% |
| 培训场所 | 65.4% | 90.6% | 67.3% | 77.4% |
| 培训仪器 | 32.7% | 70.6% | 55.1% | 55.9% |
| 其他 | 11.5% | 14.1% | 12.2% | 12.9% |

## 四、农民工培训用人单位主体观念支持的现状

### （一）农民工培训用人单位主体观念支持的现状

问卷中"您认为用工单位组织进城务工人员进行培训是为了（多选）"一题主要是为了考察用人单位主体观念支持的现状。总体上看，用人单位主体观念支持由高到低依次为，履行用人单位服务义务（72.0%）、维护进城务工人员利益（66.2%）、促进社会更加和谐（66.1%）、提升本单位知名度（43.5%）、谋取更多利润（28.0%）、其他（22.6%）。从培训区位差异来看，对于"履行用人单位服务义务"而言，主城（76.9%）大于乡镇（71.4%）大于区县（69.4%）；对于"维护进城务工人员利益"而言，区县（75.3%）大于乡镇（71.4%）大于主城（46.2%）；对于"促进社会更加和谐"而言，乡镇（79.6%）大于主城（67.3%）大于区县（57.6%）；对于"提升本单位知名度"而言，主城（53.8%）大于乡镇（42.9%）大于区县（37.6%）；对于"谋取更多利润"而言，乡镇（44.9%）大于区县（22.4%）大于主城（21.2%）；对于"其他"而言，乡镇（32.7%）大于主城（21.2%）大于区县（17.6%）。在对用人单位工作人员的访谈中进一步了解到，用人单位组织农民工培训主要是出于自身利益考虑，通过培训提升本单位员工的职业技能和职业素质，以期在最大程度上取得相应的经济效益。因此，超过六成以上的农民工认为用人单位主体为其提供培训在观念上支持是为了履行用人单位培训员工的义务，维护进城务工人员利益和促进社会更加和谐；相比较而言，主城地区更为注重提升本用人单位的社会知名度，而乡镇地区用人单位更加注重通过培训谋取更多的利润。

表 7.11　用人单位主体观念支持基本现状统计表（N = 1674）

| 用人单位主体观念支持 | 培训区位 | | | 总体 |
|---|---|---|---|---|
| | 主城 | 区县 | 乡镇 | |
| 履行用人单位服务义务 | 76.9% | 69.4% | 71.4% | 72.0% |
| 维护进城务工人员利益 | 46.2% | 75.3% | 71.4% | 66.2% |
| 促进社会更加和谐 | 67.3% | 57.6% | 79.6% | 66.1% |
| 提升本单位知名度 | 53.8% | 37.6% | 42.9% | 43.5% |
| 谋取更多利润 | 21.2% | 22.4% | 44.9% | 28.0% |
| 其他 | 21.2% | 17.6% | 32.7% | 22.6% |

**（二）农民工培训用人单位主体行为支持的现状**

问卷中"根据您的培训经历您认为用工单位在进城务工人员的培训工作中做好了哪些事情（多选）"一题主要是为了考察用人单位主体行为支持的现状。总体上看，用人单位主体行为支持由高到低依次为，完善培训制度推进依法培训（73.7%）、按照职责分工落实培训责任（72.6%）、加强组织协调严格监督管理（71.0%）、严格培训要求确保培训效果（69.9%）、宣传引导（64.5%）、提供后续服务强化培训保障（56.5%）、提供物质奖励（53.8%）、其他（24.7%）。从培训区位差异来看，对于"完善培训制度推进依法培训"而言，乡镇（83.7%）大于区县（71.8%）大于主城（67.3%）；对于"按照职责分工落实培训责任"而言，乡镇（79.6%）大于区县（78.8%）大于主城（55.8%）；对于"加强组织协调严格监督管理"而言，主城（88.5%）大于乡镇（71.4%）大于区县（60.0%）；对于"严格培训要求确保培训效果"而言，乡镇（75.5%）大于区县（75.3%）大于主城（55.8%）；对于"宣传引导"而言，区县（68.2%）大于乡镇（67.3%）大于主城（55.8%）；对于"提供后续服务强化培训保障"

而言，乡镇（67.3%）大于主城（55.8%）大于区县（50.6%）；对于
"提供物质奖励"而言，乡镇（69.4%）大于区县（56.5%）大于主城
（34.6%）；对于"其他"而言，乡镇（36.7%）大于区县（25.9%）
大于主城（11.5%）。通过访谈分析进一步发现，用人单位更为重视农
民工培训工作的规章制度建设，强调对农民工培训过程的监督管理以及
后续奖励、惩罚的行为规范。因此，超过七成的农民工认为用人单位主
体为其提供培训在行为支持上做好了培训制度建设、职能分工和监督管
理等工作，超过六成认为用人单位主体做好了培训要求和宣传引导工
作；相比较而言，乡镇地区在宣传引导、物质奖励、培训职责、培训制
度、培训要求和后续服务等方面具有一定的优势。

**表 7.12　用人单位主体行为支持基本现状统计表（N = 1674）**

| 用人单位主体行为支持 | 培训区位 | | | 总体 |
|---|---|---|---|---|
| | 主城 | 区县 | 乡镇 | |
| 宣传引导 | 55.8% | 68.2% | 67.3% | 64.5% |
| 提供物质奖励 | 34.6% | 56.5% | 69.4% | 53.8% |
| 按照职责分工,落实培训责任 | 55.8% | 78.8% | 79.6% | 72.6% |
| 完善培训制度,推进依法培训 | 67.3% | 71.8% | 83.7% | 73.7% |
| 严格培训要求,确保培训效果 | 55.8% | 75.3% | 75.5% | 69.9% |
| 加强组织协调,严格监督管理 | 88.5% | 60.0% | 71.4% | 71.0% |
| 提供后续服务,强化培训保障 | 55.8% | 50.6% | 67.3% | 56.5% |
| 其他 | 11.5% | 25.9% | 36.7% | 24.7% |

## （三）农民工培训用人单位主体组织支持的现状

问卷中"在您所参加的培训经历中用人单位组织活动的力度"与
"在您所参加的培训经历中用人单位组织活动的效果"两题主要是从组
织支持力度和组织支持效果两个向度来考察用人单位主体组织支持的现
状。组织支持力度的总体均值（3.30 ± 0.44）大于中间值3.0，位于
"一般"与"较大"表现水平之间，并且靠近"一般"水平，其中

"较大"与"非常大"的累积百分比达到54.3%；主城的均值位于总体均值之上，区县和乡镇的均值都位于总体均值之下；不同区位之间差异显著（P=0.000），主城大于区县且差异十分显著（P=0.000），区县大于乡镇且差异较为显著（P=0.017），主城大于乡镇且差异十分显著（P=0.000）。组织支持效果的总体均值（3.70±0.55）大于中间值3.0，位于"一般"与"较好"表现水平之间，并且靠近"较好"水平，其中"较好"与"非常好"的累积百分比达到61.8%；主城和区县的均值都位于总体均值之上，乡镇均值位于总体均值之下；不同区位之间差异显著（P=0.002），主城大于区县但差异不显著（P=0.490），区县大于乡镇且差异显著（P=0.003），主城大于乡镇且差异显著（P=0.001）。通过访谈分析进一步发现，用人单位为了维护本单位的切身利益，往往更加重视组织支持力度与组织支持效果。因此，农民工培训用人单位主体的组织支持表现较为理想，尤其是组织支持效果处于较高水平；相比较而言，主城地区的组织支持力度优于区县和乡镇地区，主城和区县地区的组织支持效果优于乡镇地区。

**表7.13　用人单位主体组织支持基本现状统计表（N=1674）**

| 用人单位主体组织支持 | | 培训区位 | | | | | | 总体（P&CP） | |
| --- | --- | --- | --- | --- | --- | --- | --- | --- | --- |
| | | 主城（P&CP） | | 区县（P&CP） | | 乡镇（P&CP） | | | |
| 组织支持力度 | 非常小 | 11.5% | 11.5% | 20.0% | 20.0% | 12.2% | 12.2% | 15.6% | 15.6% |
| | 较小 | 9.6% | 21.2% | 16.5% | 36.5% | 36.7% | 49.0% | 19.9% | 35.5% |
| | 一般 | 23.1% | 44.2% | 5.9% | 42.4% | 4.1% | 53.1% | 10.2% | 45.7% |
| | 较大 | 11.5% | 55.8% | 36.5% | 78.8% | 30.6% | 83.7% | 28.0% | 73.7% |
| | 非常大 | 44.2% | 100.0% | 21.2% | 100.0% | 16.3% | 100.0% | 26.3% | 100.0% |
| | 均值（M±SD） | 3.67±0.42 | | 3.22±0.46 | | 3.02±0.35 | | 3.30±0.44 | |
| | F值 | 25.885*** (a>b***, b>c*, a>c***) | | | | | | | |

续表

| 用人单位主体组织支持 | | 培训区位 | | | | | | 总体(P&CP) | |
|---|---|---|---|---|---|---|---|---|---|
| | | 主城(P&CP) | | 区县(P&CP) | | 乡镇(P&CP) | | | |
| 组织支持效果 | 非常差 | 0% | 0% | 8.2% | 8.2% | 4.1% | 4.1% | 4.8% | 4.8% |
| | 较差 | 21.2% | 21.2% | 8.2% | 16.5% | 12.2% | 16.3% | 12.9% | 17.7% |
| | 一般 | 23.1% | 44.2% | 12.9% | 29.4% | 30.6% | 46.9% | 20.4% | 38.2% |
| | 较好 | 11.5% | 55.8% | 42.4% | 71.8% | 32.7% | 79.6% | 31.2% | 69.4% |
| | 非常好 | 44.2% | 100.0% | 28.2% | 100.0% | 20.4% | 100.0% | 30.6% | 100.0% |
| | 均值 (M±SD) | 3.79±0.56 | | 3.74±0.59 | | 3.53±0.52 | | 3.70±0.55 | |
| | F 值 | 6.457**(a>b*,b>c**,a>c***) | | | | | | | |

**（四）农民工培训用人单位主体物质支持的现状**

问卷中"您认为用人单位为培训工作提供了哪些物质条件"一题主要是为了考察用人单位主体物质支持的现状。总体上看，用人单位主体物质支持由高到低依次为，培训费用（76.3%）、培训教材（68.8%）、培训师资（60.8%）、培训场所（60.2%）、培训机构（49.5%）、培训仪器（45.2%）、其他（13.4%）。从培训区位差异来看，对于"培训费用"而言，区县（85.9%）大于乡镇（71.4%）大于主城（65.4%）；对于"培训教材"而言，主城（78.8%）大于乡镇（75.5%）大于区县（58.8%）；对于"培训师资"而言，区县（71.8%）大于主城（67.3%）大于乡镇（34.7%）；对于"培训场所"而言，区县（71.8%）大于主城（55.8%）大于乡镇（44.9%）；对于"培训机构"而言，乡镇（65.3%）大于区县（56.5%）大于主城（23.1%）；对于"培训仪器"而言，区县（50.6%）大于主城（46.2%）大于乡镇（34.7%）；对于"其他"而言，区县（17.6%）大于主城（11.5%）大于乡镇（8.2%）。通过访谈分析发现，用人单位组织农民工培训，本单位需要支付培训绝大部分成本，地方政府会适当给予一定的补充，多通过租赁的方式获得场所、仪器、设备等。因此，用人单位主体为农民工培训提供的物质支持表现较为理想，其中超过七成认为用人单位提供了培训费用，超过六成认为用人单位还提供了培训教材、培训师资和培训场所；相比较而言，区县地区在培训费用、培训师资、培训场所、培训仪器四个方面占据较大优势，而主城和乡镇地区在培训教材、培训机构方面具有一定优势。

表 7.14　用人单位主体物质支持基本现状统计表（N = 1674）

| 用人单位主体物质支持 | 培训区位 | | | 总体 |
|---|---|---|---|---|
| | 主城 | 区县 | 乡镇 | |
| 培训费用 | 65.4% | 85.9% | 71.4% | 76.3% |
| 培训机构 | 23.1% | 56.5% | 65.3% | 49.5% |
| 培训师资 | 67.3% | 71.8% | 34.7% | 60.8% |
| 培训教材 | 78.8% | 58.8% | 75.5% | 68.8% |
| 培训场所 | 55.8% | 71.8% | 44.9% | 60.2% |
| 培训仪器 | 46.2% | 50.6% | 34.7% | 45.2% |
| 其他 | 11.5% | 17.6% | 8.2% | 13.4% |

**五、农民工培训社会团体主体支持的现状**

**（一）农民工培训社会团体主体观念支持的现状**

问卷中"您认为社区（如居委会、街道办事处等）和团体（如工会、妇联、老乡会、志愿者等）组织进城务工人员进行培训是为了（多选）"一题主要是为了考察社会团体主体观念支持的现状。总体上看，社会团体主体观念支持由高到低依次为，维护进城务工人员利益（76.9%）、履行社会团体服务职能（72.0%）、促进社会更加和谐

（62.4%）、提升社会团体知名度（41.9%）、其他（17.2%）、赚钱创收（14.5%）。从培训区位差异来看，对于"维护进城务工人员利益"而言，主城（78.8%）大于区县（76.5%）大于乡镇（75.5%）；对于"履行社会团体服务职能"而言，乡镇（83.7%）大于区县（75.3%）大于主城（55.8%）；对于"促进社会更加和谐"而言，乡镇（79.6%）大于区县（56.5%）大于主城（55.8%）；对于"提升社会团体知名度"而言，主城（53.8%）大于区县（40.0%）大于乡镇（32.7%）；对于"赚钱创收"而言，主城（19.2%）大于乡镇（16.3%）大于区县（10.6%）；对于"其他"而言，主城（21.2%）大于乡镇（16.3%）大于区县（15.3%）。通过访谈分析进一步发现，社会团体主体带有极强的"非营利性"和"非政府性"，这就导致它们组织农民工培训更多是为了弱势群体的补偿利益，而很少考虑自身的经济利益和附加价值。因此，六成以上的农民工认为社会团体为其提供培训在观念支持上是为了维护务工人员利益，履行社会团体服务职能和促进社会更加和谐，不到两成的农民工认为是为了赚钱创收；相比较而言，主城地区更为注重提升社会团体知名度和赚钱创收。

表7.15　社会团体主体观念支持基本现状统计表（N = 1674）

| 社会团体主体观念支持 | 培训区位 | | | 总体 |
| --- | --- | --- | --- | --- |
| | 主城 | 区县 | 乡镇 | |
| 履行社会团体服务职能 | 55.8% | 75.3% | 83.7% | 72.0% |
| 维护进城务工人员利益 | 78.8% | 76.5% | 75.5% | 76.9% |
| 促进社会更加和谐 | 55.8% | 56.5% | 79.6% | 62.4% |
| 提升社会团体知名度 | 53.8% | 40.0% | 32.7% | 41.9% |
| 赚钱创收 | 19.2% | 10.6% | 16.3% | 14.5% |
| 其他 | 21.2% | 15.3% | 16.3% | 17.2% |

### （二）农民工培训社会团体主体行为支持的现状

问卷中"根据您的培训经历您认为社区（如居委会、街道办事处等）和团体（如工会、妇联、老乡会、志愿者等）在进城务工人员的培训工作中做好了哪些事情（多选）"一题主要是为了考察社会团体主体行为支持的现状。总体上看，社会团体主体行为支持由高到低依次为，宣传引导（73.7%）、按照职责分工落实培训责任（69.4%）、严格培训要求确保培训效果（68.3%）、完善培训制度推进依法培训（61.8%）、加强组织协调严格监督管理（58.6%）、提供物质奖励（51.1%）、提供后续服务强化培训保障（47.3%）、其他（21.0%）。从培训区位差异来看，对于"宣传引导"而言，区县（77.6%）大于乡镇（75.5%）大于主城（65.4%）；对于"按照职责分工落实培训责任"而言，乡镇（81.6%）大于区县（71.8%）大于主城（53.8%）；对于"严格培训要求确保培训效果"而言，乡镇（71.4%）大于主城（67.3%）大于区县（67.1%）；对于"完善培训制度推进依法培训"而言，乡镇（67.3%）大于区县（62.4%）大于主城（55.8%）；对于"加强组织协调严格监督管理"而言，主城（65.4%）大于乡镇（59.2%）大于区县（54.1%）；对于"提供物质奖励"而言，乡镇（65.3%）大于区县（47.1%）大于主城（44.2%）；对于"提供后续服务强化培训保障"而言，乡镇（61.2%）大于主城（46.2%）大于区县（40.0%）；对于"其他"而言，乡镇（28.6%）大于主城（21.2%）大于区县（16.5%）。通过访谈分析发现，社会团体对于农民工培训实质上的支持较少，更多地停留在宣传、鼓励和引导等方面，由于一些社会团体将对弱势群体补偿行为放到较为基层社会，区县和乡镇一级支持行为处于一定的优势地位。因此，超过六成的农民工认为社会团体为其提供培训在行为支持上做好了宣传引导、职责分工、培训要求和培训制度建设等工作；相比较而言，主城地区社会团体的监督管理工作较好。

**表7.16 社会团体主体行为支持基本现状统计表**（N = 1674）

| 社会团体主体行为支持 | 培训区位 | | | 总体 |
|---|---|---|---|---|
| | 主城 | 区县 | 乡镇 | |
| 宣传引导 | 65.4% | 77.6% | 75.5% | 73.7% |
| 提供物质奖励 | 44.2% | 47.1% | 65.3% | 51.1% |
| 按照职责分工,落实培训责任 | 53.8% | 71.8% | 81.6% | 69.4% |
| 完善培训制度,推进依法培训 | 55.8% | 62.4% | 67.3% | 61.8% |
| 严格培训要求,确保培训效果 | 67.3% | 67.1% | 71.4% | 68.3% |
| 加强组织协调,严格监督管理 | 65.4% | 54.1% | 59.2% | 58.6% |
| 提供后续服务,强化培训保障 | 46.2% | 40.0% | 61.2% | 47.3% |
| 其他 | 21.2% | 16.5% | 28.6% | 21.0% |

**（三）农民工培训社会团体主体组织支持的现状**

问卷中"在您所参加的培训经历中社区（如居委会、街道办事处等）和团体（如工会、妇联、老乡会、志愿者等）组织活动的力度"与"在您所参加的培训经历中社区（如居委会、街道办事处等）和团体（如工会、妇联、老乡会、志愿者等）组织活动的效果"两题主要是从组织支持力度和组织支持效果两个向度来考察社会团体主体组织支持的现状。组织支持力度的总体均值（3.45 ± 0.68）大于中间值 3.0，位于"一般"与"较大"表现水平之间，并且靠近"一般"与"较大"的中间水平，其中"较大"与"非常大"的累积百分比达到 60.2%；主城的均值位于总体均值之上，区县和乡镇的均值都位于总体均值之下；不同区位之间差异显著（P = 0.000），主城大于区县且差异十分显著（P = 0.000），区县大于乡镇且差异十分显著（P = 0.004），主城大于乡镇且差异十分显著（P = 0.000）。组织支持效果的总体均值（3.74 ± 0.72）大于中间值 3.0，位于"一般"与"较好"表现水平之间，并且靠近"较好"水平，其中"较好"与"非常好"的累积百分比达到65.6%；主城的均值位于总体均值之上，区县和乡镇的均值都位于总体均值之下；不同区位之间差异显著（P = 0.000），主城大于区县且差异十分显著（P = 0.000），区县大于乡镇且差异十分显著（P = 0.000），主城大于乡镇且差异十分显著（P = 0.000）。通过访谈分析进一步发现，主城地区社会团体成员的素质、能力和水平都高于区县和乡镇地区，这就导致主城地区支持力度和支持效果都处于较大的优势地位。因此，农民工培训社会团体主体的组织支持表现较为理想，尤其是组织支持效果处于较高水平；相比较而言，主城地区的组织支持力度优于区县和乡镇地区，主城地区的组织支持效果优于区县和乡镇地区。

**表 7.17　社会团体主体组织支持基本现状统计表**（N = 1674）

| 社会团体主体组织支持 | | 培训区位 | | | | | | 总体（P&CP） | |
|---|---|---|---|---|---|---|---|---|---|
| | | 主城（P&CP） | | 区县（P&CP） | | 乡镇（P&CP） | | | |
| 组织支持力度 | 非常小 | 0% | 0% | 18.8% | 18.8% | 0% | 0% | 8.6% | 8.6% |
| | 较小 | 0% | 0% | 14.1% | 32.9% | 38.8% | 38.8% | 16.7% | 25.3% |
| | 一般 | 21.2% | 21.2% | 9.4% | 42.4% | 16.3% | 55.1% | 14.5% | 39.8% |
| | 较大 | 46.2% | 67.3% | 37.6% | 80.0% | 44.9% | 100.0% | 41.9% | 81.7% |
| | 非常大 | 32.7% | 100.0% | 20.0% | 100.0% | 0% | 100.0% | 18.3% | 100.0% |
| | 均值（M ± SD） | 4.12 ± 0.72 | | 3.26 ± 0.64 | | 3.06 ± 0.69 | | 3.45 ± 0.68 | |
| | F 值 | 117.504***(a›b***,b›c***,a›c***) | | | | | | | |
| 组织支持效果 | 非常差 | 0% | 0% | 10.6% | 10.6% | 4.1% | 4.1% | 5.9% | 5.9% |
| | 较差 | 9.6% | 9.6% | 9.4% | 20.0% | 20.4% | 24.5% | 12.4% | 18.3% |
| | 一般 | 11.5% | 21.2% | 12.9% | 32.9% | 26.5% | 51.0% | 16.1% | 34.4% |
| | 较好 | 23.1% | 44.2% | 38.8% | 71.8% | 32.7% | 83.7% | 32.8% | 67.2% |
| | 非常好 | 55.8% | 100.0% | 28.2% | 100.0 | 16.3% | 100.0% | 32.8% | 100.0% |
| | 均值（M ± SD） | 4.25 ± 0.69 | | 3.65 ± 0.72 | | 3.37 ± 0.71 | | 3.74 ± 0.72 | |
| | F 值 | 70.805**(a›b***,b›c***,a›c***) | | | | | | | |

**（四）农民工培训社会团体主体物质支持的现状**

问卷中"您认为社区（如居委会、街道办事处等）和团体（如工会、妇联、老乡会、志愿者等）为培训工作提供了哪些物质条件"一题主要是为了考察社会团体主体物质支持的现状。总体上看，社会团体主体物质支持由高到低依次为，培训场所（67.7%）、培训机构（61.8%）、培训教材（46.8%）、培训师资（46.2%）、培训费用（36.6%）、培训仪器（33.9%）、其他（32.8%）。从培训区位差异来看，对于"培训场所"而言，区县（75.3%）大于乡镇（67.3%）大于主城（55.8%）；对于"培训机构"而言，主城（67.3%）大于区县（61.2%）大于乡镇（57.1%）；对于"培训教材"而言，主城（55.8%）大于乡镇（53.1%）大于区县（37.6%）；对于"培训师资"而言，乡镇（61.2%）大于主城（46.2%）大于区县（37.6%）；对于"培训费用"而言，乡镇（49.0%）大于主城（44.2%）大于区县（24.7%）；对于"培训仪器"而言，乡镇（40.8%）大于主城（32.7%）大于区县（30.6%）；对于"其他"而言，乡镇（36.7%）大于主城（32.7%）大于区县（30.6%）。通过访谈分析进一步发现，社会团体开展农民工培训的物质支持能力主要取决于本组织的支付能力，所需要的物质设施都需要本组织自给自足，大部分社会团体组织发育较为不成熟，所提供的物质支持也较为有限。因此，社会团体为农民工培训提供的物质支持表现较为一般，其中超过六成认为社会团体提供了培训场所和培训机构，接近五成认为提供了培训教材和培训师资；相比较而言，主城地区在培训机构、培训教材两方面具有一定优势。

表 7.18    社会团体主体物质支持基本现状统计表（N = 1674）

| 个人主体物质支持 | 培训区位 | | | 总体 |
|---|---|---|---|---|
| | 主城 | 区县 | 乡镇 | |
| 培训费用 | 44.2% | 24.7% | 49.0% | 36.6% |
| 培训机构 | 67.3% | 61.2% | 57.1% | 61.8% |
| 培训师资 | 46.2% | 37.6% | 61.2% | 46.2% |
| 培训教材 | 55.8% | 37.6% | 53.1% | 46.8% |
| 培训场所 | 55.8% | 75.3% | 67.3% | 67.7% |
| 培训仪器 | 32.7% | 30.6% | 40.8% | 33.9% |
| 其他 | 32.7% | 30.6% | 36.7% | 32.8% |

### 六、农民工培训个人主体支持的现状

#### （一）农民工培训个人主体观念支持的现状

问卷中"作为进城务工人员您参加培训或者想参加培训是为了（多选）"一题主要是为了考察农民工个人主体观念支持的现状。总体上看，农民工个人主体观念支持由高到低依次为，提高自己的技能和素质（80.6%）、更好就业挣更多钱（74.7%）、了解法律等知识维护权益（64.5%）、为晋升或换职业做准备（48.9%）、扩大自己社会关系网（41.9%）、更好教育子女（34.9%）、其他（17.7%）。从培训区位差异来看，对于"提高自己的技能和素质"而言，主城（88.5%）大于乡镇（79.6%）大于区县（76.5%）；对于"更好就业挣更多钱"而言，区县（78.8%）大于乡镇（77.6%）大于主城（65.4%）；对于"了解法律等知识维护权益"而言，主城（76.9%）大于乡镇（63.3%）大于区县（57.6%）；对于"为晋升或换职业做准备"而言，主城（53.8%）大于区县（52.9%）大于乡镇（36.7%）；对于"扩大自己社会关系网"而

言，主城（44.2%）大于区县（43.5%）大于乡镇（36.7%）；对于
"更好教育子女"而言，主城（44.2%）大于乡镇（34.7%）大于区县
（29.4%）；对于"其他"而言，乡镇（24.5%）大于主城（21.2%）
大于区县（11.8%）。通过访谈分析进一步了解到，农民工绝大部分是
处于自己利益考虑，主要目的是为了提升自己的职业技能以获得更多的
经济回报。因此，超过七成的农民工认为个人自主为其提供培训在观念
上是为了提高自己的技能和素质、更好地就业以挣更多钱、了解法律规
范和安全等知识从而维护自身权益；相比较而言，主城地区农民工更为
注重扩大自己的社会关系网络与更好地教育子女。

**表 7.19　个人主体观念支持基本现状统计表**（N = 1674）

| 个人主体观念支持 | 培训区位 | | | 总体 |
|---|---|---|---|---|
| | 主城 | 区县 | 乡镇 | |
| 更好就业挣更多钱 | 65.4% | 78.8% | 77.6% | 74.7% |
| 提高自己的技能和素质 | 88.5% | 76.5% | 79.6% | 80.6% |
| 为晋升或换职业做准备 | 53.8% | 52.9% | 36.7% | 48.9% |
| 扩大自己社会关系网 | 44.2% | 43.5% | 36.7% | 41.9% |
| 了解法律等知识维护权益 | 76.9% | 57.6% | 63.3% | 64.5% |
| 更好教育子女 | 44.2% | 29.4% | 34.7% | 34.9% |
| 其他 | 21.2% | 11.8% | 24.5% | 17.7% |

**（二）农民工培训个人主体行为支持的现状**

问卷中"在培训过程中，您认为进城务工人员自己做好了哪些事情
（多选）"一题主要是为了考察农民工个人主体行为支持的现状。总体
上看，农民工个人主体行为支持由高到低依次为，深刻认识培训的重要
性（83.9%）、遵守培训的规章制度（75.3%）、积极配合培训工作人员
（74.2%）、客观反映培训需求（60.2%）、及时反馈培训结果（55.4%）、

缴纳一定培训费用（23.1%）、其他（16.7%）。从培训区位差异来看，对于"深刻认识培训的重要性"而言，主城（88.5%）大于区县（83.5%）大于乡镇（79.6%）；对于"遵守培训的规章制度"而言，乡镇（79.6%）大于区县（77.6%）大于主城（67.3%）；对于"积极配合培训人员工作"而言，乡镇（83.7%）大于区县（72.9%）大于主城（67.3%）；对于"客观反映培训需求"而言，乡镇（71.4%）大于主城（65.4%）大于区县（50.6%）；对于"及时反馈培训结果"而言，乡镇（67.3%）大于区县（55.3%）大于主城（44.2%）；对于"缴纳一定培训费用"而言，乡镇（28.6%）大于主城（21.2%）大于区县（21.1%）；对于"其他"而言，区县（20.0%）大于乡镇（16.3%）大于主城（11.5%）。通过访谈分析发现，农民工对非经济以外的支持行为都较为理想，由于收入少、负担重、工作难等因素，他们很少愿意缴纳培训费用。因此，超过七成的参与培训农民工认为个人在行为上认识到培训的重要性，能够遵守培训规章制度，并能够积极配合培训工作人员，但不到三成的农民工愿意个人缴纳培训费用；相比较而言，在乡镇地区参加培训的农民工更愿意缴纳培训费用。

表7.20　个人主体行为支持基本现状统计表（N=1674）

| 个人主体行为支持 | 培训区位 | | | 总体 |
|---|---|---|---|---|
| | 主城 | 区县 | 乡镇 | |
| 深刻认识培训重要性 | 88.5% | 83.5% | 79.6% | 83.9% |
| 缴纳一定培训费用 | 21.2% | 21.1% | 28.6% | 23.1% |
| 遵守培训规章制度 | 67.3% | 77.6% | 79.6% | 75.3% |
| 积极配合培训工作人员 | 67.3% | 72.9% | 83.7% | 74.2% |
| 客观反映培训需求 | 65.4% | 50.6% | 71.4% | 60.2% |
| 及时反馈培训结果 | 44.2% | 55.3% | 67.3% | 55.4% |
| 其他 | 11.5% | 20.0% | 16.3% | 16.7% |

### （三）农民工培训个人主体组织支持的现状

问卷中"在您所参加的培训经历中个人或家庭组织活动的力度"与"在您所参加的培训经历中个人或家庭组织活动的效果"两题主要是从组织支持力度和组织支持效果两个向度来考察个人主体组织支持的现状。组织支持力度的总体均值（3.86±0.72）大于中间值3.0，位于"一般"与"较大"表现水平之间，并且靠"较大"水平，其中"较大"与"非常大"的累积百分比达到75.8%；主城和区县的均值位于总体均值之上，乡镇的均值位于总体均值之下；不同区位之间差异显著（P＝0.000），主城大于区县且差异十分显著（P＝0.000），区县大于乡镇且差异十分显著（P＝0.000），主城大于乡镇且差异十分显著（P＝0.000）。组织支持效果的总体均值（4.01±0.69）大于中间值3.0，位于"较好"与"非常好"表现水平之间，并且略靠近"较好"水平，其中"较好"与"非常好"的累积百分比达到77.4%；主城和区县的均值都位于总体均值之上，乡镇的均值位于总体均值之下；不同区位之间差异显著（P＝0.000），主城大于区县且但差异不显著（P＝0.096），区县大于乡镇且差异十分显著（P＝0.000），主城大于乡镇且差异十分显著（P＝0.000）。因此，农民工培训个人主体的组织支持表现较为理想，尤其是组织支持效果处于较高水平；相比较而言，主城和区县地区的组织支持力度优于乡镇地区，主城和区县地区的组织支持效果优于乡镇地区。但是，访谈分析与问卷调查结果并不一致，对不同群体的访谈都发现，农民工个人主体的支持力度和支持效果都低于政府、市场、社会团体和用人单位。

表7.21　　个人主体组织支持基本现状统计表（N＝1674）

| 个人主体组织支持 | | 培训区位 | | | | | | 总体（P&CP） | |
|---|---|---|---|---|---|---|---|---|---|
| | | 主城（P&CP） | | 区县（P&CP） | | 乡镇（P&CP） | | | |
| 组织支持力度 | 非常小 | 0% | 0% | 4.7% | 4.7% | 6.1% | 6.1% | 3.8% | 3.8% |
| | 较小 | 9.6% | 9.6% | 10.6% | 15.3% | 32.7% | 38.8% | 16.1% | 19.9% |
| | 一般 | 0% | 9.6%% | 7.1% | 22.4% | 4.1% | 42.9% | 4.3% | 24.2% |
| | 较大 | 23.1% | 32.7% | 47.1% | 69.4% | 53.1% | 95.9% | 41.9% | 66.1% |
| | 非常大 | 67.3% | 100.0% | 30.6% | 100.0% | 4.1% | 100.0% | 33.9% | 100.0% |
| | 均值（M±SD） | 4.48±0.69 | | 3.88±0.71 | | 3.16±0.71 | | 3.86±0.72 | |
| | F值 | 177.489***(a>b***,b>c***,a>c***) | | | | | | | |
| 组织支持效果 | 非常差 | 0% | 0% | 1.2% | 1.2% | 4.1% | 4.1% | 1.6% | 1.6% |
| | 较差 | 11.5% | 11.5% | 4.7% | 5.9% | 8.2% | 12.2% | 7.5% | 9.1% |
| | 一般 | 9.6% | 21.2% | 8.2% | 14.1% | 26.5% | 38.8% | 13.4% | 22.6% |
| | 较好 | 23.1% | 44.2% | 50.6% | 64.7% | 53.1% | 91.8% | 43.5% | 66.1% |
| | 非常好 | 55.8% | 100.0% | 35.3% | 100.0% | 8.2% | 100.0% | 33.9% | 100.0% |
| | 均值（M±SD） | 4.23±0.70 | | 4.14±0.68 | | 3.53±0.69 | | 4.01±0.69 | |
| | F值 | 81.832**(a>b,b>c***,a>c***) | | | | | | | |

### （四）农民工培训个人主体物质支持的现状

问卷中"您认为进城务工人员个人或家庭为培训工作提供了哪些物质条件"一题主要是为了考察农民工个人主体物质支持的现状。总体上看，农民工个人主体物质支持由高到低依次为，其他（53.8%）、培训费用（38.2%）、培训教材（30.7%）、培训机构（30.6%）、培训场所（28.5%）、培训师资（24.2%）、培训仪器（21.5%）。从培训区位差异来看，对于"其他"而言，乡镇（69.4%）大于区县（63.5%）大

于主城（23.1%）；对于培训"费用而言"，主城（53.8%）大于乡镇
（42.9%）大于区县（25.9%）；对于"培训教材"而言，乡镇
（34.7%）大于主城（32.7%）大于区县（27.1%）；对于"培训结
构"而言，主城（44.2%）大于区县（27.1%）大于乡镇（22.4%）；
对于"培训场所"而言，主城（32.7%）大于区县（27.1%）大于乡
镇（26.5%）；对于"培训师资"而言，主城（34.6%）大于乡镇
（22.4%）大于区县（18.8%）；对于"培训仪器"而言，主城
（32.7%）大于区县（18.8%）大于乡镇（14.3%）。通过访谈分析发
现，农民工主体的物质支持能力十分薄弱，他们很少能够自行解决培训
费用、机构、师资和场所等基本物质条件，农民工群体往往面临着培训
需求强烈而培训支付能力不足的双重矛盾。因此，农民工个体主体为其
培训提供的物质支持效果不理想，不到四成的农民工能够为其培训提供
具体的、常用的物质支持；相比较而言，主城地区在培训费用、培训机
构、培训师资、培训场所和培训仪器五个方面均有较大的优势，而乡镇
地区在教材方面具有一定优势。

表 7.22　个人主体物质支持基本现状统计表（N＝1674）

| 个人主体物质支持 | 培训区位 | | | 总体 |
|---|---|---|---|---|
| | 主城 | 区县 | 乡镇 | |
| 培训费用 | 53.8% | 25.9% | 42.9% | 38.2% |
| 培训机构 | 44.2% | 27.1% | 22.4% | 30.6% |
| 培训师资 | 34.6% | 18.8% | 22.4% | 24.2% |
| 培训教材 | 32.7% | 27.1% | 34.7% | 30.7% |
| 培训场所 | 32.7% | 27.1% | 26.5% | 28.5% |
| 培训仪器 | 32.7% | 18.8% | 14.3% | 21.5% |
| 其他 | 23.1% | 63.5% | 69.4% | 53.8% |

## 第三节　农民工培训社会支持系统的结构

### 一、农民工培训社会支持系统的结构框架

#### （一）农民工培训社会支持系统的构建原则

农民工参加培训的直接目的是进入就业市场实现就业，提高职业技能与增加个人收入。从农民工培训的供求关系来看，农民工作为培训的需求方，存在"需求不旺"现象，政府部门、市场（培训结构或承接院校）、用人单位和社会团体作为培训的供给方，却存在"有效供给不足"现象①，加之，各社会支持主体在价值观念、行为规范、组织管理和物质支持等方面存在难以逾越的鸿沟，这些因素直接导致了农民工培训社会支持不足并影响其培训效果。农民工培训社会支持系统的构建正是为了打破这些窠臼，故应坚持以下基本原则。

第一，适宜性原则。这一原则体现在社会支持系统的宏观层面，在支持系统构建中应坚持实事求是的态度，综合考虑区域内社会、经济和文化的发展水平以及人才的需求特点，根据区域特点相应地、有选择性地确定各社会支持主体及其所支持的内容。其中，区域特点是指某区域间经济、社会、教育和文化发展的不平衡性、差异性和特殊性。第二，实用性原则。这一原则体现在社会支持系统的中观层面，强调农民工培训社会支持的针对性，即社会支持要有可行的、明确的支持方案和支持计划，开展相关培训工作要能够切实解决农民工在工作和生活中所遭遇的各种突出问题。第三，有效性原则。这一原则体现在社会支持系统的微观层面，所谓"有效"是指该社会支持系统具有很强的目的性，农民工培训的自身特点需强调这一原则。在社会支持中开展培训工作，根

---

① 黄乾：《农民工培训需求影响因素的实证研究》，《财贸研究》2008 年第 4 期，第 23 － 29 页。

据不同对象，把开展就业培训、创业培训、增收培训、提质培训等有机结合起来，使农民工掌握从事不同职业需求的技能和本领，在开展培训时要突出技能性，坚持突出实践能力培养，增加实际操作的课程内容，提高实际操作能力，培训后在最大程度上实现就业创收。

根据以上原则，特构建如图 7.1 所示的农民工培训社会支持系统的结构图。

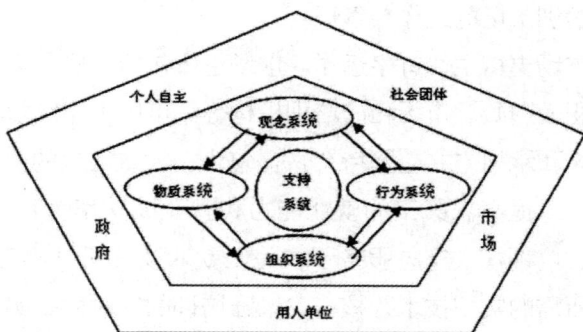

图 7.1　农民工培训社会支持系统的结构框架

### （二）农民工培训社会支持系统的构成要素

#### 1.农民工培训社会支持系统横向"五主体"

根据前文分析可知，农民工培训社会支持的主体包括政府、市场、用人单位、社会团体和个人五大主体，这"五主体"构成了农民工培训的横向要素，各支持主体在社会支持系统中的地位、作用和培训职责不尽相同，各主体合理分工、博弈与制衡、互动与协调，从而形成有机联系的统一整体。

第一，政府支持主体提供优惠政策。政府主体包括各级人民政府、劳动和社会保障部门、农林科技部门、教育行政部门、城市建设部门等。作为农民工培训的主要供给方，政府部门主要负责培训资金投入、公办培训机构设立、培训绩效管理工作。政府部门以提高农民工职业能力和综合素质为宗旨，积极为需要培训的农民工提供培训资金和相关优惠政策，鼓励公办培训机构和民办培训机构共同发展；根据劳动力和就业市场的职业需求，投资组建公办培训机构，免费为农民工提供相关培训，减轻农民工参加培训的个人投入；加强对培训市场的建设和管理，提高培训市场的运行效率，如对培训市场的建设给予一定的政策性支持，采取相关优惠政策鼓励民办培训机构发展，并加强培训市场的法制建设，规范培训市场的运作与管理。

第二，市场支持主体有序运作。市场主体包括承接各类培训项目的职业院校、职教中心、市场化的培训机构等。市场主体作为农民工培训的直接供应方和承担方，应坚持"按需培训，注重实效的原则，以市场需求为导向，以提高农民工的就业能力和就业成功率为目标"。[①] 相关的培训课程、培训模式等应服务于农民工就业及其所从事工作的需要，以培养岗位所需的实用技术为核心，增强培训的针对性、实用性和适切性。培训机构应加强与用人单位和劳动力市场的合作，以签订协议的方式，用人单位向培训结构提供人才需求信息、设备资源和培训资金，培训机构向用人单位了解岗位需求和行业需求，这将有效解决就业问题，使参与培训的农民工得到满意的工作，用人单位找到急需的、合格的劳动力，有利于提高农民工就业的成功率和工作的稳定性，从而使得农民工就业的社会效益最大化，有效降低农民工培训的社会成本和社会风险。

第三，用人单位支持主体积极参与。用人单位主体包括吸收和接纳农民工就业的各种企业、行业、单位、工厂、作坊等。用人单位要积极鼓励农民工参加各项培训活动，可以与培训机构直接签订协议的形式对农民工进行培训，从本单位职业培训经费中安排多于职工平均培训经费

---

① 佚名：《农业部、劳动保障部、教育部、科技部、建设部、财政部联合颁布〈2003—2010 年全国农民工培训规划〉》，《中国职业技术教育》2004 年第 12 期，第 5 - 7 页。

的数量用于农民工岗前培训，根据本单位收支情况，积极出资参与和支持培训市场建设。此外，用人单位还应完善鼓励农民工参加培训的配套措施，如，建立以岗位价值为基本依据、以工作绩效考核为调控手段的薪酬分配机制，适当拉开因技能和绩效差异而导致的薪酬档次，按培训效果给予直接的物质奖励和薪酬奖励，引导、激励农民工参加培训以提高其职业技能和单位工作绩效。

第四、社会团体支持主体协同补充。社会团体支持主体包括非政府性组织与非营利性组织，也包括具有中国特色的半官方、部分盈利的社会团体组织，如民办非企业单位、基金会、社区志愿者协会、妇联、工会等。农民工城市化除获得户籍转变外，还需要职业技能、生活方式、文化习俗和价值观念等方面的转变。[①] 社会团体主体应在政府、市场与用人单位主体支持外，对农民工培训进行必要的补充和完善，尤其应该更加关注农民工队伍中的弱势群体和边缘群体。各社会团体应充分发挥行业的管理优势，加强对农民工培训工作的标准确立、内容选择和师资队伍建设等方面的指导和监督；结合本团体的行业特点和劳动力市场的用工需求，协助政府部门和用人单位办好职业学校和培训基地；积极发挥行业团体的第三方作用，预测人力资源动向与变化趋势，合理分配、调控与优化现有培训资源，提供劳动力市场培训信息等中介服务，牵线、搭桥培训机构与用人单位间的沟通与合作，从而形成一批规模较大、富有特色的农民工培训项目。

第五，个人支持主体合理选择。个人支持主体包括农民工自己及其家庭成员。农民工既可以自己出资到民办培训机构参加培训，又可以部分出资或者免费到公办培训机构参加培训，还可以与用人单位签订协议，由用人单位出资参加培训后并在用人单位就业。此外，农民工也可以向相关政府部门请求培训援助，由政府统一安排在指定培训机构参加

---

① 胡平、杨羽宇：《农民工市民化：制约因素与政策建议》，《四川师范大学学报（社会科学版）》2014 年第 5 期，第 60－65 页。

培训，或者由政府、用人单位和个人共同投资到合适的公办或民办培训机构参加培训。总之，农民工根据自身的实际需要选择合适的培训机构、培训方式和培训时间，着力提高自己职业能力、综合素质和文化资本，以实现就业、创业、晋升、创收等职业发展的目的。

2. 农民工培训社会支持系统纵向"四向度"

根据前文分析可知，农民工培训社会支持的内容包括观念支持、行为支持、组织支持和物质支持四个向度①，这"四向度"构成了农民工培训的纵向要素。"四向度"支持内容贯穿并渗透于五个支持主体之间，各支持内容的特征、功能和表现形式有所不同。

第一，观念系统。观念系统又名价值系统或价值观念系统，即某一社会制度存在的必要性和价值追求。在人类文明发展的历程中，任何社会制度的产生与发展都具有必要性和价值性，都是为了实现一定社会目标而延续和长期存在。社会制度价值观念相对保持稳定，对于一定区域内社会成员的共同生活、以及对于社会组织的存续和发展具有积极意义，只有这样，这种社会制度才可能比较广泛地被人们认同、接受和实施。构建农民工培训的社会支持系统，促使农民工培训走向制度化、专业化，其价值诉求和最终目的是为了提升农民工的职业能力和综合素质，提高企业行业的生产绩效和市场竞争力，促进国家经济转型、产业结构升级和"新型人口红利"的形成，更好地推进我国的工业化、城市化和现代化进程。

第二，行为系统。行为系统又名规则体系或行为规范系统，即社会群体中指导人们行为的准则或章程，它们是一定区域内人们在长期的生产实践或生活活动中选择、积累起来的，并被认为是合理的、广为认可的经验总和。如，传统社会中以家族宗法和乡村社区为共同体的风俗习惯、英雄榜样和伦理道德等，由于长期的共同生活，这些不成文的行为

① 王思斌：《社会学教程》（第三版），北京大学出版社 2010 年版，第 196-197 页。

已经内化为约定俗成的规则体系，并指导着人们的社会实践活动。但是，一定社会群体中也存在着人为的、有意识制定的规则，大多数与利益和权利相关的规则，是由社会上占支配地位的人或团体制定并推行实施。在真实的人类实践活动中，行为规范并非单独起作用，而是相互联系而构成社会制度的规则系统。在农民工培训社会支持系统中，每一支持主体的行为方式有所差异，如政府行为主要包括政策宣传引导、提供政策扶持、完善培训规章制度、提供培训经费等。

第三，组织系统。组织系统又名组织活动或组织行为，是指实施和推行某种社会制度的社会成员、社会群体和组织机构的组织行为表现总和。在人类的社会实践活动过程中，社会群体和组织成员以不同方式为纽带联系在一起，并形成既相互支持而又相互制约的权责和义务关系。具有这种关系的社会群体或社会组织，是相关社会规范和社会制度的承载者和实践者。组织系统既要扮演社会规范直接实践者的角色，同时也要扮演社会制度实现程度监督者的角色，这种充当实践者、监督者角色，可能是潜在性、非正式性、非权威性的社会关系网络，也可能是显现性、正式性和权威性的社会组织，如各种行政管理机构等。在农民工培训的社会支持系统中，组织系统主要包括建立组织目标、设计组织工作程序、划分组织成员的职责、规定组织成员间的关系、调动组织成员的积极性等。

第四，物质系统。物质系统又名设施系统或物质支撑系统，是指某种社会制度得以运行的一切物质手段和物质条件的总和，包括实用性的物质设备和象征性的器物文化。人类任何实践活动都必须以一定的物质设施为依托，它为人类实践活动提供活动场所和活动载体，同时也为人类实践活动的意义体现和价值传递提供媒介工具。因此，这些物质设施是社会制度的得以推行、实施和运转的重要保障，缺少物质设施的社会制度就没有客观实在性和现实性。如，从教学活动制度化的历时性和共时性来看，不同历史时期的、具有不同历史烙印的教学设备、教学工具、评价手段等，都是一定社会条件下教育制度的物质支撑者。在农民工培训的社会支持系统中，物质系统主要包括培训费用、培训机构、培训师资、培训教材、培训场所、培训仪器等。

### （三）农民工培训社会支持系统的运作机理

#### 1. 农民工培训社会支持多元主体间博弈与制衡

利益博弈是指"利益相关者为维护和扩大自身或本集团利益而采取的各种保护行为和扩张行为"[1]，利益博弈的最终目的是促使利益相关者做出合乎理性和利益最优化选择。从利益相关者的角度审视，农民工培训社会支持系统的运行过程，实质上是由政府、市场、用人单位、社会团体和农民工个人五个支持主体之间的博弈过程。多元主体间利益博弈下的利益取向，是农民工培训社会支持系统的重要运作机理。

农民工培训社会支持主体之间的利益博弈，主要存在以下三种类型：[2] 第一，无政府补贴条件下用人单位与农民工个人之间的博弈。在无政府补贴的前提条件下，用人单位会根据自身经营规模、财务收支和用人偏好等因素，决定是否投入一定经费用于农民工培训。但若在提供培训过程中，农民工违约而离开用人单位，这将会对用人单位造成培训损失。但农民工在参加培训后获得较高工资收入或职业发展潜力，如果缺乏违约成本的束缚，在其他用人单位的工资或职务的吸引下可能选择跳槽。在这种情形下，用人单位出于自身利益最大化的动机可能不会对农民工提供培训，或者以高昂的违约成本和惩戒措施来限制农民工在参加完培训后的跳槽行为。这就使农民工往往对用人单位的教育培训望而却步，从而导致"培训难"和"用工荒"的双重困境。第二，政府补贴用人单位条件下用人单位与农民工个人之间的博弈。政府采取对用人

---

① 魏炜、朱武祥、林桂平：《基于利益相关者交易结构的商业模式理论》，《管理世界》2012 年第 12 期，第 125 – 131 页。
② 田书芹、王东强：《新生代农民工职业教育培训主体博弈与政府治理能力提升》，《教育发展研究》2014 年第 19 期，第 20 – 25 页。

单位培训经费的补贴措施，有利于调动用人单位改革培训内容和培训方式的积极性，同时有利于宣传和激励农民工培训的积极意义。对于农民工参与用人单位培训后的离职行为，由于政府提供的培训补贴可能大于用人单位的培训成本，由于获得了一定的额外收益，用人单位仍然愿意为农民工提供培训。然而，由于受到培训利益的驱动，部分用人单位极可能过于注重参加培训的农民工数量而忽视培训质量，甚至产生部分用人单位骗取政府培训补贴的违规行为。第三，政府补贴农民工条件下用人单位与农民工个人之间的博弈。如果政府不加任何限制条件对农民工直接进行培训补贴，农民工即使违约，其个人通过培训所得的人力资本增值收益和政府培训补贴也可能远大于离职成本，这就可能会导致农民工更多的违约离职行为。在这种情况下，用人单位无形中增加了承担培训的直接成本和机会成本，这必将极大地挫伤用人单位提供培训的积极性。在理性经济人的驱动下，政府直接补贴农民工培训在一定程度上可以消解他们参加培训资金投入的后顾之忧，提高农民工参加培训的积极性，克服当前农民工培训"瞻前顾后"的尴尬局面。

通过以上三种主要博弈类型分析发现，农民工培训社会支持主体之间博弈的理想均衡是"用人单位为农民工提供培训中培训收益大于培训成本，且参加培训后个人收入和人力资本增值大于未参加培训或其他行业的农民工"。[①] 正是因为这三种类型博弈的结果，才需要通过引入市场化的培训结构、专业化化的社会团体来改变政府、用人单位与个人三方博弈的均衡位置，从而形成了政府、市场、用人单位、社会组织和个人五大支持主体间的竞争与制衡。

2. 农民工培训社会支持多元主体间合作与联动

农民工培训社会支持系统要完成所承担的角色和功能，必须具备一个相对稳定的制度化形式，政府、市场等五个支持主体是完成社会支持

---

① 岳青、赖涪林：《农民工教育培训的相关目标函数分析》，《农村经济》2011 年第 10 期，第 107 – 110 页。

制度化功能的实施主体。农民工培训社会支持系统的构建，就是要赋予这些实施主体参与培训的制度化角色和功能，通过规约下的角色互动、主体间的合作与联动形成农民工培训社会支持的系统模式。

在农民工培训社会支持系统中，政府、市场等五个支持主体形成了多元支持主体参与培训的网络结构，以多元主体之间互动的"集体行动"取代某一主体的"单边行动"，多元支持主体之间有效合作与有机联动，从而在最大程度上发挥集体治理力量。市场、用人单位、社会团体和农民工个人都可以根据自身的特定角色和功能定位，在农民工培训活动中采取相对不同的实践行为和行动逻辑，但同时又都与政府合作，主动分担政府提供培训这一准公共产品的服务职能。农民工培训社会支持系统的有效运转。不必囿于政府的行政权力和行政力量，也不能限于政府的发号施令或运用权威，而取决于政府与市场、用人单位、社会团体和农民工个人之间广泛地沟通与合作，以多元支持主体之间的"伙伴关系"代替传统的政府单一治理机制中形成的支配与被支配、管理与被管理、选择与被选择的"依附关系"。① 农民工培训社会支持系统的构建，要求在一个充分民主的权利框架中，建立起比政府部门更为广泛、更加兼容的培训服务体系，这种服务体系不是政府部门自上而下的控制结果，而是作为利益相关者的多元支持主体间互动与合作的动态过程。由于多元支持主体在培训过程中拥有各自的运作优势，它们之间必然存在着一定的权力依赖，与此同时，由于利益相关者自身利益的实现是教育公共利益的重要产物，各支持主体之间又应然走向合作治理。这种若即若离的权力依赖和角色互动支撑着多元支持主体在培训过程中的平等地位，从而形成了以信任和依赖、互惠与合作为基础的农民工培训社会支持系统。

农民工培训社会支持主体之间的"伙伴关系"，意味着市场、用人

---

① 宋官东：《教育公共治理导论》，东北大学出版社 2012 年版，第 136 – 138 页。

单位、社会团体和农民工个人从"边缘人"转化为"中心人"和"参与者"。在这种合作式"伙伴关系"中，不同社会支持主体之间以农民工培训活动为焦点和轴心，通过对话和谈判、协商与合作的方式确立起集体选择和集体行动的行为方式，彼此依赖、交换资源、合作互惠与共谋发展[①]，从而形成了农民工培训多元支持主体之间的联动机制。

**二、农民工培训社会支持系统的结构关系**

**（一）政府支持农民工培训的运行特征**

在农民工培训社会支持系统中，政府支持运行的显著特征呈现为国家和政府部门对农民工培训的主导性角色，明确规定农民工培训的政策制度、培训项目、培训内容、培训对象、培训规模、组织方式和运行机制等。当前政府支持运作比较成功的有"东莞模式"，该模式以"新东莞人培训工程"为契机，于 2007 年开始面向非本市户籍企业员工提供免费的技能培训，主要包括"岗前素质培训"和"新技能培训"两个项目[②]，目的在于通过培训使农民工成为产业升级转型的助推器，其最大特点是根据地区经济发展的需要开展针对性较强的培训项目。

政府支持农民工培训运行的优点、缺点和适切性主要表现如下：第一. 主要优点。政府通过行政力量干预和财政资金支持，建立统筹协调机制，有效整合与配置人财物和信息等培训资源，使各类培训发挥应有效能，并且因地制宜地制定调控政策，对培训进行引导和扶持。政府主体支持可以有效地发挥政府在宏观调控和资源配置等方面的优势，统一协调与衔接培训政策，防止多方管理而流失、损耗培训资源。第二，不足之处。政府支持虽然具有宏观政策、资源配置、执行效率等方面的优

---

① 韩志明：《公共治理行动体系的责任结构分析》，《重庆社会科学》2006 年第 2期，第 107－113 页。

② 汪传艳：《农民工参加教育培训意愿的影响因素分析——基于东莞市的调查》，《青年研究》2013 年第 2 期，第 40－46 页。

势，但同时存在一些不足，如培训资金不够充足、培训内容易与市场需求脱节、培训机构较为单一、培训方式比较机械，农民工对培训的课程设置不太感兴趣，参加培训和认真学习的意愿不强烈，并且在培训宣传和培训管理上容易松懈。第三，适切性。政府支持农民工培训需要有充裕财政资金支持，只有在大量、充裕的财政资金的支持下，政府支持才能有效运行和不断发展，如果财政资金不足，很难长时间支撑较大规模培训活动；此外，政府支持农民工培训需要相关政府部门全方位安排和统筹管理，如果工作安排不善，协调不好，就会对整个培训支持系统的运行造成较为严重的负面影响。

**（二）市场支持农民工培训的运行特征**

在农民工培训社会支持系统中，市场支持运行的显著特征是市场化的职业院校、职教中心和培训机构等面向劳动力市场职业需求，根据师资力量、专业条件和教学设施等，有针对性地开展具有职业性、操作性和营利性等特点的培训活动。当前市场支持运行比较有代表性的有荥阳市中等职业学校的"三订单"模式①，培训机构先与用人单位签订"用工订单"，为农民工实行订单式招生；培训机构到农村让农民工自愿接收定点培训的工种和用人单位，与培训机构签订"培训订单"，订单式明确双方的责任与义务；培训机构协助用人单位将培训合格的农民工招收为工人，用人单位与农民工签订"就业订单"，订单式规定劳动时间、劳动条件、劳动保障和工酬待遇等。

市场支持农民工培训运行的优点、缺点和适切性主要表现如下：第一，主要优点。市场化的职业院校、职教中心和培训机构等开展的培训活动，具有正规性、系统性、育人全面性和规模效益性等，这种支持方式紧密结合市场需求，通过"培训机构订单式培训"充分提高并拓宽农民工就业能力和就业渠道，保证培训资源有效利用与培训工作高校开

① 王景战：《农民工培训的"三张订单"——荥阳市中等专业学校实施农民工培训的实践》，《职教论坛》2006 年第 12 期，第 42－43 页。

展，直接为地方和行业经济建设服务。第二，不足之处。市场支持主体
中一些职业院校、职教中心等大多脱胎于普通教育中的学科教育，长期
习惯于传统的应试教育，重理论学习、请技能培养现象较为严重；市场
支持主体与相关部门之间的联系依然薄弱，培训瞄准率有待进一步提
高。第三，适切性。市场支持农民工培训需要以实力较为雄厚的职业院
校、职教中心和培训机构等为依托，这些承接机构拥有强大的师资力量
和齐全的教学设备；这些承接机构所开设的培训课程，以类似于正规学
历教育的全日制正规培训为主，通常需要较高的入学要求、学习费用和
时间成本，故在生源方面适用于年龄相对较小的农民工群体。

（三）用人单位支持农民工培训的运行特征

在农民工培训社会支持系统中，用人单位支持运行的显著特征是根
据用人单位岗位需要，以企业需求为导向开展岗前培训、技能提升培训
等。在培训组织形式上，存在着"一元封闭式"培训，"双元半封闭半
开放式"培训和"多元开放式"培训三种组织形式。无论哪种组织形
式，用人单位支持下的农民工培训突出职业技能培训的灵活性和开放
性，具有针对性强、灵活性大和见效性快等特点，培训结束后经用人单
位组织考核合格，可签订合同上岗就业。当前用人单位支持运行比较成
功的范例有"辽宁盼盼模式"[①]，就职于辽宁盼盼门业有限责任公司的
农民工大部分没有接受过系统和正规进修培训，盼盼公司利用培训促使
扶贫帮困由"造血式扶贫"向"输血式扶贫"转变，增加农民工收入
并同时提高企业生产效率，实现员工与用人单位互惠双赢。

用人单位支持农民工培训运行的优点、缺点和适切性主要表现如
下：第一，主要优点。利用企业车间和设备进行实践训练，极大地提高
培训的岗位针对性和工作需求实效性，培训目的性和针对性较强；达到
培训技能要求的农民工可直接进入用人单位就业，能较好地克服农民工

———————————

① 李慧：《盼盼集团积极吸收农民工就业》，《光明日报》2011 年 3 月 22 日。

培训与就业的矛盾冲突，职业瞄准率高。第二，不足之处。这种培训方式主要以用人单位所需求的实践操作技能为主要目标，单一化技能培训易造成培训系统性缺乏，容易忽视农民工法制教育、维权教育、城市生活教育等；用人单位的培训动力不足，作为一种投资行为，企业将面临培训风险，往往慎重选择培训对象，导致不能完全保证用人单位所需劳动力的数量和质量。第三，适切性。用人单位支持农民工培训，相关培训成本主要由用人单位承担，这就要求用人单位具有较强的资金实力，用人单位的领导者对农民工培训的重要性认识以及投入农民工培训的强烈意愿，如果用人单位对"收益—成本"估量不足，或者缺乏用于培训的流动资金，必然导致用人单位所支持的农民工培训难以运作。

**（四）社会团体支持农民工培训的运行特征**

在农民工培训社会支持系统中，社会团体支持运行的显著特征是非政府性和非营利性的社会组织自筹培训资源，对农民工中的弱势群体、边缘群体等进行免费的、具有补偿性和公益性的培训活动。当前社会团体支持运行比较成功的范例有"富平模式"[①]，富平职业技能培训学校是一所以扶贫解困为办学宗旨的公益性非盈利组织，由于办学宗旨不同于一般私立职业技术学校，它在办学模式、收费、管理、招生、就业安置等方面都具有独到之处，尤其是在就业保障和劳动权益保护方面独树一帜。参加培训实现就业后，实行最低保障工资和工资评议制度，定期举办联谊活动，开展具有社会工作者介入的人事代理、心理辅导、维权答疑等活动，督导与处理用人单位与雇佣工人之间的矛盾和纠纷，并对服务质量好、用人单位满意的参训人员进行一定的物质奖励。

社会团体支持农民工培训运行的优点、缺点和适切性主要表现如下：第一，主要优点。社会团体支持农民工培训以扶贫帮困为主要宗旨，培训定位、培训组织、培训方式、管理人员等整个培训过程都是为

---

① 李湘萍：《富平模式：农民工培训的制度创新》，《教育发展研究》2005 年第 12
期，第 81－84 页。

弱势群体就业、解困、脱贫服务，保证了社会团体目标的实现和良好的社会效益；社会团体有能力发觉被政府和市场所忽略的培训需求，同时，社会团体在运行方式上具有较大的弹性与适应性，能够对农民工培训的特殊需求做出迅速反映，并由此找到培训服务的合宜途径。第二，不足之处。由于"搭便车"和经济财富的波动，社会团体往往因经费因素导致培训供给不足；社会团体关注的对象多为某些特殊群体，这种特殊主义及其狭隘性容易导致农民工培训的覆盖面严重缺口，以及某些特殊群体由于多方关照而导致培训服务的重复和浪费；社会团体志愿组织强调自愿者和义务工作者，缺乏竞争性的工资吸引，使得从事农民工培训的专业人士较为缺乏。第三，适切性。非政府性和非营利性组织的社会团体作为第三部门，经常将自己与政府、市场对照起来界定其角色和功能，社会组织的发育程度，组织成员的归属感、义务感和责任感，以及社会团体组织、管理、募捐能力等，都是社会团体支持农民工培训的必备条件。

**（五）个人自主支持农民工培训的运行特征**

在农民工培训社会支持系统中，个人自主支持运行的显著特征是培训决策取决于培训后农民工在劳动力市场上的经济地位和社会地位是否能够发生改变，是否能够增加市场竞争力与获得更好工薪报酬和职业发展前景，即工作胜任力、职场竞争力和薪酬待遇提高。当前农民工个人自主支持培训主要有三种类型[①]：一是根据职业发展需要，参加以获取学历教育文凭、职业资格证书、专业技术等级等优化人力资本结构的继续教育活动，如参加自考、成人高考获得函授学历，参加专业培训获得建造师、监理师、施工师等资格证书；二是根据培训需求和供给，参加政府、用人单位和社会团体提供免费性培训活动，如岗前培训、岗中培训、再就业培训、外出考察学习等；三是根据岗位职业技能需要，参加

---

① 关晶、石伟平：《现代学徒制与农民工培训》，《教育发展研究》2013 年第 11 期，第 37 - 40 页。

向本岗位职业技术纯熟、工作经验丰富的技术工人"拜师学艺"学徒制的培训活动，如木工、砖瓦工、钢筋工等。

个人自主支持农民工培训运行的优点、缺点和适切性主要表现如下：第一，主要优点。个人自主支持下农民工培训以第二产业和第三产业为主，在培训内容上向实用性、兴趣化和多样化方向发展，即一方面以自己职业发展定向参加培训，另一方面根据用人单位要求和技术改造升级，有目的、有重点地选择性参加技能培训。由于农民工个人对培训的形式和内容具有自主的选择权和决策权，这就有效沟通了培训活动与工作需求之间的联系，有利于促进培训成果的转换。第二，不足之处。相当一部分农民工对人力资本投资的认识不足，注重短期经济利益而缺乏长期职业规划，大多数农民工明确表示只愿意参加免费培训，甚至部分农民工因时间花费而连免费培训也不愿意参加。此外，对于收入有限的农民工群体来说，往往缺乏足够的预留资金投入培训活动，个人承担培训费用支付能力有限，为了降低培训期间的机会成本，普遍希望培训时间和培训方式更加灵活，这势必与相关培训机构的工作安排产生冲突与矛盾。第三，适切性。农民工个人作为培训活动的直接受益者，个人自主支持需要农民工自身具有强烈的培训动机、培训愿望和培训价值认同，理想工作绩效与实际工作绩效诱发培训需求，包括用人单位需求、劳动力市场需求和个人职业生涯发展需求等，在此基础上农民工愿意付出一定的培训费用和培训时间，强烈希望通过培训提高和优化其人力资本水平与结构。

## 第四节　完善农民工培训社会支持的对策建议

### 一、重塑政策价值取向，确定农民工培训社会支持的主体地位

随着社会经济的发展和劳动力市场供求关系的变化，政府在农民工培训治理过程中所扮演的角色也呈现渐进式转变，逐渐从"唯一供给

者"转向"主体型供给者"再转向"主导型供给者"，在政府角色变迁过程中，市场、用人单位、社会团体和农民工个人的主体供给地位逐渐得到确立和巩固。

（一）遵循政策变迁规律，确保政府支持主体的主导地位

改革开放以后，与我国社会体制和经济体制转型的不断深入相适应，农民工培训政策大致经历并表现出不同特征的三个阶段①。1978 到 1991 年期间，政府在农民工培训过程中扮演着"唯一供给者"角色，培训实施主体包括各级政府部门下属的各类职业学校、成人学校和职教中心；培训经费由各级地方政府筹集承担，中央以拨款形式补贴和支持。1992 到 2001 年期间，政府在农民工培训过程中扮演着"主体型供给者"角色，培训实施主体包括上一阶段之外，还纳入各级劳动部门所属的就业训练中心和职业培训机构，并辅之以科技部、农业部、建设部等相关部门配合，同时还首次包括符合条件规定的民办培训机构；培训经费主要由地方专项基金、中央政府财政支持共同承担，同时还向农民工个人、用人单位等收取部分培训经费。2002 年以后，政府在农民工培训过程中扮演着"主导型供给者"角色，培训实施主体包括上两个阶段之外，还包括企业行业举办的职业学校和培训机构，用人单位，工会、共青团、妇联等社会组织以及其他社会力量等，在政策话语中越来越强调民办培训机构、行业企业、用人单位和社会团体的培训职责；培训经费主要由中央和地方政府、用人单位、农民工个人等共同承担，同时还将社会各界的资金筹集纳入培训经费的分担机制之中。

从农民工培训政策的变迁规律来看，政府逐渐由"唯一供给者"向"主体型供给者"和"主导型供给者"发生角色转变。主导和主体是有区别的，"主体"是指事物主要部分，而"主导"是指在群体或系

---

① 章华丽、陆素菊：《农民工培训政策中的政府角色变迁》，《职教论坛》2014 年第 22 期，第 23 – 26 页。

统中起主要和引导作用的人或事物。① 1998 年以后，农民工培训政策与时俱进，顺应了时代和社会变迁的步伐，政府角色变迁体现了不同社会经济和政策背景下，政府在调节劳动力市场供求关系中的定位及其在农民工培训中作用的变化。未来农民工培训政策应遵循 2002 年之后政策中对政府角色的定位，即政府在培训供给结构中占据着主导地位，农民工培训资源供给由多方组织、部门和支持主体共同承担，但政府始终发挥着主要和引导作用。

**（二）把握政策变迁路向，确立多元支持主体的参与地位**

从受益者的范畴来看，政府、市场等支持主体乃至整个社会都是农民工培训活动的受益者，农民工培训社会支持主体多元化是相关受益者利益博弈的必然选择，政府角色在农民工培训政策中的变迁历程正反映了这一应然趋势。无论是"唯一供给者""主体型供给者"，还是"主导型供给者"，政府在农民工培训政策中都是以主要角色参与供给，这必然导致培训政策在执行过程中因政府失灵而导致政策执行偏差，当前农民工培训过程中出现职能重复、权利寻租、利益分割、敛财工程等系列问题正是这一现象的真实反映②。政府失灵必然导致政策执行出现偏差，并由此造成社会资源的浪费和培训效率的下滑。在今后相当长的时间范围内，为消除政府失灵现象，有效提升农民工培训的效果，政府对农民工培训相关工作的干预程度应逐渐降低，适当给予市场、用人单位、社会团体和农民工个人更多的选择权力，从政策或法律的角度确立这些多元支持主体的合法性，并将农民工培训这一具有准公共产品属性的民生工程适当地推向市场化和社会化。值得注意的是，为防止市场失灵和弥补市场调节不足等缺陷，政府在农民工培训过程中绝不能仅仅扮

---

① 蔡守秋、吴贤静：《从"主客二分"到"主客一体"》，《现代法学》2010 年第 6 期，第 3 - 19 页。

② 孙正林、郭秀秀：《农民工培训：现状、问题与对策》，《东北农业大学学报（社会科学版）》2011 年第 1 期，第 1 - 4 页。

演"守夜人"的角色。因此，农民工培训政策在确保政府支持主导地位的前提下，同时确立其他多元支持主体的参与地位，政府和其他支持主体所扮演的角色在不断调适过程中达到培训资源配置最优化、培训效果最大化，使相关培训工作切实惠及广大进城务工的农民工群体，最终提升国家人力资源整体实力与促进社会经济和谐发展。

### 二、加强体制机制创新，构建农民工培训社会支持的保障体系

农民工培训是一个系统工程，涉及政府部门、市场、用人单位、社会团体和农民工个人等支持主体，包括培训投入、培训运作、培训管理和培训评估等环节。农民工培训体制机制的创新，应该在坚持市场机制的前提下，发挥政府支持主体的主导作用和其他支持主体的协同作用，从而构建相对完备的保障体系以推动培训工作顺利开展。

#### （一）投入机制多元化：农民工培训社会支持的前提性保障

农民工培训需求不旺的重要原因在于农民工群体收入普遍偏低，培训经费全部由农民工个人承担难以实行，在最大程度上降低个人经济成本，才能有效激发农民工参与培训的热情。在培训市场追求利益受到限制、用人单位额外成本增加无望、社会团体备用资金不足的情况下，只有"政府通过优化财政支出结构，多元渠道拓宽培训资金来源"①，才能为农民工培训工作奠定坚实的经费基础。第一，建立各级财政分担制度。从宏观上来讲，农民工培训的资金投入要坚持人力资源全局性的思想指导，加强省级财政的统筹协调力度，大力调整各级政府的财政支出结构，优化培训费用的分担机制；从中观上来讲，作为地级市和区县一级政府，根据劳动力转移规模和转移计划单列培训的财政预算，保证转移支付资金和各项补贴的经费供给充足；从微观上来讲，根据流动人口统计数据、行业企业用工登记和社保资金缴纳情况等，合理调配各区

---

① 尹纪梅：《农民工教育培训的政府责任与对策研究》，《职教论坛》2011 年第 25
期，第 49－53 页。

县、各地区、各行业的农民工培训经费，并根据财政资金的落实情况对其加强管理和监督。第二，构建多渠道资金筹措机制。各级地方政府在土地出让金净收益中提取部分用于农民工培训，根据土地使用情况确立不同的比例，通过政府土地出让金划拨的方式弥补农民工培训的资金缺口；在劳动保障资金投资收益中划拨部分用于农民工培训，其划拨比例和数量按照当年投资收益为限度；完善捐赠公益性培训事业的个人所得税减免政策、企业捐赠的营业税减免政策等，简化相关税种减免申请的手续环节和程序；大力宣传和倡导社会各界"捐资助培"，广泛吸纳企业、行业、机构和个人的捐赠资金。

**（二）运作机制市场化：农民工培训社会支持的决定性保障**

无论何种支持主体下的农民工培训活动，市场化运作方式都是不可取代的、甚至是决定性的保障条件。市场化运作机制就要遵循劳动力市场的价值规律，发挥市场机制的调节作用①，根据市场供求关系的变动和劳动力的市场价格，进行培训对象、内容和经费投入等方面的决策，从而达到资源利用最优化和培训效果最大化的市场调节目的。第一，以市场需求为导向开展培训。农民工培训立足劳动力市场发展方向，各社会支持主体或机构根据劳动力的市场动态，将培训与市场需求和就业需要相对接，建立根据行业企业和用人单位"订单式"培训的市场机制，培训目标突出技能型和应用型产业工人的培养；采取灵活、有效、省时的培训方式，选择针对性、实用性的培训内容，改变过去重理论轻实践、重书本知识轻操作技能、培训与应用脱节、培训与需求错位的传统弊病；采用案例教学、工学交替、基地训练、现场观摩和动手操作等培训方法，强化运用性和实践性教学环节，使农民工真正感受到学有所得、学有所用。第二，增加培训资源的市场供给。建立农民工市场需求资源库、培训信息资源库和就业跟踪资源库等，加强农民工流转的信息

---

① 刘冰、陶海青：《农民工培训市场运行低效的原因及对策建议》，《宏观经济研究》2008 年第 4 期，第 54－57 页。

服务工作，组织业界专业人士调查并公布劳动力市场情况，免费进行职业介绍，定期发布劳务信息；积极发展各种农民工培训的承接机构和中介组织，及时提供有效市场信息，降低供需双方的交易成本；重点加强劳动力市场信息网络建设，及时做好农民工求职意向、就业等级、岗位空缺等信息登记入册，为农民工培训提供市场化的信息支持。

（三）**管理机制规范化：农民工培训社会支持的基础性保障**

随着政府对农民工培训的投入力度日益加强，培训管理的对象和内容也相应地不断扩大，在国家和各级政府的政策引导下，市场和其他支持主体开展培训的规模和范围也呈现出与日俱增的趋势，这些变化都对农民工培训的管理工作提出前所未有的挑战和更高要求。因此，这就需要建立专门化的管理机构和规范化的管理机制，加强对各支持主体培训工作的监督管理。[1]第一，建立规范化政府管理机制。将农民工培训纳入政府目标管理的日常议程，并将其作为衡量各级政府工作绩效的基本尺度之一，通过设置转移目标、评价标准、保障措施、权责义务和监督监管等方面的详细要求，逐渐形成专业化、规范化的农民工培训政府管理机制。第二，建立规范化职能分工机制。国务院和中央政府部门综合运用总体规划、政策引导等政策性调节杠杆和金融税收、财政转移等经济性杠杆，加强对农民工培训工作的统筹协调和分类指导；各级地方政府切实承担农民工培训的主要责任，结合本地实际因地制宜地开展培训工作。此外，在服务型政府理念的指导下加快职能转变，减少多部门的职责交叉和权力分散，逐步探索成立跨部门的综合领导机制和协调机制，试点建立并推行统筹管理农民工培训工作的专门机构。第三，建立规范化调控机制。将市场和其他支持主体开展的培训活动纳入政府宏观调控体系之中，通过建立信息统计制度的方式及时掌握各支持主体自主开展培训的规模、形式和动向，加强对其他支持主体开展培训活动的调

---

[1]　杨艳红、熊刚、戴烽：《试析金融危机下农民工培训的系统性管理》，《江西社会科学》2009 年第 8 期，第 240－243 页。

节和监控，把自发的、零散的培训活动引导到国家和政府整体规划的轨道之上。第四，建立规范化实践基地。按照"公开竞争、合理布局、择优认定"的原则，以扶持资金、用地优惠、减让租费等优惠政策为引导，鼓励各类培训机构主动开展农民工培训活动，建立一批基础设施齐全、能起示范带动作用的农民工培训实践基地。

### （四）评价机制制度化：农民工培训社会支持的关键性保障

农民工培训的绩效评价是有序开展培训工作、有据优化培训管理、有效提升培训质量的关键性保障条件。[①] 农民工培训的绩效评价主要通过政府绩效评价和市场绩效评价两方面共同完成，政府绩效评价侧重于对培训行为的监督，其目的在于规范培训机构的正常运作和政府财政资金的合理运用；市场绩效评价侧重于通过市场竞争的自发选择实现培训机构的优胜劣汰，其目的在于甄别或选拔具有一定竞争力和生命力的培训机构和培训模式。农民工培训的绩效评价应向制度化方向发展，通过制度化的评价机制实现政府绩效评价与市场绩效评价有机结合。[②] 第一，制度化推进政府绩效评价机制。按照各级政府辖区内农民工培训的人数规模、职业资质的获得情况和培训后的转移比例等，建立政府绩效评价指标体系；较高级别的政府部门牵头制定规范性文件以确立培训质量标准，建立专业化的培训质量监测系统，并通过动态监测将培训效果作为考核有关政府部门工作业绩的标准，发挥绩效评价结果对政府行为的激励和促进作用。第二，制度化推进市场绩效评价机制。根据培训市场的运行特点建立市场培训绩效评价指标体系，对各种社会力量所举办、市场化和产业化的培训机构进行客观评价和估量，并将评价结果作为政府补贴和扶持的重要依据，从而建立市场培训绩效与政府政策支持

① 王树娟、娄玉花：《农民工培训质量模糊综合评价模型》，《中国成人教育》2013 年第 23 期，第 190 – 192 页。

② 韩伟静、李红、岳卫丽：《农民工职业教育培训评价体系建构》，《统计与决策》2016 年第 16 期，第 64 – 67 页。

之间的互动机制。第三，制度化推进个人绩效评价机制。相关政府部门、企业行业和用人单位等把农民工培训与劳动预备制度、就业准入制度、薪酬奖励制度、职位晋升制度结合起来，定期对参加培训后的农民工进行职业鉴定，根据鉴定结果对符合条件的农民工颁发与其职业素养相匹配的职业等级证书，从而建立以职业素养为导向，以工作绩效为重点，职业知识、技能和道德并重的个人绩效评价体系。

### 三、探索培训模式改革，提升农民工培训社会支持的内部效能

#### （一）改革组织管理模式，丰富培训资源供给

农民工培训的组织管理模式是指政府、市场、用人单位和社会团体等开展农民工培训活动的组织形式、管理方式和实施办法等。从实施"阳光计划""雨露计划"等民生工程伊始，政府就开始引领各支持主体通过探索并革新组织管理模式来提升其培训效果。各社会支持主体在现有经验基础上，积极推动组织管理改革并将其模式化，重点探索和建构以下几种组织管理模式：[①] 一是政府直补机构模式，即政府将培训指标下放到满足条件的公办、民办或社会团体性质的培训机构，政府委托相关培训机构具体开展培训工作，培训完成后政府对其进行评估和验收，并根据培训考核结果发放培训经费等相关补贴。第二，教育培训券模式，即政府根据培训方案选择满足条件的培训机构，农民工申请培训券之后根据个人就业和市场需求的实际情况，选择政府指定培训机构并持培训券参加培训活动，培训结束后主管部门将培训券等额资金拨付给定点培训机构。三是订单式培训模式，即用人单位或企业根据需要委托培训机构以"订单"形式进行农民工培训，按照"政府推动、机构主办、部门监管、农民工受益"的原则，推行"企业下单、机构接单、政府买单、农民工受益"的管理模式。四是职业培训资格认证模式，即

---

① 周小刚：《新生代农民工职业技能培训和创业教育模式研究》，经济科学出版社2015年版，第231－236页。

农民工参加培训活动之后，按国家制定的职业技能标准和任职资格条件，通过政府认定的考核鉴定机构，对农民工职业技能水平和从事职业资格进行规范化、公正性的评估和鉴定，并对评估合格者授予相应的职业资格证书。

### （二）改革教学组织形式，优化培训时空组合

农民工培训的教学组织形式是指培训实施机构、培训实施人员和农民工个人等群体在工作安排、工作程序与时空关系上的组合形式，它是设置课程、选择教材、提示施教人员活动的一种范式或计划。为了有效地将引导性培训和技能性发展相结合，培训与区域特色经济发展、工业园区建设、产业升级与换代相结合，农民工培训应将集中式面授教学组织形式与工学交替式教学组织形式结合起来，在最大限度上提升农民工培训的效果。第一，集中式面授教学组织形式。集中式面授培训是指在特定的时间内将农民工集中在培训机构或企业内部进行理论学习、案例分析和问题研讨。从培训地点来看，集中式面授主要包括"校本"（培训结构）组织形式与"企本"（企业或用人单位）组织形式，两种组织形式下的教学方式都较为灵活，在"讲—听—读—记—练"典型的、传统的教学方式基础上，进一步形成施教人员讲授与多媒体观摩相结合、案例式教学与启发性学习相结合、问题式讨论与经验性交流相结合。第二，工学交替式教学组织形式。工学交替式组织形式的核心在于将理论课堂、实训基地与现场示范、实际操作、跟踪指导联系起来，有效地实现理论学习与实践应用相结合。这种教学组织形式将培训时间分为"学习期"和"工作期"两个阶段①，从而将专业化的知识培训从课堂学习延伸到生产实践之中，通过"半工半学"交替进行的方式，把课堂上所习得的生产知识在一线生产基地加以巩固和深化，并同时获得培训课堂中尚未获得的工作技能和生产经验，使得参与培训的农民工实

---

① 李铭辉：《国外高职"工学结合"实验实训教育模式及其启示》，《中国成人教育》2012 年第 15 期，第 18-20 页。

现知识习得与技能提升的双丰收。

### 四、强化配套措施跟进，消解农民工培训社会支持的外部掣肘

城乡二元结构是指在城乡分治基础上形成的制度性城乡差异，包括教育制度、户籍制度、就业制度、劳动制度和社会保障制度等。在农民工培训活动中，城乡二元结构对其影响主要表现为户籍制度壁垒下的身份"边缘化"与就业政策歧视下的"职业分隔化"。[①] 因此，必须通过户籍制度和就业政策改革来有效地消除城乡二元结构，解蔽农民工参与培训以及培训后实现城镇就业的制度性障碍。

### （一）深化户籍制度改革，打破城乡户籍壁垒

长期以来，户籍制度将城乡差别制度化，扭曲了劳动力市场价格，劳动力价格歧视加剧了城乡二元结构。现行户籍制度造成农民工游离在城镇和农村边缘，使得他们得不到基本的身份认同和相应的居民待遇，也是影响农民工培训及其市民化最直接、最主要的制度障碍。要从制度上保障农民工参与培训的基本权利，必须继续深化户籍制度改革与创新，突破现行二元户籍制度的障碍和壁垒，使户籍制度由限制人口和劳动力流动，转变到符合市场经济发展需要的、对人口和劳动力动态信息把握和公平与自由迁徙。2014 年国务院印发《关于进一步推进户籍制度改革的意见》以来，许多城镇已经取消了按农业人口与非农业人口划分户口的办法，并适当放开了农民工进城落户的条件。未来还应该进一步调整户口迁移政策，建立以人为本、科学高效、规范有序的新型户籍制度[②]，统筹推进户籍制度改革和基本公共服务均等化，在坚持"统筹配套、基本保障"的基础上，不断地扩大教育、就业、医疗等城镇基本公共服务覆盖面，降低居民因户口带来的边际效应，使公共资源的获取

---

① 蒋太岩等：《从歧视走向公平—农民工及其子女教育问题的调查与分析》，东北大学出版社 2014 版，第 116 – 121 页。

② 《国务院关于进一步推进户籍制度改革的意见》，《人民日报》2014 年 7 月 31 日。

是通过市场竞争而非户口方式而实现，从而在最大程度上尊重和保护农民工权益不被侵犯。

**（二）推进就业政策改革，消除城乡就业歧视**

尽管农民工通过培训可以提高其就业能力和职业素质，但标签化身份导致城乡就业歧视在劳动力市场中积重难返，即使参与培训后也难以改变职业分割化的窘境，这在一定程度上严重影响了农民工参与培训的积极性。因此，创建和谐劳动关系，推进以消除城乡就业歧视为核心的就业政策改革[1]，是消解农民工培训社会支持外部掣肘的重要措施。一是加快农民工就业市场管理和就业服务体系体制创新。严格执行最低工资制度，建立工资保障金制度，刺激人力资本投资并加以正确引导，形成整个社会合理的人才结构，避免资源错位；劳动力主管部门构建农村转移劳动力统计制度，建立人力资源开发、流动、使用监控制度，为开展农民工培训工作夯实基础；健全农民工培训后期就业服务的信息网络，探索农民工跟踪援助制度，努力拓宽农民工培训后的就业渠道。二是强化企业和政府在和谐劳动关系构建中的作用。政府继续推进各项配套措施的改革进程，增加有效制度的供给，为健全第三方协调机制提供政策性保障；企业和用人单位重视人力资本的作用，做好人力资源和劳动合同管理工作，以民主、公正的形式规范企业管理行为。三是开展法制宣传教育，净化社会风气。在全社会会弘扬有利于和谐劳动关系建立的社会风气，重视外来务工人员社区建设，将农民工的社会保障、子女入学等与其他工作岗位和居住点联系起来，切实维护农民工的合法权利，增加对外来务工人员，特别是参加培训后农民工的吸引力。

---

[1] 易红郡、谭建平：《农民与农民工的教育培训》，湖南人民出版社 2009 年版，第 188 – 189 页。

# 第八章

## 田野考察（四）：
## 农村教师培训的社会支持系统研究

## 第一节　农村教师培训社会支持的主体

### 一、农村教师培训社会支持的必要性

#### （一）农村教师培训问题产生的社会背景

1. 提高农村教师质量是推进城乡教育一体化发展的重要一环

2016 年 7 月 2 日国务院颁布的《关于统筹推进县域内城乡义务教育一体化改革发展的若干意见》标志着我国城乡教育一体化进入新的发展阶段。根据该《意见》，"努力办好乡村教育"是城乡教育一体化发展的主要措施，其中"加强校长教师轮岗交流和乡村校长教师培训"是"努力办好乡村教育"的重要内容。据相关调查显示，从专业知识这一维度来看，在小学数学教师的教学知识测试中，省城教师获得分数是 79.85 分，县城教师获得分数是 60.8 分，乡村教师则仅有 38.40 分；从教师的专业出身这一维度来看，乡村学校非师范专业出身的教师占比 23.21%，城市学校非师范专业出身的教师仅为 9.03%；从代课教师所占比例这一维度来看，乡村学校代课教师所占比例为 10.54%，而城市学校代课教师所占比例仅为 4.08%。[①] 这表明，城乡教师专业知识、专业背景等方面存在着巨大的差距，而这些差距无不指向教师素质。由此可见，加强农村教师培训，提高农村教师队伍质量，缩短城乡教师质量

---

① 邬志辉：《城乡教育差距的根本是教师差距》，《中国青年报》2015 年 6 月 15 日。

差距，是促进城乡义务教育均衡，实现城乡教育一体化发展的重要一环。这就需要在城乡教育一体化发展进程中，必须着眼于提高农村教师专业素质，适度向农村倾斜培训资源，以农村教师为重点，以薄弱学校、教学点为工作着力点，建设城乡互动共进的教师专业发展共同体，实行按需施训一体，实践指导一体，资源服务一体，学习支持一体，绩效评估一体，形成基于校本的"边工作、边学习、边实践、边提高"的常态化培训，同时以校本联动实现"人人有提高"，以社区推动实现"校校有发展"，以城乡互动实现"均衡有进展"。①

2. 教师专业角色转变迫切需要加强农村教师培训

教师是一种专业性的职业，教师职业专业化是教育发展的必然要求。在 1966 年，国际劳工组织、联合国教科文组织联合发表的《关于教师地位的建议》中就明确提到，"教育工作应被视为专门职业。这种职业是一种要求教员具备经过严格而持续不断的研究才能获得并维持专业知识及专门技能的公共业务。"2001 年，我国首次提出"教师教育者"的概念，② 认为教师的角色应从单纯的"专业人员"向"教师教育者"转变，即教师不仅能够向中小学生教授知识，同时还能在专业共同体中帮助其他教师实现专业成长。随后，"教师教育者"的角色定位有了更深层次的理解，即教师的教师、研究者、指导者、课程开发者、教师专业的鉴定者、中小学校与大学教师教育机构形成伙伴关系的促进者。③ 由"教师教育者"的界定与理解可以得出，传统的教师专业人员角色已经不适合当前教育改革与发展的实际，现代教师专业发展仅仅定

---

① 宋冬生：《城乡教师培训要有"一体化"思维》，《中国教育报》2014 年 11 月 11 日。

② 朱旭东：《国外教师教育的专业化和认可制度》，《比较教育研究》2011 年第 3 期，第 6 页。

③ Mieke – Lunernberg, Jurrien Dengerink and Fred Korthagen, *The Professional Teacher Educator: Roles, Behaviours and Professional Development of Teacher Educators*, Rotterdam: Sense Publishers, 2014, 5, p. 5.

位于技能熟练或者知情意行的综合发展不能满足于现实需要。在这个大背景下，教师培训的目标指向和内容体系也开始发生转变，即从最初的学历补偿、技能补偿转向为更高一级的教师综合能力提升。

农村教师作为教师整体队伍中重要的组成部分，亦受到了教师专业角色转变大潮流的影响，尤其是在城乡教育发展不平衡、农村交通地理条件不方便、农村学校办学条件欠账多等多重现实环境下，更需要以农村教师培训来推进农村教师角色的转换。具体来讲，就是将"促进教师教育者专业发展的培训"和"促进教师专业发展的培训"置于同等地位。"促进教师教育者专业发展的培训"的开展，最先针对农村骨干教师进行培训，在此基础上择优专职培训者和兼职培训者进行培训，成员主要为一线优秀教师教研员，重在提升培训需求诊断能力、方案设计能力、课程开发能力、教学实施能力等，以此为各地建立省级教师培训团队奠定坚实基础，使他们成为农村的"教师教育者"。随之而来，农村教师培训也开始发生转向。

3. 农村教师培训需要多重社会主体支持

党和国家历来高度重视乡村教师队伍建设，在稳定和扩大规模、提高待遇水平、加强培养培训等方面采取了一系列积极的政策举措。在农村教师培训中，政府成为承担农村教师培训的最主要力量，然而，因为农村教师人数多、质量、层次不齐、身份模糊等情况造成了政府在承担农村教师培训责任时"力不从心"，这就需要多重社会主体给予支持。

最先涉入农村教师培训的是学校角色，学校直接对政府负责，行使对本校教师的培训职责，最初学校是直接承担政府在农村教师培训中的具体任务，例如培训的组织和培训内容的选择。随后，随着市场经济的进一步发展，市场角色开始意识到参与农村教师培训可以在一定程度上获利，便激发了市场参与农村教师培训的积极性。进入新世纪后，随着公民社会的深入发展，社会公众越来越认识到农村教师培训对整个社会的重要性，以慈善为主要特性的社会公益团体、基金会也开始参与农村教师培训，这进一步丰富了农村教师培训的支持主体。但不能否认的是，多重角色参与到农村教师培训中，形成了农村教师培训供给"多对一"的关系，即多重角色提供培训，而农村教师仅有唯一接受体，这无疑会造成过度培训或重复培训等现象。任何事物都具有两面性，农村教师培训不同的社会角色参与其中，不同的角度都会在农村教师培训上产生各种问题，集中表现为"有意识而无能力""有能力而无意识"和"无意识无能力"，这些问题的出现使农村教师培训难以达到预期效果。因此，农村教师培训仅仅依靠政府作为单一的力量远远不足，这需要更多的社会支持主体参与其中，着力解决农村教师培训问题。

（二）农村教师培训问题产生的制度根源

1. "二元制"的城乡教育体制

"二元制"的城乡教育体制是对"二元制"城乡体制的模仿，其反映和强化了城乡之间的差距。城乡教育二元结构的主要结果和外在表现是城乡存在的巨大教育落差，城市成为优质教育资源的集聚地，城乡学校在办学条件、师资水平、教育质量等方面差距十分显著。这种二元制的城乡教育体制造成了城市和农村教师培训的对立。主要表现在两个方面：第一，城乡有别的教师培训供给制度。由于城乡教师待遇及收入的不同，教师培训供给的分配也有所不同。总体上看，农村教育经费拨款总额虽然较大，但农村教师数量庞大，以致农村教育经费划拨至各地便出现"化整为零"的尴尬，致使用于教师培训的经费变少。第二，城乡教师专业发展的隔离。由于城乡分割制度的存在，城乡教育要素缺乏交流，很少教师在城乡之间的横向流动。而近年来，国家又要求进行城乡教师流动，以轮岗制度的形式来推动该政策，但不可否认的是，农村教师并不能很好地适应城市学校的教学，同理城市教师也很难适应农村学校的教育实际，这种实际上是一种专业发展的隔离，以人为的方式推动这种形式上的弥合并不能代表着实质上的整合，更谈不上"一体化"。

2. "城乡有别"的教师待遇制度

教师待遇制度的不同是导致农村教师培训问题产生的另一个制度根源。总体来看，因为教师待遇的不同，迫使农村教师通过各种途径往城乡调动。根据《中华人民共和国教师法》规定，教师有"按时获取工资报酬，享受国家规定的福利待遇以及寒暑假期的带薪休假"的权利，但城乡教师之间却存在着巨大的差距。以广东省为例，根据《广东教育改革发展研究报告（2013）》披露，湛江雷州的教师月平均工资仅为1879 元，而深圳教师月工资最低的盐田区为 10353 元，后者是前者的5.5 倍。① 这种城乡有别的教师待遇制度引起了人才流动的"吸虹效应"，大部分大学毕业生工作初步选择农村中小学，乃不得已而为之，他们以入职农村为起点，最终而是通过其他途径离开农村而到城市。大学毕业生对于农村教育的发展起着极其重要的作用，他们有着较为全面的专业基础，经历一段教学实践后可以担负起振兴乡村教师的作用，他们的离开会进一步加剧农村教师年龄结构和专业结构失序状态，从而引发严峻的农村教师培训问题。

## 二、农村教师培训社会支持主体的选择

在确定农村教师培训社会支持主体之前，研究有必要对"农村教师培训"进行定性分析，即将农村教师培训视为何种概念，进而在此基础上分析哪类支持主体可以为之提供支持。因此，本书采用社会学和经济学的分析方法，从"教育是一种准公共产品"的性质作为分析的逻辑起点，农村教师培训也有着一定的"溢出效应"和有限的排他性和竞争性，因而它是介于纯公共产品和私人产品之间的"准公共产品"。对于准公共产品的供给，理论上应当采取政府和市场共同分担的原则，即由政府和市场共同承担。但对于农村教师培训而言，其具有特殊性，不仅可以由政府和市场共同承担，还有以第三部门为代表的公民社会承担，此外作为政府代言的学校也可以自行承担。因此，本书选取了政

---

① 汤贞敏：《广东教育改革发展研究报告（2013）》，广东高等教育出版社 2013 年版。

府、市场、公民社会和学校作为农村教师培训社会支持的主体。

（一）农村教师培训的政府支持

就农村教师培训而言，通过培训提高农村教师专业能力进而促进农村教育质量，核心在于提高人才培养质量和规格，使人才更符合国家和社会发展需要。基于政府公权的权威型社会支持从新中国建国以来到2010 年都是我国农村教师培训最主要支持主体，它主要由各市、县教育局直接负责，以任务分配的方式有计划，按批次通过选拔一定数量的农村教师进行培训。这一种基于政府公权的农村教师培训支持在学历补偿和技能补偿两个时代得到很好的贯彻，有效地推动了在教育经费投入极其有限情况下农村教育的发展，进一步加强党和国家教育方针的贯彻落实。

农村教师培训的政府支持主要是通过制定政策和下拨培训经费进行。自"文革"结束至今，我国农村教师培训政府制定的政策可以归纳为"以补偿培训为主""以继续教育主兼顾补偿学历""以多层次、多类型为特征"。最早的农村教师培训政策是 1980 年 8 月国家教育部出台的《关于进一步加强中小学在职教师培训工作的意见》。它指出：从实际出发，把长远的文化、专业知识的系统学习和搞好当前教学工作的教材教法学习结合起来。[①] 直到 21 世纪初，我国总共颁布并实施了 10 项重要的关于农村教师培训的政策，通过制定不同类型的农村教师培训政策，农村教师培训实现了目标变革，即农村教师培训由追求学历补偿为主转向为以追求专业发展为目标，培训的目标从静态转为动态，从"二元制"教师教育转向"一体化"，促进"一体化"教师教育模式的形成与发展，同时"教师信息化""教师教育网络联盟计划"将科技化纳入培训范畴。培训政策的实施离不开有效的经费支持，"文革"结束后国家推动的学历补偿培训使农村教师为了获得学历更好地从事教师工作，因此此时农村教师培训经费投入较少。随着"学历补偿"培训时代的结束，国家开始意识到以专业技能为代表

---

① 文档网：《关于进一步加强中小学在职教师培训工作的意见（摘录）》，1980 年 8 月 22 日，见 http://www.lantianyu.net/pdf15/ts015061_1.htm。

的专业发展对于教育教学质量提高的重要意义，开始在教育经费中授权地方可以根据实际将一部分教育经费提取作为教师培训经费。进入新世纪来，在经济获得大发展的前提下，以国家制定的"国培计划"政策为起点，国家开始有步骤地大规模实施农村教师培训专项经费。

**表 8.1　改革开放以来我国主要的农村教师培训政策**

| 序号 | 政策名称 | 颁布时间 |
|---|---|---|
| 1 | 关于进一步加强中小学在职教师培训工作的意见 | 1980 |
| 2 | 关于加强小学在职教师进修工作的意见 | 1983 |
| 3 | 全国中小学教师继续教育工作座谈会会议纪要 | 1990 |
| 4 | 关于加强中小学教师继续教育区域性实验工作的几点意见 | 1998 |
| 5 | 中小学教师继续教育规定 | 1999 |
| 6 | 面向 21 世纪教育振兴行动计划 | 1999 |
| 7 | 中小学教师继续教育规定 | 1999 |
| 8 | 关于实施"中小学教师继续教育工程"的意见 | 1999 |
| 9 | 关于支持"全国中小学教师继续教育网"开展远程中小学教师非学历培训试点工作的通知 | 2004 |
| 10 | 中小学教师国家级培训计划 | 2010 |

### （二）农村教师培训的市场支持

随着市场经济的不断发展成熟，农村教师培训这一"准公共产品"的属性也在发生改变。从政府的角度而言，政府愿意适当下放承担农村教师培训的部分职能，以实现行政减压。当然，市场也愿意通过承担农村教师培训实现市场获利的目标。因此，政府和市场达成一种契约，即由政府出资金、由各类高校或者培训机构承担农村教师培训的整个过程，终而再由政府实行监督。这样便形成了市场模式下的市场化的农村教师培训，可称之为"政府购买培训服务"。顾名思义，以政府购买培训服务的形式推动农村教师培训，强调的是一种信贷和契约关系，倡导所有权和经营权分离。换而言之，市场化模式下的农村教师培训是政府拥有"所有权"，而将"经营权"让渡给市场负责，实现了两者的分离。就当前农村教育实际情况而言，国家级和省级培训项目是知名度最高的培训类型，以及中西部各省、自治区、直辖市教育厅、教育委开设的"省培计划""区培计划"等，甚至有部分县市级的培训，都采用了市场化运作的培训方式。

市场化的农村教师培训得以发展有其深层次的原因。一方面，以专业发展为目标的农村教师培训逐渐取代传统的教学技能的培训，这预示着农村教师培训不能够如以往那样"有边补边"而治标不治本。当前的农村教师培训是一种全方位的农村教师培训，除专业实践之外，还包括教师职业道德与法规，教学科研能力等方面。相比之下，传统的农村教师培训可以通过聘请具有丰富教学经验的教师进行培训，迅速提高教师教学技能，但当前的农村教师培训也需要具备精深理论知识的专家，而仅凭政府的能力很难组织如此全面的培训团队，由高校或专业培训机构组成的项目承担单位却具备这一能力。另一方面，随着政府工作制度的改革，造成政府很难有足够的人手负责农村教师培训工作，而且农村教师培训工作又是一种专业性很强的工作，这与政府的行政工作有着巨大的差别，因此政府希望从不专业的事务中解脱出来，故高校和专业培训机构承担农村教师培训这一职能。

（三）农村教师培训的第三部门支持

传统观点认为，组织分为政府与市场，前者是一种以公共权力为基础，以国家政权为依据，具有强制性，而后者则是以市场规律为基础，由市场进行调节生产和社会活动。20 世纪 70 年代后，传统的"非政府即市场"的公共行政模式开始遭受质疑。在此背景下，第三部门作为一种解决问题或危机的第三种方式，其作用越来越受到重视，它在政府和市场两者都失灵的领域里发挥了巨大作用。而进入 21 世纪，政府更加重视职能的改变，第三部门随之更高效地承接了政府转移出来的部分职能空间，并成为公共治理的一个重要组成部分。第三部门不是自上而下由政府包办，而是发源于民众群体，与政府没有任何挂靠或从属关系，为公众利益而活动运作的具有组织性、非政府性、非营利性、自治性与志愿性的组织。

　　第三部门参与农村教师培训在新世纪后已经逐渐正规化，形成五种培训类型：（1）以"精神激励、理念碰撞和方法研讨"为特征的大型活动；（2）学科课程中语、数、外科目的教学理念与技能培训；（3）学科课程体系中"小五科"课程的培训（音、体、美、科、品社）；（4）素质课程（校本课程）的教师培训；（5）促进教师身心健康的多样化培训。截至 2015 年已经开办了四次"教育公益组织年会"，来自不同的公益组织共同探讨农村教师培训问题。有学者指出："在纵向上，第三部门可以从不同角度切入教师培训工作，不断引入跨界思想和技术，丰富教育与教师角色的内涵，促进教师群体的多元发展。而这种纵向的推动作用在素质课程教师培训方面尤其明显；在横向上，教育公益组织开展的教师培训，拉动了大量教师进行跨区域的横向联结，为促进教师职业共同体的成长，发挥着公益组织的独特作用。"①

### （四）农村教师培训的学校发展支持

　　从学校的整体运行来看，学校是政府在教育中的代理机构，代表着政府在教育中的话语和权威。可以说，学校的运行在一定程度上是模仿政府的运行方式，因而具有很强的科层制色彩。按照社会学组织理论，任何组织经历一定的时期后都会迷恋于传统，变得墨守成规而自我迷恋，其能力也将会"萎缩"。学校具有浓厚的科层制色彩，如果一味自我迷恋将会更加封闭而能力"萎缩"，因此不得不采取"走出去"的战略，促成了基于学校发展需要、以校际交流为形式的农村教师培训。特

---

① 选自北京市西部阳光农村发展基金会项目主管刘烨在第四届教育公益组织年会的发言。

别需要指出的是，校际交流是一所学校发展的必须，除教育局要求进行学校间交流外，农村学校作为底层学校，其治理思想既根据国家和上级管理部门规定的同时，又包括深厚色彩的"江湖治理"，即学校校长也将交流视为个人在所在地区学校和教师间树立威望的途径。在此基础上，基于发展需要的农村教师培训有了政策依据，同时学校校长也通过这一政策达到提升个人威信的目的。因此，基于学校发展需要的农村教师培训，实质上是一种兄弟学校之间的交流，而作为交流的主要内容便是教学交流，这促成了在农村中小学最为常见的农村教师培训。但需要指出的是，因为有了国家政策的支持，而且学校校长对于教师职称评审推荐有很大的作用，因而学校校长或其他领导便将此视为一种行政命令，要求教师只有参与到校际交流才能够有资格将职称申请递交上一级部门，这就使这种交流变得频繁而隆重。

## 第二节　农村教师培训社会支持的现状

### 一、调查设计

根据研究需要，本书综合运用问卷调查、访谈调查等方式获得关于农村教师培训社会支持现状的有关信息。此外，本书还通过查阅图书、期刊、报纸、统计年鉴等方式获得数据资料和佐证材料。

（一）调查方法

本书主要采用访谈方法和问卷统计进行研究，选择的样本活动区域固定，总量较大，范围也较广，故具有一定的代表性。虽然有研究指出"质的研究是将研究者作为研究工具、强调研究者个人的独特性和唯一性，因此即使在同一时间、同一地点、就同一个问题、对同一人群所作的研究，研究结果也有可能因不同的研究者而有所不同。"[1] 但基于本

---

① 陈向明：《质的研究方法与社会科学研究》，教育科学出版社 2000 年版，第 100 页。

书样本选取的科学性和合理性，因此研究具有前后的一致性，即信度。同时，本书通过对具有一定背景的研究对象进行研究，对"个案生活的本质认识从而达到认识多数人生活深层体验"，即是说可为类似研究提供一定的理据，具有研究的可重复性，即外在效度。此外，因为本书的问卷设计仅作为访谈的支撑，更多为比例统计，自变量和因变量的影响较小，因此不讨论研究的内在效度。

针对农村教师研究发放了"农村教师培训调查问卷"，总共设置了24个问题，其中开放题2两个。问卷内容包括教师基本情况、教学基本情况，旨在从农村教师个人经历和体验的角度来了解农村教师培训的基本情况，涵盖校际交流培训、教育局组织的培训、市场化的教师培训、培训的组织与保障、培训的效果等方面。为保证调查的全面性，本调查问卷采取随机抽样的形式对农村教师进行调查，选取了西部某省的农村教师167人，教师年龄段为18—55周岁，学历包括各个层次，任教学段包括各个学段，问卷回收率和有效率达100%。

**表8.2　样本教师的人口学特征**

| | | | | |
|---|---|---|---|---|
| 性别 | 男 | 25.75% | 一年级 | 36人 |
| | 女 | 74.25% | 二年级 | 31人 |
| 年龄分布 | 29岁以下 | 62.87% | 任教年级　三年级 | 30人 |
| | 30－34岁 | 6.59% | 四年级 | 32人 |
| | 35－39岁 | 10.78% | 五年级 | 35人 |
| | 40－44岁 | 8.38% | 六年级 | 35人 |
| | 45－49岁 | 7.78% | 本科 | 62.87% |
| | 50－54岁 | 2.99% | 学历分布　专科 | 35.93% |
| | | | 中师(专) | 1.20% |

仅仅依靠问卷调查还难以得到全面、深刻的信息，加上本书涉及

的研究对象较多，且具有较强的分散性，部分研究对象很难用问卷的方式进行调查。因此，本书设计了培训承担单位负责人访谈提纲、教育行政部门领导访谈提纲、学校领导访谈提纲。通过组织深度访谈的形式深入了解农村教师培训社会支持的现状和问题。本次访谈主要是访谈教育行政部门人员 4 人，培训项目承担部门负责人 6 人，中小学校长 6 人。

对于第三部门参与农村教师培训的调查，因研究条件的限制，除对农村老师及教育行政部门相关管理人员的访谈之外，本书主要采用了资料查阅的方式来获取相关信息。具体而言，通过查阅教育局、中小学有关第三部门支持农村教师培训的相关材料，以及在农村教师或志愿者允许情况下观看日志，同时采用收集新闻报道的方式获得关于第三部门参与农村教师培训的有关信息。通过立体化、全方位的形式收集第三部门在参与农村教师培训的各类信息，特别是类型、作用、效果等。此外，对于部分非第三部门的支持现状，也采用了资料查询的方法，主要来自教育行政部门、培训项目承担单位的资料。

（二）调查对象

本书以 G 自治区 Y 市的教育行政部门主管农村教师培训管理人员、农村教师、第三部门负责人、高校负责农村教师培训的管理人员为研究对象。研究对以上人员及其工作场域进行调研前，事先征求访谈对象的同意，以及工作现场负责人的同意。同时，研究会对每一研究对象说明研究目的，研究内容和研究方法，存在的研究价值，并申明研究无关于商业用途，无关于政治目的，仅作为学术研究使用，在不掩饰研究目的的情况下得到研究对象的支持，对于研究的访谈资料严格进行保密，对于图片进行模糊化处理。因此，在本书中关于人名、地名、组织机构名称、照片都做出严格的保密和匿名处理。

1. G 自治区 Y 市的基本状况

G 自治区地处中国西南地区，属于典型的亚热带地区，与四省毗邻，南临海洋、面向东南亚，西南为边境线，与外国毗邻，是西南地区最便捷的出海通道，在中国与东南亚的经济交往中占据重要地位。全区有壮、苗、侗、仫佬、毛南、回、京等众多少数民族，少数民族总人数居全国第一位。截至 2016 年 8 月，全区辖 14 个地级市，县级行政区 111 个（包括 39 个市辖区、8 个县级市、52 个县、12 个自治县），乡级行政区 1247 个（包括 120 个街道、722 个镇、346 个乡、59 个民族乡）。可以说，G 自治区是典型的少数民族自治区。

Y 市是 G 自治区东南部地区的政治、经济、文化中心，下辖 2 区 1 市 4 县，毗邻粤港澳，面向东南亚，背靠大西南，是该 G 自治区经济区"4 + 2"城市、海峡两岸农业合作试验区，中国沿海经济开放区，是中国大西南出海的重要便捷通道，为全国著名侨乡，也是 G 自治区最大的侨乡。Y 市为 G 自治区第二人口大市，全市总人口 691 万人，常住人口 548.74 万人，其中汉族人口为 544.53 万人，占 99.23%；各少数民族人口为 4.20 万人，占 0.77%。① 由此可见，Y 市是 G 自治区 14 个地级市中唯一一个以汉族为主体的城市。

2. G 自治区 Y 市的教育概况

改革开放以来，Y 市的教育获得了飞速发展，分别获得"全国基础教育先进县""全国扫除又百分进市""全国幼儿教育先进县（市）""全国儿童少年工作先进市""全国特殊教育先进县""全国中小学实验先进县""全国'两基'先进县"。据统计，全市共有各类学校 2960 所，其中幼儿园 1170 所，在园幼儿 25.98 万人，小学 1475 所，教学点 1586 个，在校生 60.09 万人，普通初中 231 所，在校生 28.85 万人，普通高中 58 所，在校生 10.9 万人，中等职业技术学校 21 所，在校生 3.7 万人，特殊学校 5 所，在校生 1245 人。② Y 市对教育的投入较大，早在

---

① Y 市政府网：《Y 市概况》，2013 年 11 月 22 日，见 http://www.yulin.gov.cn/info/96584。

② G 教育厅：《G 自治区教育年鉴（2014）》，广西师范大学出版社 2014 年版。

21 世纪初就创造了每所乡村学校都拥有一幢砖混结构教学楼的奇迹，创造了短短几年内消灭 50 多万平方米 D 级危房的奇迹，全市中小学校舍面积达 635 多万平方米，框架、砖混结构校舍占校舍总面积的 90% 以上。同时，1984 年开始，Y 市出现社会力量办学，80 年代末掀起热潮，90 年代以后，民办学校成为 Y 市教育的一支重要力量。目前，全市民办幼儿园占 90% 以上，民办职校在校生占 70% 以上，民办学校共培养各级各类人才 46 多万人，为满足当地社会多样化的教育需求、促进当地经济社会发展做出了巨大贡献。

3. Y 市教师培训的基本状况

Y 市作为 G 自治区第二人口大市，教师人数众多。据最新统计，全市有各级各类学校教职工（不含高校教职工）70054 人（专任教师59168 人）。其中，幼儿园教职工 12877 人，小学教职工 30087 人，普通初中教职工 17358 人，普通高中教职工 7435 人，职业学校教职工 2191人，特殊教育学校教职工 106 人；幼儿园专任教师 2191 人，小学专任教师 28041 人，普通初中专任教师 16380 人，普通高中专任教师 5540人，中等职业学校专任教师 1523 人，特殊教育学校专任教师 85 人。师（仅指专任教师、不含代课教师）生比中，幼儿园为 1:34，小学为1:21.4，初中为1:17.6，高中为1:19.7，中等职业技术学校为1:24，特殊教育学校为1:15。① 根据以上的师生比例，不难发现 Y 市师生比例远远低于国家规定标准，因此 Y 市大规模招聘代课教师，直到现在该市的代课教师问题仍未完全解决。Y 市的农村教师培训，正是基于教师数量总体庞大，但师生比例失调较为严重，以及存在大量代课教师的情况下开展的。

---

① G 教育厅：《G 自治区教育年鉴（2014）》，广西师范大学出版社 2014 年版。

### 二、政府部门支持农村教师培训的现状

在本书中，政府主要包括 Y 市政府以及下属县政府、Y 市教育局以及下属的各县区教育局。在调研中，市各级政府和各级教育局各司其职，其中市各级政府负责制定政策划拨教育经费，当教育局获得教育经费之后，进一步对教育经费进行细化，有部分地区将教育经费直接划分为教师培训经费，有部分地区则不进行划分，而是根据当年上级领导部门安排情况进行教师培训，培训经费可以直接从教育经费支出。

**表 8.3　G 自治区 Y 市农村教师培训政策选摘**

| 序号 | 政策名称 | 时间 |
|---|---|---|
| 1 | 师资培训项目实施方案 | 2006 |
| 2 | 关于做好 2006 年度农村中小学现代远程教育工程有关工作的通知 | 2006 |
| 3 | 关于建设 G 自治区教师教育视频培训系统的通知 | 2009 |
| 4 | 中小学教师继续教育工作方案 | 2010 |
| 5 | 关于开展中小学教师德育专题远程培训学习的通知 | 2012 |
| 6 | 关于举办 Y 市"农村义务教育薄弱学校改造计划配置多媒体远程教学设备项目"学校学科骨干教师教育技术应用培训班的通知 | 2012 |
| 7 | 关于开展高中新课改学科教师远程培训学习的通知 | 2012 |
| 8 | Y 市鼓励社会力量捐资助学暂行办法 | 2012 |
| 9 | 关于开展 2012 年幼儿园"转岗教师"培训远程学习的通知 | 2012 |
| 10 | Y 市教育精准扶贫全覆盖行动实施方案 | 2015 |
| 11 | "区培计划"项目培训机构遴选公告 | 2015 |
| 12 | "国培计划"项目培训机构遴选公告 | 2015 |

政府是目前 Y 市农村教师培训社会支持的最主要支持主体。根据问卷调查显示，从 2013—2016 年农村教师所有接受培训类型，以县教

育局组织的培训为主，占比达 51.5%。由此不难得出，虽然国家鼓励开展多种形式的农村教师培训，但根据"以县为主"的义务教育管理体制，农村教师培训还是以政府支持为主体。根据调研，以政府为支持主体的农村教师培训主要有以下措施：

第一，成立专门培训管理机构进行农村教师培训组织与管理工作。该市针对下辖的区（包括自设区）设立区教师培训中心，作为教育局直属单位，专门负责该区的教师培训工作。据调查，该市下属各区县成立了7个培训中心，除培训中心主要负责人属于教育局编制之外，其余人员主要是从一线教师提拔或借调上来，或者以事业单位招聘的形式招聘本科生。这些教师培训中心直属于教育局，具有半事业单位的性质，平时主要通过收费承担教师资格证考试服务业务，同时依照教育局要求组织教师培训工作。它们自成立以来，制定并完善相关培训政策，主要通过大力与所在地高校合作开展农村教师培训工作，服务教师发展，提升教学质量。它们组织的农村教师培训，主要教育教学问题为导向，结合课堂教学问题和案例分析并开展农村教师培训和研讨工作，使农村教师通过培训能顺利快速地掌握教学技能。同时，通过提供优质数字资源，对所属区域教师分批次进行教育技术方面的培训，提高教师多媒体教学能力。

第二，制定"行动计划"开展农村教师培训。以学前教育为例，随着国家要求制定学前教育"三年行动计划"，该市随之实施了"师资队伍培养培训工程"，实行幼儿园教师上岗培训、名师名园长培训计划、全员培训等，以此完善培训体系，实现县教育部门、幼儿园两级联动，分级规划、分层分类培训公办幼儿园教师和多元普惠幼儿园合作园教师。根据"行动计划"，Y 市实行"5 年一周期"总共不少于 360 学时的教师全员培训制度，推进建设教师培训学分制度。"行动计划"大大推动了 Y 市的农村教师培训。在培训经费方面，根据对 Y 市下属的一个县调研显示，该县针对龙头幼儿园除给予教育厅补贴 10 万元之外，还追加县财政 10 万元，总计 20 万元，使用在教师培训上的经费不得少于补贴总额的 20%。

在教师资格证获得方面，通过"行动计划"要求"现尚不具备相关任职资格的在岗人员，要在 3 年内取得任职资格，逾期仍未获得任职资格的不得上岗"，使该县农村学前教育教师持合格证人数逐年上升，分别达到 2014 年 956 人，2015 年 981 人，2016 年达 1011 人。

第三，建立农村教师培训的激励机制。Y 市制定了一系列农村教师培训激励机制，主要在绩效考核、职称评定、先进个人评定、评优评奖、工作调动等方面给予一定的鼓励。以学前教育为例，该市制定支持公办幼儿园和多元普惠幼儿园的幼儿教师进行在职学历提升和参加培训的政策，充分调动了广大幼儿教师参加业务培训的主动参与意识和积极性。Y 市教育局负责人反映到："我们对农村教师参加培训的鼓励，现在已经从单纯的资金鼓励向职称鼓励方向转变，例如在同等条件下，如果参加培训的教师我们会优先考虑。"这表明了 Y 市已经试图通过相关的激励机制来提升教师培训的整体效果。

第四，充分利用现有条件开展教研培训。首先，利用国家政策推动农村教师培训。2012 年，根据 G 自治区制定的《高中课程改革师资培训执行方案》，Y 市开展普通高中学科教师新课程改革远程培训，将培训分为自主学习、在线答疑、反思与设计三个阶段，用新的认知水平反思存在问题，分析原因，生成新的解决思路与具体办法，之后通过教学设计整合、提升这些成果形成问题解决方案。此外，开展中小学教师德育专题远程培训、农村中小学现代远程教育工程、微软师资培训项目。其次，利用教育精准扶贫进行农村教师培训。在该市《教育精准扶贫全覆盖行动实施方案》中指出，通过"选派优秀教师到贫困村学校支教、走教等形式，重点解决贫困村学校英语、音乐、体育、科学、美术、心理健康教育等学科教师缺乏问题，全面推进校长、教师交流轮岗工作，鼓励优秀校长、教师到贫困村任教"来促进农村教师在交流中提升教育教学能力。

第五，创新培训模式。在传统的培训模式中，政府会授权所在区县的教师进修学校或指定某一学校负责进行，聘请或选派所在地方的教学名师针对农村教师在教育教学遇到的问题开展专门培训，这种培训往往只需 1 天，以教学展示或讲座为主。虽然这种模式能够更加精准地面对农村教师实际问题，但不能否认的是这种培训多处于现象阶段，而对教师长远的专业成长效果不大。因此，Y 市了新的培训模式。主要有两种模式：一是"师徒制"，即由各学校报送高职称高学历的教师至教育局，随后由教育局审核教师简历，侧重教学获奖情况、参加比赛情况，将入选的教师称为"经验教师"，再编制所在学校新教师与经验教师组成组，实行师徒制，年终绩效考评将此项目作为额外奖励性纯净；二是"以赛促训制"，即由教育局通过文件下发的形式，要求中心学校每学期都要组织教学比赛，比赛成绩作为评定职称的重要资料，因此教育局通过政策调整直接刺激了各学校、教师为获得职称而加大力度进行教师培训的意志。

### 三、市场支持农村教师培训的现状

随着国家对农村教师培训的重视，越来越多的农村教师专项培训经费下拨到各地，农村教师培训得以大规模、大范围地展开。随着市场经济的不断发展成熟，农村教师培训这一"准公共产品"的属性也在发生改变，即产权不再是绝对，农村教师培训也开始产生政府购买服务的行为，强调一种信贷和契约关系，实现所有权和经营权分离，国家拥有农村教师培训的所有权，但具体培训的操作则由市场来实施，从而产生市场化的农村教师培训。就本书而言，农村教师培训作为一种特殊的准公共产品，而教育行政部门又不能完全通过市场化的运作实现其供给，因此政府选择了较为中立的"市场"，即高校和知名的培训机构。因此，本书所指的"市场"并非完全的市场，而是一种有限制的市场，这种市场具有纯市场的竞争性特征，又与政府有着千丝万缕的联系，其对农村教师培训的运行方式主要有委托、承包两种形式，缺少了纯市场的采购形式。

在本书中，基于教育行政部门负责人的访谈，以及座落在 Y 市的一所高校承担农村教师培训情况的调研，初步调查出市场支持农村教师培训的现状。需要说明的是，根据实际本书选取的农村教师培训项目主要有：国培计划—农村幼儿园骨干教师培训项目，国培计划—农村中小学骨干教师培训项目，国培计划—农村幼儿园保教主任短期集中培训项目，农村幼儿园骨干教师（转岗教师）短期集中培训项目；初中校长资格班及提高班培训，小学校长培训班、小学教导主任培训班，初中教师全员继续教育培训，幼儿园园长资格培训等。据了解该高校自 2010 年承担农村教师培训以来，总共承担"国培计划"等培训项目 45 项，培训农村中小学幼儿园教师 11058 人，乡村中小学校校长 200 人，乡村幼儿园园长 170 人；中小学校长、教师培训、教育行政干部培训项目 38 项，共培训 98029 人；承担县市级幼儿园园长岗位培训项目，共培训 7686 人。

该高校针对农村教师培训，采取了卓有成效的措施，获得了教育厅和地方政府的好评。以高校为市场支持主体的农村教师培训主要有以下措施：

第一，成立临时性领导小组和工作小组，协调各部门的培训工作。每年 3 月份，由教育厅下达培训的通知，该高校成立以校长作为组长，以分管教学的副校长为常务副组长的领导小组和工作小组，组员包括教务处、继续教育学院以及相关学科二级学院领导。该领导小组和工作小组对整个培训全权负责，从前期调研设置、课程设置和组织工作等方面做了详尽的安排，将培训工作当作学校重要工作。根据调查显示，该高校对于农村教师培训管理工作的分配，主要由教务处统筹，继续教育学院负责后勤保障工作，由各相关学科的二级学院负责培训课程设置、授课专家聘请、培训考核等工作，总计有 11 个二级学院承担具体的培训工作。

第二，坚持实践取向的培训思路，着力农村教师实践能力的培养。该高校对培训内容进行模块化设计，主要由三个模块组成，即教师素质与教育实践、学科教学与教学改革、教育教学技能与培训实践，还根据农村教师的需求和相关专家的调研建立的"问题库",聘请具有很强实践能力的授课专家为农村教师授课,真真实实地为农村教师答疑解惑。以小学教育为例,2014年小学语文"国培计划"的培训,聘请了32位授课专家,一线教师和教研员的人数为12人,所占专家总人数的比例为39%;教授人数为13人,所占专家总人数的比例为42%;副教授为6人,所占比例为19%;2014年小学数学"国培计划"的培训,聘请了32位授课专家,一线教师和教研员的人数为19人,所占专家总人数的比例为51%;教授人数为19人,所占专家总人数的比例为30%;副教授为7人,所占比例为19%。

第三,开发课程资源,提高农村教师培训工作的针对性。根据农村教师培训的实际和地方院校发展的需要,该高校实行"师范教育促进农村教师培训,农村教师培训反哺师范教育"的发展路线,并在此基础上开发了系统的、具有地方特色的教师教育课程,促进农村教师培训和师范教育的融会贯通。据查阅该校的资料显示,该校立项建设了一批优质课程,其中10个面向师范类专业,占全部16个师范专业的69%(见表8.4)。

**表8.4 优质课程立项表**

| 序号 | 政策名称 | 时间 | |
|---|---|---|---|
| 1 | 政史学院 | 历史学 | 历史学 |
| 2 | 文化与传媒学院 | 汉语言文学 | 文学 |
| 3 | 数学与信息科学学院 | 数学与应用数学 | 理学 |
| 4 | 物理科学与工程技术学院 | 物理学 | 理学 |
| 5 | 化学与材料学院 | 化学 | 化学 |
| 6 | 生命科学与技术学院 | 生物科学 | 生物科学 |
| 7 | 外国语学院 | 英语 | 英语语言文学 |
| 8 | 教育科学学院 | 小学教育 | 教育学 |
| 9 | 教育科学学院 | 学前教育 | 教育学 |
| 10 | 音乐舞蹈学院 | 音乐学 | 艺术学 |

　　通过立项与农村教师培训相一致的优质课程，加强了农村教师培训的针对性，提高了师范生培养定位的准确性。据该校分管农村教师培训的副院长反映："我们小学教育看似专业性不强，但是我们能够精确地定位到农村小学教师需要什么，而且应该如何提供更好的培训，所以我们一直承担小学语文、数学、寄宿制班主任培训等项目，在培训中我们开设了"我是如何当老师"讲坛，由农村教师和师范生对话，分享经验，以感染我们的师范生。此外，我们还开设了"师范生教学技能比赛暨教师资格证模拟面试"，由一线教师指导师范生教学和面试（见图8.1），让师范生能够最近距离地感受到一线教学，这也是培训反哺师范教育的重要表现。"

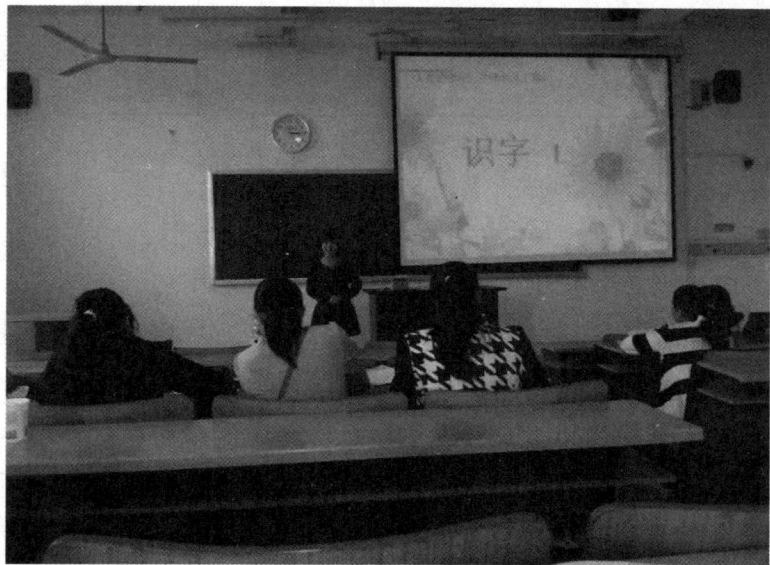

图8.1　农村教师指导师范生教学

　　第三，挖掘地方特色，提高培训的效果。Y市是我国新基础教育课程改革的首批实验区，在十年的课改历程中积累了丰富的经验，也培养了一批优秀教师。因此，该高校联合了所在地区13所中小学联合申报培训项目，并与各县区教育局、教师进修学校共建培训基地。对此，该高校和 Y 市一同以"EEPO – 有效教学"项目作为媒介，和中小学建设了一批课程平台（见表 8.5）。此外还建立了"教师教育联盟"，促进农村教师培训彰显地方特色，增加农村味道。

表 8.5　普通高中学科课程基地建设项目表

| 序号 | 项目名称 | 所属学科 | 项目承担单位 | 实验学校 |
|---|---|---|---|---|
| 1 | 高中英语课程基地 | 英语 | 外国语学院 | Y 市第一中学 |
| 2 | 高中历史课程基地 | 历史 | 政史学院 | Y 市某县级中学 |
| 3 | 高中政治学科课程基地 | 政治 | 政史学院 | 高校附属中学 |
| 4 | STS 综合创新课程基地 | 生物 | 生科院 | Y 市某县级中学 |
| 5 | 高中化学课程基地 | 化学 | 化材学院 | Y 市田家炳中学 |
| 6 | 高中物理课程基地 | 物理 | 物理学院 | Y 市某县级市高级中学 |

第四，丰富培训形式，满足农村教师多元需求。首先，教师面授与互动研讨相结合。改变单一的教师授课、农村教师听课的传统方式，将面授与农村教师研讨结合起来。以"学中思、教中研、研促教"为指导，聚焦课改，贴近实践，进行培训整合农村教师的教学与研究。找准课程实施中的重点与难点问题，实现教学实践与培训研究的深层次融合。其次，专题研究与案例分析相结合。针对农村教师专业特长和培训需求，培训设五个专题，农村教师可自主进行选择。围绕合作反思下的专题研修模式，形成研修共同体。通过讲座、互动、提炼出研究专题，梳理和深化既有的经验，形成个性化和多元化的培训。最后，技能普修与菜单选修相结合。根据农村教师实际情况和发展需求，把专业理论与教学技巧相结合，通过集体普修教育基本理论、听专家讲座，以学练、掌握教学技能，在不同教学环境之下实现课内教学与课内实训的结合，增强农村教师培训的针对性。

第五，打造"个人空间—教师工作坊—研修社区"一体化的研修体系。利用该高校教师教育数字化教学平台之"国培计划""区培计划"远程培训平台作为本项目的远程培训平台，打造"个人空间—教师工作坊—研修社区"一体化的研修体系。该体系集课程学习、在线研讨、校本研修（在线磨课）、教师社区为一体，面向培训管理部门、学科专家、辅导教师、农村教师，提供全方位的信息处理、教学组织及教务管理等专业化集成服务。通过相关方式将账号发放到每个学员手中，学员及时登录培训平台，完善个人信息，完成个人注册，学员可在研修社区进行以下活动：一是查看简报，培训过程中专家、指导教师分别在平台上发布课程、学习园地、工作简报，学员只需及时查询，便可了解培训活动内容；二是在线讨论与答疑，培训过程中的学员需要积极参与课程中的专题讨论，按时参加网络研修社区组织的专家在线集中答疑活动，积极与专家在线互动交流；三是线下集中学习与研讨，学员在研修小组长的带领下，进行线下的集中学习和研讨交流活动，形成研修成果并提交至研修社区平台。此外，还利用平台资源实现以下目标：

一是课程学习。学员可在网络社区浏览视频、阅读文本资料、观看案例分析、提交作业、在线主题研讨、参与专题问答等活动。

二是"三备两打磨"在线磨课。研修组在讨论制订计划，确定研究主题和问题后，学员要经历基于个人经验的备课、同伴互助的协同备课、课后实践反思性备课等三次备课，群组学员以三次备课和上课为轴心，跟进开展计划研讨、备课研讨和分工观课评课等研讨活动，并上传展示教案、课件、视频等研讨成果。

三是在线辅导。组建由专家、地方教研员、高校教师及一线教师组成的三级远程培训助学体系，及时引领学员交流与研讨和进行在线交流与答疑，解决和消除学员在教学与教研中遇到的困惑与问题。

**四、第三部门支持农村教师培训的现状**

根据调查显示，当前我国涉及农村教师培训性质的各类第三部门

（社团、民办非企业单位、基金会、国际组织、已注册的非营利组织、未注册的非营利组织等）共计 150 家左右，其中社团、协会所占比为 20.9%，民办非企业单位 9.3%，按工商注册 25.6%，未注册 34.9%。[①] Y 市的农村教师主要接受了宋庆龄基金会、G 自治区民族教育发展基金会、爱心蚂蚁等 20 余个第三部门的支持，整个 G 自治区获得包括教师培训在内的中央财政资金达 530 万元。另外，G 自治区也鼓励教师进行支教活动。据统计，2015 年 G 自治区计划选派 4242 名教师开展为期 1 年的支教走教活动，计划安排财政资金 5382 万元用于为支教教师发放工作补助、交通差旅及购买意外保险等费用，实现全区 110 个县全覆盖，支教学科涵盖 30 多个。[②] 第三部门在 Y 市支采取了多种有效措施支持农村教师培训。

第一，直接成立专门机构从事农村教师培训工作。如湖南教育报刊社《湖南教育》博士编辑李统兴成立的"春晖学院"，专门针对农村教师专业发展存在的具体问题进行分析，每年暑期以志愿的形式从事农村教师培训，实现"让农村教师走出去，将最先进的理念带回来"。在 Y 市虽然没有直接设立分站，但在调研中课题组发现有农村教师利用假期外出旅游或休闲的时间，无意中通过朋友或部分宣传接受了这种类型的培训。对于这种专门从事农村教师培训的机构，因为存在知名度以及农村教师个人倦怠的原因，Y 市农村教师接受这类的培训还是处在一种随机状态，自觉性还不强。

第二，专业机构不定期组织农村教师培训。例如有部分基金会在假期通过招募优秀志愿者的形式，进行全国巡回性质的农村教师培训。这

---

① 刘胡权：《我国教育类公益组织的发展、现状、困境及对策》，《中国教师》2012 年第 4 期，第 33 页。

② 新华网：《G 自治区选派逾四千名教师支教走教，将先进理念带到乡村》，2015 年 6 月 11 日，见 http://news. xinhuanet. com/politics/2015 - 06/11/c _ 127906161. htm2015 - 06 - 11。

些不定期的流动培训较为单一，主要根据志愿者的知识背景，从农村教育、学校与社会关系、学校与教育管理部门的关系等方面，结合志愿者自身优势开展培训，内容主要是课堂教学中的实际问题，具有强烈的草根色彩。

第三，利用自身影响力，定期开设培训项目。这种直接开设的项目，主要公益组织募集资金同师范院校合作就近就便进行 10—15 天的短期入门培训，条件允许进行一个月的基础培训。针对 G 自治区农村教育师资存在着数量不足、学前教育薄弱、专业素质较低、职后培训缺失的现象，部分有影响力的基金会直接与高校开展合作，定期提供专门的培训。如从 2015 年开始，澳门基金会和中国宋庆龄基金会"澳门学前教育公益项目"每年开展一次针对幼儿园园长、骨干教师培训，包括在 Y 市在内的 300 余名农村学前教师获得培训。此外，Y 市是流动人口大市，农村儿童 90% 以上留守儿童，处于一种隔代抚养状态，因此产生很多心理问题。针对儿童的心理问题，有公益组织就此开展农村教师心理咨询培训。这些公益组织主动与教育局对接，由教育局帮助下放培训通知，仅在 2012 年有一次培训人数高达 100 余人。农村教师接受这种培训后表示："通过培训，知道学生的心理需求不一样的，特别是留守儿童，对于这些需求我们要从家庭、同伴、学校、老师、亲属等方面去了解，不能再按照经验来推断学生会出现什么情况，只有这样才能找到学生的内心需求，针对性地指导，强化学生的良好行为，这样才能使学生体会到成功。"

第四，高校组织的志愿性农村教师培训活动。高校拥有强大的教师培训资源，在一定程度上高校被视为第三部门。2015 年后，以"精准扶贫"工作为重点，高校开始实施"教育精神扶贫"工作，其中农村教师培训是其中之一，例如部分师范学院以农村幼儿教师培训作为教育精准扶贫的重点，针对农村教师整体素质偏低、教育理念偏差（教学内容小学化、教学方式小学化）、缺乏继续教育与在职培训的机会和条件等三个方面的问题进行了卓有成效的探索，并开展了义务培训。此外，由高校师生组成的志愿服务团队，也利用假期以"送培下乡"的形式进行农村教师培训，据了解 Y 市此类的农村教师培训提供主体主要有西南大学、华东师范大学、华中科技大学、广西师范大学、广西师范学院、玉林师范学院等，主要以所在区域高校为主体，仅在 2015 年 Y 市下属 5 所乡村学校就有 70 多名来自科中科技大学、南京大学、华南理工大学、华中农业大学的大学生进行支教，该市的晚报也对此进行了报道。

第五，个人志愿支教行为性质的农村教师培训。这些志愿支教者多是来自于高校毕业生，他们深入偏远地区农村学校，如中华支教与助学信息中心、天使支教网、中国支教联盟、阳光雨等公益组织通过招募志愿者，将志愿者按个人意愿和学校需求分至农村中小学。这些志愿者支教的农村学校往往存在师资力量薄弱、教师学历低等一系列问题，针对农村教师专业发展存在问题，志愿者通过组织集体备课、举办讲座、上研究课、指导农村教师申报课题等多种教研活动，帮助受援学校教师提高教学水平和业务能力，将先进教育教学管理经验与理念带至农村学校，提高农村中小学教师队伍师资和学校教学质量。

### 五、学校支持农村教师培训的现状

自 2007 年开始，Y 市农村招聘教师逐渐偏向高学历人才，截至 2014 年共招聘了 6751 名特岗教师，同时积极实施"农村小学全科教师定向培养计划"，在全市范围内定向招收农村小学全科教师共 234 人，并计划在 5 年内培养 600 名农村小学全科教师，为农村学校储备优秀师资。对于农村教师培训，该市做了较为明确地说明，主要针对农村骨干教师，即校长和高学历教师，也将此作为学校绩效考核的重要标准，仅在 2014 年总共有 508 名校长、1424 名教师进行校际交流的培训。本书对此开展的调研，主要采用查阅资料和深度访谈的形式对这种学校交流方式的农村教师进行调查，显示"从来没有"占比 9.58%，"偶尔进行"占比 57.49%，"定期进行"占比 20.36%，"经常进行"占比 12.57%。而在培训主体的调研中，由"中心学校"和"村校"占比分别为 25.15% 和 12.57%，总计超过 35%。因此，可以发现学校支持的农村教师培训在所有培训支持主体中占比较大。此外，调研还发现 Y 市学校支持农村教师培训的方式主要有 5 种，分别是学区一体化管理、"一师任两教"、对口支援、走教、集中交流。

第一，学区一体化管理。Y 市将市区划为三个学区，指定 11 所学区学校可以根据实际情况接受农村教师培训交流，指出打破教师的"学校身份"，帮助全市实现师资均衡配置、资源共享。对于农村教师培训，学区一体化管理模式下，培训的内容主要是学科知识的梳理与教学研讨、MS－EEPO 备课方式与评价方式的学习、如何布置创造性的暑假作业，力图使每一位教师都能掌握"五个一"（一个新型教学设计、一份有效的教学反思、一个微课设计、一份课题申报、一篇教改论文）。调研中发现不同学校有不同的专门教学和培训团队，比如直指教学设计的"EEPO－有效教学"团队，指向班主任工作和班队管理的"德育之花团队"，农村教师接受培训后如是说："通过培训，我明白了以课堂教学为切入点，以两个教学干预因素为原则，学生能自己习得的坚决不讲，教师要以学生为主题设计学案，课堂上努力引导学生学会学习，关注、引导探究，最终解决问题。"

第二，"一师任两教"。从 2013 年开始，Y 市针对农村教师职称层次进行了摸底排查，针对低职称的农村教师采取了"一师任两教"制度，并提出了具体要求。其中规定，以中心校为中心，每 10 名农村低职称教师中至少要配备所在学校 1—2 名高职称教师，编制不满的村校和教学点不满 10 名教师以 10 名计数，由中心校就近指定 1 名高职称教师为指导，指导老师既能上好每一堂展示课，又能带领导低职称教师。按照规定，能够担任"一师任两教"的必须拥有大专以上学历，高级职称以上。同时，针对各县区义务教育均衡发展的需要，"一师两教"制度的教师还需就近到兄弟学校进行交流，以轮岗的形式对不同学校农村低职称教师进行培训，并出台了出台县域内义务教育学校校长教师交流轮岗政策。

第三，对口支援。对口支援是指由优质学校派出一定数量的校长或教师支援农村学校。首先，接受广东省对口支援的支持。从 2000 年开始，Y 市还积极接受广东省的教育对口支援，广东省已经派出支教教师 117 名，其中，广东省省直学校和 10 个城市共派出 102 名中小学教师。按照援助计划，广东省将为包括 Y 市在内的受援学校培训 400 多名骨干教师和校长，2013 年培训了三期共 80 多名中小学骨干教师和校长。其次，实施市内对口支援工作。2016 年，Y 市全面推进义务教育教师队伍"县管校聘"管理体制改革，为组织城市教师到乡村学校任教提供制度保障。各地要采取对口支援、乡镇中心学校教师走教等多种途径和方式，重点引导优秀校长和骨干教师向乡村学校流动；县域内重点推动县城学校教师到乡村学校交流轮岗，乡镇范围内重点推动中心学校教师到村小学、教学点交流轮岗；采取有效措施，保持乡村优秀教师相对稳定。

第四，专题赛课，同课异构。在学校交流支持的农村教师培训中，专题赛课和同课异构是最常用的培训方式。专题赛课先在各自学校内进行，由学校对教师能力进行初步排名，进而约定时间到某一学校进行同课异构，即同一门课由不同学校的老师来进行授课，最后再点评，这样便能将各自学校的教学优势充分展现出来，并以同课异构的形式让不同策略在交流中碰撞、升华。据调查显示，市教育局领导提到：仅在 2009 年 Y 市下属的区县包括农村学校在内的 20 所幼儿园，169 所小学，480 个教学点，29 所初中，以及 5 所高中都无一例外进行了专题赛课和同课异构，有部分学校甚至实现了跨区交流。

## 第三节 农村教师培训社会支持系统的结构

### 一、农村教师培训社会支持的结构框架

#### （一）农村教师培训社会支持系统的结构要素

农村教师培训社会支持系统的结构要素主要由支持主体、支持内容和支持方式三个部分构成（见表8.6）。

各支持主体的行动部门各不相同，支持内容各有侧重，支持方式有所差异。

对于政府支持主体而言，其行动部门主要包括各级教学行政部门、各级教师培训中心和教师进修校。其中，教育行政部门的支持内容主要包括培训权利和机会、培训经费，支持方式包括制定培训政策法规、设置培训专项经费等；教师培训中心和教师进修校的支持内容主要包括培训课程、培训模式和培训评估，支持方式包括开展训前调研、制定培训规划、聘请授课专家和组织开展培训。对于市场支持主体而言，其行动部门主要包括各种营利性组织和机构，支持内容包括培训课程和培训模式，支持方式包括竞标培训项目、开展训前调研、制定培训规划、聘请授课专家、组织开展培训、提供后期指导等。对于第三部门支持主体而言，其行动部门主要包括教育基金会、教学协会、非政府和非营利性组织等，支持内容主要包括提供培训课程，主持方式主要是根据教师实际需要提供针对性培训。对于学校支持主体而言，行动部门主要是农村中小学，支持内容包括培训内容和培训模式，支持方式包括制度培训计划、建立校际合作、确定培训人数和实施培训工作。

表 8.6  农村教师培训社会支持系统的结构要素

|  | 支持主体 | 支持内容 | 支持方式 |
|---|---|---|---|
| 政府支持 | 各级教育行政部门 | 1. 保障培训权利与机会<br>2. 提供培训费用 | 1. 制定相关培训政策与法规<br>2. 设置培训专项经费 |
| | 1. 教师培训中心<br>2. 教师进修学校 | 1. 提供培训的内容<br>2. 确定培训的模式<br>3. 评估培训的效果 | 1. 开展培训前期调研<br>2. 制定培训规划、内容<br>3. 聘请授课专家<br>4. 组织开展培训 |
| 市场支持 | 1. 营利性组织<br>2. 非营利性组织 | 1. 提供培训的内容<br>2. 确定培训的模式 | 1. 购买政府培训项目<br>2. 开展培训前期调研<br>3. 制定培训规划、内容<br>4. 聘请授课专家<br>5. 组织开展培训<br>6. 培训后的指导 |
| 第三部门支持 | 1. 教育基金会<br>2. 教育协会<br>3. 高校<br>4. 志愿者个人 | 提供培训的内容 | 根据教师需要针对性提供培训 |
| 学校支持 | 各级中小学校 | 1. 提供培训的内容<br>2. 确定培训的模式 | 1. 制定学校培训计划<br>2. 建立校校培训合作<br>3. 确定校内培训人数<br>4. 组织具体培训工作 |

## （二）农村教师培训社会支持系统的结构模式

本书首先确定了四个不同性质的农村教师培训社会支持主体，同时根据实证调研结果得出以县教育局和学校组织的农村教师培训是最主要形式，两者比例分别为 51.5% 和 25.15%（如果加上村校的 12.57% 则学校支持达 37.72%），而市场化支持仅为 8.38%，第三部门支持仅为 2.4%。因此，本书可以将农村教师培训社会支持系统的结构模式可以归纳为：以政府支持为主导，学校支持支撑，市场支持为辅助，第三部门支持为补充（见图8.2）。必须说明的是，四个不同主体参与农村教师培训除资金外各方面的支持方式都比较相似，但是却在贯彻着"有意识无能力""无意识有能力""无意识无能力"的原则，即都是在支持

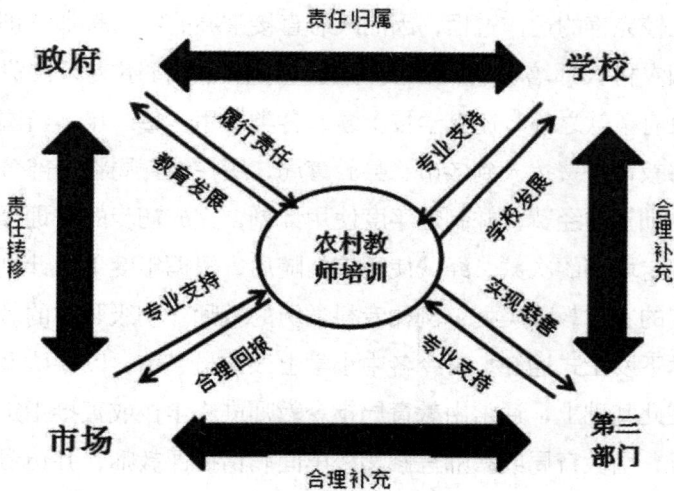

图 8.2　农村教师培训社会支持系统的结构模式

农村教师培训，但却能在从中找到各自的尺度。具体而言，教育局和代表教育局的学校必须承担起农村教师培训的主要责任，但却不可避免存着的能力的缺失，正是因为能力的缺失才转向市场，而市场也不可避免地存在能力缺失，因此第三部门又能以志愿的形式支持农村教师培训，这就形成了一个"利益平衡点"，农村教师培训社会支持系统的结构正是围绕这个"利益平衡点"来构建，各支持主体发挥着各自的优势。因此，农村教师培训社会支持系统的结构模式实质上是将以往各支持主体分散化、各自为政的支持行动，转化为联动性、密切配合的支持系统，在这种结构模式下，各支持主体间表现出博弈与制衡、合作与协同的显著特征。

## 二、农村教师培训社会支持系统的结构关系

### (一) 政府部门支持农村教师培训的运行特征

1. 政府部门支持农村教师培训的运行过程

政府在履行教育服务职能的过程中强调以行政命令推进培训，逐渐形成了比较完善的运作过程，因而政府直接掌握的农村教师培训一直以来是我国农村教师培训的最主要力量。在基础教育还实行收费制的年代，除政府拨款之外，还有学校上缴的各类费用。每一年，当国家和省级部门将教育经费拨入到各市、县教育局，所在教育局将一部分经费专门划为培训专项经费，并制定年度使用计划，完成初步的培训经费使用方案，规定培训的次数、经费使用等。随后，根据年度工作计划针对地选择不同的农村教师类型，例如专科学历的教师、初级职称的教师，向各中小学下发正式通知，责令各中小学上报人员名单，以便协调培训场地等。在此基础上，通常由教育局指令教师进修学校或直接指定某一所学校举行，由教育局或教师进修学校出面聘请授课教师，并负责所有的培训日常工作。

2. 政府部门支持农村教师培训的特色与优势

权威社会农村教师培训社会支持有政府作为最主要的推动力量，扎实有效地推动了农村教师培训工作，具有一定的特色与优势。这种特色与优势首先表现在效率上，因为有了政府的支持，政府以工作计划的形式推动，有着强烈的行政命令色彩，因此其效率可以说是所在培训中最高的。其次是组织性强，这种类型的农村教师培训有着一套完整的实施方案，并经过多次的实施，从教育局到教师个人都了然于心，因此已经从上至下形成了稳定的实施方式，可以很好地推动。三是认可度很高。因为是由政府主导的培训，并且通过直接颁发对职称、职务晋升有效证书，在学历补偿和教学技能补偿时代，由政府组织的教师培训大规模地改善了农村教师学历结构，对于农村教师队伍的稳定性具有很强的促进作用，当之无愧是农村教师培训的主导，因此具有很高的认可度。

3.政府部门支持农村教师培训的困境

在农村中小学，最能代表政府实施农村教师培训是县级教育教育局。从性质上看，县级教育局是典型的行政单位，虽然其部门也有不少事业编制的专业性人员，但是总体上看教育局依然是典型的行使教育公务为主要任务的政府部门，公务单位性质的行政部门在农村教师培训中存在着不可避免的问题。

第一，在培训内容的选择上，忽视农村教师专业发展的个体需求。从农村教师的角度而言，调查研究发现大部分农村教师渴望接受培训。如，对于"你认为开展培训有必要吗"一题，认为"很有必要"占比达61.08%，"有必要"占比达26.95%，因此可以得出大部分农村教师渴望接受培训。同时，对于"您认为目前教师培训存在的主要问题是"一题，超过三分之一的农村教师表示"培训内容与教学实际脱节"。因此，从这两个问题不难发现县教育局组织的农村教师培训，更多是关注当前国家和社会发展的需要，而对于教师个人的需求尚未能够引起足够重视。

第二，在培训对象的选拔上，随机性较强，未能充分考虑教师专业发展实际。调查研究发现，62.28%的农村教师"学校直接指定"，14.37%的农村教师"由年级组或教研室推荐"，6.59%的农村教师"教委统一调配"，而仅9.58%的农村教师"自愿报名后学校选派"；深度访谈进一步发现，深度培训对象的选拔具有很强的随机性，即由教育局将培训名额划拨到各个学校，再由各个学校自行选定教师前往参加培训，由此可见，哪些农村教师应该接受培训主要是由学校来决定，这就不可避免的存在分配不公现象，造成培训与专业发展程度不一致。

第三，在培训效果的评价上，缺乏有效的评估机制。评估是检验培训效果的重要方式，但在本书的调研中，却发现农村教师接受培训后并没有一个有效的评估机制，对于培训的效果达成程度并不知情。因此可以发现，作为公务单位性质的教育局开展的农村教师培训，更多是将农村教师培训视为一项年度工作来抓，要求的是完成任务，而对于培训工作的实际效果缺乏足够的重视。

**（二）市场支持农村教师培训的运行特征**

1. 市场支持农村教师培训的运行过程

以市场化模式进行的农村教师培训极大地化解了政府在农村教师培训上"有意识而无能力"或"无意识无能力"的问题，政府将整个培训工作交与市场负责，而政府把控培训的质量关并做好培训验收工作，因此政府有很大精力关注培训的效果。市场化模式的农村教师培训往往通过招标的形式决定培训承接院校或机构。政府根据年度培训要求，向社会发布公告说明培训招标的相关事宜，随后由各个竞标单位结合政府要求制定标书。竞标单位在标书中要体现自身的特色与优势，所设置课程是否符合教师专业发展要求和政府期望等，并阐述所在的单位的信誉保证。招标方（政府）则通盘考虑投标方的能力，最终确定哪一方获得培训项目，并在此基础上将培训经费按时划拨至中标的投标方。投标方获得经费后，中标方（培训承担单位）会在政府规定的时间内组织好培训工作，其间政府也会授权投标方与下属教育局、学校、农村参培教师本人直接对接，确保所有参培教师接受培训，这便完成了培训前期的组织工作。在培训正式实施中，中标方将根据既定的课程计划组织授课教师进行培训，培训内容主要根据投标时农村教师培训的需求和政府的期望进行合理的设置和调整。培训结束后，由政府进行质量评估，主要抽取参培教师对培训进行质量评价，不论质量如何，最终都要经过社会公示，如果承担单位提供培训的质量效果不佳，那么政府有权在来年的培训中将该单位从投标方名录中除名。

2. 市场支持农村教师培训的特色与优势

市场化模式的农村教师培训将政府从农村教师培训中解脱出来，在一定程度上符合了教育治理的现代化理念，具有较强的特色与优势。首先表现为竞争性，这种培训模式实质就是政府采用购买服务的方式来提供教师培训，核心就在于通过"竞标"方式引入市场力量，市场强调通过竞争优化配置培训资源，这就有利于提高农村教师培训的效率。其次表现为独立性，政府只需掌握培训的经费和项目去向的处置权，因而能有效地斩断以往政府在农村教师培训上既当"运动员"又当"裁判员"的角色，使培训效果。最后表现为公开性，这种培训模式整个过程都有相关部门和社会群众的监督，政府会及时向社会发布培训动态，同时参培教师也有较大的发言权，对于完善培训工作和提升培训效果具有反馈和激励价值。

3.市场支持农村教师培训的困境

市场通过"竞标"而成为农村教育培训的重要主体，市场支持的主要目的在于弥补政府支持的不足。但在农村教师培训过程中，市场与政府有着千丝万缕的联系，甚至在某种程度上中标的"市场化单位"就是政府的代言人，这就引发了市场支持的农村教师培训同样存在的诸多问题。

第一，市场支持缺乏独立性，成为政府支持的"模写"。政府向中标单位划拨培训经费后，市场支持主体独自面对农村教师，因此市场在农村教师培训中只承担了农村教师培训的中间环节任务。承担培训任务的市场主体将培训具体工作落实到每一位教师，以通知教师个人为例，学校选定培训对象后，还需要通知到教师个人，这都是由项目培训单位负责通知。这就造成了一种尴尬的情况：农村教师不愿接受培训但不敢反对政府和学校的决定，但是又跟项目培训单位（市场）反映自己不适合参加培训，要项目培训单位与政府沟通，而项目承担单位又要保证培训人数到齐，这无形中给了市场支持主体极大的压力。因此，作为市场的项目承担单位开始向政府靠拢，获得政府授权，以强制性命令的形式给农村学校和不愿接受培训的农村教师施压，成为政府的化身与替代者。

第二，市场支持缺乏权威性，培训管理工作难以开展。在市场支持的农村教师培训中，农村教师接受培训主要是由学校或教育局直接选派，哪些农村教师适合接受培训依然是由教育局和学校统一安排，这种直接指定参训教师的方式也被移植过来。现实中不少农村教师并不愿意接受培训，对于他们而言长期的农村工作经历已经消磨了他们的意志。调查研究发现，农村教师虽然集中来参加培训活动，但是培训过程中却经常无故缺席、请假，培训项目承担单位只能将这些无故缺席、请假的老师名字记录下来反馈给教育局，同时不再给他们颁发结业证书。此外，还有不少农村教师来参加培训是"人来心不来"，对于项目承担单位的提醒也不以为意，多是应付状态。造成这种现象有深层次的原因，除部分培训课程不适合教师个人之外，还有培训的匿名评估主要是由学员填写，这些农村教师培训掌握了项目承担单位的"命门"，以致难以达到有效管理。

第三，市场支持培训内容"城市化"，缺乏农村"味道"和"底色"。人民网曾经提出当前农村教师培训缺乏农村味道，市场支持的农村教师培训也存着这种情况。首先，培训地点远离教师农村家庭。调研发现市场支持的农村教师培训，除送教下乡能在空间上缩短农村教师的成本之外，其他项目都是集中到城市进行培训，而农村教师长期工作、生活在农村，一到城市之后很难定下心来安心接受培训。其次，课堂教学理论课程过重。农村教师更希望直接获得教学技能技巧上的指导，而非过多的空洞化理论知识，但是培训项目多采用专家集中授课的方式，这些专家多来自于高校，对于农村教育实际并不是非常了解，这种过于理论性的课堂教学很难能让农村教师接受。随之而来的，农村教师开始产生培训的倦怠感，进而影响培训的效果。

（三）第三部门支持农村教师培训的运行特征

1.第三部门支持农村教师培训的运行过程

第三部门支持农村教师培训的运行过程重要体现为组织管理和培训过程两个关键环节。一是组织管理环节。第三部门作为支持主体进行的农村教师培训，基本上是由优秀校长、名师、专家构成管理团队，他们各自履行相应的职责，将培训任务的各个环节有效地衔接在一起，形成了特定的管理模式。其中班级管理团队还安排有指定的班主任、助理班主任、生活班主任、教务协助人员等，有的则是设置有项目总监、主管以及助理。导师团负责学员的网络培训、远程管理以及集中培训的组织管理；项目总监和项目主管则是主要监督管理项目的开展及进程，了解培训情况，以及处理项目的资助工作。此外，有的承办方也参与其中，承办单位主要负责后勤服务，承担学员的食宿以及培训场地等。二是培训过程环节。有的组织实行"以研课为主、讲座为辅，提问互动"的培训模式，进行半封闭式的培训，并设置有固定的课表，学员每天按照课表的安排按时完成培训内容以及相关作业。同时也会定期组织读书沙龙，集体备课，课例研讨，课题研究等活动。有的以网络平台为依托，利用 QQ 群、视频、网站论坛、博客等作为网络研修的平台。民间公益组织会定时定量地在网络平台上开展教学研修活动，并要求学员在规定的时间内利用不同的平台进行学习、交流。有的则是以"一师多员"的形式，通过在线研讨、假期集中培训、线下交流等方式进行培训，或是利用暑假时间，将参与培训的新老学员通过外出学习的形式，指派到其他学习点进行面对面交流学习，如此一来，就形成了"导师制"培训管理制度。

2. 第三部门支持农村教师培训的特色与优势

第三部门支持农村教师培训的特色与优势主要表现为公益性、针对性和灵活性。具体如下：

一是公益性。由第三部门组织开展的属于公益培训活动，培训团队都是以知名校长、教授和名师专家、优秀教研员为主，且全部自愿参加，没有报酬。他们以志愿者的身份义务免费为来自全国各地的农村教师提供专业支持，在教学质量上有所保证，并且免除培训费用，在全国产生了广泛的影响。民间公益组织的培训不但覆盖范围广，而且门槛低，成本也不高，给那些基层的普通教师提供了难得的学习机会。一些没有机会参加国家级培训的农村教师，就可以通过这样的培训平台，得到前沿教育理念的引领与专业理论和技能的提升。这也是民间公益组织在没有任何外力强制、不发学习证书的前提下仍然持续高涨的原因。

二是针对性。第三部门组织的培训特别针对农村教师的需求和农村学校的实际情况，在培训中尊重受训者的主体性需求，注重调动教师的积极性，还根据课程需要设置相应的互动环节，较好地解决了课堂沉闷的状况。第三部门组织的培训，无论是课程设置还是培训模式都切合农村教师需求，这种专业和质量并存的培训，才是农村教师真正想要的。而通过网络平台展开的培训，涉及面广，分布在全国各地的农村教学岗位上，能针对不同层次、不同需求的教师开展个案性的指导，而且会有后续指导发展的支持。而有些经验丰富的民间公益组织，培训体系已经趋于成熟，呈现出饱满而立体的架构，无论是观摩学习、评课议课，还是名师讲座、教学研讨，或者寒暑假进修培训，都能按需满足。此外，更为重要的是，在农村学校里，多数的年轻教师都有着宏大的教育理想，十分渴望得到学习的机会，使自己有更好进步，而前来义务培训的名师当中，有很多都是从农村学校或基层单位走出来的，对于农村教师来说，他们就是很好的励志标本，农村教师能从他们的身上得到学习的正能量，激发对培训的热情。

三是灵活性。第三部门组织的培训模式较为多样化、培训目标更多元化。比如培训的课程可以根据教师的需求来适当调整和变通，相对于传统的教师培训而言，民间公益组织的培训方式也更为灵活，既有网络在线的学员分散式培训，又有寒暑假期间进行的学员集中式培训这种培训模式让参与培训的教师既能在工作的闲暇时间与名师交流学习，获取有用的教学资源；又能在假期中提升自身的教育教学技能以及综合素养，更好地充实、提升自我。此外，培训期间教师进行教学研讨活动的策划和组织，而导师团队只提供咨询和建议，主要决定权还是在教师手中，他们扮演着听众与参与者的双重角色。这样就能加强教师们的团队意识、操作能力、组织能力以及协调能力。第三部门支持的培训模式，从农村教师长期职业发展与专业成长的目标出发，有效地弥补了其他培训模式下教师主体意识和"主人翁"角色的缺失。

3. 第三部门支持农村教师培训的困境

作为一种自发性产生的农村教师培训主体，第三部门在参与农村教师培训中发挥了极大的作用，但由于自身条件的限制，第三部门支持下的培训模式也不可避免地存着一系列问题。

第一，规模小，难以形成气候。第三部门支持农村教师培训多是针对农村教师专业发展遇到的个别问题进行的针对性培训，虽然这种针对性的支持方式能够迅速、精准地体现第三部门的优势。但这种所谓的"针对性"和"精准性"也只是仅仅固定在某一个学校或某一个地区的某一方面，而对于整体的农村教师专业发展远远不够，第三部门的支持也只是处在"治标不治本"的状态，难以对整个农村教师培训产生实质性的影响。

第二，独立性不强，与政府有着千丝万缕的联系。有不少第三部门支持的农村教师培训无形中带有浓厚的政府色彩，按照政府的授权或意愿进行开展培训工作。调查研究发现，不少第三部门（如基金会）开展的培训资源供给，其培训资金不少是由民政机构提供，运行的资金还是来自政府拨款，而来自社会捐赠的仅仅是培训师资队伍，即志愿者。此外，第三部门多按照政府的号召进行农村教师培训，以高校志愿者为例，他们正是响应国家"精准扶贫"的号召，对"教育精准扶贫"的思想进行了改进，即高校对中小学校"手把手"式帮扶，提供培训服务。

第三，培训师资团队不稳定，影响力较少。第三部门在支持农村教师培训中，有一支稳定的师资团队非常重要，但部分实力较小的基金会很难保持稳定的师资队伍。这种志愿形式参与到第三部门支持的农村教师培训，师资队伍的招募也是出于一种志愿的方式，没有任何物质回报，因此有部分志愿者出于一时兴起而参与到农村教师培训中，但一旦在工作过程中遇到与他们想法不一致或某些客观原因就很容易退出，造成师资队伍不稳定。因此，如何建立与完善社会团体和组织的内部治理机制，是走出第三部门支持下的培训模式自身困境的必由之路。

**（四）学校支持农村教师培训的运行特征**

1. 学校支持农村教师培训的运行过程

学校支持下的农村教师培训主要以校际交流，尤其以校际间的教学交流为主。具体而言：首先，各个学校每年按照所制定的年度计划，确定大致交流的对象、时间、内容等组织方面的相关事宜；随后，校长出面对接联系，与对方学校确定交流的时间，内容和地点；再次，以上确定之后，由各自学校选派一定数量的教师进行交流，具体开展校际交流活动。校际交流的形式有很多种，主要是以讲座形式和同课异构形式围绕教学进行。即讲座形式表现为由两所学校共同邀请教学专家对双方学校参与交流的教师进行集中授课，内容包括说课、讲课、评课等方方面面，之后再由参与交流的教师分组进行现场展示，由教学专家进行指导与点评。另同课异构表现为由不同的教师对同一门课同样的学生，采取不同的教学方式，确定达到教学目标的效果，通过同课异构展示各自所代表的学校在教学方面的特色，以供彼此学习。

2. 学校支持农村教师培训的特色与优势

学校支持下的培训模式虽然是一种很微小很普遍的教师培训，校际交流却有着自身的特色与优势。一方面，这种学校与学校之间的对接，往往是在一个"吸引半径"之内，参加交流的教师省去了来回路程上时间以及不必要的物质花费，灵活性较强。据了解，大部分农村校际交流往往就在镇域内或者邻镇，参加交流的教师一天之内便可以结束，并不耽误工作和家庭。另一方面，作为基层学校校长，最了解所在学校需要的是什么，需要往哪一方面发展，他们最有发言权，加上费用、时间等方面的因素，他们能够很精准地了解到本校教师专业发展需求，而且能够直指教师最需的技能方面的知识，故这种培训很强的针对性。以同课异构为例，这种展示课避免了观摩课的表演性质，能够让所有参与交流的教师掌握到教学技能技巧。

3. 学校支持农村教师培训的困境

以校际交流为主要形式的学校支持下的农村教师培训模式，在培训工作的开展过程中往往存在着经费不足、激励机制缺乏、培训计划不当等困境。

第一，培训经费不足，导致培训出现"短腿现象"。学校支持的农村教师培训是一种典型的本土性质的培训，作为承担主体的学校对于本校教师专业发展情况最为了解，最能够接近农村教育和农村教师专业发展的实际。由此不难发现，学校应该是农村教师培训中的核心力量，但现实中由于经费短缺农村学校却很难维系这种培训模式。由于经费的短缺，加上教学压力，农村学校校长不得不采用更为灵活的方式进行培训，主要通过两所或几所学校领导之间的私人关系搭建平台，或者由中心校组织，农村教师可以当天去当天回，因此培训产生的经费成本就相对较少。虽然这种办法能解决一时的问题，但是又出现"短腿现象"，即只能进行近距离的培训，很难能够组织进行跨镇或跨县的校际交流，农村教师也很难学习到其他优质学校的先进经验。

第二，激励机制缺乏，导致教师参加培训的兴趣不高。调查研究发现，对于"您所在学校是否制定参加培训的激措施"而言，其中"有，且严格执行"占比为27.54%，"有，但流于形式"占比为18.56%，"没有"占比为37.72%，"不清楚"占比为16.17%。因此，大部分学校对于激励机制的建立缺乏足够的重视。此外，深度访谈还发现，农村教师参加培训更多是因为学校领导指定参加，或者有部分教师表示"真要学习其他人的经验"，此外还有部分教师认为是为了能够"接受培训提高技能后代表学校参加比赛"，这样便能够在"职称评定""工作调动"等方面更有优势，不少教师对接受培训的真正兴趣却较低。

第三，培训计划不当，导致培训呈"任务式"发展。学校支持农村教师培训在某一种程度上说是政府认为的"责任归属"问题，政府认为学校应该承担起教师培训工作，并且每年在教育局工作计划中也提到"教师培训"，同时也下拨一定数额的专门经费。大部分学校都开展了教师培训工作，但部分学校由于教师人数少，教师是采取"包班制"的教学方式，学校很难抽教师接受培训。但从教育局的角度出发，教师必须接受培训，并且我国教师注册制度中也对此进行了规定，因此学校又不能拒绝进行，所以只能采取任务驱动的方式进行农村教师培训。

## 第四节　完善农村教师培训社会支持的对策建议

### 一、构建"省级统筹、以县为主"的农村教师培训管理体制

农村教师培训管理体制是促进农村教师培训工作有序开展并不断提高质量的重要保障。虽然，2001 年颁布的《国务院关于基础教育改革与发展的决定》确立了"以县为主"的农村义务教育管理体制，但是，农村教师培训管理体制目前仍存在不少突出问题。[①] 为此，2010 年颁布的《国家中长期教育改革和发展规划纲要（2010—2020 年）》在"管理体制改革"一章中明确提出："加强省级政府教育统筹……统筹管理义务教育，推进城乡义务教育均衡发展，依法落实发展义务教育的财政责任。"所以，为保障农村教师培训工作的有序开展，有必要建立起"省级统筹、以县为主"的农村教师培训管理体制。

首先，加强省级政府在农村教师培训中的宏观统筹。由于我国幅员辽阔，在公共管理上早已确定省级管理体制，由省级政府代表中央对地方行使有效管理，因此在教育管理上也应以省级统筹为主。例如，不断

---

① 周德义等：《农村中小学教师培训的实践探索——以湖南省为例》，《教育研究》2012 年第 7 期。

强化省级教育行政部门在农村教师培训管理中的地位，使其能够有效统筹、协调所在省份农村教师培训的领导、组织、保障、督导和推动工作，根据地方需要制定有关农村教师培训的各项法规，使所在省份的农村教师培训在经费投入、责任落实等方面得到有效保证。其次，进一步强化县级政府在农村教师培训中的管理责任。一方面，明确县级教育行政部门在农村教师培训中的第一责任主体地位，避免出现政出多门、工作不协调等现象。另一方面，完善县级政府负责人问责机制，把农村教师培训落实情况作为县级政府教育工作绩效的重要考核内容，督促农村教师培训工作的贯彻落实。最后，"以县为主"需兼顾学校责任。县教育局应不断加强与学校在教师培训上的密切联系，通过经费划拨、校长绩效考评等方式尽可能掌握不同学校的教师专业发展状况，在开展农村教师培训时能够基于学校实际情况，又能尊重教师需求，能够从内外驱动力两大方面开展农村教师培训。

### 二、推动农村教师培训供给侧结构性改革

长期以来，我国农村教师培训实施"培训需求引导培训供给、培训供给改善培训需求"的供给策略，但随着各级各类农村教师培训项目不断增多，形成了农村教师培训"政府供给""市场供给"和"公民社会供给"的供给格局，出现培训内容交叉重复、形式化严重、农村教师"过度培训"等现象开始出现，造成了新的供需失衡现象，集中表现为"高产能、低效率、低质量、低效益"。因此，有必要启动农村教师培训供给侧结构性改革，推动农村教师培训由"需求拉动型"转向"供给推动型"。[①] 农村教师培训供给侧结构性改革必须从供给的角度加强优质供给、减少无效供给、扩大有效供给，提高供给结构适应性和灵活性，提高培训供给效率，使供给更好地适应需求结构的变化，构建新型

---

① 龙宝新：《论教师培训供给侧改革的依据与思路》，《当代教师教育》2017 年第 1 期。

的农村教师培训供给模式，实现农村教师培训供给"去产能、去库存、去杠杆、降成本、补短板"。

首先，明确农村教师培训供给侧结构性改革的核心。基于当前农村教师培训供给存在的突出问题，以及新形势下国家对于农村教师培训的要求，农村教师培训供给侧结构性改革可在"调整培训存量""培育培训增量""降低培训成本""补好培训短板""落实培训配套"等五个方面实现农村教师培训供给"去产能、去库存、去杠杆、降成本、补短板"。其中，"调整培训存量"的核心在于通过评估将部分排名末位及不合格的培训供给主体淘汰；"培育培训增量"的核心在于推动培训机制的转型升级，包括应用新技术、培育新主体、试验新区域、打造新品牌、开发新模式；"降低培训成本"核心在于避免培训内容的重复，设置分级分类课程，针对性划拨专项经费，避免培训资源浪费；"补好培训短板"核心在于创设有利于市场、公民社会参与农村教师培训的竞争环境，对于薄弱地区适当增加额外培训资源；"落实培训配套"核心在于建立承认参与农村教师培训合理回报的机制，保护不同参与主体的合法利益。

其次，明确农村教师培训供给侧结构性改革的主要路径。可以从"转变政府教育职能""明确教育服务形态""强化供给主体""调整供给结构""设计运行机制"等五方面进行农村教师培训供给侧结构性改革。具体而言，"政府教育职能"旨在明确政府责任边界，在农村教师培训供给中适当简政放权，提高教育现代治理水平；"教育服务形态"侧重将"以教师为本"的培训思想落到实处，使改革的各项举措既符合农村教师的专业成长规律和路径，又能不断提升教师的实际获得感；"供给主体"则强化培训供给保障的政府主体，激活社会投入体制；"供给结构"则是根据农村教师所任教学段、类型、发展实际，在教师专业发展情感、专业知识、专业能力、专业实践等方面各有侧重点；"制度运行设计"则要求根据培训供给体制机制的深层次问题进行合理设计，超越原有相对具象和零碎的项目式政策安排，通过改革激发农村教师培训相关制度的活力。

### 三、完善农村教师培训政府购买服务的机制

如前文所述，政府购买服务为形式的农村教师培训主要由高校或专门性的教师培训机构承担。相对于农村教师培训的特殊性而言，政府购买农村教师培训是指由教育行政部门直接提供的教师培训，因教育行政部门固有的不足而由专门的机构来承担，教育部行政部门再根据提供培训的数量和质量，按照一定的标准进行评估进而支付服务费用，即实现"政府承担、定向委托、合同管理、评估兑现"。为进一步完善我国农村教师培训政府购买服务机制，可从如下4个方面着手推进。

第一，农村教师培训政府购买服务应向非营利性机构倾斜。本书所指的非营利性机构是指高校或专门的教师培训机构，它们具有事业单位的性质。理论上看，农村教师培训只需要专门的培训机构承担，因此政府可以向营利组织也可以向非营利组织购买培训服务。但是，农村教师培训作为一种特殊的准公共物品，直接关系到农村教育质量的提高，甚至是农村教育的未来，单纯以物质量化的形式很难对其进行价值衡量。再者，农村教师培训应基于农村实际情况实施"就近培训原则"，此外地方院校也应承担起服务地方的责任。因此，农村教师培训更多应由非营利性的组织，即地方院校承担，使培训更加接近农村实际。

第二，加强农村教师培训政府购买服务质量监测的规范化。由于项目承担单位有着独立的运行体制，因此政府很难对其培训整个过程进行有效的监控，这在一定程度上不利于其保证培训质量。因此，，政府有必要以适合的形式对农村教师培训的质量进行监测。

第三，防止政府在购买服务中职能的弱化。以政府购买服务实现的农村教师培训，本质上是非营利性组织协助政府做好农村教师培训工作，而不是取代政府承担政府职能，同时完全的市场化进行的农村教师

培训也会涉及政治问题。因此，需要树立政府购买农村教师培训和直接提供农村教师培训两者并不存在矛盾，它们都是政府提供农村教师培训的方式、手段和路径。

第四，重视非营利机构的独立性。调研发现，非营利组织因接受了政府的资金支持，所以在进行农村教师培训时会存在模仿政府的行为，成为政府的化身，最终出现责任失灵、功能失灵的现象。因此，必须尊重非营利性组织的独立性，并采取有效措施使其避免出现模仿政府、仅仅依赖政府的现象。

### 四、优化第三部门参与农村教师培训的制度环境

本章第三节已经指出，当前越来越多的第三部门参与到农村教师培训供给中，逐渐发展成为农村教师培训的另一供给主体。但我们也发现第三部门参与农村教师培训也面临多种问题，这些问题限制了第三部门在农村教师培训中职能的有效发挥。究其原因，除了第三部门自身的因素之外，更重要的是缺乏健全的制度环境。对此，除第三部门需要构建符合自身的发展实际内部治理结构之外，更需要一个好的制度环境保障第三部门参与农村教师培训，以便能够发挥更大、更好的作用。因此，本书认为需要优化第三部门参与农村教师培训培训的制度环境。

第一，加强对第三部门的规范化管理。政府可以通过相应的制度安排积极鼓励与支持第三部门参与农村教师培训，同时加强对第三部门参与的规范管理。此外，政府应该转变职能，在农村教师培训的非核心领域，可以减政放权甚至退出来，让第三部门承担政府的部分职能。

第二，完善第三部门的资格注册制度。以上研究提到，有不少参与农村教师培训的第三部门尚未进行登记注册，这不利于其参与到农村教师培训中，因此需要完善其资格注册制度。政府可以根据第三部门的主要职能，进而给其划分相对应的主管部门和民政部门，由相应的主管部门对第三部门进行监督管理，而民政部门则负责审批、登记、注册。以

此可以有效地避免不同政府部门在第三部门管理上的交叉与重叠。

第三，制定与第三部门相适应的法律规章。对于涉及农村教师培训的公益组织或民间团体，根据其实际情况进行分析，在坚持特殊性的基础上得出其普通性，在此基础上对当前现行的法律法规进行必要调整，以提高第三部门参与农村教师培训供给的准入机制。

### 五、加大校本培训的支持力度

从上述的调研中，我们可以发现：一方面，校际间教师交流是我国农村教师校本培训的主要形式，但另一方面，政府对农村教师校本培训的支持力度不够，大多处于"方案制定、学校自行实施"的状况。因此，为进一步提高农村教师校本培训的有效性，政府有必要加强其支持力度。

第一，设立农村教师校本培训专项经费。首先，着眼于农村教师人均培训经费的不断增长，提高农村教师个人培训经费定额标准，建立起合适的农村教师培训经费使用制度；其次，规范农村教师培训经费的使用，培训经费必须包括教师跨校培训产生的交通费和补贴，以及授课教师、展示教师的课酬、组织协调费用等；最后，设置培训奖励制度，对于接受教师后代表学校参加县级以上优质课、示范课的教师，按照获得名次进行适当奖励，提高农村教师接受培训的积极性。

第二，制定校本培训团队发展规划。根据实际需要，打造富有特色的校本培训团队，使农村教师培训更"接地气"，主要由学校校长亲自负责，各教研室主任或学科骨干作为成员，从培训课程的选择与实施，例如开展集体备齐、校本教研等多种形式开展农村教师。同时，农村学校还需制定有效的管理制度，保证培训团队职能的有效运行。此外，还需加强培训团队师资力量的提高，适当派出年富力强的培训教师接受相关培训，不断提高自身素质，进而推动校本培训质量的提高。

第三，提高农村教师校本培训的地位。首先，加深对校本培训的理解与认识，树立校本培训是农村教师继续教育的重要组成部分的理念。。其次，制定有效的规章制度提高校本培训的地位。实行校本培训校长负责制，在责任和行动上提高其地位，加强对校本培训的检查和评估，创新校本培训的基本原则、培训模式和主要方法，努力实现校本培训与校本教研的有机结合。

# 第九章

城乡一体化教育体制社会支持
系统的构建理路

# 第五章

　　城乡一体化教育体制全面改革所需要的社会支持远非以前其教育体制改革所可比拟。教育体制的整体改革不仅要从内部教育系统中解决，而且要从外部社会系统进一步打破城乡教育二元结构。在形成城乡一体化教育体制社会支持系统的构建与实施中，国家有其不可推卸的责任，社会也应当有所作为。基于此，本章在这一教育初衷的指引下，力图在对前文理论篇思想的凝练和实践篇经验的提取基础之上，再进一步对其加以提炼与升华，从价值选择、基本原则、结构与要素、运作机理以及保障机制等五方面勾勒出合理的构建理路。

## 第一节　城乡一体化教育体制社会支持系统构建的价值选择

　　通过梳理城乡一体化教育体制中"国家与社会"关系的历史轨迹与演进规律，我们发现价值选择决定着构建城乡一体化教育体制社会支持系统的前进道路。这意味着必须对城乡一体化教育体制社会支持系统做出正确的价值预设，以此来把握其顶层设计的制高点。基于对前文中理论思想和实践经验的融合，本节把握住两者的合力，并做出以下结论：以关系理性为价值选择的前提假设，来融洽国家与社会的价值准则；以政治人、经济人与文化人三者视域的融合，奠定多元综合的人学视角；以公平正义为价值要义，指明未来发展的前进方向。以上几点成为城乡一体化教育体制社会支持系统的价值所在，成为中国实现社会治理现代化目标的必然选择。

**一、前提假设的转向：从"个体理性"到"关系理性"**

长期以来，人们总是从"个体理性"价值观念的指导下，在主体性思维的运思取向下将国家与社会的关系对立起来。就我国而言，在改革开放之前的计划经济时期，城乡教育发展供给模式呈现为国家向社会"单向赋权"的状态，这造成了"强力政府、弱势社会"的格局。及至"国家治理"与"社会治理"的概念在十八届三中全会上被同时提出，并提出了"推进国家治理体系和治理能力现代化"和"推进社会领域制度创新，加快形成科学有效的社会治理体制"的治理目标。这一决断才算是对国家与社会互动合作的合法性正式确认，这必然继续推动国家与社会关系在城乡教育一体化体制中的变迁。这种从关系维度来理解国家与社会相互依赖、不可分离的关系，形成"强国家、强社会"的共生合作模式，这在关系理性导向下体现出国家与社会关系的和谐交融。这拆除国家与社会二元对立的藩篱，以关系理性融合国家与社会关系的价值准则，将更加契合城乡一体化教育体制的建设与完善。

**（一）个体理性指导下的城乡一体化教育体制社会支持系统的反思与批判**

"个体理性"是现代化进程中主体意识绝对化的产物，认为自身是一切存在的终极基础。自我总是与自身之外的一切他者截然对立起来，个体与他者间的关系在主客对立的二分法下呈现为压迫与被压迫的关系。在个体理性导向下，城乡一体化教育体制社会支持系统将社会和国家视为互相对立的支持主体，国家与社会呈现为互相分离的支持格局。其现实表现，有以下方面：

1. 支持身份的合法性论证——国家支持身份的质疑与排斥

个体理性以"自我"作为价值准则的基石，反对传统的整体主义价值观。以国家作为个体来看，个体理性导向下城乡一体化教育体制社会支持系统，认同国家凌驾于社会的支持地位。为使其脱离国家控制，充分调动社会力量的支持。需对独断、狭隘的国家理性进行批判，对社会支持身份的存在合理性予以确认。

在 20 世纪 90 年代之前，人们对政府与社会关系的认识一直受到一种单向思维的左右，普遍倾向于认为政府与社会是一种零和博弈的关系。从"国家与社会"关系角度审视，城乡教育存在"全能型政府包办"与社会力量参与缺失的突出现象。在当时城乡教育体制框架之内，全能型政府的制度逻辑包揽了绝大部分学校教育发展的绝大部分事务，社会组织和社会力量的运行空间被纳入政府运行架构而处于一种相对边缘的态势，其作用空间受制于政府的严格限制。此时，国家与社会在城乡教育体制的供给上并未构成良性循环，国家的支持身份一直处于独尊地位，社会的支持作用反而微乎其微。自 90 年代之后，人们对政府与社会互动的理解从以冲突与对抗为主转向合作互动，形成了现代治理体系的基本共识：政府与社会合作治理不仅是可能的而且是有效的。此时，政府积极与社会合作互动。国家深化学校体制改革，适度支持民办教育、依法管理民办教育、系统鼓励社会各界参与教育事业发展，鼓励社会团体、成员等参与政府教育决策与学校事务管理。此外，政府还积极采取措施引导城乡教育的社会供给，建立政策优惠、资金扶持、行业发展等激励机制，鼓励社会组织与个人捐资助学，尤其是鼓励社会向贫困地区、农村偏远地区提供教育服务，并在城乡教育供给环节中与社会主体建立有效的合作机制。城乡一体化教育体制改革作为一种由国家与社会共同参与的公共行动，并不意味着是追寻一种单一主体支持的"同质性""均等化""单向度"一体化。恰恰相反，它是多元支持主体"协调性""差异化"和"嵌入性"的一体化。其体制改革的真谛在于承认社会支持的身份为核心来统筹城乡教育发展，打破制度单一供给格局，实现政府机制与社会机制的有效配合，这意味着给予社会以支持身份的合法性承认，改善城乡一体化教育发展的社会支持路径已成为城乡一体化教育体制改革的重要组成部分。国家与社会支持身份的双重肯定，意味着对城乡一体化教育体制改革的供给将在厘定政府支持边界的基础上有力地确认社会的合理支持身份。

2. 支持权力的执行方式——权力生产的简单化运思与操作

对象化思维是个体理性的另一重要取向。在这种运思取向操作下，社会支持系统的运行总是把国家作为唯一的支持主体来实现城乡一体化教育体制的权利关系的配置。于是，支持权力的生产图景呈现为简单化的样貌。

在我国城乡教育实践中，权力高度集中的教育体制得以形成，并且形成了教育就是国家的权力与责任这样一种根深蒂固的教育理念，形成了政府集投资者、举办者、管理者于一身的角色定位，并造成政府拥有绝对的人事任免权、资源分配权、等级区分权的格局，具有鲜明的"国家在场"与"社会式微"的特征。国家在城乡教育问题上向社会"单向赋权"，抱着解决国家财政紧缺与政府教育供给不足问题的目的，但这种赋权行为表现为财权行为而非事权行为，地方政府较之于中央政府、学校和社会较之于政府，在权力博弈与权力分配过程中都处于较为弱势的地位，城乡教育发展事实上形成一个"强力政府、弱势社会"的权力格局。然而，随着城镇化的推进，教育人口出现了前所未有的迁移流动，农村留守儿童教育、随迁子女入学、农民工职业培训、农村教师培训等问题日趋严重。面对城乡公众教育需求的多样性与城乡教育问题的复杂性，政府职能容量却是有限的，如果单纯采取扩充政府职能部门的方式，城乡一体化教育发展不仅具有较强的指令性与规范性，而且自上而下的官方色彩会更强，导致诸多'官方标准'的存在"，[①] 继而导致效率低下、资源浪费和官员腐败，并使得各项制度染上动脉硬化病症，进而造成制度危机，"造成政府失灵"。[②] 同时，也会加大政府权力

---

① 吴康宁：《政府超强控制：制约我国教育改革深入发展的一个要害性问题》，《南京师范大学学报（社会科学版）》2012 年第 5 期，第 6 - 11 页。

② 褚宏启：《政府与学校的关系重构》，《教育科学研究》2005 年第 1 期，第 41 - 45 页。

的扩张或垄断，导致社会对政府过分依赖，挤压民间教育改革的生存空间，阻碍各种教育中介组织的发展壮大，难以形成充满个性和张力的城乡教育发展格局，造成资源的浪费与效率的损失，使公众将教育发展中的所有矛盾指向政府，将所有教育供给不足的危机归于政府，引发更深的社会矛盾。在此简单化思维运作下，国家简单粗暴、自上而下的权力执行方式，使得城乡一体化教育体制难以接受充分的供给。城乡教育因此造成"全能型政府包办"与社会力量参与缺失的突出现象。全能型政府的制度逻辑包揽了绝大部分学校教育发展的绝大部分事务，社会组织和社会力量的运行空间被纳入政府运行架构而处于一种相对边缘的态势，其教育供给的力度被大大削弱。

3. 支持逻辑的物本取向——系统运行的工具性思维

从价值论角度来看，随着个体理性的确立，"理性""效率""利益"等观念逐渐取代原有社会中的"共同感""伦理感"。国家、社会等利益偏好的相互作用与制衡推动着城乡一体化教育体制社会支持系统的运行走向。城乡一体化教育体制的演进方向由不同的利益主体共同决定。这种观点和事实其实是个体理性主导下的城乡一体化教育体制社会支持物本取向的显化，其有以下特点：

在国家支持一家独大的掌控下，社会多元力量难以参与到城乡一体化教育体制的支持构建中。如何调动社会支持力量参与到城乡一体化教育体制的构建中，形成组织化、有序化、人性化的自组织，这已经成为城乡一体化教育体制社会支持系统运行的核心。但从城乡一体化教育体制中的国家与社会演进规律来看，在教育供给上存在不少利益冲突与风险危机。但人们关于"利益并存"和"风险承担"等看法仅仅是从功利主义的视角和理性经济人假设来解释社会支持的必要性，只将支持仅仅作为减轻风险的手段，社会反而仅仅是政府职能的一种补充机制。为了加快城乡教育的一体化进程，国家认为社会的教育供给只是一种附庸，社会支持也并未得到政府对其支持地位的认同。这无法培育社会支持过程中国家与社会的权力互动的休戚相关、水乳交融的状态。要言之，多元支持主体在城乡一体化教育体制中共生格局中所产生的"我们感"与"共同感"构成社会支持最重要的情感支撑。凝聚国家与社会支持主体的"我们感""共同感"，成为系统运行的以人为本目的的体现。而仅仅从成本收益、支持手段和科学知识等指标来构建一个"物本"的、抽象化的系统是不可取的。因此，仅以工具理性的角度来解释城乡一体化教育体制社会支持系统的必要性是不够的。毕竟，城乡一体化教育体制社会支持系统是以人为本的自组织系统，其最终落脚点仍然是"以人为本"。城乡一体化教育体制中的人的良好培育，却少不了国家与社会的共同助力。

**（二）关系理性导向下城乡一体化教育体制社会支持系统的重建与超越**

西方流行的"国家—社会"二分假设是否符合中国实际，这显然成为城乡一体化教育体制社会支持系统构建的前提条件。国内有学者运用"制度—生活""过程—事件""多元话语分析"等范式来说明，在中国的现实生活中，国家和社会并不完全分离，但他们是共同交融、相互作用的共同体。可以看出，城乡一体化教育体制社会支持系统的构建并不是以"国家—社会"二分法为前提的。恰恰相反，城乡一体化教育体制社会支持系统是在党的领导，在多元治理主体共同发展的前提下，贯穿着多元支持主体互相协调和互相嵌入的一体化的实践逻辑，即在"关系理性"指向下的实现逻辑。有学者认为关系理性有两种表现旨趣，即"从交互性关系来理解个体存在的意义、从互依性关系理解个体生存条件[1]"。从价值论的角度来看，"关系理性"发始于对他者自由人格的承认与尊重，其终极旨归在于构建"共同感""共生性""共在性"等普遍价值观。这消除了在城乡一体化教育体制中国家与社会互相

---

[1] 贺来：《"关系理性"与真实的"共同体"》，《中国社会科学》2015 年第 6 期，第 22 – 44 页。

分离的支持格局，国家与社会的合作框架的嵌入将有力整合国家与社会关系的价值准则，这更加符合当代中国社会治理的现实需求。

1. 支持身份的正确认知——以社会之于国家的积极作用为前提

关系理性下的城乡一体化教育体制社会支持系统并非基于对国家支持的排斥之上，反而是在国家支持与社会支持互补交融中来促进城乡一体化教育体制社会支持系统的构建。

在个体理性的指导下，国家总是从其无所不能的角度质疑社会支持的合理性。然而，作为公共利益的代表，政府承担着公共产品供给的主要责任，人们对政府介入公共产品充满了期望。但是，政府不是万能的。在有效供给的市场领域，政府不应过多介入。教育作为公共产品，严格意义上说是一种准公共产品，特别是对于教育体制改革与设计这样一种国家行动，必然需要遵循追求公共利益最优逻辑。对于城乡一体化教育体制改革这样一种公共行动，并不意味着是追寻一种单一主体支持的"同质性""均等化""单向度"一体化，相反，它是多主体支持的协调和嵌入的整合。这就需要遵循公共利益最优的理念，基于政府与社会合作互动的视角来诠释城乡一体教育体制，基于城乡一体化教育发展过程中的具体问题（农村留守儿童教育、随迁子女教育、农民工教育培训、农村教师培训）来厘清政府支持与社会支持的行动逻辑、现实状况、系统结构、合作畛域，不断增强政府的社会治理方面的能力和有效性，畅通政府职能外溢渠道与社会承接口径。同时，还要加快社会自主发展，增强社会自我管理能力，扩大社会自我管理范围，使其能够有效承担国家相对退出后留下的社会职能。社会支持在城乡一体化教育体制建设上显然可与政府相互配合，成为重要推动力。随着市场经济的发展与社会力量的壮大，当前我国城乡教育发展诸多问题已表明，全能型政府日益显得捉襟见肘与力不从心。民间组织、社会团体的发展与成长已经势不可挡，虽然它是自主运作而非由政府主导，但其功能和角色与政府的互补可带来整个社会的良性发展。在不损害教育利益的公益性、保障教育公平与质量的前提之下，充分鼓励与调动社会力量参与城乡教育治理，提倡并保护城乡学校教育的多元发展，社会组织能充分释放与施展其重要的教育供给优势。我国城乡一体化教育体制中"国家与社会"关系，形成一种培育发展为主的合作共治型政社关系，通过"国家"与"社会"的积极互动来推动城乡教育一体化的进程。

2. 支持权力的科学阐释——支持权力的执行方式超越简单化思维

关系理性导向下的城乡一体化教育体制社会支持系统一直是通过融合国家和社会的关系来实现支持权力的再生产问题。一方面，承认社会自身所固有的支持权力。社会的支持权力并不在于国家对支持权力的单向授予或者让渡，而在于它自身不可剥夺的权力。如社会力量在偏远山区积极建立希望小学和援助贫困儿童受到社会各界的赞赏和政府的大力表彰。另一方面，确保权力的规范化、合理化和正当性运行。要防止"非制度化"和"不规范化"的趋势，促进社会支持权力制度化、合理化和合法化，以此确保社会力量在城乡教育一体化中能规范化、合理化和正当性的开展支持。如积极发展民办教育，需积极制定义务教育法等等，可使社会支持的行动得以有力保障。关系理性指向下的对权力再生产的支持，不仅强调通过国家与社会在谈判、对话、合作、协商等抽象实践的基础上来实现权力的再生产，而且更加重视国家和社会双重支持力量的标准化、制度化和合法化。也就是说，国家通过法律、政策规则等行政权力来引导社会支持观念的现代化，并着力改变支持过程中的固有惯习和非制度化等倾向。同时，国家还必须根据社会主体的需要不断改革体制、提高服务水平，实现国家和社会权力生产中的双重现代化。

3. 支持价值的升华——支持过程中的共同感的培育

关系理性强烈反对个体理性思维，主张在互动关系中体验生存的根本意义。这种根植关系理性中的"共同感"，在现实中便落实为"党委领导，政府主导，社会各方全面参与"的实现逻辑。

首先是重建共同感。在关系理性导向下的"共同感"倡导国家和社会的共在与共生。在国家与社会两者交融状态下，社会组织等各界力量才会在不计较利益损失与风险大小的情况下参与到城乡一体化教育体制社会支持系统建设中。正是基于这种前提下产生的共同感与责任感，才能真正生长出城乡一体化教育体制的内在精神。以社会组织积极参与随迁子女教育服务支持为例，其与社会积极配合，效果显著。在随迁子女教育社会支持中的重要作用日益凸显：（1）各种社会组织在人力、财力以及物力等资源动员方面的有着出色的行动能力，一定程度上弥补了政府部门和市场部门在随迁子女教育物品支持和教育服务支持方面的不足。例如，志愿者组织在随迁子女教育捐赠、教育辅导等方面发挥了重要作用。（2）社会组织为广大志愿者参与随迁子女教育服务提供了组织化的渠道。通过各种社会组织的宣传与组织，广大志愿者参与到随迁子女教育中来。（3）社会组织由各种不同取向、不同动机、不同领域的人群发起组成。相对于国家，它的组织形态更灵活，应变力更强。相对于政府部门而言，社会组织更容易接近随迁子女及其家庭，能更快速、灵敏地回应随迁子女及其家庭多样化的教育需求，为其提供多元化的社会支持。其次是体现人本性。城乡一体化教育体制社会支持系统并非是指向"机械化""物本化"的支持系统，而是指向国家与社会之间和谐相处的内生性自组织系统。在这一点上，社会较国家相比有其优越性。面对着留守儿童心理问题，国家因其角色特殊性，显得有些力所不及，但社会却发挥着重要作用。如亲属、朋友、邻里等非正式部门的社会支持以情感为基础，体现了人与人之间的相互关怀和帮助。一方面，非正式部门提供的服务能更有效地回应随迁子女个性化的教育需求。另一方面，因服务提供者与服务对象之间存在情感交流与互动，亲属、朋友、邻居提供的服务可以在社会交往和情感慰藉等方面满足彼此的需求，这对于情感方面的社会交往尤为重要。事实上，非正式部门在随迁子女教育社会支持中发挥了其他部门所无法取代的作用。关系理性营造出信任、尊重和平等等人性化氛围，关照和支持当下城乡教育二元结构中的群体和个人—这才是价值之所在。

## 二、人学视角的转向：从互不相容到多元综合

城乡一体化教育体制中国家与社会的历史轨迹的演化，其实背后隐藏着对"人是什么"这一问题的解读。在不同的历史阶段，不同的人学视角的解读将引领其不同的走向。如以往过多强调物质资源的分配，城乡教育均衡发展常常忽视从文化关怀的角度来考虑其教育公平的进一步发展。而迈入高位发展阶段之后，文化关怀必然成为社会支持系统的重要支持内容。城乡一体化教育体制社会支持系统的人群（随迁子女、留守儿童、农民工、农村教师）在被提供支持内容的供给上也会出现浓厚的文化底蕴。因此，城乡一体化教育体制社会支持系统价值选择的正确判定，有赖于正确的人学视角。因为只有体现"人是目的"的价值要义，城乡一体化教育体制社会支持系统才不会指向"机械化""物本化"的自然逻辑。而对于"人是目的"这一价值共识的诠释，历史上却有三种最主要的视角解读—"政治人""经济人""文化人"。不同的人学视角主导着不同阶段城乡一体化教育体制制度变迁中社会支持的具体表现。透过这三种不同的人学视角，我们可以更深入的挖掘城乡一体化教育体制社会支持系统价值的人学意蕴。

### （一）经济人视角下的城乡一体化教育体制社会支持系统

1. 经济人假设的利益为我性

18 世纪的英国学者亚当·斯密曾对人的本质作出"经济人"的假设，意为人总是从利于自己的经济角度出发。持经济人假设的论者认为人总在理性地算计自己利益而不顾他人。美国学者沙（Edgar. H. Schein）在具体分析各种人性观的基础之上，提出了"经济人"本质论。①

---

① 杨明宏：《人论：教育管理学理论范畴逻辑起点》，《教育学术月刊》2009 年第 9 期，第 10－13 页。

经济人的观点作为全世界普遍存在的现象，在我国也同样可能存在。管仲曾言，人之常情是"得所欲则乐，逢所恶则忧，此贵贱之所同有也"①，求利之心，无处不在。司马迁也说过，"天下熙熙，皆为利来；天下攘攘，皆为利往。"总体而言，经济人假设有以下特点：一是自利性。经济人总是把自我利益最大化作为思考和行动的动机和目的。二是工具理性。经济人所作所为并非盲动，而是综合考虑个人境遇、市场状况和自身利益后的理性抉择。三是附带公益属性。在追求个人利益最大化的同时，经济人的所作所为往往伴随着促进社会公益的辅助功能。

2. 肯定利益正当性之于城乡一体化教育体制社会支持系统的启示

经济人假设是构建城乡一体化教育体制社会支持系统的重要依据。在进行城乡一体化教育体制社会支持系统构建过程中，我们既要承认经济人合理的利己属性要求，又要防止他人利益受损的行为以保护他人合理的支持需求。只有在这种完善的、合理的支持理念支配下，经济人的个人利益和社会的集体利益才会得到增进。否则，社会支持系统将会演变成奉行丛林法则的混乱状态。为使其有效和人性化运行，城乡一体化教育体制社会支持系统构建应做好以下几点：一是强调制度的约束性。城乡一体化教育体制社会支持系统采取的是刚性化、规范化、科学化的运作思路，需要有固定的规章制度的保障。二是坚持人格的平等性。每个被支持个体都是平等的，不该受到任何的羞辱和歧视。三是遵守权利与义务的对等性。在享受支持权利的同时，每个人都必须遵守不损害他人获得支持利益的义务。

**（二）政治人视角下的城乡一体化教育体制社会支持系统**

1. 政治人假设的权力最大化

亚里士多德说过："人天生是一种政治动物。"② 无论谁是否喜欢政

① 张家军：《论统筹城乡教育发展制度设计的三大基础》，《西南大学学报（社会科学版）》2015年第5期，第90—95页。
② 颜一：《亚里士多德选集：政治学卷》，中国人民大学出版社1999年版，第89页。

治，它都无法脱离于某种政治体系之外。一位公民无论在国家、学校还是商行、社团以及在其他组织的治理部门中，都会遭遇政治问题。"每个人都在某一时期以某种方式卷入某种政治体系。"① 经济人与政治人之间并没有根本的区别，他们都在追求利益最大化。只不过前者追求的是经济利益，后者追求政治权力。因此，虽然政治人有促进公共利益的愿望，但他们优先考虑的仍然是个人的权力、身份、地位等。

2. 调整权力分配之于城乡一体化教育体制社会支持系统的启示

政治人假设是城乡一体化教育体制社会支持系统价值选择的人学视角之一。基于此，要做到以下两点：一是建立相应的制度来规范公职人员的公共权力，避免滥用权力。长期以来，教育领域始终保持着中央向地方赋权、政府向学校赋权、政府向社会赋权的"单向赋权"模式。然而，国家与社会双方权力并非此消彼长、对抗抵触，而是相互提升、彼此支持的种双向嵌入关系。这意味着国家机构里的公职人员，其权力边界过大且压制了社会的自主发展。例如某些机构公职人员为了自己的利益而牢牢抓紧自己的权力不放手，不肯下放权力或者让渡给社会，总是抵制城乡一体化教育体制改革的深入推进。其次是在制度执行方向上适度向农村教育的利益倾斜。政治人所主导的社会支持系统，其运行过程中未必代表所有人尤其是农村教育的利益。因此，在制定、运行和实施中，应充分考虑农村教育的实际利益，肯定农村教育存在的合理性，真正促进系统的完善。

（三）文化人视角下的城乡一体化教育体制社会支持系统

1. 文化人假设的价值多样性

德国著名文化符号学家卡西尔认为，人是符号的动物。符号是"人

---

① 罗伯特·A.达尔：《现代政治分析》，王沪宁、陈峰译，上海译文出版社 1987年版，第 5 页。

的本性之提示"，而文化则是"人的本性之依据"①，构成人—符号—文化的关系模式。但文化蕴含着内在价值维度。换言之，多样的文化体现出迥然各异的价值观。文化人假设成为城乡一体化教育体制社会支持系统的重要视角。城乡教育发展到如今，物质条件已经基本达到。城乡教育公平已不再是简单地追求物质资源的均等配置，具有潜在性、隐蔽性的文化对城乡教育均衡的作用正在愈加彰显，对教育体制的影响日益显著。因此，特别需要从隐性文化因素的角度对城乡教育体制进行深入研究。国内有学者也对这个观点表示赞同，认为"文化资本对儿童教育的影响是最不容易受外界条件干扰的先赋因素之一，文化资本的影响持续上升。②"通过文化建设，缩小城乡学生的文化资本差距，实现城乡教育质量与水平的提升，支持城乡一体化教育体制完善尤为必要。

2. 整合文化资源之于城乡一体化教育体制社会支持系统的启示

文化对城乡一体化教育体制社会支持系统的构建虽具有隐蔽性和多样性，但却不可忽视。当前城乡教育一体化已不再仅仅是物质资源的合理分配而已。当它迈入高位均衡阶段时，文化支持跃升为最为重要的资源。从国内与国外来看，我国存在丰富的历史文化传统，这要求我们在此基础上还要积极汲取西方的优秀文化要素，在融通和批判两者文化的基础上进行创新，不断提升城乡教育的文化品质与特色。从家庭、学校和社会的角度来看，我们应当重视类型各异的文化建设，全方位增加文化资本总量，有效地整合城乡文化资源。为城乡一体化教育体制建设，提供充分的多元文化支持。"进入到城乡教育高位均衡发展的时代，营造公平发展的良好氛围与环境，不断缩小城乡教育的差距。"③

---

① 杨明宏：《人论：教育管理学理论范畴逻辑起点》，《教育学术月刊》2009 年第 9 期，第 10 - 13 页。

② 刘精明：《中国基础教育领域中的机会不平等及其变化》，《中国社会科学》2008 年第 5 期。

③ 王振存：《文化关怀：城乡教育公平研究的新价值取向》，《河南大学学报（社会科学版）》2013 年第 1 期，第 145 - 151 页。

（四）多元综合人学视角下的城乡一体化教育体制社会支持系统

从前面分析中可以看到，经济人、政治人与文化人这三种不同人学视角在社会支持的内容上各有侧重。这种差异和区别，并不意味着三者是无法兼容的，反而是三者各有其范围，是多元存在的关系。因此三者有走向综合的必要。任何一个视角都不能取代其中其他视角，三者视域融合下的综合视角将有益于我们为城乡一体化教育体制建立良性的社会支持系统。社会支持系统对城乡一体化的支持是多层次、多维度的复杂综合领域。既包括物质资源的配置和政治权利的调整，也包括文化资源的支持。作为一个自组织系统，有必要采取经济人、政治人与文化人三者视域融合的综合视角。

多元人学视角要警惕走向相对主义的泥潭，为城乡一体化教育体制社会支持系统提供正确的导向。需要做到以下几点：一是整体性。经济人、政治人与文化人这三种不同人学视角为其系统提供了正确的整体范式。任何一个视角的缺失，都会使其丧失完整性。如缺少文化上的支持会使其社会支持内容丧失最为重要、最为关键的维度。仅仅提供物质资源和政治权利，只会导致城乡一体化教育体制无法从文化维度进行深层改革。二是边界性。在面临不同境况之时，任何一种视角试图逾越自身特性，妄想成为唯一的标准都是枉然。如某些乡村学校物质资源供给严重不足，若还在一味避重就轻地只强调其他方面的支持，则会无助于现实问题的解决并严重阻碍城乡教育发展。

## 三、根本追求：从不公平、非正义到公平正义

城乡一体化教育体制不应该仅仅只停留于教育系统内部，还应该建立在现代社会治理和以人为本的价值立场之上，充分认识到城乡一体化教育体制社会支持系统对社会公平正义核心价值的基本特征，并以此奠定坚实的理论基础和推动城乡一体化教育体制的改革和发展。

（一）城乡一体化教育体制社会支持系统历史使命

《纲要》（2010—2020）提出，政府及其部门要树立服务意识，改

进管理方式，明确政府管理的权限和职责，明确各级各类学校办学的权利和责任，调动全社会参与的积极性，构建政府、学校、社会之间的新型关系，形成以政府办学为主体、全社会积极参与、公办教育与民办教育共同发展的格局。这表明虽然，城乡一体化教育体制的构建基本上是由政府主导，但是，由于教育领域"面广量大，且涉及价值论争、利益博弈、体制改造、机制转换等诸多层次错综复杂的问题"。[①] 因此，城乡一体化教育体制需要的就不只是"政府"的支持，而且还包括"政府"以外的"社会"的支持都发挥积极作用。

　　从城乡一体化教育体制社会支持系统的历史进程来看，唯有国家与社会的互动合作方能实现公平正义的价值目标。改革开放前在高度集中的计划经济体制下，国家有限的财政能力难以全面包办全国的基础教育经费，使得政府不得不探索更多的教育经费筹措渠道。城乡基础教育呈现出不同的资源供给特点，城市地区、县镇地区公办学校主要由国家财政提供资源供给，厂矿办学、企业办学主要由其所属厂矿企业提供资源供给，农村地区公办学校主要由所在社队提供资源供给。在这个阶段下，城乡教育呈现为明显的不公平、非正义的现状。及至"国家治理"与"社会治理"的概念十八届三中全会同时提出，并提出了"推进国家治理体系和治理能力现代化"和"推进社会领域制度创新，加快形成科学有效的社会治理体制"的治理目标。这一决断才算是对国家与社会互动合作的合法性确认，也必然继续推动国家与社会关系在城乡教育一体化体制中的变迁。国家与社会的共同合作为城乡一体化教育体制改革的重要支持助力，更能实现好资源的合理配置与权利运作关系的协调。

　　社会支持系统在城乡教育一体化教育体制中发挥着重要作用，肩负着实现社会公平正义的使命。其从国家一人独大到国家与社会协调合作

---

① 吴康宁：《教育领域综合改革需要怎样的社会支持》，《教育研究与实验》2013年第6期，第1-5页。

的共生格局的转变过程，便是对"为使每一个儿童享受公平而有质量的教育"的教育信念的深度领会和确切践行。本书在实践篇中，曾将社会支持聚焦于随迁子女、留守儿童、农民工和农村教师这四大支持目标群体，并深入分析其构建原则、构建要素、运作机理、结构特征等，进一步提出完善城乡教育一体化教育体制社会支持系统的对策建议。这便是对公平正义核心价值的积极回应。本书也一直在践行实现社会公平正义的核心价值，努力使城乡教育实现均衡发展。

### （二）城乡一体化教育体制社会支持系统价值追求

城乡教育一体化教育体制社会支持系统不仅是国家与社会单纯支持城乡一体化教育体制的问题，而是其实质在于反映了社会公平正义。公平、正义是作为城乡教育一体化教育体制社会支持系统的价值观念和行为规范。公平强调的是公正与平等；正义则规定着社会成员基本的具体权利和义务，规定着资源与利益如何适当安排和合理分配。"不仅体现为人权与机会等社会显性要素的平等，也体现为人的自由和尊严被尊重等个体隐形要素的平等。"[1] 城乡教育一体化教育体制社会支持系统的构建，直接表现为城乡教育间的质量落差以及教育体制的不完善。然而，背后的根本原因是没有充分的供给和保障机会、权利、自由和其他社会核心价值。为实现社会公平正义的价值追求，城乡一体化教育体制社会支持系统应当遵循支持起点的公正性、支持过程的公正性以及支持结果的公正性。

1. 支持起点的公正。由于经济资本、文化资本、社会资本的差异性，城乡教育呈现起点上不均衡发展状态。罗尔斯的差别正义原则，可以将由上述先天原因造成的城市教育和农村教育的不平等限制在一定范围内，从而调整城乡教育的差距。当某些贫困地区教育基本公共服务严重滞后、教育投入严重不足、教学设施薄弱等状况出现之时，地方政府要适当配

---

① 李兴洲：《公平正义：教育扶贫的价值追求》，《教育研究》2017 年第 3 期，第 31 - 37 页。

置这些地区的教育资源并加大倾斜力度，同时积极引导社会力量参与到当地教育建设中，以确保该地区享受到平等的教育权利与资源。

2. 支持过程的公正。长期以来，人们注重起点和结果公正，却忽视了过程公正。过程公正要做到规则公正与程序公正。规则公正是指设定统一的规则，为支持主体按照其自身的合理预期作出行为选择。这样在支持过程中，才能有法可依，提供有效、人性的教育服务支持。其次是程序公平。规则公正是一种静态的设置，而程序公正是一种动态的监测。根据一定的指标，适时地进行针对性的支持。总之，国家与社会在提供教育服务支持过程中，总是贯穿着公平正义的理念。例如，志愿者或非正式部门经常为四大群体提供各种服务，如志愿者提供的学业辅导、心理咨询、教师培训，亲友网络提供的学校信息，等等。

3. 支持结果的公正。最后是符合"成本—收益"的判断基础，实现结果公正。以农民工为例，他们会根据自己职业技能和职业发展需求，积极、自愿地参与相关培训活动，以实现提高个人素质或职业技能、提升个人人力资本、增加个人或家庭收入的目的。但农民工由于其特殊群体差异性，所要获取的职业技能更注重于实践经验而非理论知识。因此需要满足不同群体的教育需求，落实保障社会公平正义的结果公平原则。

## 第二节　城乡一体化教育体制社会支持系统构建的基本原则

社会支持系统是指具有社会支持功能的有机整体，由诸多社会支持要素以一定联接方式结合而形成的。城乡一体化教育体制的社会支持系统是旨在提高城乡一体化教育质量的目的，以城乡一体化教育体制为社会支持对象，推动政府机制与社会机制各安其位、相互合作的社会支持体系。要完善我国城乡一体化教育体制的社会支持系统的构建，必须坚持时代国情与统筹城乡发展的契合性、政府支持与社会支持的互补性和城市教育与农村教育的协调性的三个基本原则。

## 一、时代国情与统筹城乡发展的契合性

实事求是，是马克思主义活的灵魂。一切从实际出发，是马克思主义的精髓。构建城乡一体化教育体制社会支持系统，必须坚持这一灵魂和本质，坚持时代要求和我国国情相契合的原则。

"城乡一体化"发展是国家基于城乡二元社会格局、社会形态与社会关系提出的城乡治理战略。其思想形成于我国20世纪80年代末，是党和政府在新的历史时期，为打破我国长期形成的城乡二元对立结构，是继2004年"统筹城乡"战略后明确提出的又一新的社会经济发展战略。十八大提出，"城乡一体化是指'在城乡规划、基础设施、公共服务等方面的一体化'，是'城乡要素平等交换和公共资源均衡配置'的一种状态，是'以工促农、以城带乡、工农互惠、城乡一体'的一种'新型工农、城乡关系'"。而"城乡教育一体化"是城乡一体化战略在教育领域的延伸。"城乡教育一体化"致力于破解城乡教育二元结构、打破城乡分割分治的二元制度的束缚，实现城乡教育的公平发展和教育要素的合理流动，实现城乡教育共生共荣而提出的全面发展治理观，是城乡社会发展一体化在教育领域的缩影。《国家中长期教育改革和发展规划纲要》（2010—2020年）指出，城乡教育一体化可从以下层面来理解：从宏观的教育体制机制范畴来看，它包括城乡教育人事调配体制机制的一体化、城乡教育经费投入体制机制的一体化、城乡教育办学与硬件资源配置体制机制的一体化、城乡教育人才培养与评价体制机制的一体化等；从中观的教育层级与类别看，包括城乡学前教育一体化、城乡义务教育一体化、城乡职业教育一体化、城乡继续教育一体化等；从微观的教育组成要素看，包括城乡学校师资一体化、城乡学校课程模式一体化、城乡学校资源配置一体化、城乡教育信息一体化等。此外，城乡

教育一体化还涵盖中国城市化进程中产生的新生元素，如"社会第三元"，① 即农民工随迁子女和留守儿童的教育，及其与普通城乡学生教育的一体化。总之，城乡教育一体化是一个复杂的、动态的、综合的生态系统，融合城、乡教育两大子系统，从宏观到微观、从内部到外部，通过持续的、有效的合作互动而构成的利益共享、责任共担、质量共保的共同体。

　　然而，对我国城乡一体化教育体制的研究大多集中于教育内部的理论、问题与对策探究，虽然也有学者提出需要多部门间的协调与综合配套改革，但大多没有深入探讨。本书从社会大系统透视教育系统内外部问题，依据教育系统与社会系统的内在联系及社会支持系统的属性特征，探索城乡一体化教育体制的社会支持系统理论模型，这是对传统社会学研究模式与场域的创新和突破。例如在本书部分《随迁子女教育社会支持的结构框架》，分别确立了其结构要素和结构模式。就随迁子女教育社会支持的结构要素而言，从纵向上看有政府部门、市场部门、志愿部门和非正式部门构成，从横向上看有支持主体、支持客体、支持内容、支持方式、支持特征等要素。就结构模式而言，政府与其他社会组织依据各自的权责范围与合法边界参与社会支持行动，并形成了一定的关系模式。

　　这表明，构建我国城乡一体化教育体制社会支持系统，需秉持从时代要求和我国国情出发的原则，就是以"努力使每一个孩子享受公平而有质量的教育"为价值追求，以适应国家经济社会发展和实现城乡教育一体化为根本目的的构建原则。坚持这一原则，要求充分发挥政府主导作用和全社会广泛参与的积极性，共同担负起完善城乡一体化教育体制的责任，为留守儿童、随迁子女、农民工和农村教师等社会支持主体创造良好环境，广泛开展相应地社会支持行动，提升其社会支持系统的状态和水平。

---

① 　褚宏启：《教育制度改革与城乡教育一体化——打破城乡教育二元结构的制度瓶颈》，《教育研究》2010 年第 11 期，第 3 – 11 页。

## 二、政府支持与社会支持的互补性

从城乡一体化教育发展的进程来看，其先后经历三个阶段：第一个阶段是自发型的城乡教育一体化阶段。在这个阶段，城市教育与农村教育按照市场的竞争性原则进行自发的联结与互动，而且是无序、零散、无组织的联动的呈现状态。第二个阶段是政府干预型的城乡教育一体化阶段。在这个阶段，由于城乡二元结构的矛盾日益凸显，政府不得不介入干预，进行宏观调控，以打破城乡教育不公造成的社会与经济的不稳定局面。政府应该在城乡教育资源配置和城乡教育互动中起主导性干预作用。第三个阶段是高度自主型的城乡教育一体化阶段。这是城乡教育一体化的高级阶段，其理想状态是政府进行弱干预，而城市教育与农村教育自主互补。这阶段的城乡教育进入自主治理、良性互动、共生共荣的理想状态，基本实现一体化。在上述演变历程中，城乡一体化的发展深刻演绎了"国家与社会"关系的发展变化过程。

"国家与社会"的关系从根本上是"社会中的人与其建立政治权力的关系"。在城乡一体化教育体制建构中，不同主体的权利配置是其运行的核心。在我国城乡教育发展中，我国长期经历着"强国家、弱社会"教育体制的运作模式。国家权力高度集中，政府集投资者、举办者、管理者于一身，并拥有绝对的人事任免权、资源分配权、等级区分权的格局，具有鲜明的"国家在场"① 与"社会式微"的特征。然而，随着城镇化的推进，教育人口出现了前所未有的迁移流动，农村留守儿童教育、随迁子女入学、农民工职业培训、农村教师培训等问题日趋严重，同时，各类学校组织形式复杂化、结构多样化、水平差异化，以及农村教育诉求个性化等问题日益突出。面对城乡公众教育需求的多样性

---

① "国家在场"源自于米格代尔的"a state in society perspective"一文，在国内高丙中首先将其译为"国家在场"。其意旨就是国家与社会的关系，国家对社会的一种治理模式或技术，国家力量及国家符号在社会中的存在及影响。

与城乡教育问题的复杂性，政府权责日益显现出有限性。一方面，高度集中的国家权力使城乡一体化教育更具指令性与规范性，具有强烈的自上而下的官方基调，造成诸多'官方标准'的存在"，① 造成效率低下、资源浪费和官员腐败，使各种制度显现动脉硬化的病症，"引发制度危机，造成政府失灵"。② 另一方面，政府权力扩张或垄断导致社会对政府过分依赖，挤压了民间教育改革的生存空间，阻碍各种教育中介组织的发展壮大，难以形成充满个性和张力的多元城乡教育发展格局，导致城乡教育资源不合理配置。无论是"国家中心论"还是"社会中心论"，都无法正当诠释城乡一体化教育体制的正确运行，更无法为其做出正确指引。基于此，国家与社会积极有效地合作互动成为必然。无论是"国家在社会中"还是"合作主义"等诸多理论，都在默认两者合作互动的可行性与必要性。遵循政府与社会自组织两条路线，政府自身的有限性决定了政府不能够包揽一切事务，而随着国家治理体系现代化的提出，以及公民社会的发展成熟，原先由政府操办的事务开始逐步转移给社会承担。基于政府职能的运作执行的不同状态，政府与社会的边界也呈现相应地不同演变。在政府支持力有未逮的领域中，社会反而可发挥其自身优势与政府互相配合并给予城乡一体化教育体制以适切支持，以形成政府和社会对城乡一体化教育体制投入与支持的良性循环。

　　一是完善政府与社会合作的法律体系。法律是社会中合理分配权力、限制权力的一种工具。构建政府与社会合作的法律体系将有助于完善城乡教育体制的一体化。虽然我国目前颁布了《民办非企业单位登记管理条例》和《社会团体登记管理条例》以及《关于进一步鼓励民间资本进入教育领域的实施意见》等一系列法律法规，为社会力量参与教

---

①　吴康宁：《政府超强控制：制约我国教育改革深入发展的一个要害性问题》，《南京师范大学学报（社会科学版）》2012 年第 5 期，第 6 – 11 页。

②　褚宏启：《政府与学校的关系重构》，《教育科学研究》2005 年第 1 期，第 41 – 45 页。

育提供了法律保障。但现行相关法律法规仍存在着程序性规定多、实体性规范少、可操作性不强等漏洞。因此有必要制定《中国统筹城乡教育法》。因为城乡教育二元结构问题是我国经济社会发展中的普适性问题，不仅影响到教育关系的变化，更牵扯到社会基本经济关系的变化，这必然牵扯到利益主体的变化，从而就会引发人们对法律的要求以及某一权利如何保障行使的基本诉求，并且随着统筹城乡教育试验区的开展，会逐步取得成熟的社会实践经验，从而为立法提供现实依据。而随着对问题的不断探讨与揭示，就越需要依靠法律的定型化、规范化、稳定化来调整这一问题所衍生的新的社会关系。换言之，制定《中国统筹城乡教育发展法》对于构建城乡一体化教育体制的社会支持系统有积极效用。当然，在制定法律之前需做好以下几点准备：（1）需要对统筹城乡教育发展中的社会关系形成规律性的认识；（2）根据我国统筹城乡教育发展的客观需要和人们的客观需要借鉴国外或历史的经验做法；（3）可先尝试制定低层次的法律规范；（4）关于统筹城乡教育立法必然会出现人们意见不一致的情况，但统筹城乡教育发展问题是社会基本经济关系发展所要求的，即使其他条件不成熟，也不能机械地等待统筹城乡教育发展政策在实践中反复检验、完全成熟后才上升为法律，而是应该积极创造条件，考虑立法，发挥法促进新的社会关系尽快形成的作用。以法律体系为依托，政府和社会可以更明确理性地开展合作，有法可依地实现权力的合理配置，促进城乡一体化教育体制的完善完备。

二是完善社会组织自身建设。社会与国家相比有其自身优越性和不可替代性。在"强国家、强社会"的双向合作互动模式下，政府不仅有义务支持这种互动，社会组织也有权利参与决定何为应作之事，鼓励多元社会组织力量融入，形成更全面、更开放、更有效的治理格局。首先是形成政社合作的互动关系。我国社会组织力量相对来说较为薄弱，而且其中实力较强的社会组织有着官办背景，因为受政府直接命令与控制，这不利于社会组织自身发展及其与政府的有效合作。因此，政府部门需要通过下放人事权和缩减财政拨款的方式来转变对官办社会组织的管理方式，逐步改变官办社会组织政社不分的现状，培养社会组织自主发展和壮大自身实力。其次是是鼓励社会力量或社会各主体积极参与，将一些教育功能以合同或外包的形式交于社会组织，完善政府向社会组织购买服务机制，明确社会力量购买服务的方式、目录清单等，加强对社会力量服务的严格监督和科学评估。目前，国家实施了"农村特岗教师计划"、辽宁省"城市优秀校长到农村学校任职计划"以及上海浦东新区实施的"政府购买城市优质教育服务托管农村学校项目"等不同形式的政府购买教育服务，以支持农村教育的发展。

### 三、城市教育与农村教育的协调性

长期以来，受二元对立思维的影响，城市发展与农村发展之间存在着巨大差距，造成了城乡二元结构的困境，妨碍了社会公平正义的深入推进。十七届三中全会指出：我国进入了"着力破除城乡二元结构、形成城乡经济社会发展一体化新格局的重要时期"，到 2020 年，基本建立城乡经济社会发展一体化体制机制。城乡教育一体化作为城乡一体化的重要组成部分，在体现城乡一体化总体要求的基础之上，有其自身复杂和独特的个性特点。一是城乡教育一体化体制打破了城乡二元教育结构的束缚，纠正城市中心论的错误思想认识，把公平正义的城乡教育价值理念作为工作的出发点和归宿。其次，形成一体化思维方式，统筹城乡教育发展规划和资源配置与要素流动在城乡间的流动。然而，尽管近年来我国农村教育取得明显进展，但总体定位仍不清晰明朗。我们似乎很少去思考这样一个问题："未来的'农村教育'是否可以作为一种拥有自身的独特内涵、价值、文化性格和表现形式的教育类型？且与"城市教育"平等共生、合作互动，共同成为人的发展和社会进步的摇篮?"[①]

---

① 刘远杰：《城乡教育共生：一项教育哲学探索》，《教育学术月刊》2017 年第 3 期，第 3 – 15 页。

实质上，必须从"二元"对立的认识论模式和单向度帮扶的价值论倾向转变为共生哲学或共生价值。

一是加大对农村教育的补偿力度。"差异性正义与同一性正义原则"是正义的两个基本原则，而城乡教育一体化是城乡教育同一性与差异性正义实践作用的结果。这个公平发展有两层含义，一是差异性发展，即"个体"的独立价值的实现；二是同一性发展，即根据"二者"的类属性所获得的平等发展①。其中蕴含的正义类型属于"分配正义"。同一性正义对城乡教育意味着实现两者的普遍平等，差异性正义体现为社会通过正义的制度和政策来分配机会、权利和资源，向较弱一方加大补偿倾斜力度。差异性正义体现的是"社会安排应该把弱势一方的利益放在第一位、以最大限度地提高成员福利"的正义原则②。从对比我国城乡教育发展来看，乡村教育在资源分配方面仍然是较弱的一方。因此，社会要加大对农村教育的补偿倾斜力度，以推动城乡教育一体化建设的步伐。国家或社会各种力量以各种方式在贫困山区建立希望小学即是明证。在国家政府支持功能薄弱的地区，志愿部门和非正式部门开展支持活动，去给农村贫困儿童提供学业辅导、心理辅导等活动，也是在对城乡教育均衡发展提供力所能及的支持。

二是承认农村教育的存在价值。以往在对比城乡教育时，我们往往对农村教育加以排斥和蔑视，并不承认其存在合理性。然而，正义"不是消除不平等，而是避免羞辱和蔑视代表着的规范目标；尊严或尊敬构成了核心范畴③"。换言之，教育的承认正义比分配正义更为根本。这意味着社会支持将在城乡教育一体化体制中，采取一种平等对话的方式关照农村教育的独立价值。以此而论，乡村教育应被置于优先位置，受到

---

① 刘远杰：《城乡教育共生：一项教育哲学探索》，《教育学术月刊》2017 年第 3 期，第 3 - 15 页。

② 姚大志：《分配正义：从弱势群体的观点看》，《哲学研究》2011 年第 3 期。

③ 霍耐特：《承认与正义——多元正义理论纲要》，《学海》2009 年第 3 期。

国家与社会的更多帮助与关心。充分接受政府、市场、社会组织各方力量的支持，从而将农村教育推举为一项充满"人性善"的社会事业。城乡教育一体化体制的建设，重点在于对人的关照。有四大要务：一是关照留守儿童，帮助其建起温馨校园文化与开展心理帮扶工作，在留住其"身"的同时，留住其心。二是培训乡村教师。乡村教师的师资是乡村教育的关键，也是提升城乡一体化教育质量的重要影响因素。将政府、市场、公民社会和学校自身当作农村教师培训的四大社会支持主体。三是培训农民工。从"观念系统""行为系统""组织系统""物质系统"等向度的支持内容出发，全方位、深层次、立体化地提高农民工受教育水准。四是关照随迁子女。随迁子女是城乡二元结构的第三元，需确立以人为本的社会支持价值理念，完善多部门参与的制度环境，整合社会支持资源，以加快城乡教育一体化体制建设步伐。农村教育与城市教育是城乡教育一体化体制社会支持系统中两大教育源发地，双方的相互协调与合作，是构建其社会支持系统本身不可缺少的两个基点。

## 第三节　城乡一体化教育体制社会支持系统的要素与结构

　　社会支持系统是具有社会支持功能的有机整体，是由诸多社会支持要素以一定联接方式结合而形成的。城乡一体化教育体制的社会支持系统旨在提高城乡一体化教育质量和实现城乡教育均衡发展的目的，是城乡一体化教育体制社会支持要素与结构的统一。社会支持要素与结构相互联系、相互作用，共同构成城乡一体化教育体制的社会支持系统。在本书实践篇四章之中，曾分别对各个群体的系统的结构和要素作出描绘和构建。本节将在前四章的基础上，进一步展开探讨。

### 一、城乡一体化教育体制社会支持系统的要素

#### （一）系统论下要素概念的基本界定

何为要素？何为社会支持系统要素？这是探讨城乡一体化教育体制

社会支持系统必须明确的基本前提。在分析社会支持系统的要素时，我们应以系统科学为指导，分析系统本身和它的组成要素。因此，我们对系统要素的界定也应符合系统论的科学原理。学者查有梁曾指出，系统是由相互勾连在一起的要素组成的；要素是构成系统的基本单元和组成因子。"系统包括要素，要素是系统的组成部分"。① 由此可见，系统的要素是指组成系统的各个单元或各个部分。本书认为，社会支持系统是人类社会的子系统，社会支持要素是构成社会支持系统必不可少的基本单元或组成部分。

### （二）城乡一体化教育体制社会支持系统的基本要素

肖昊认为，社会支持由社会支持主体、社会支持行为和社会支持对象三大要素组成。就社会支持主体而言，它是参与支持行动或者发动支持行为的社会中的组织和个人。就社会组织而言，它有正式社会组织和非正式社会组织两种类型。"前者主要包括政府、企事业单位和社会团体等，后者主要包括家庭、个人的社会关系网络和不知名小团体"。就社会支持行为而言，它是具有社会支持功能的行为，从性质上来看有主观性和客观性之分，从内容上来看有政治、经济、文化等等之分。就社会支持对象而言，它包括社会支持的对象化主体和客体。"前者是指一定的社会组织和个人，后者是指一定的事物。②"综上所述，社会支持系统是以一定的方式把支持主体、支持行为和支持对象等三大社会支持要素联接起来，共同构成的具备一定社会支持功能的有机整体。但若将肖昊的社会支持三要素理论简单套用到城乡一体化教育体制中，这是否可行，或者有失之简单之嫌呢？恐怕我们要站立在城乡一体化教育体制的立足点上对其批判性改造。

就城乡一体化教育体制的社会支持主体而言，站在国家与社会合作

① 查有梁：《系统科学与教育》，人民教育出版社1993年版，第49页。
② 肖昊：《教育发展社会支持系统的几个理论问题》，《当代经济》2012年第2期，第130－132页。

互动的角度来看，可将其划分为国家与社会两大支持主体。前者包括中央政府与地方政府，后者包括市场、第三部门等。国家与社会是两大支持主体，呈现出共生共荣、相互作用的交织状态。肖昊的社会支持主体划分和城乡教育体制一体化的立场并不恰当。就社会支持行为而言，从性质和内容上简单划分，这一标准并不具备科学性和可操作性。反而不如用内容与方式这对辩证统一关系，更有助于厘清城乡一体化教育体制社会支持系统的内在关系。从支持内容上来说，社会支持可分为四大类：教育机会与权利支持、教育物品支持、教育资金支持、教育服务支持。从支持方式上来说，有制定政策法规、财政转移支付、举办学校、购买学习物品等。就社会支持对象而言，城乡一体化教育体制反而是唯一的对象，这是不证自明的事实。而且用支持对象不如用支持目的加以代替，这一点更能体现本书研究的目标之所在。同时，城乡一体化教育体制社会支持系统的支持目的，恐怕还要回到以人为本的价值立场之上。留守儿童、随迁子女、农民工培训与农村教师这四大群体，便是城乡一体化教育体制社会支持系统中以人为本教育目的的确切落实的落脚点。毕竟，教育体制是以人为本的教育体制，而城乡一体化教育体制社会支持系统一直在坚守"人是目的"的价值准则。

基于以上认识，我们认为构成城乡一体化教育体制社会支持系统由国家、社会、支持内容、支持方式和支持目的等五个要素组成。研究和分析城乡一体化教育体制的社会支持系统，是要清晰地认识和把握其系统的结构和要素，进而改善提高其效用与完善其功能。系统科学原理告诉我们，系统的要素是不同的，系统的功能也是不同的①。社会支持系统要素的不同不仅意味着在要素种类和数量上有所不同，也指向每一要素质量的变化。因此，当社会支持系统要素的种类和数量保持不变时，如果要优化其系统功能，就必须提高每个社会支持要素的质量。例如，

---

① 南纪稳：《教学系统要素与教学系统结构探析》，《教育研究》2011年第8期，第54－57页。

经常聘请专家授课来提高农村教师师资，固然必不可少。但聘请高水平的专家开展高质量的讲座，则对于农村教师的培训更为重要，支持效果更为显著。

### 二、城乡一体化教育体制社会支持系统的结构

#### （一）系统论下结构概念的基本界定

系统由要素与结构两者共同构成，系统 = 要素 + 结构。① 而结构是系统中的要素与要素之间和要素集合之间所有可能关系的总和。简言之，结构是系统内在关系的总和。因此，系统中的结构有别于系统中的要素。要素是系统的组成部分和单元构件，结构是系统中要素之间相互作用的关系总和。系统不是要素的简单拼接组合，对其进行细致深入地考察不仅仅限于考察要素自身，考察要素之间的关系更为重要，即分析系统的结构。② 换言之，社会支持要素与社会支持结构是有所不同的，社会支持结构是社会支持要素间相互作用和相互关联的方式。当社会支持系统要素相同，而结构不同之时，社会支持系统的功能也会随之发生变化。为了改善其功能，我们不仅要关注其要素，而且要注意它的结构。

#### （二）城乡一体化教育体制社会支持系统的深层结构与表层结构

城乡一体化教育体制社会支持系统结构分为深层与表层。表层结构表现深层结构，深层结构规定表层结构，两者可在一定条件下相互转化。深层结构是外部的可观察和可记录的互动形式；深层结构是影响支配外在互动形式的内在理论框架。就像冰山隐喻一样，水面上显露的是互动的表层结构，水面下隐藏的是互动的深层结构。无论什么样的互动

---

① 苗东升：《论系统思维（四）：深入内部精细地考察系统》，《系统辩证学学报》2005 年第 2 期。
② 苗东升：《论系统思维（四）：深入内部精细地考察系统》，《系统辩证学学报》2005 年第 2 期。

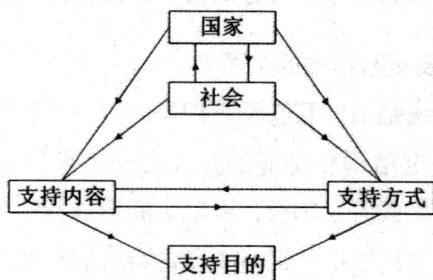

**图 9.1　城乡一体化教育体制**

形式（表层结构）都是由深层结构支配的，而深层结构也需借助于一定的外在互动形式才能实现。价值观念与行为规范是城乡一体化教育体制社会支持系统的深层结构，组织保障和物质支撑是城乡一体化教育体制社会支持系统的表层结构。例如，在第九章第一节，从城乡一体化教育体制社会支持系统价值选择的前提假设、人学视角与根本追求三方面入手，致力于剖析其价值选择的本质与内涵，这便是从深层结构入手对城乡一体化教育体制社会支持系统的深入解读。

**（三）城乡一体化教育体制社会支持系统的软结构与硬结构**

城乡一体化教育体制社会支持系统既有硬结构也有软结构。社会支持要素的空间布局、社会组织机构的职能划分等，一般都是社会支持系统的硬结构；社会支持要素之间的信息关联，如支持主体间的相互信任，地方性知识与民族文化等，都属于社会支持系统的软结构。前者易于被发现和解决，后者一般复杂微妙，不易捕捉。城乡一体化教育体制建设中的实践经验和现象证明，重视硬结构，忽视软结构，恰恰是社会支持系统功能低下的重要原因。以政府对学校进行空间布局为例，其着眼于刚性、统一化的标准硬性安排学校的配置，丝毫不顾学校所在地区背后的价值意蕴和文化传统，导致教育质量下降和城乡一体化教育均衡发展滞后。后者却被大大忽视和忽略的重要部分，甚至在有时候起到主导作用。

### 三、城乡一体化教育体制社会支持系统是其要素和结构的统一

#### (一) 系统、要素与结构的关系

一般来说，系统是由相互联系、相互作用、相互依存的诸多要素结合而形成的具有一定结构和功能的并处在一定环境下的有机整体。首先，系统是由要素构成的。其次，要素之间形成特定关系，并具备一定的结构。再者，一定的结构使得系统具备特有的功能。最后，在一定的环境背景中，系统始终与环境保持着某种程度的能量与信息的交换。本节主要从社会支持系统作为要素与结构的统一的角度，来阐释其系统内部的内在构成机理。人类社会有着各种各样、各不相同的子系统，但他们都有许多要素构组成的结构。系统是容纳结构与要素的统一，结构与要素呈现为一对辩证关系。而要素是构成结构的单位与部件，结构则是连接要素组合的形式。贝克朗菲曾把系统定义为"相互作用的诸要素的复合体"，这里的相互作用的复合形式就是结构。

#### (二) 城乡一体化教育体制社会支持系统是其要素和结构的统一

社会支持系统作为人类社会的其中一个子系统，是社会支持的要素和结构的统一体。这是一个由不同要素组成的复杂系统，社会中的一切事物—客观的与主观的，显性的与隐性，只要起到支持功能，都能有机的构成社会支持系统特有的系统结构。社会支持系统有广义与狭义之分。就广义的社会支持系统而言，它"是包括政府直接作用于社会支持对象的社会支持行为在内的社会支持系统"。就狭义的社会支持系统而言，它是"不包括政府直接作用于社会支持对象的社会支持行为在内的社会支持系统。[①]"本文所讨论的社会支持系统，属于前者。本书中的社会支持系统要素由五个要素组成，分别是社会支持内容、方式、目的以及国家和社会。社会支持要素以一定方式连接和组合起来，形成一个

---

[①] 肖昊：《教育发展社会支持系统的几个理论问题》，《当代经济》2012 年第 2 期，第 130 – 132 页。

复杂有序的社会支持系统。

　　城乡一体化教育体制的不断完善需要社会支持。只有得到社会其他子系统的有效支持，城乡一体化教育体制才能顺利推进。仅仅从城乡一体化教育体制内部改革，其效果往往不甚明显、改革空间更是相对狭小。系统论认为，各社会子系统的发展只有得到社会的全面支持和其他社会子系统的有力支持才能够顺利运行。因此，城乡一体化教育体制只有在社会支持下不断完善。由于城乡一体化教育体制是社会支持的对象，其体制完善既需要社会支持要素，也需要社会支持结构。因此对其要素与结构的内在作用机理，进行细致深入剖析与探讨，对城乡一体化教育体制完善显得尤为必要。

## 第四节　城乡一体化教育体制社会支持系统的运作机理

　　城乡一体化教育体制社会支持系统已经成为推动城乡教育体制改革，实现社会公平正义的重要推力，明确其运作机理成为亟待研究的重要问题。城乡一体化教育体制社会支持系统的运作机理需要秉持公平、协商、合作的运作理念；遵循厘清职责权限、加强边界互动、搭建对话平台的运作规范；坚持动态监测、实时汇报、评价反馈的运作路径。

### 一、城乡一体化教育体制社会支持系统的运作理念

#### （一）公平理念

　　"努力使每一个孩子享受公平而有质量的教育"是每一个教育主体和社会支持主体的教育信条。消除城乡教育二元结构和实现城乡一体化教育体制建设，同样也是国家教育先行的战略要求。但面临着城乡一体化教育体制的外在社会阻力掣肘，如何化外在阻力为支持动力，公平俨然成为解决这一问题的正确目标。从最浅白的层面来说，公平"就是优

先改善处于社会最不利地位的生存状态"。① 以此推论，当前社会支持的身份应该被置于"优先"关照的地位，以免城乡一体化教育体制中出现"国家在场、社会式微"的状况。改革开放之前计划经济时期，国家以强制性行政计划配置资源导致城乡关系由"分离"走向"对立"，并通过户籍制度、统购统销制度、包销代销制度、人民公社制度等造成了城乡分割逐渐扩大。改革开放之后市场经济时期，政府逐渐打破了城乡分割的制度壁垒，如取消人民公社制度、统购统销制度、放松户籍制度等，城乡分割与城乡差距问题逐渐缩小。不同时期的国家与社会的关系，对城乡教育体制产生了直接而深远的影响。相互帮扶、互动协调与互惠共生的"政社关系"，可以共同对城乡一体化教育体制建设产生推动作用。所以，城乡一体教育体制社会支持系统则必须秉承公平的理念。首先，在国家政策层面，应优先在人才培养、体制建设和财政拨款上进行合理安排与配置；其次是社会组织和市场要广泛动员社会各方的支持，使教育可以作为充满"人性善"的社会事业。

公平的理念体现了分配正义的原则。"差异性正义原则与同一性正义原则"是正义的两个基本原则。对同一性正义而言，公平意味着国家与社会实现普遍平等与均衡；对差异性正义而言，则应根据国家和社会各自不同的禀赋与条件而差别对待，尤其是优先对待在同等标准下资源相对匮乏的一方。差异性正义遵循着"社会安排应该把弱势一方的利益放在第一位、以最大限度地提高成员福利"的正义原则②。改革开放前的计划经济时代，社会仍然是相对羸弱的领域，国家对社会采取的是单向赋权的管理模式。而改革开放之后，国家与社会是一种相互嵌入的双向赋权的模式，两者是一种共治合作的政社关系。在社会支持系统作用下，适当或加大社会对城乡一体化教育体制建设的资源倾斜力度，是促进城乡教育均衡进一步发展的正确举措。

---

① 杨东平：《农村教育需要"底部攻坚"》，《教育发展研究》2014 年第 24 期。
② 姚大志：《分配正义：从弱势群体的观点看》，《哲学研究》2011 年第 3 期。

## （二）协商理念

以往，城乡一体化教育体制在政府的行政权力垄断干预下，更多地强调命令与控制，在自上而下的运作模式下，下级教育机构盲目服从于上级指示，社会支持要素往往被拒之门外，最终导致城乡教育发展不均衡。事实上，吸纳社会支持力量的参与，对城乡一体化教育体制有良好推进功效，社会支持各组织与教育之间呈现为一种对话和协商的关系，在实现教育公平正义这一共同愿景之下，涌入更多支持动力，目标才有更多可能达成。社会支持系统中各种组织机构不再是控制与压迫的关系，其最终目的是各级组织机构有效行使职权、相互协调，这决定了协商成为其运作机理的核心理念。

城乡一体化教育体制改革是不同利益群体相互博弈的过程，这造就不同利益主体间会产生差异和分歧，解决途径就在于通过公共协商，达成共识。协商是保障民主和实现自由、平衡集体利益和个人利益的手段。瓦德拉兹曾表示，协商过程是对流行于当代自由民主主义思潮中个人主义和自利道德的纠正。正由于个人自由和自治是自由社会的最重要核心要素，"所以尊重、理解对共同体生活普遍关怀的需求是对自由民主加以平衡的需要"[①]。城乡一体化教育体制改革必然经历多方群体利益的博弈互动，只有在协商过程中，沟通才具有真实性、真诚性和正当性的品质，才能保证多方群体有效地达成共识。例如，中央与省市级政府为随迁子女义务教育提供了一定的财政补助，但其财政支出主要还是由区县政府承担。毕竟义务教育施行的是以县为主的财政转移支付制度，县级政府得不到或者很少得到上级政府的转移支付制度。这时候为了更好地为随迁子女提供教育支持，则需要县政府与上级政府或者社会在协商的过程中，共同提高支持力度、广度和深度。

## （三）合作理念

城乡一体化教育体制构建是社会支持系统众组织机构协同运作的过

---

① 陈建华：《论协商民族视野中的教育》，《南京社会科学》2010 年第 1 期。

程，彰显各支持主体在推进城乡一体化教育体制完善中的相互作用与相互影响。在完善城乡一体化教育体制的过程中，受多重制度逻辑影响和作用，社会支持系统中的组织及其主体显示出鲜明的行为惯性①，习惯于按照原来固定的行为模式，着力推进城乡一体化教育体制建设，这无疑会降低和弱化合作的效率和力度。

一方面，社会支持系统中任一支持主体均存在两种立场：职责立场与自我利益立场。支持主体采取的具体行动或行为均是由他们在这两种立场间进行博弈和妥协后综合权衡的产物。就算是政府，在其职责立场之外，仍然有不可磨灭的自我利益立场。这种双重立场会使政府在支持过程中渐渐偏离城乡一体化教育体制社会支持系统的预设价值理念。另一方面，支持主体的行为偏向多体现为利益主体的合谋行为。政府和社会组织有时出于获得更多自身利益的目的和以理性经济人为前提假设，会一起形成一种私下活动的非正式行为。例如，地方政府虽然在帮扶农村薄弱学校的改造，但更关注升学率、重点高中等外显指标。而农村家长为了使学生提高学习成绩，反而在反对减负政策的推行。于是出现了两厢为难、难以抉择的教育怪象。城乡一体化教育体制社会支持系统是由多方行为主体、多重制度逻辑相互交织形成的复杂关系网络。在这种关系网络中，始终存在着多方行为主体的博弈。因此，走出两难困境的选择在于改变理性思维方式，以关系理性为合作的精神内核，实现互相合作最大化、利益冲突最小化的治理格局。当前我国城乡教育发展诸多问题已表明，全能型政府日益显得捉襟见肘与力不从心。民间组织、社会团体的发展与成长已经势不可挡，它是自主运作而非由政府主导，其功能和角色与政府的互补可带来整个社会的良性发展。可见，合作已成为大势所趋。

---

① 刘国艳：《教育改革的多重制度逻辑分析》，《教育研究与实验》2014 年第 4 期，第 22－25 页。

## 二、城乡一体化教育体制社会支持系统的运作规范

城乡一体化教育体制社会支持系统的有序、高效、人性化运转，需要有一套行之有效的运作规范加以保证，如此才能使系统内各组织各安其位、相互配合、协调运转。城乡一体化教育体制社会支持系统的运作规范包括三项内容，即划清国家与社会的职责权限，加强国家与社会的边界互动，搭建国家与社会的对话平台。

### （一）划清国家与社会的职责权限

《纲要》（2010—2020 年）指出，政府及其部门要树立服务意识，完善管理方式，明确政府管理的权和责任，明确各级各类学校的权责，调动全社会参与的积极性，构建政府、学校、社会之间的新型关系，形成以政府办学为主体、全社会积极参与、公办教育与民办教育共同发展的格局。这表明城乡一体化教育体制改革的重点是通过促进政府权力合理配置为核心来协调城乡教育发展，打破制度单一供给格局，打破以往不同主体之间的权利运作关系，建立多元制度供给结构与建构一套崭新的权利运作规范，实现政府机制与社会机制的有效合作。另外，社会广泛参与，就是要使城乡一体化教育质量要接受社会评价、教育成果要接受社会检验、教育决策要接受社会监督，最大限度将社会资源吸引到教育领域。由此可见，城乡一体化教育体制的社会支持主要是指由"政府"以外的"社会"提供一种制度供给来推进城乡教育一体化体制完善。虽然，城乡一体化教育体制的构建基本上是由政府主导。但是，由于教育领域"面广量大，且涉及价值论争、利益博弈、体制改造、机制转换等诸多层次错综复杂的问题"①，所以，城乡一体化教育体制需要的就不只是"政府"的支持，而且还包括"政府"以外的"社会"的支持都发挥积极作用。

---

① 吴康宁：《教育领域综合改革需要怎样的社会支持》，《教育研究与实验》2013年第6期，第1－5页。

虽然城乡一体化教育体制建设中，既需要政府支持，也需要社会支持。但两者支持的边界却是客观存在的。这意味着政府和社会在发挥支持作用时，都要树立边界意识，认为自己是有限的、相对的，同时尊重对方的制度逻辑，尊重对方基于自身职责立场所做出的决策。以政府为例，政府虽在支持城乡一体化教育体制中占据主导地位，但社会却是极其重要的支持力量。换言之，政府的支持功能亦有局限性。政府的有限性决定了政府无法包揽一切事务。而随着国家治理体系的现代化和公民社会的发展成熟，原先由政府处理的事务开始逐渐向社会转移。基于政府职能运作的不同状态，政府与社会的边界也呈现相应地不同演变。本书理论篇曾将政府支持的局限性划分为三个层次：意识、能力与效果。城乡一体化教育体制中的问题大多是三个因素综合作用的结果。客观存在的边界意味着其社会支持系统内各组织机构的权责范围存在着不可逾越的界限。例如，国家与社会之间存在着边界，一方不能越过边界逾越到对方的领域。上级政府与下级政府之间存在着边界，一方不能越过边界逾越到对方的领域等等。

### （二）加强国家与社会的边界互动

城乡一体化教育体制的既需要"政府支持"，也需要"社会支持"，二者有着不同的支持主体与方式，它们之间相互联系与作用，形成了不同的结构与功能，共同构成了城乡一体化教育体制的社会支持系统。尽管政府可以基于自身职责立场有力地推进城乡一体化教育体制建设。但面对着自我利益立场的诱惑左右，政府常常偏离政策预设的价值理念。换句话说，单纯依靠内教育系统的自觉意识，很难克服支持系统中不同支持主体的私欲。为此，应积极吸收教育系统以外的力量参与。双方才能形成一种"非零和博弈"的理想状态。

社会支持系统之外的力量大致有三种。首先是企事业单位。作为用人单位的企事业单位，无疑对城乡教育一体化的人才培养质量标准具有最重要的评价权；第二是系统之外的教育研究机构专家。他们作为教育现实问题的研究专家，通常能较合理地把握教育公平与教育质量的学理尺度；① 第三是社会公众。虽然社会公众经常会目光短浅地被现实利益所诱惑，但他们的诉求通常能代表广泛而强烈的社会民意。在城乡一体化教育体制改革中，教育体制外的这三种力量持守价值中立立场，可以发挥客观和公正的评价作用。这三种力量参与体制改革的方式大致有以下几种：（1）参与城乡一体化教育体制的决策，主要包括教育体制改革问题的提出，参与体制改革方案的制定，帮助改革决策者修订教育决策等；（2）参与城乡一体化教育体制改革进程。主要内容有：有效协助教育行政机构监督城乡一体化教育体制改革进程，参与制定学校人才培养计划，参与学校管理模式与课程与教学改革等；（3）评价城乡一体化教育体制改革的成效，主要是分析城乡一体化教育体制改革的进展状况，指出教育体制改革过程中存在的问题，为后续的教育体制改革提供思路等。

### （三）搭建国家与社会的对话平台

政府与社会间对于城乡一体化教育体制的深层对话，能增强支持主体间的凝聚性，促进社会支持系统的良性运行。城乡一体化教育体制是社会支持系统众组织机构协同运作的过程，也是社会多方利益主体不断互动博弈的过程。基于此，搭建对话平台成为城乡一体化教育体制社会支持系统良性运行的至为重要的运作规范。

首先是共同的目标。无论是政府与市场的对话，还是政府与社会的对话，都要以共同目标作为前提。即这种对话是关于城乡一体化教育体制的问题。例如，农民工培训的社会支持、农村留守儿童教育社会支持、农村教师培训的社会支持等。只要目标一致、有共同语言，就有对话的基础。如果对话的内容不是大家普遍关心的，对话就会不发生正向功能甚至是负功能。其次是支持主体地位平等性。无论是二分法的国家

---

① 刘国艳：《教育改革的多重制度逻辑分析》，《教育研究与实验》2014 年第 4 期，第 22 - 25 页。

与社会，还是三分法的国家、市场与社会，都是参与城乡一体化教育体制建设的平等参与者。国家是主导者，市场和社会组织是主体，三者之间的对话是一种主体间的平等交流。参与对话的主体，既是倾听者，也是言说者。如果一方高高在上，盛气凌人，端着架子，而另一方则处于被动的消极地位并服从前者的权威，那就不算是对话。对话在于综合两者的视域，从更全面、更宽广的视角去看待城乡一体化教育体制这个事情本身。最后是信息传递的双向性。对话间的信息流动是双向的、动态的，有输入，有输出。如果对话只是单向度信息流动，就很难取到良好效果。恩格斯说，一切自然过程都有两个方面，建立在"至少是两个起着作用的部分的关系上，建立在作用和反作用上"。恩格斯的这一论述既是对相互作用现象所具双向性特征的概括，也是对对话过程信息传递双向性的哲学说明。

### 三、城乡一体化教育体制社会支持系统的运作路径

#### （一）动态监测

城乡一体化教育体制社会支持系统的动态监测是为了从社会支持系统的视角考量城乡一体化教育体制发展现状及发展趋势，从而为国家和社会制定更具针对性和靶向性的支持政策提供理性依据。因此，构建动态监测指标体系，衡量城乡一体化教育体制社会支持系统的进展程度尤为重要。如在第七章对农民工培训划分为"五主体"向度的二维结构，其中五主体包括政府、市场、用人单位、社会团体和农民工个人，四向度包括观念支持、行为支持、组织支持和物质支持。这为农民工社会支持系统的动态监测提供了可参照的信息。随着社会支持系统的建立，城乡一体化教育体制日益完善，但在一些新的方面可能会存在漏洞。因此，指标体系的设计要以核心指标为基础，动态捕捉新生的监测指标，以适应动态形式的变化；消除钝化和无效指标，使整个指标体系更为动态、准确和客观地反映客观实际。

### （二）实时汇报

实时汇报主要包括两个方面：一是市场和社会都有权要求政府和教育行政机构，定期提供和公布城乡一体化教育体制发展报告；二是政府、教育行政机构和社会公众等也都有权要求学校及其教师，定期提供并公布城乡一体化教育体制发展报告。城乡教育一体化的理论、指标与测算为本书提供了重要基础，这就使得我们有条件建立实时汇报的运作路径，来保障其体制的建设。由政府、社会或由学校及其教师提供的其体制建设的公告，正是推进其建设的一种重要方式，也是教育行政管理机构效能提高和教育实施机构效能发展的一种重要手段。当前，在城乡一体化教育体制建设过程中，主要是追寻政府单一主体支持的同质化、均等化、单向度一体化。这存在严重缺陷：首先，不了解具体执行情况，只能作出宏观判断，不能摸清其教育体制背后的问题，理解深层矛盾；[①] 其二，只对其进行结果评判，无法充分了解体制改革过程推进中具体的阻碍性因素，因而不能有效反馈问题之所在。前文所述，城乡一体化教育体制社会支持系统运行理念是公平、协商与合作，这种自上而下的监控管制，很难为城乡一体化教育体制建设筑就有效社会支持平台。因此，本书主张尽快建立报告制度，由社会组织和政府部门在深度沟通的基础上，定期发布乡一体化教育体制进展公告，通报在社会支持中的进程、困境与问题，这样才能帮助我们了解其真实动态，从而有效解决问题。

### （三）评价反馈

城乡一体化教育体制在推进建设过程中，由于面临着社会支持内容、社会支持方式等方面存在不均衡配置的状况，很容易出现异化、偏差甚至阻抗等问题。本书虽然对城乡一体化教育体制改革社会支持系统进行整体规划设计，但由于其改革的复杂性决定其缺少可借鉴的成功经

---

① 代建军：《课程监控机制的运作机理》，《教育科学研究》2012 年第 3 期，第 56 – 64 页。

验，只能摸着石头过河，无法规避不可测的阻碍性因素，因此需要其充分发挥评价反馈功能，以消解偏差并走向正途，这是保证城乡一体化教育体制社会支持系统完善的必要环节。要实现此目的，就要充分发挥不同社会支持组织的作用，广泛听取教育系统外研究机构专家、企事业单位及社会公众对城乡一体化教育体制建设的意见，在动态监测与实时汇报的基础上，深入分析问题，进行反馈调控，为城乡一体化教育体制社会支持系统有效运作保驾护航。

## 第五节　城乡一体化教育体制社会支持系统的保障机制

城乡一体化教育体制社会支持系统，是一个动态的、发展的、长期的任务。需要处理宏观层面的国家与社会、中观层面的各社会组织、微观层面的个体与个体的关系，建立利益协调、法律保障、文化培育机制，同步推进城乡教育均衡发展。

### 一、城乡一体化教育体制社会支持系统的利益协调机制

在当今社会，不同利益之间的调和是重中之重。但利益关系的协调不是自动实现的，需要建立相应的利益协调机制与之相匹配。总体而言，构建与城乡一体化教育体制社会支持系统相适切的利益协调机制，建立健全利益表达机制、利益补偿机制和利益监督约束机制。

#### （一）利益表达机制

合理的利益表达机制是实现社会利益公平合理分配的重要方式。所有利益相关者都可以有效地确保他们不会再与他人的博弈中蒙受损失，只能通过表达利益的方式有效表达利益主张。但由于现实状况复杂性与利益主体多元性以及相关制度不健全，占弱势地位的利益主体在利益诉求方式上却处于不利地位。在得不到利益诉求很好表达时，必然有一部分人会遭遇社会不公的现象。

对城乡一体化教育体制而言，政府作为制度供给和执行的主体理应为社会各阶层尤其是农民工、随迁子女、农村教师和留守儿童等四大群体的教育诉求创建制度性平台，使其能通过正当合法的渠道得以体现。因此，有必要建立多层次的利益表达机制。主要包括以下几个：一是进一步推动人大代表和政协委员制度结构的多元化，适当增加农村教师、农民工等其他社会弱势群体的比重，以提供给他们表达自身利益诉求的正当渠道；二是充分发挥政府咨询顾问和专家学者的意见领袖的作用；三是加快建立民意调查制度、信访制度、公民投票制度、听证会制度等；四是充分利用报纸、电视、互联网等大众媒体的作用，使之成为众多利益群体发表意见的平台。

（二）利益补偿机制

中央政府和地方政府推行政策时，不能在现实生活中做到绝对公平和公正。当一些社会群体在获得利益之时，其中一部分人自然利益受到损害。如果另一部分人无法获得应有的代价补偿，就会造成社会的不公，也容易引发社会矛盾。解决这一矛盾的方法就是向利益受到损失的一方提供有效的补偿。对城乡一体化教育体制而言，政府作为制度供给的主体，应建立相应的利益补偿制度。某些群体因为户籍差异、地域差异以及阶层固化等原因在教育起点、过程和结果上遭遇不平等。作为制度供给和制度执行的主体，政府有责任通过建立利益补偿机制，确保社会弱势群体享受教育公平。

（三）利益监督约束机制

绝对的权力不可避免的必然会导致腐败发生，因此需对权力的合理行使采取一定的监督机制。否则，就会失去监督机制的约束和制约。政府作为制度供给和制度执行的主体，在很大程度上决定着教育主体的利益诉求能否有效实现。但政府的职能毕竟是有限的、相对的，并且政府也无法完全摆脱自我利益的诱惑。因此，社会需对政府作出监督，保证政府权力合法行使。建立和完善利益监督约束机制的途径有以下三点：

一是加强法律制度建设，把政府的行为约束在法律的范围之内，避免公共权力异化。二是加强政治系统内司法、人大、政协等部门对政府行政规范化、制度化。三是发挥舆论监督、民主监督的作用，充分发挥社会公众、社会组织、民间团体的监督作用。

## 二、城乡一体化教育体制社会支持系统的法律保障机制

"在人类努力建设有序与和平的'国家组织'中，法律移植都起到了关键的和最主要的作用。法律是共同分配权力和限制权力的工具。如果法律成功地完成了这项任务，它会为社会团结和生活安全做出重大贡献。"[1] 虽然我国目前颁布了《民办非企业单位登记管理条例》和《社会团体登记管理条例》以及《关于进一步鼓励民间资本进入教育领域的实施意见》等一系列法律法规，为社会力量参与教育提供了法律保障。但现行相关法律法规仍存在着程序性规定多、实体性规范少、可操作性不强等漏洞。因此有必要制定《中国统筹城乡教育法》。

试图制定《中国统筹城乡教育法》会涉及政策法律化的问题。政策法律化并不是说所有政策都转化为法律，一般而言，主要具备两个条件：有立法必要、成熟与稳定。对于有立法必要方面来说，城乡教育二元结构问题是我国经济社会发展中的普适性问题，不仅影响到教育关系的变化，更牵扯到社会基本经济关系的变化，这必然牵扯到利益主体的变化，从而就会引发人们对法律的要求以及某一权利如何保障行使的基本诉求，并且随着统筹城乡教育试验区的开展，会逐步取得成熟的社会实践经验，从而为立法提供现实依据。对于成熟与稳定方面而言，在未来一段时间，我国城乡教育二元问题将是长期存在的，关于此问题的认识会愈加清晰、准确、深入、规范，相关政策会愈加系统、合理、详实、连贯，那么就需要依靠法律的定型化、规范化、稳定化来调整这一

---

① ［美］E.博登海默：《法理学—法哲学及其方法》，邓正来等译，华夏出版社1997年版，第379页。

问题所衍生的新的社会关系。

　　可以说，制定《中国统筹城乡教育发展法》对于保证统筹城乡教育政策的系统性和针对性，保证统筹城乡教育政策的执行力都有积极的作用，不过在制定该法律之前需要做的事情是：（1）需要对统筹城乡教育发展中的社会关系形成规律性的认识；（2）根据我国统筹城乡教育发展的客观需要和人们的客观需要借鉴国外或历史的经验做法；（3）可先尝试制定低层次的法律规范；（4）关于统筹城乡教育立法必然会出现人们意见不一致的情况，但统筹城乡教育发展问题是社会基本经济关系发展所要求的，即使其他条件不成熟，也不能机械地等待统筹城乡教育发展政策在实践中反复检验、完全成熟后才上升为法律，而是应该积极创造条件，考虑立法，发挥法促进新的社会关系尽快形成的作用。

### 三、城乡一体化教育体制社会支持系统的文化培育机制

　　创建文化保障机制在城乡一体化教育体制社会支持系统构建中极其重要，体现在能为其提供智力支持和精神动力。在城市中心论观念的引导下，我们常常嘲笑农村文化并对之嗤之以鼻。但在城乡一体化教育的正确指引下，农村文化反而有其自身存在的合理性。因此，乡村文化必须被依赖和保存。必要的农村文化支持，是城乡一体化教育体制顺利实现地重要支撑。

### （一）明确乡村文化的定位

　　城市文化和乡村文化无论在历史上还是现实中都具备融合的基础，但城乡社会的二元结构引发了两者的对立与分化。因此，城乡教育一体化需要在城市文化与农村文化之间建立一种互相承认的现代中国文化的基本秩序和共存准则。因此在"现代中国文化"① 大格局下，城市文化与农村文化以其特有品质共同构成了不同的文化侧面。费孝通先生曾用

---

① 魏峰：《城乡教育一体化：基于文化视角的分析》，《复旦教育论坛》2010 年第 5 期，第 20 - 24 页。

"各美其美，美人之美，美美与共，天下大同"的话语来表达对文化多元一体的美好图景的设想。在城乡教育均衡发展领域，城乡文化应建立一种"和而不同""二元一体"文化格局，才能为城乡一体化教育体制提供必备的文化支持。农村文化与城市文化相比并非落后、愚昧的代表，反而是现代中国文化必不可少的支柱。钱穆、费孝通等资深学者一致认为，中国几千年的文明发展史的文化根基就在乡村。[①] 一切否定和抛弃乡村文化的行为都有害于城乡教育一体化体制的健康发展，有悖于中国特色社会主义文化建设的进行。毕竟，城乡教育进入高位发展之后，不从文化视角入手支持一体化教育体制改革，仅仅满足于物质资源的配置和行政权力的干预，根本无法触及其深层结构。当然，乡村文化必然存在糟粕和不合时宜的成分，这需要我们站在"现代中国文化"的立场上，予以剔除和改造。通过乡村文化的适切支持，吸纳优秀的乡村文化因子并融入城乡一体化教育体制建设之中，实现城乡教育文化均衡发展，培养有教养的文化人。

### （二）挖掘和建构乡土知识

乡土知识是乡村文化的载体和介质。在城市中心论视野下，我们普遍缺乏对"乡土知识"合法性与合理性的深刻理解和认识，甚至武断地将其定义为文化糟粕，以至于社会氛围中出现一种城市文化优越论的畸形观点。有学者发现，农村学生使用的教材中存在着他们并不熟悉的内容，教材的表达方式也是他们完全陌生的符号系统。这会造成以下困境：一方面，学生因文化资本的异质性难以融入城市之中；另一方面，乡村知识在知识传承中话语权的丧失和存在地位的沦落。乡土知识作为重要的文化资源和地方性的本土知识，对城乡一体化教育体制提供了重要的文化支持。从政府层面来讲，应理智选择乡土知识融入地方课程和学校课程，将乡土知识融入地方课程，使课程烙上浓郁的乡土文化印

---

① 刘远杰：《城乡教育一体化：一项教育哲学探索》，《教育学术月刊》2017 年第 3 期，第 3 - 15 页。

记。这能缩小城乡之间的文化差距，实现城乡文化共生共荣、二元一体的文化格局。从社会层面来讲，乡土知识选择应源自乡土社会真实的生活世界。乡土知识的活水源头来自真实的乡土社会，它体现着特定的价值立场、审美情趣和生活方式。这要求我们深入到乡村生活之中，汲取与乡村生活紧密相关的文化要素。例如，某些偏远乡村的非物质文化遗产，便是乡土知识的显化。地方或学校将其纳入学生所学课程或者教师培训课程之中，使其得以传承，可缩小城乡教育的文化差距，给城乡教育一体化体制建设以必要的文化支持。

# 参考文献

## 一、中文文献

### （一）著作类

《马克思恩格斯全集》（第 1 卷），人民出版社 1963 年版。

《列宁全集》（第 27 卷），人民出版社 1986 年版。

[德] 哈贝马斯：《公共领域及其结构转型》，学林出版社 1999 年版。

[德] 黑格尔：《法哲学原理》，范扬等译，商务印书馆 1961 年版。

[德] 沃尔夫冈·布列钦卡：《教育科学的基本概念分析、批判和建议》，胡劲松译，华东师范大学出版社 2001 年版。

[古罗马] 西塞罗：《论共和国·论法律》，王焕生译，中国政法大学出版社 1997 年版。

[古希腊] 亚里士多德：《政治学》，吴寿彭译，商务印书馆 1965 年版。

[美] 戴维·奥斯本、彼得·普拉斯特里克：《再造政府》，中国人民大学出版社 2010 版。

[美] E.博登海默：《法理学——法哲学及其方法》，邓正来等译，华夏出版社 1997 年版。

[美] 菲力蒲·库姆斯：《世界教育危机》，华东师范大学出版社 2001 年版。

［美］吉纳·霍尔、雪莱·霍德：《实施变革：模式、原则与困境》，浙江教育出版社 2004 年版。

［美］罗伯特·A.达尔：《现代政治分析》，王沪宁、陈峰译，上海译文出版社 1987 年版。

［美］乔尔·S.米格代尔：《社会中的国家——国家与社会如何相互改变与相互构成》，李杨等译，江苏人民出版社 2013 年版。

［美］托马斯·F.奥戴等：《宗教社会学》，刘润中等译，中国社会科学出版社 1990 年版。

［美］托马斯·R.戴伊；《理解公共政策》，谢明译，中国人民大学出版社 2013 年版。

［美］约瑟夫·斯蒂格利茨：《信息经济学——应用》，纪沫等译，中国金融出版社 2007 年版。

［美］珍妮·V.登哈特、罗伯特·B.登哈特：《新公共服务：服务而不是掌舵》，中国人民大学出版社 2010 年版。

［日］佐藤功：《比较政治制度》，法律出版社 1984 年版。

［意］马基雅维里：《君主论》，潘汉典译，商务印书馆 1985 年版。

［英］安东尼·吉登斯：《社会学》，赵旭东等译，北京大学出版社 2003 年版。

［英］戴维·米勒、韦农·波格丹诺：《布莱克维尔政治学百科全书》，邓正来主编，中国政法大学出版社 1992 年版。

蔡昉：《中国流动人口问题》，社会科学文献出版社 2007 年版。

陈庆云：《公共政策分析》，中国经济出版社 1996 年版。

陈向明：《质的研究方法与社会科学研究》，教育科学出版社 2000 年版。

陈映芳：《城市中国的逻辑》，生活·读书·新知三联书店 2012 年版。

辞海编辑委员会主编：《辞海（缩印本）》，上海辞书出版社 1989

年版。

费孝通：《生育制度》，商务印书馆 1999 年版。

G 教育厅：《G 自治区教育年鉴（2014）》，广西师范大学出版社 2014 年版。

郭道晖：《社会权力与公民社会》，译林出版社 2009 年版。

何东昌：《中华人民共和国重要教育文献（1949—1975）》，海南出版社 1998 年版。

何东昌：《中华人民共和国重要教育文献（1998—2002）》，海南出版社 2003 年版。

何东昌：《中华人民共和国重要教育文献（2003—2008）》，新世界出版社 2010 年版。

蒋太岩等：《从歧视走向公平—农民工及其子女教育问题的调查与分析》，东北大学出版社 2014 年版。

教育部发展规划司编：《2012 全国教育事业发展简明统计分析》，2013 年版。

江立华等：《转型期留守儿童问题研究》，上海三联书店 2013 年版。

劳凯声：《教育法论》，江苏教育出版社 1993 年版。

劳凯声主编：《中国教育法制评论》（第 1 辑），中国教育科学出版社 2002 年版。

劳凯声：《变革社会中的教育权与受教育权：教育法学基本问题研究》，教育科学出版社 2003 年版。

雷万鹏：《中国农村教育焦点问题实证研究》，华中科技大学出版社 2007 年版。

李冀主编：《教育管理辞典》，海南人民出版社 1989 年版。

李劲松、王艳玲：《学校教育基础》，高等教育出版社 2015 年版。

李玲等：《构建城乡一体化的教育体制机制研究》，经济科学出版社 2015 年版。

李阳：《流动人口公共产品提供的公共政策研究：以流动儿童义务教育为例》，北京理工大学出版社 2015 年版。

罗豪才：《软法与公共治理》，北京大学出版社 2006 年版。

吕绍清：《留守还是流动？"民工潮"中的儿童研究》，中国农业出版社 2007 年版。

马建生：《教育改革论》，安徽教育出版社 2007 年版。

马庆斌编：《城乡一体化——中国生产力再一次大解放》，社会科学文献出版社 2011 年版。

苗振青：《农民工子女义务教育的财政问题研究》，线装书局 2012 年版。

民政部政策研究中心：《中国城乡困难家庭社会政策支持系统建设蓝皮书（2013）》，中国社会出版社 2014 年版。

庞金友：《现代西方国家与社会关系理论》，中国政法大学出版社 2006 年版。

彭希哲等：《中国大城市户籍制度改革研究》，经济科学出版社 2014 年版。

宋官东：《教育公共治理导论》，东北大学出版社 2012 年版。

汤贞敏：《广东教育改革发展研究报告（2013）》，广东高等教育出版社 2013 年版。

王绍光：《多元与统一机》，赵宝恒等译，人民教育出版社 2000 年版。

王思斌：《社会学教程》（第三版），北京大学出版社 2010 年版。

王振海：《社会组织发展与国家治理现代化》，人民出版社 2015 年版。

王志平、卜洪才：《教育创新研究》，天津人民出版社 1999 年版。

谢维和：《教育活动的社会学分析：一种教育社会学的研究》，教育科学出版社 2000 年版。

徐莉：《非政府组织与这会支持体系的构建：以艾滋病防治领域为例》，中国社会科学出版社 2012 年版。

颜一：《亚里士多德选集：政治学卷》，中国人民大学出版社 1999 年版。

杨晓军：《农民工就业技能培训模式研究》，中国社会科学出版社 2011 年版。

易红郡、谭建平：《农民与农民工的教育培训》，湖南人民出版社 2009 年版。

俞可平：《治理与善治》，社会科学文献出版社 2000 年版。

余秀兰：《社会弱势群体的教育支持》，中国劳动社会保障出版社 2007 年版。

查有梁：《系统科学与教育》，人民教育出版社 1993 年版。

周国华：《流动儿童的教育管理与社会支持》，山东教育出版社 2014 年版。

周洪宇、叶平：《中国教育黄皮书（2012 年教育体制改革呼唤区域突破)》，湖北教育出版社 2012 年版。

周小刚：《新生代农民工职业技能培训和创业教育模式研究》，经济科学出版社 2015 年版。

（二）期刊类

安芹、李旭珊：《大学新生学校适应与家庭功能、社会支持及应对方式》，《中国心理卫生杂志》2010 年第 10 期。

陈城：《是社会主义城市化，还是城乡一体化》，《求索》1984 年第 6 期。

陈成文、潘泽泉：《论社会支持的社会学意义》，《湖南师范大学社会科学学报》2000 年第 6 期。

陈洪连、杜婕：《我国农民工培训政策的国际借鉴与本土建构》，《中国成人教育》2011 第 19 期。

陈华：《基于政府职能转变的教育社会支持变迁》，《南京师范大学学报（社会科学版）》2013 年第 5 期。

陈建华：《论协商民族视野中的教育》，《南京社会科学》2010 年第 1 期。

陈世海等：《西部农村留守儿童的社会支持研究及启示》，《青年探索》2016 年第 5 期。

陈锡萍：《新生代农民工城市创业的社会支持系统研究》，《农业经济》2015 年第 9 期。

陈雅丽：《城市社区服务供给体系及问题解析——以福利多元主义理论为视角》，《理论导刊》2010 年第 2 期。

程蹊、尹宁波：《农民工就业歧视的政治经济学分析》，《农村经济》2004 年第 2 期。

慈玲玲、曲铁华：《城乡教育一体化视域下梁漱溟乡村建设理论及本土启示》，《广西社会科学》2014 年第 2 期。

蔡禾等：《城市居民和郊区农村居民寻求社会志愿的社会关系意向比较》，《社会学研究》1997 年第 6 期。

蔡守秋、吴贤静：《从"主客二分"到"主客一体"》，《现代法学》2010 年第 6 期。

程虹娟：《大学生社会支持的研究综述》，《成都理工大学学报（社会科学版）》2004 年第 1 期。

褚宏启：《政府与学校的关系重构》，《教育科学研究》2005 年第 1 期。

褚宏启：《教育公平与教育效率：教育改革与发展的双重目标》，《教育研究》2008 年第 6 期。

褚宏启：《城乡教育一体化：体系重构与制度创新——中国教育二元结构及其破解》，《教育研究》2009 第 11 期。

褚宏启：《教育制度改革与城乡教育一体化——打破城乡教育二元

结构的制度瓶颈》，《教育研究》2010 年第 11 期。

陈芜：《机制的由来及其演化》，《瞭望》1988 年第 50 期。

代建军：《课程监控机制的运作机理》，《教育科学研究》2012 年第 3 期。

丁惠平：《"国家与社会"分析框架的应用与限度——以社会学论域中的研究为分析中心》，《社会学评论》2015 年第 5 期。

杜明峰、范国睿：《社会组织参与教育：机制与策略》，《教育研究》2017 年第 2 期。

段成荣、梁宏：《我国流动儿童状况》，《人口研究》2004 年第 1 期。

段成荣、杨舸：《我国流动儿童最新状况——基于 2005 年全国 1%人口抽样调查数据的分析》，《人口学刊》2008 年第 6 期。

段成荣等：《我国流动儿童生存和发展：问题与对策——基于 2010 年第六次全国人口普查数据的分析》，《南方人口》2013 年第 4 期。

范先佐、郭清扬：《当前我国义务教育均衡发展改革的重点和难点》，《教师教育学报》2016 年第 2 期。

高书国：《我国四大城市群教育综合竞争力与教育合作区的战略构想》，《教育发展研究》2006 年第 1 期。

关晶、石伟平：《现代学徒制与农民工培训》，《教育发展研究》2013 年第 11 期。

郭风英：《"国家与社会"关系的发展及理论探索》，《河南师范大学学报（哲学社会科学版）》2013 年第 6 期。

顾爱平：《论企业社会责任的三种维度及其引导与规范》，《政治与法律》2010 年第 3 期。

国家教委教育体制专题调研组：《社会主义市场经济与教育体制改革》，《教育研究》1994 年第 1 期。

郭少榕：《城镇化背景下我国农村基础教育优化发展的政策思考

——以福建等地为例》，《教育研究》2011 年第 12 期。

韩嘉玲：《流动儿童教育与我国的教育体制改革》，《北京社会科学》2007 年第 4 期。

韩伟静、李红、岳卫丽：《农民工职业教育培训评价体系建构》，《统计与决策》2016 年第 16 期。

韩志明：《公共治理行动体系的责任结构分析》，《重庆社会科学》2006 年第 2 期。

贺来：《"关系理性"与真实的"共同体"》，《中国社会科学》2015 年第 6 期。

何盛明：《调整政府与市场关系、改变政府配置资源方式》，《财政研究》2001 年第 9 期。

侯利文：《国家与社会：缘起、纷争与整合——兼论肖瑛〈从"国家与社会"到"制度与生活"〉》，《社会学评论》2018 年第 2 期。

胡平、杨羽宇：《农民工市民化：制约因素与政策建议》，《四川师范大学学报（社会科学版）》2014 年第 5 期。

胡小勇、刘琳、胡铁生：《跨区域优质教育资源协同共建与有效应用的机制与途径》，《中国电化教育》2010 年第 3 期。

黄乾：《农民工培训需求影响因素的实证研究》，《财贸研究》2008 年第 4 期。

霍耐特：《承认与正义——多元正义理论纲要》，《学海》2009 年第 3 期。

IUD 领导决策数据分析中心：《第六次人口普查数据解读（上）—流动人口达 3128 万广东成人口第一大省》，《领导决策信息》2011 年第 19 期。

季彩君：《基于实证调查的留守儿童教育支持研究——以苏中 X 地区为例》，《全球教育展望》2016 年第 3 期。

姜作培：《城乡一体化：统筹城乡发展的目标探索》，《南方经济》

2004 年第 1 期。

劳凯声：《公共教育体制改革中的伦理问题》，《教育研究》2005 年第 2 期。

雷万鹏：《中国高等教育需求中的城乡差异——人力资本与社会资本理论的视角》，《北京大学教育评论》2005 年第 3 期。

雷万鹏：《寻求义务教育均衡发展的新机制——基于湖北省的实证研究》，《教育研究与实验》2006 年第 2 期。

李汉通：《个人人力资本投资决策行为分析模型》，《系统工程》2006 年第 8 期。

李玲等：《城乡教育一体化：理论、指标与测算》，《教育研究》2012 年第 2 期。

李玲、黄宸、韩玉梅：《教育体制综合改革：理论、路径与评价》，《西南大学学报（社会科学版）》2015 年第 6 期。

李敏、陈道发：《社会支持理论视域下农村留守儿童的教育问题研究》，《教学与管理》2015 年第 6 期。

李铭辉：《国外高职"工学结合"实验实训教育模式及其启示》，《中国成人教育》2012 年第 15 期。

李默迪、周远强：《香港地区继续教育调研及其启示》，《中国成人教育》2011 年第 7 期。

李涛：《统筹城乡教育的实践探索》，《教育发展研究》2008 第 20 期。

李涛、宋玉波：《我国统筹城乡教育综合改革的全景透析：从历史到现状》，《江淮论坛》2011 第 1 期。

李涛、邬志辉、邓泽军：《我国统筹城乡教育综合改革：统筹什么？改革什么？——《国家中长期教育改革和发展规划纲要（2010—2020年）》视阈下的"城乡治理论"建构》，《西南大学学报（社会科学版）》2011 年第 5 期。

李伟、杨挺:《县级政府绩效评估指标体系构建的四维框架》,《西南农业大学学报(社会科学版)》2013年第9期。

李翔:《城市二元结构:困局与破局》,《理论与改革》2014年第4期。

李湘萍:《富平模式:农民工培训的制度创新》,《教育发展研究》2005年第12期。

李祥云、陈建伟:《我国财政农业支出的规模、结构与绩效评估》,《农业经济问题》2010年第8期。

李兴洲:《公平正义:教育扶贫的价值追求》,《教育研究》2017年第3期。

李忠汉、刘普:《"国家—社会"关系理论视野下社会治理的建构逻辑》,《中国社会科学院研究生院学报》2017年第3期。

李姿姿:《国家与社会互动理论研究述评》,《学术界》2008年第1期。

林挺进:《分税制改革、财政依赖度与教育均衡度改进》,《复旦教育论坛》2009年第2期。

刘安:《市民主义?法团主义?》,《文史哲》2009年第5期。

刘冰、陶海青:《农民工培训市场运行低效的原因及对策建议》,《宏观经济研究》2008年第4期。

刘国艳:《教育改革的多重制度逻辑分析》,《教育研究与实验》2014年第4期。

刘精明:《中国基础教育领域中的机会不平等及其变化》,《中国社会科学》2008年第5期。

刘胡权:《我国教育类公益组织的发展、现状、困境及对策》,《中国教师》2012年第4期。

刘远杰:《城乡教育一体化:一项教育哲学探索》,《教育学术月刊》,2017年第3期。

龙宝新：《论教师培训供给侧改革的依据与思路》，《当代教师教育》，2017 年第 1 期。

吕莉敏、马建富：《新生代农民工教育培训需求及策略探究》，《中国职业技术教育》2010 年第 33 期。

吕绍青、张守礼：《城乡差别下的流动儿童教育——关于北京打工子弟学校的调查》，《战略与管理》2001 年第 4 期。

马建生：《试论教育改革活动的过程特性》，中国教育学刊 2002 年第 5 期。

马守春：《人口与基础教育发展趋势预测模型研究及应用》，《西藏教育》2009 年第 6 期。

马伟华《社会支持网构建：少数民族流动人口城市融入的实现路径分析》，《西南民族大学学报（人文社会科学版)》2018 年 2 期。

马向真、刘瑞京、王漫漫、沈静：《留守儿童、流动儿童自我发展与社会支持的比较研究》，《教育研究与实验》2015 年第 3 期。

苗东升：《论系统思维（四）：深入内部精细地考察系统》，《系统辩证学学报》2005 年第 2 期。

南纪稳：《教学系统要素与教学系统结构探析》，《教育研究》2011 年第 8 期。

牛爽爽、邓猛：《融合教育背景下的残疾学生社会支持系统探析》，《中国特殊教育》2015 年第 9 期。

潘新民、石雷：《基础教育课程"渐进"改革的理论构建与实践探索》，《教育发展研究》2012 年第 2 期。

庞丽娟：《促进高等教育均衡发展》，《教育研究》2004 年第 4 期。

彭华民：《福利三角：一个社会政策分析的范式》，《社会学研究》2006 年第 4 期。

彭兴蓬：《融合教育的价值追求及社会支持系统的建立》，《教育研究与实验》2014 年第 3 期。

钱雪飞：《农村进城务工经商人员的生存现状及特点—对南京市578名外来务工经商人员的调查与分析》，《人口与发展》2004年第2期。

秦建平、张惠、李晓康：《现代化进程中的城乡教育一体化评价研究》，《教育发展研究》2015年第1期。

丘海雄、陈健民、任焰：《社会支持结构的转变：从一元到多元》，《社会学研究》1998年第4期。

邱燕：《比较视域下大学生创新创业教育社会支持系统研究》，《教育与职业》2018年第1期。

渠敬东、周飞舟、应星：《从总体支配到技术治理——基于中国30年改革经验的社会学分析》，《中国社会科学》2009年第6期。

全国妇联课题组：《全国农村留守儿童 城乡流动儿童状况研究报告》，《中国妇运》2013年第6期。

阮博：《论公共政策的社会支持系统及其优化》，《理论与改革》2011年第6期。

阮成武：《教育体制改革的破局与立势》，《安徽师范大学学报（人文社会科学版）》2016年第1期。

侍作兵：《基于社会支持系统的教育共同体建设》，《江苏教育研究》2017年第11期。

宋春：《社会支持体系：农民工子女教育外部环境的建构》，《太原大学教育学院学报》2010年第4期。

孙绵涛：《教育体制理论的新诠释》，《教育研究》2004年第12期。

邵泽斌：《理念变革与制度创新：从城乡教育均衡到城乡教育一体化》，《复旦教育论坛》2010年第5期。

孙绵涛、康翠萍：《教育机制理论的新诠释》，《教育研究》2006年第2期。

孙绵涛：《体制论》，《南阳师范学院学报（社会科学版）》2009年第 2 期。

孙绵涛：《中国教育体制改革若干重大理论问题的探讨》，《华南师范大学学报（社会科学版）》2010 年第 1 期。

孙绵涛、康翠萍：《教育体制改革与教育机制创新关系探析》，《教育研究》2010 年第 7 期。

孙绵涛：《现代教育治理体系的概念、要素及结构探析》，《教育研究与实验》2015 年第 6 期。

石兰月：《城镇化进程中我国基础教育体制改革面临的挑战及其对策》，《中州学刊》2017 年第 5 期。

石忆邵、何书金：《城乡一体化探论》，《城市规划》1997 年第 5 期。

孙正林、郭秀秀：《农民工培训：现状、问题与对策》，《东北农业大学学报（社会科学版）》2011 年第 1 期。

谭千保：《城市流动儿童的社会支持与学校适应的关系》，《中国健康心理学杂志》2010 年第 1 期。

谭深：《中国农村留守儿童研究述评》，《中国社会科学》2011 年第 1 期。

田书芹、王东强：《新生代农民工职业教育培训主体博弈与政府治理能力提升》，《教育发展研究》2014 年第 19 期。

王德清、金强：《地方人民政府高等教育政策执行力研究》，《社会科学家》2016 年第 5 期。

王东：《农民工社会支持系统的研究》，《西南民族大学学报（人文社科版）》2005 年第 1 期。

王名、刘求实：《中国非政府组织发展的制度分析》，《中国非营利评论》2007 年第 1 期。

魏峰：《城乡教育一体化：基于文化视角的分析》，《复旦教育论坛》2010 年第 5 期。

王海英：《试论我国教育改革与发展社会支持系统的条件保障》，《江苏第二师范学院学报（教育科学）》2015 年第 8 期。

王长乐：《试论"教育体制决定教育"的局限性》，《南京师范大学学报（社会科学版）》2000 年第 1 期。

汪传艳：《农民工参加教育培训意愿的影响因素分析——基于东莞市的调查》，《青年研究》2013 年第 2 期。

魏炜、朱武祥、林桂平：《基于利益相关者交易结构的商业模式理论》，《管理世界》2012 年第 12 期。

王广飞、符琳蓉：《城乡教育一体化推进义务教育均衡发展的困境与对策》，《农村经济》2018 年第 3 期。

王景战：《农民工培训的"三张订单"——荥阳市中等专业学校实施农民工培训的实践》，《职教论坛》2006 年第 12 期。

王海涛：《论政府在公民意识发展中的责任》，《政治与法律》2010 年第 4 期。

卫红：《城乡收入差距是出现消费断层的主要成因》，《高等职业教育（天津职业大学学报）》2004 年第 1 期。

王克勤：《论城乡教育一体化》，《普教研究》1995 年第 1 期。

温涛等：《教育对经济发展的贡献测度》，《改革》2009 年第 5 期。

王树娟、娄玉花：《农民工培训质量模糊综合评价模型》，《中国成人教育》2013 年第 23 期。

王有升：《中国教育治理体制的历史演变、现实问题与改革动力探析》，《华中师范大学学报（人文社会科学版）》2016 年第 6 期。

王振存：《文化关怀：城乡教育公平研究的新价值取向》，《河南大学学报（社会科学版）》2013 年第 1 期。

吴康宁：《制约中国教育改革的特殊场域》，《教育研究》2008 年第 1 期。

吴康宁：《政府超强控制：制约我国教育改革深入发展的一个要害

性问题》，《南京师范大学学报（社会科学版）》2012 年第 5 期。

吴康宁：《教育领域综合改革需要怎样的社会支持》，《教育研究与实验》2013 年第 6 期。

吴晓霞：《当代中国政治发展的前后三十年：国家与社会关系的视角》，《学习与探索》2013 年第 2 期。

邬志辉：《城乡教育一体化：问题形态与制度突破》，《教育研究》2012 年第 8 期。

晓峰、温馨：《劳动权益对农民工市民化意愿的影响——基于全国流动人口动态监测 8 城市融合数据的分析》，《人口学刊》2017 年第 1 期。

徐传新：《"留守儿童"教育的社会支持因素分析》，《中国青年研究》2007 第 9 期。

肖昊：《教育发展社会支持系统的几个理论问题》，《理论探索》2012 年第 2 期。

徐明华、盛世豪、白小虎：《中国的三元社会结构与城乡一体化发展》，《经济学家》2003 年第 6 期。

徐纬光：《社会形态、政治权力和教育体制——当代中国教育体制改革的逻辑》，复旦教育论坛 2004 年第 4 期。

夏英、吴永军：《社会支持系统参与小班化教育的机制探析——以香港为例》，《决策参考》2015 年第 8 期。

肖水源、杨德森：《社会支持对身心健康的影响》，《中国心理卫生杂志》1987 年第 4 期。

肖瑛：《从"国家与社会"到"制度与生活"：中国社会变迁研究的视角转换》，《中国社会科学》2014 年第 9 期。

许杰：《现代学校制度建设动力机制探析》，《中国教育学刊》2014 年第 6 期。

许源源、杨茗：《我国国家与社会关系研究综述：解释模式与发展启示》，《中南大学学报（社会科学版）》2015 年第 1 期。

薛二勇:《教育公平与社会和谐关系的实证分析——基于国际报告中的国别比较与数据分析视角》,《清华大学教育研究》2009 年第 5 期。

薛二勇:《强化省级统筹　推进城乡教育一体化发展的政策创新》,《教育研究》2014 年第 6 期。

姚大志:《分配正义:从弱势群体的观点看》,《哲学研究》2011 年第 3 期。

杨东平:《教育体制改革是核心》,《中国改革》2009 年第 8 期。

杨东平:《农村教育需要"底部攻坚"》,《教育发展研究》2014 年第 24 期。

杨汇泉:《农村留守儿童关爱服务路径的社会学考察》,《华南农业大学学报(社会科学版)》2016 年第 1 期。

杨明:《属地化管理体制下进城务工人员随迁子女义务教育公共资源配置探析》,《浙江大学学报(人文社会科学版)》2015 年第 6 期。

杨明宏:《人论:教育管理学理论范畴逻辑起点》,《教育学术月刊》2009 年第 9 期。

杨挺、习勇生:《失衡与制衡:教育政策时滞问题分析》,《国家教育行政学院学报》2010 年第 1 期。

杨会良、张朝伟:《改革开放以来我国农村义务教育财政体制:演变、特征与政策建议》,《河北大学学报(哲学社会科学版)》2012 年第 4 期。

杨艳红、熊刚、戴烽:《试析金融危机下农民工培训的系统性管理》,《江西社会科学》2009 年第 8 期。

杨卫安、邬志辉:《城乡教育一体化制度建设:共识与问题》,《当代教育与文化》2013 年第 3 期。

杨淑芸:《新生代农民工社会支持的多元线性回归分析》,《社会科学论坛》2014 年第 11 期。

佚名:《农业部、劳动保障部、教育部、科技部、建设部、财政部联合颁布〈2003—2010 年全国农民工培训规划〉》，《中国职业技术教育》2004 年第 12 期。

尹阿雳、赵环、徐选国：《双向嵌入：理解中国社会工作发展路径的新视角》，《社会工作》2016 年第 3 期。

尹纪梅：《农民工教育培训的政府责任与对策研究》，《职教论坛》2011 年第 25 期。

尹力：《多元化教育福利制度构想》，《中国教育学刊》2009 年第 3 期。

殷世东、朱明山：《农村留守儿童教育社会支持体系的构建——基于皖北农村留守儿童教育问题的调查与思考》，《中国教育学刊》2006 年第 2 期。

郁建兴、周俊：《论当代资本主义国家与社会关系的变迁》，《中国社会科学》2006 年第 6 期。

虞永平、刘颖：《学前教育体制机制的主要问题与改革思路》，《学前教育研究》2017 年第 12 期。

岳青、赖涪林：《农民工教育培训的相关目标函数分析》，《农村经济》2011 年第 10 期。

曾守锤：《流动儿童的压力和社会支持状况及社会支持保护作用的研究》，《心理科学》2011 年第 3 期。

赵连华：《论高等教育的观念创新与体制创新》，《高等教育研究（成都）》2007 年第 1 期。

赵立、郑全全：《当代农民社会支持研究》，《中国农业大学学报（社会科学版）》2006 年第 4 期。

张建新：《社会机制的涵义及其特征》，《人文杂志》1991 年第 6 期。

张莉、风笑天：《转型时期我国第三部门的兴起及其社会功能》，《社会科学》2000 年第 9 期。

张华：《构建中国特色家庭教育社会支持系统的思路与策略》，《中国青年研究》2015 年第 10 期。

章华丽、陆素菊：《农民工培训政策中的政府角色变迁》，《职教论坛》2014 年第 22 期。

张文秀、李洁：《企业、职业院校与农民工培训三方对接新模式探讨》，《农业经济》2014 年第 6 期。

张艳、夏丹丹：《农民工教育培训的经济学分析及政策选择》，《农业经济》2012 年第 5 期。

张竹林、张美云：《城乡教育一体化的区域模型构建——基于上海市奉贤区的实践思考》，《教育发展研究》2017 年第 20 期。

郑杭生、邵占鹏：《中国社会治理体制改革的视野、举措与意涵——三中全会社会治理体制改革的启示》，《江苏社会科学》2014 年第 2 期。

郑言、李猛：《推进国家治理体系与治理能力现代化》，《吉林大学社会科学学报》2014 年第 2 期。

周林刚、冯建华：《社会支持理论——一个文献的回顾》，《广西师范学院学报（哲学社会科学版）》2005 年第 3 期。

张文宏、阮丹青：《城乡居民的社会支持网》，《社会学研究》1999 年第 3 期。

翟博：《教育均衡发展——理论、指标及测算方法》，《教育研究》2006 年第 3 期。

翟博：《中国基础教育均衡发展实证分析》，《教育研究》2007 年第 7 期。

翟本瑞：《原住民小学缩减数字鸿沟可行性研究——以台湾阿里山"山美国小"为例》，《兰州大学学报（社会科学版）》2009 年第 5 期。

张家军：《论统筹城乡教育发展制度设计的三大基础》，《西南大学学报（社会科学版）》2015 年第 5 期。

张旺：《城乡教育一体化：教育公平的时代诉求》，《教育研究》2012 年第 8 期。

张学敏：《合理配置资源，促进城乡义务教育均衡发展——基于重庆市的调查与思考》，《新课程研究（教育管理）》2007 年第 1 期。

张雨林：《论城乡一体化》，《社会学研究》1988 年第 5 期。

朱旭东：《国外教师教育的专业化和认可制度》，《比较教育研究》2011 年第 3 期。

朱永新：《政府简政放权：实现教育公平的利器》，《探索与争鸣》2015 年第 5 期。

周德义等：《农村中小学教师培训的实践探索——以湖南省为例》，《教育研究》2012 年第 7 期。

（三）学位论文类

夏文伟：《人力资本投资与区域经济发展——武汉市的实证分析》，硕士学位论文，华中科技大学 2005 年。

徐建军：《我国农民工就业培训模式研究》，博士学位论文，西南财经大学 2013 年。

许林园：《新生代农民工教育培训实证研究——基于社会支持视角》，硕士学位论文，山西师范大学 2014 年。

（四）报纸类

蔡然：《首推农民工子女三大爱心扶助项目》，《北京商报》2011 年6 月 15 日。

《国家新型城镇化规划（2014—2020）》，《人民日报》2004 年 3 月17 日。

《国务院关于进一步推进户籍制度改革的意见》，《人民日报》2014年 7 月 31 日。

郝卫江：《流动儿童究竟该在哪上学》，《中国妇女报》2004 年 11月 10 日。

何春雷、姚敏、郭兆锋：《北京 30 余所打工子弟学校被叫停》，《中国消费者报》2006 年 8 月 11 日。

黄建林：《走近打工子弟学校》，《法制日报》2001 年 6 月 15 日。

黄胜利：《农民工子弟义务教育谁来关注》，《中国经济时报》2005年 12 月 14 日。

李慧：《盼盼集团积极吸收农民工就业》，《光明日报》2011 年 3 月22 日。

梁凤鸣：《为了 2.1 万外来务工人员子弟》，《北京日报》2003 年 9月 6 日。

戚海燕：《5000 万元资助农民工子女上学》，《北京日报》2004 年 1月 14 日。

宋冬生：《城乡教师培训要有"一体化"思维》，《中国教育报》2014 年 11 月 11 日。

王德先：《打工子弟学校现状堪忧——透视流动人口子女教育问题系列报道之二》，《华夏时报》2001 年 11 月 22 日。

王羚：《打工子弟学校彷徨》，《第一财经日报》2012 年 8 月 6 日。

吴少杰：《〈中国流动人口发展报告 2016〉发布》，《中国人口报》2016 年 10 月 20 日。

邬志辉：《城乡教育差距的根本是教师差距》，《中国青年报》2015年 6 月 15 日。

谢磊：《"打工子弟"就学难》，《中华工商时报》2002 年 1 月9 日。

辛华：《北京去掉借读高门槛的背后》，《中国教育报》2002 年 9 月2 日。

徐恒杰：《都市面向乡村的微笑》，《农民日报》2003 年 9 月 11 日。

张帆：《新公民学校：农民工子女教育新路径》，《中国经济时报》2007 年 9 月 5 日。

张军:《无奈的"私塾"》,《北京日报》2001 年 5 月 25 日。

张眉:《"农民工子弟学校教师支持计划"启动》,《人民政协报》2007 年 9 月 12 日。

周泽:《执法不能"睁只眼闭只眼"》,《法制日报》2000 年 8 月 19 日。

(五)网络文献

百年职校官网:《学校介绍》,见 http://www. bnvs. cn/School/Bei-Jing/。

百年职校官网: 《学校简介》,见 http://www. bnvs. cn/about/School/。

教育部:《2014 年全国教育事业发展统计公报》,2015 年 7 月 30 日,见 http://www. moe. edu. cn/srcsite/A03/s180/moe_ 633/201508/t20150811_ 199589. html。

民政部:《农村留守儿童 902 万超 9 成在中西部省份》,2016 年 11 月 10 日,见 http://news. sohu. com/20161110/n472764078. shtml。

宋德明:《坚定不移深化教育领域综合改革》,2012 年 12 月 12 日,见 http://teacher. eol. cn/jiao_ yu_ ren_ cai_ zi_ xun_ 52/20121212/t20121212_ 879869. shtml。

同心实验学校官网:《学校介绍》,2011 年 4 月 10 日,见 http://tongxinedu. org/Item/Show. asp?m =1&d =6。

文档网:《关于进一步加强中小学在职教师培训工作的意见(摘录)》,1980 年 8 月 22 日,见 http://www. lantianyu. net/pdf15/ts015061_ 1. htm。

新华网:《G 自治区选派逾四千名教师支教走教,将先进理念带到乡村》,2015 年 6 月 11 日,见 http://news. xinhuanet. com/politics/2015 -06/11/c_ 127906161. htm2015 -06 -11。

新华网:《江西 2. 2 亿元专项资金助农民工子女进城读书》,2015

年 7 月 9 日，见 http：//news. xinhuanet. com/local/2015 － 07/09/c＿1115875324. htm。

Y 市政府网：《Y 市概况》，2013 年 11 月 22 日，见 http：//www. yu-lin. gov. cn/info/96584。

浙江共青团网：《关于开展"共青团关爱农民工子女志愿服务行动"的通知》，2012 年 8 月 22 日，见 http：//www. zjgqt. org/Item/11958541. aspx。

中国财政部网：《财政部 教育部关于印发〈进城务工农民工随迁子女接受义务教育中央财政奖励实施暂行办法〉的通知》，2008 年 12 月 10 日，见 http：//jkw. mof. gov. cn/czzxzyzf/201108/t20110822＿588203. html。

中国财政部网：《中央财政支持进城务工农民工随迁子女平等接受义务教育》，2013 年 6 月 5 日，见 http：//jkw. mof. gov. cn/zhengwuxinxi/gongzuodongtai/201306/t20130604＿902609. html。

中国教育部网站：《国务院办公厅转发教育部等部门关于进一步做好进城务工就业农民子女义务教育工作意见的通知》，2003 年 9 月 13 日，见 http：//www. moe. edu. cn/publicfiles/business/htmlfiles/moe/moe＿40/200309/147. html。

中国青年志愿者网：《关于在 2011 年"中国青年志愿者服务日"期间集中开展关爱农民工子女志愿服务活动的通知》，2011 年 11 月 9 日，见 http：//zgzyz. cyol. com/content/2011 － 11/09/content＿5154129. htm。

中国青年志愿者网：《团中央志工部 2011 年"五四"工作通知》，2011 年 11 月 9 日，见 http：//zgzyz. cyol. com/content/2011 － 11/09/content＿5154169. htm。

中国青年志愿者网：《关于在"六一"期间集中开展关爱农民工子女志愿服务活动的通知》，2011 年 11 月 9 日，见 http：//zgzyz. cyol.

com/content/2011 – 11/09/content_ 5154170. htm。

中国青年志愿者网：《关于开展共青团关爱农民工子女志愿服务行动工作自查和典型案例征集的通知》，2011 年 11 月 9 日，见 http://zg-zyz. cyol. com/content/2011 – 11/09/content_ 5154171. htm。

中国青年志愿者网：《关于建设共青团关爱农民工子女志愿服务行动首批"七彩小屋"有关事项的通知》，2011 年 11 月 9 日，见 http://zgzyz. cyol. com/content/2011 – 11/09/content_ 5154189. htm。

中国青年志愿者网：《关于共青团关爱农民工子女第二批"集善之家"及保险项目有关工作的通知》，2011 年 11 月 9 日，见 http://zgzyz. cyol. com/content/2011 – 11/09/content_ 5154190. htm。

中国青年志愿者网：《关于进一步抓好"共青团关爱农民工子女志愿服务行动"结对工作的通知》，2011 年 11 月 9 日，见 http://zgzyz. cyol. com/content/2011 – 11/09/content_ 5154191. htm。

中国青年志愿者网：《关爱农民工子女成志愿服务新亮点》，2012 年 12 月 5 日，见 http://zgzyz. cyol. com/content/2012 – 12/05/content_ 7537937. htm。

中国社会组织网：《社科院报告：中国社会组织进入整体性变革期》，2017 年 2 月 27 日，见 http://www. chinanpo. gov. cn/1940/101701/index. html。

中国文明网：《共青团关爱农民工子女志愿服务行动》，2011 年 3 月 4 日，见 http://www. wenming. cn/zyfw_ 298/ganmg/yw/201104/t20110413_ 148874. shtml。

中国新闻网：《湖北安排财政专项奖补资金 确保随迁子女就近入学》，2015 年 10 月 20 日，见 http://www. chinanews. com/sh/2015/10 – 20/7579344. shtml。

中国政府网：《国务院关于做好免除城市义务教育阶段学生学杂费工作的通知》，2008 年 8 月 15 日，见 http://www. gov. cn/zwgk/2008 –

08/15/content_ 1072915. htm。

中国政府网：《中共中央、国务院印发〈国家新型城镇化规划（2014—2020 年）〉》，2014 年 3 月 16 日，见 http://www. gov. cn/gong-bao/content/2014/content_ 2644805. htm。

## 二、外文文献
### （一）著作类

Schotter, A. , *The Economic Theory of Social Institutions*, Cambridge University Press, 2008.

Chotisukan, S. , *The Role of Education in Rural – urban Migration: A Case Study in Chiangmal, Thailand*, Doctoral Dissertation, Hilo: University of Hawaii, 1994.

Waldo, Dwight, *The Administrative State : A Study of the Political Theo ry of American Public Administration 2nd*, New York : Holmes &Meier , Publishers 1984.

Gibbs, R. M. , Swaim, P. L. & Teixeira, R. , *Rural Education and Training in the New Economy: The Myth of the Rural Skills Gap*, Ames: The Iowa State University Press, 1998.

ISarason , *Social Support: Theory, Research and Applications*, Springer, 2009.

Mieke – Lunernberg, Jurrien Dengerink and Fred Korthagen, *The Professional Teacher Educator: Roles, Behaviours and Professional Development of Teacher Educators*, Rotterdam: Sense Publishers, 2014.

Hedstrom, P. , Swedberg, R. , *Social Mechanism: An Analytical Approach to Social Theory*, Cambridge University Press, 2005.

Pink, W. , Noblit, G. , *International Handbook of Urban Education*, Dordrecht, The Netherland: Springer, 2007.

Vaux, A. , *Social Support: Theory, Research, and Intervention*, New York: Praeger publishers, 1988.

(二) 期刊类

Green, A. , Hoyos, M. , Jones, P. , "Rural Development and Labour Supply Challenges in the UK: The Role of Non – UK Migrants", *Regional Studies*, Vol. 43, No. 10 (2009).

Kuklick, B. , "Neil Gross, Richard Rorty: The Making of an American Philosopher", *Transactions of the Charles S Peirce Society A Quarterly Journal in American Philosophy*, Vol. 47, No. 1 (2009).

Buckler, A. , "Reconsidering the Evidence Base, Considering the Rural: Aiming for a Better Understanding of the Education and Training Needs of Sub – Saharan African Teachers", *International Journal of Educational Development*, Vol. 4, No. 3(2010).

Tolsdorf, C. C. , "Social Networks, Support, and Coping: An Exploratory Study", *Family Process*, Vol. 15, No. 4 (2010).

Kasimis, C. , Papadopoulos , G. , Pappas , C. , "Gaining from Rural Migrants: Migrant Employment Strategies and Socioeconomic Implications for Rural Labour Markets", *Sociologia Ruralis*, Vol. 50, No. 3 (2010).

Gupta, I. , Mitra, A. , "Rural Migrants and Labour Segmentation: Micro – Level Evidence from Delhi Slums", *Economic & Political Weekly*, Vol. 37, No. 2 (2002).

Kalantaridis, C. , "In – migration, Entrepreneurship and Rural – urban Interdependencies: The Case of East Cleveland, North East England", *Journal of Rural Studies*, Vol. 26, No. 4 (2010).

Kochar, A. , "Urban Influences on Rural Schooling in India", *Journal of Development Economics*, No. 74 (2004).

Lin, N. , Woelfel , M. W. , Light, S. C. , "The Buffering Effect of Social Support Subsequent to An Important Life Event", *Journal of Health and Social Behavior,* Vol. 26, (1985).

Malecki, C. K. , Demaray, M . K. , "Measuring Perceived Social Support: Development of the Child and Adolescent Social Support Scale (CASSS)", *Psychology in the Schools,* 2002, Vol. 39, No. 1 (2002).

Lin, N. , Woelfel, M. W. , Light, S. C. , "The Buffering Effect of Social Support Subsequent to An Important Life Event", *Journal of Health &Social Behavior,* Vol. 26, No. 3 (1985).

Tolsdorf, C . C. , "Social Networks, Support, and Coping: An Exploratory Study", *Family Process,* Vol. 15, No. 4 (1976).

# 附录

## 农村留守儿童社会支持调查问卷

**亲爱的同学：**

你好！真诚感谢你参与本次调查。本次调研结果仅用于教国家社科基金重点项目"城乡一体化教育体制的社会支持系统研究"（13ASH005）的研究。本问卷采用不记名方式填写，结果仅用于科学研究，请根据你的实际情况填写。你的认真回答，对我们研究非常重要，恳请严肃对待。我们将对你的回答给予严格保密，请放心作答。**问卷共2页，正反两面都有，请不要漏题！** 谢谢你的支持！

一、个人基本情况（请在符合你个人情况的选项处打"√"或在横线上填写）

---

1. **你的性别：** ①男　②女　　　2. **你现在有_____岁。**

3. **你现在读_____年级。**

4. **你有几个兄弟姐妹：**

①没有　②1 个　③2 个　④3 个　⑤4 个　⑥5 个及以上

5. **你有几个兄弟姐妹还在上学：**

①没有　②1 个　③2 个　④3 个　⑤4 个　⑥5 个及以上

6. **你学校的位置：**

①市区　②县城　③乡镇　④农村

---

二、你的家庭情况（请在符合你的选项处打"√"或在横线上填写）

1、你现在和哪些亲人一起住在家里（可多选）：

①妈妈　②爸爸　③亲生兄弟姐妹　④爷爷　⑤奶奶　⑥外公　⑦外婆　⑧其他亲人

2、你妈妈的教育水平：　①没上过学　②小学　③初中　④高中　⑤大学及以上

3、你爸爸的教育水平：　①没上过学　②小学　③初中　④高中　⑤大学及以上

4、你爸爸的工作是_____（请填写）。

5、你妈妈的工作是_____（请填写）。

6、你家经济条件怎么样？　①非常不好　②不太好　③比较好　④非常好

7、爸爸不在家的时间：　①1 年以内　②1—3 年　③3—5 年　④5 年以上

8、妈妈不在家的时间：　①1 年以内　②1—3 年　③3—5 年　④5 年以上

9、爸爸或妈妈一般多长时间回来一次？　①1—3 个月　②3—6 个月　③半年到一年　④一年以上

10、你联系外出的爸爸或妈妈的方式是（多选题）：

①网络视频　②打电话　③书信　④去他们工作的地方　⑤其他

11、你外出的爸爸或妈妈多长时间联系你一次？

①一天一次　②一周一次　③一月一次　④半年一次　⑤一年一次　⑥其他

12、你家长在以下事情上管得严不严？（请在你认为合适的数字上打"√"）

|  | 1 不管 | 2 管，但不严 | 3 管得很严 |
|---|---|---|---|
| 做家庭作业 | 1 | 2 | 3 |
| 学习成绩 | 1 | 2 | 3 |

|  | 1 不管 | 2 管，但不严 | 3 管得很严 |
|---|---|---|---|
| 每天上学 | 1 | 2 | 3 |
| 放学几点回家 | 1 | 2 | 3 |
| 和谁交朋友 | 1 | 2 | 3 |
| 看电视的时间 | 1 | 2 | 3 |

13、当下面的事情发生时，你首先会找谁？（请在你认为合适的数字上打"√"）

|  | 1 爸爸 | 2 妈妈 | 3 爷爷或奶奶 | 4 老师 | 5 好朋友 | 6 不找别人 |
|---|---|---|---|---|---|---|
| 不开心的时候 | 1 | 2 | 3 | 4 | 5 | 6 |
| 想找人聊天时 | 1 | 2 | 3 | 4 | 5 | 6 |
| 遇到麻烦时 | 1 | 2 | 3 | 4 | 5 | 6 |
| 需要帮忙时 | 1 | 2 | 3 | 4 | 5 | 6 |
| 开心的时候 | 1 | 2 | 3 | 4 | 5 | 6 |

14、你爸妈对你的学习成绩有什么要求？ ①班上前几名 ②中上 ③班上的平均水平 ④没有什么要求

15、你爸妈希望你读到几年级：

①无所谓 ②小学毕业 ③初中毕业 ④中专 ⑤高中毕业 ⑥大专 ⑦本科及以上

16、你爸妈对你的学习是否有信心？ ①根本没有信心 ②不太有信心 ③比较有信心 ④很有信心

17、你认为你爸妈为你做得多吗？ ①一点也不多 ②比较少 ③不多不少 ④比较多 ⑤非常多

18、你和爸爸妈妈的关系好不好？ ①很好 ②比较好 ③一般 ④不太好 ⑤非常不好

三、你的学习情况（请在符合你的选项处打"√"或在横线上填写）

1、你____岁开始上小学。

2、你转学过几次？ ①0 次 ②1 次 ③2 次 ④3 次及以上

3、你目前的成绩在班里面处于： ①最后几名 ②中下 ③中等 ④中上 ⑤前几名

4、请在下面你认为符合你情况的数字上打"√"：

|  | 1 从不 | 2 有时 | 3 总是 |
|---|---|---|---|
| 我害怕在别的孩子面前做没做过的事情 | 1 | 2 | 3 |
| 我害怕被别人取笑 | 1 | 2 | 3 |
| 我周围都是我不认识的小朋友时，我觉得害羞 | 1 | 2 | 3 |
| 我和小伙伴一起时很少说话 | 1 | 2 | 3 |
| 我担心其他孩子们取笑我 | 1 | 2 | 3 |
| 我和陌生的小朋友说话时感到紧张 | 1 | 2 | 3 |
| 我担心其他孩子会怎样说我 | 1 | 2 | 3 |
| 我只同我熟悉的小朋友说话 | 1 | 2 | 3 |
| 我担心别的小朋友会不喜欢我 | 1 | 2 | 3 |

5、请在你认为符合你情况的数字上打"√"

|  | 1 完全不同意 | 2 不太同意 | 3 比较同意 | 4 完全同意 |
|---|---|---|---|---|
| 我上学很准时 | 1 | 2 | 3 | 4 |
| 我没有逃过课 | 1 | 2 | 3 | 4 |
| 我能按时完成作业 | 1 | 2 | 3 | 4 |
| 老师经常表扬我 | 1 | 2 | 3 | 4 |
| 同学们对我很好 | 1 | 2 | 3 | 4 |
| 我喜欢我们学校 | 1 | 2 | 3 | 4 |
| 我不喜欢我的班级 | 1 | 2 | 3 | 4 |

6、你是否在学校寄宿？ ①是（跳过第 12、13 题） ②不是（跳至第 10 题）

7、你们宿舍有____个人。

8、你觉得你们学校宿舍条件怎么样？ ①很不好 ②不太好 ③比较好 ④非常好

9、你们宿舍是否有专门的生活老师？ ①有 ②没有

10、你希望自己读到几年级？

①无所谓 ②小学毕业 ③初中毕业 ④中专 ⑤高中毕业 ⑥大专 ⑦本科及以上

11、你对自己的学习有没有信心？ ①根本没有信心 ②不太有信心 ③比较有信心 ④很有信心

12、你每天是怎么上学的？ ①自己步行 ②骑自行车 ③坐公交车 ④家里人送 ⑤校车接送

13、你上学一般需要多长时间？

① 5 分钟 ② 6—10 分钟 ③ 11—30 分钟 ④ 31—60 分钟 ⑤ 1—1.5 小时 ⑥ 1.5—2 小时 ⑦ 2 小时以上

14、你有没有接受过社会上爱心人士的帮助？ ①有 ②没有（跳至第 16 题）

15、你觉得社会上爱心人士对你的帮助有多大？ ①没有帮助 ②有些帮助 ③非常有帮助

16、你学习上有什么困难吗？你觉得应该怎么解决？

问卷到此结束，再次感谢你的支持！

# 农村留守儿童社会支持的访谈提纲

1、您如何理解农村留守儿童"社会支持"这一概念？农村留守儿童应该获得哪些方面的社会支持？

2、当前，有无农村留守儿童的信息档案？人数统计？

3、近5—10年来，贵单位组织开展的针对农村留守儿童的社会支持活动有哪些？比如"手拉手""大手牵小手""三下乡"社会实践活动等。（具体文件资料）

4、贵单位所开展的关于农村留守儿童的社会支持活动是每年"固定"项目还是"临时"项目？

5、您了解相关参与农村留守儿童帮扶的社会团体吗？可否推荐相关社会团体的名称？社会团体负责人的联系方式？

6、据您所知，社会团体是以什么样的形式开展对农村留守儿童的帮扶？

7、妇联与相关社会团体之间有无合作？是通过什么样的合作方式推进的？

8、在您看来，社会团体参与留守儿童社会帮扶工作存在的主要障碍有哪些？完善对策建议有哪些？

9、社会团体与政府部门之间如何合作开展对农村留守儿童的社会帮扶？

# 随迁子女教育社会支持调查问卷

**亲爱的同学：**

你好！这份问卷主要用于科学研究，填写该问卷与你的学业成绩和操行评定无任何关系，且无需填写姓名，希望你能如实填写。我们对你的回答给予严格保密，谢谢你的合作和支持！

X 课题组

**一、请在下面你认为适当的数字上打"√"或横向上填写数字。**

1、你的性别：①男　②女

2、你的年龄为：＿＿＿岁

3、你现在读＿＿＿年级

4、你的家庭住宿情况：

①在父母工作地住　②郊区租房子住　③在市区租房住　④在这里买了房　5 其他

5、你来这里居住＿＿＿年了。

6、你是否转过学校：　①否　②是

7、你所在学校的类型：①打工子弟学校　②公办学校

8、你母亲的文化程度：

①小学及以下　②初中　③高中或中专　④大专　⑤本科以上

9、你父亲的文化程度：

①小学及以下　②初中　③高中或中专　④大专　⑤本科以上

10、你参加过哪些学习辅导班或兴趣班？（可多选）

①没有参加过　②语文　③数学　④英语　⑤音乐　⑥绘画　⑦舞蹈　⑧书法　⑨其他（　　　）

11、你居住地与学校的距离：

①很近，几百米　②比较近，几站路　③一般，几公里　④比较远，5－10公里　⑤很远，10公里以上

二、请在下面你认为合适的数字上打勾"√"

1、没有当地户口也可以上学

①完全不符合　②不太符合　③差不多　④比较符合　⑤非常符合

2、可以到公办学校插班上学

①完全不符合　②不太符合　③差不多　④比较符合　⑤非常符合

3、找当地学校或教育部门要求读书时能得到安排

①完全不符合　②不太符合　③差不多　④比较符合　⑤非常符合

4、政府提供了经济资助或困难补助

①完全不符合　②不太符合　③差不多　④比较符合　⑤非常符合

5、在这里读书也有学籍

①完全不符合　②不太符合　③差不多　④比较符合　⑤非常符合

6、老师对我们这些外地学生同等对待

①完全不符合　②不太符合　③差不多　④比较符合　⑤非常符合

7、在学校读书并没有被别人看不起

①完全不符合　②不太符合　③差不多　④比较符合　⑤非常符合

8、我能和当地学生一样在学校读书与学习

①完全不符合　②不太符合　③差不多　④比较符合　⑤非常符合

9、我参加过城里的一些少年科技运动类等活动

①完全不符合　②不太符合　③差不多　④比较符合　⑤非常符合

10、老师在课后会辅导我学习

①完全不符合　②不太符合　③差不多　④比较符合　⑤非常符合

11、老师常常鼓励我们这些外来学生

①完全不符合　②不太符合　③差不多　④比较符合　⑤非常符合

12、老师对你的关心情况

①很不关心　②不太关心　③一般　④比较关心　⑤非常关心

13、学校有时举办外来学生座谈会

①完全不符合　②不太符合　③差不多　④比较符合　⑤非常符合

14、老师经常进行家访

①完全不符合　②不太符合　③差不多　④比较符合　⑤非常符合

15、家里经济困难向学校申请能得到照顾

①完全不符合　②不太符合　③差不多　④比较符合　⑤非常符合

16、学校会召开外来学生困难交流会

①完全不符合　②不太符合　③差不多　④比较符合　⑤非常符合

17、我们这个城市有很多的民工子弟学校

①完全不符合　②不太符合　③差不多　④比较符合　⑤非常符合

18、我得到过他人捐款

①完全不符合　②不太符合　③差不多　④比较符合　⑤非常符合

19、社会提供了奖学金或贷款

①完全不符合　②不太符合　③差不多　④比较符合　⑤非常符合

20、我得到过社会捐赠的学习用品或生活用品

①完全不符合　②不太符合　③差不多　④比较符合　⑤非常符合

21、大学生对我们进行过教学或辅导

①完全不符合　②不太符合　③差不多　④比较符合　⑤非常符合

22、有大学生哥哥或姐姐看望过我

①完全不符合　②不太符合　③差不多　④比较符合　⑤非常符合

23、没钱的时候向亲戚借钱上学

①完全不符合　②不太符合　③差不多　④比较符合　⑤非常符合

24、父母会教我做作业

①完全不符合　②不太符合　③差不多　④比较符合　⑤非常符合

25、父母给我学习鼓励

①完全不符合　②不太符合　③差不多　④比较符合　⑤非常符合

26、父母希望你读到什么程度

①现在就不读了　②顺其自然　③初中毕业　④高中毕业　⑤大学毕业及以上

27、你父母来学校参加家长会的次数如何：

①很少　②较少　③一般　④比较多　⑤很多

28、你父母和老师联系的次数如何：

①很少　②较少　③一般　④比较多　⑤很多

30、我们家的邻居对我很友好

①完全不符合　②不太符合　③差不多　④比较符合　⑤非常符合

31、如果有需要，我会去找邻居帮忙

①完全不符合　②不太符合　③差不多　④比较符合　⑤非常符合

32、不懂的问题同学会教我

①从不　②很少　③一般　④比较多　⑤经常

33、心情不好时我会与学校中好朋友聊天

①从不　②很少　③一般　④比较多　⑤经常

34、在学校比较要好的本地同学的人数

①没有　②很少　③一般　④比较多　⑤非常多

35、周末的时候我会找城里的同学玩

①从不　②很少　③一般　④比较多　⑤经常

*问卷到此结束，感谢你的支持！*

## 随迁子女学生访谈提纲（部分）

1、你来这个城市的时间？来的原因？

2、你来现在这个学校多久了？怎么进这个学校的？

3、你喜欢这个学校吗？

4、你学习成绩怎么样？

5、你遇到学习问题时经常找谁帮忙？

6、不开心时会怎么办？

7、你在学校要好的朋友多吗？本地同学多吗？

8、班主任对本地学生和外地学生一样吗？

9、老师关心你吗？

10、班主任怎么安排班级座位的？

11、你周末一般做什么？是否去找本地同学玩？

12、在学校有没有获得过他人的捐款或赠送的学习用品？

13、有没有大学生来学校给你们上过课？

……

## 随迁子女家长访谈提纲（部分）

1、来这里的时间以及缘由？

2、主要从事什么工作？收入怎么样

3、孩子何时过来的？接过来的原因？

4、孩子在这里怎么上学的？要哪些手续？怎么收费的？

5、孩子怎么升学的？要哪些手续？怎么收费的？

6、您对孩子的未来有何打算？

7、孩子上学有没有享受费用减免？

8、孩子上学过程中遇到的困难有哪些？得到了谁的帮助？

9、孩子在学校是否得到过别人的捐款或捐赠的物品？

10、有没有给孩子报辅导班或请家教？

11、您经常参与孩子所在学校的活动吗？

12、您和孩子的班主任联系多吗？

13、您觉得老师关系您孩子吗？

14、老师在是否区别对待本地学生和外地学生？

15、您是否经常辅导孩子的作业？

……

## 随迁子女学校访谈提纲（部分）

一、公办学校

1、学校有多少随迁子女？

2、随迁子女来该校要哪些条件？

3、当地政府对学校接受随迁子女有哪些政策？

4、学校在随迁子女教育管理上采取了哪些措施？

5、学校有没有给困难随迁子女家庭提供特别的帮助？

6、学校是否给随迁子女提供特别的学习帮助？

7、随迁子女给学校的教育管理带来怎样的影响？

8、社会组织有没有给学校提供过帮助？

二、民办学校

1、为什么创办这个学校？

2、政府在办学过程中提供了哪些支持（经费、师资、用地）？

3、政府对打工子弟学校的管理如何？

4、社会力量有没有帮助过贵校？

5、你们这类学校在当地的发展前景如何？

6、办学过程中遇到的困难有哪些？

7、希望得到哪些帮助？

## 流入地教育行政人员访谈提纲（部分）

1、本地有关随迁子女就学的政策发展历程？

2、随迁子女在本地读公办学校的条件？公办学校开放程度如何？

3、打工子弟学校如何管理？

4、打工子弟学校的师资队伍怎么样？

5、政府对打工子弟学校的支持有哪些？

6、政府对招收随迁子女的公办学校有哪些支持？

7、上级政府对当地政府提供了哪些支持？

8、当地政府在随迁子女教育上面临哪些困境？应该怎么解决？

## 社会组织的访谈提纲（部分）

一、项目负责人

1、实施这个项目的主要目的是什么？

2、活动经费来自哪里？有多少？

3、如何招募志愿者？

4、政府相关部门提供了哪些支持？

5、怎么联系随迁子女所在学校？

6、随迁子女如何参与这个活动？

7、该项目实施过程中面临哪些困难？希望得到哪些支持？

二、志愿者

1、参与这个项目的目的？

2、如何参与进来的？

3、参与该项目有哪些收获？

4、这个项目的意义何在？有哪些不足？

# 进城务工人员教育培训的社会支持调查问卷

**尊敬的进城务工朋友：**

您好！这是一份关于进城务工人员教育培训的社会支持调查问卷。本次调研采用匿名方式，答案无正误之分，数据仅作研究使用，请根据您的真实想法回答问题。我们由衷感谢您的支持和参与。

——X 课题组

一、基本信息（请在您符合的选项上打"√"）。

1.性别：①男 ②女

2.婚姻状况：①已婚 ②未婚

3.年龄：①20 岁及以下 ②21—30 岁 ③31—40 岁 ④41—50 岁 ⑤51 岁及以上

4. 教育程度：①未接受教育　②小学　③初中　④高中、中专、中职、技校等　⑤大专、高职　⑥本科及以上

5. 收入水平：①1500 元及以下　②1500—2500 元　③2500—3500元　④3500—4500 元　⑤4500 元及以上

6. 从事职业：①制造业　②交通运输业　③建筑业　④住宿餐饮业　⑤仓库业　⑥居民服务业　⑦批发零售业　⑧文化教育卫生业　⑨农林牧渔业

7. 您参加培训的地点：①主城区　②一般区县

8. 您工作的地点：①主城区　②一般区县　③乡镇　④农村

9. 您居住的地点：①主城区　②一般区县　③乡镇　④农村

10. 您认为对进城务工人员进行培训，离不开下面哪些力量的支持（　　）（可多选）

①政府　②职业院校（如中职、高职、职教中心等）　③社区（如居委会、街道办事处等）和社会团体（如工会、妇联、老乡会、志愿者等）　④用人单位　⑤务工人员自己　⑥家庭　⑦亲戚朋友　⑧其他_____（请填写）

**二、调研题项（请在您同意的选项上打"√"）。**

**A1.** 您认为政府部门对进城务工人员进行培训是为了（　　）（可多选）

①履行政府的服务职能　②维护进城务工人员的利益　③促进社会更加和谐　④提升政府的知名度　⑤谋取政绩　⑥其他____（请填写）

**A2.** 您认为职业院校（如中职、高职、职教中心等）组织进城务工人员进行培训是为了（　　）（可多选）

①履行职业院校的服务职能　②维护进城务工人员的利益　③促进社会更加和谐　④提升本院校的知名度　⑤赚钱创收　⑥其他_____（请填写）

**A3.** 您认为社区（如居委会、街道办事处等）和社会团体（如工

会、妇联、老乡会、志愿者等）组织进城务工人员进行培训是为了（　　）（可多选）

①履行社区、社会团体的服务职能　②维护进城务工人员的利益　③促进社会更加和谐　④提升本社区、团体的知名度　⑤赚钱创收　⑥其他_____（请填写）

A4．您认为用工单位组织进城务工人员进行培训是为了（　　）（可多选）

①履行用人单位的服务义务　②维护进城务工人员的利益　③促进社会更加和谐　④提升本单位的知名度　⑤谋取更多利润　⑥其他___（请填写）

A5．作为进城务工人员，您参加培训或者想参加培训是为了（　　）（可多选）

①更好就业，挣更多钱　②提高自己的技能和素质　③为将来晋升或换工作做准　④扩大自己的社会关系网　⑤了解法律、安全等知识，从而维护自己的权益　⑥更好地教育子女　⑦其他_____（请填写）

B1．根据您的培训经历，您认为政府在进城务工人员的培训工作中做好了哪些事情？（　　）（可多选）

①宣传引导　②提供政策扶植　③按照职责分工、落实培训责任　④完善培训规章制度，推进依法培训　⑤严格培训要求，确保培训效果　⑥加强组织协调，严格监督管理　⑦提供物质支持，强化培训保障　⑧其他_____（请填写）

B2．根据您的培训经历，您认为职业院校（如中职、高职、职教中心等）在进城务工人员的培训工作中做好了哪些事情？（　　）（可多选）

①宣传引导　②提供物质奖励　③按照职责分工、落实培训责任　④完善培训规章制度，推进依法培训　⑤严格培训要求，确保培训效果　⑥加强组织协调，严格监督管理　⑦提供物质支持，强化培训保障　⑧其他_____（请填写）

B3．根据您的培训经历，您认为社区（如居委会、街道办事处等）和社会团体（如工会、妇联、老乡会、志愿者等）在进城务工人员的培训工作中做好了哪些事情？（　　）（可多选）

①宣传引导　②提供物质奖励　③按照职责分工、落实培训责任　④完善培训规章制度，推进依法培训　⑤严格培训要求，确保培训效果　⑥加强组织协调，严格监督管理　⑦提供物质支持，强化培训保障　⑧其他_____（请填写）

B4．根据您的培训经历，您认为用工单位在进城务工人员的培训工作中做好了哪些事情（　　）（可多选）

①宣传引导　②提供物质奖励　③按照职责分工、落实培训责任　④完善培训规章制度，推进依法培训　⑤严格培训要求，确保培训效果　⑥加强组织协调，严格监督管理　⑦提供物质支持，强化培训保障　⑧其他_____（请填写）

B5．在培训过程中，您认为进城务工人员自己应该做好哪些事情？（　　）（可多选）

①深刻认识培训的重要性　②缴纳一定的培训费用　③遵守培训的规章制度　④积极配合培训工作人员　⑤客观反映培训需求　⑥及时反馈培训结果　⑦其他_____（请填写）

C－a．在您所参加的培训经历中，您获得下面组织的支持情况：

| | 非常少 | 较少 | 不清楚 | 较多 | 非常多 |
|---|---|---|---|---|---|
| C－a1．政府 | | | | | |
| C－a2．职业院校（如中职、高职、职教中心等） | | | | | |
| C－a3．社区和社会团体 | | | | | |
| C－a4．用人单位 | | | | | |
| C－a5．个人及家庭 | | | | | |

C－b．根据您参加培训的经验，您对以下部门组织工作的评价

情况：

| | 非常差 | 较差 | 不清楚 | 较好 | 非常好 |
|---|---|---|---|---|---|
| C－b 1. 政府 | | | | | |
| C－b 2. 职业院校（如中职、高职、职教中心等） | | | | | |
| C－b 3. 社区和社会团体 | | | | | |
| C－b 4. 用人单位 | | | | | |
| C－b 5. 个人及家庭 | | | | | |

D1. 在您所参加的培训中，政府部门提供了哪些条件（　　）（多选）

①培训费用　②培训机构　③师资质量　④培训教材　⑤培训场所　⑥培训仪器　⑦其他＿＿＿＿（请填写）

D2. 在您所参加的培训中，职业院校（如中职、高职、职教中心等）提供了哪些条件（　　）（多选）

①培训费用　②培训机构　③师资质量　④培训教材　⑤培训场所　⑥培训仪器　⑦其他＿＿＿＿（请填写）

D3. 在您所参加的培训中，社区（如居委会、街道办事处等）和社会团体（如工会、妇联、老乡会、志愿者等）提供了哪些条件（　　）（多选）

①培训费用　②培训机构　③师资质量　④培训教材　⑤培训场所　⑥培训仪器　⑦其他＿＿＿＿（请填写）

D4. 在您所参加的培训中，用工单位提供了哪些条件（　　）（多选）

①培训费用　②培训机构　③师资质量　④培训教材　⑤培训场所　⑥培训仪器　⑦其他＿＿＿＿（请填写）

D5. 您认为进城务工人员个人可以为培训工作提供哪些条件

（　　）（多选）

①培训费用　②培训机构　③师资质量　④培训教材　⑤培训场所
⑥培训仪器　⑦其他_____（请填写）

E1．在对进城务工人员进行培训时，有没有必要建立相应的组织
系统？（　　）（单选）

①完全没必要　②没必要　③不清楚　④有必要　⑤非常有必要

E2．在对进城务工人员进行培训时，政府、职业院校、社区、社
会团体、用工单位和务工者个人是否能够建立了相应的组织系统？
（　　）（单选）

①完全不可能　②不可能　③不清楚　④有可能　⑤完全可能

E3．如果建立进城务工人员培训的组织系统，您认为该组织系统
的主要任务有（　　）（可多选）

①建立组织目标　②设计组织工作程序　③划分组织成员的职责
④规定组织成员间的关系　⑤调动组织成员的积极性　⑥其他_____
（请填写）

E4．如果建立进城务工人员培训的组织系统，您认为应该遵循的
主要原则有（　　）（可多选）

①统一指挥　②目标统一　③全责明确　④分工协作　⑤稳定性与
灵活性相结合　⑥执行与监督部门分设　⑦其他_____（请填写）

E5．如果建立进城务工人员培训的组织系统，您认为应该包括的
主要流程有（　　）（可多选）

①制定组织目标　②拟定组织方案　③执行组织方案　④监督组织
工作　⑤评价组织绩效　⑥其他_____（请填写）

## 进城务工人员教育培训的社会支持系统访谈提纲

1. 当地政府出台了哪些比较重要的关于农民工培训的政策文件？开展了哪些农民工培训计划或培训工作？

2. 您认为对农民工进行培训，离不开哪些力量的支持？当地哪些政府部门、单位、团体组织过农民工培训工作？

3. 您认为政府部门组织农民工培训的目的是什么？需要哪些条件保障？有什么优缺点？

4. 您认为社区（如居委会、街道办事处等）组织农民工培训的目的是什么？需要哪些条件保障？有什么优缺点？

5. 您认为市场化竞标团体（如培训学院）组织农民工培训的目的是什么？需要哪些条件保障？有什么优缺点？

6. 您认为用人单位组织农民工培训的目的是什么？需要哪些条件保障？有什么优缺点？

7. 贵单位组织过哪些农民工培训工作？培训过程具体如何实施的？培训效果怎样？有哪些成功经验分享？

8. 您认为在农民工培训中，政府、市场和社会各扮演着什么角色？三方如何协作进一步做好农民工培训工作？

## 农村教师培训调查问卷（教师卷）

**尊敬的老师：**

您好，感谢您在百忙之中回答此问卷！为了解当前农村学校发展的现状、问题及对策，特设计了此问卷。本问卷是以匿名方式填写，所有信息只用于科学研究，不会对您产生任何影响，请您根据实际情况填写。衷心感谢您的支持与帮助！

X 课题组

**一、个人基本情况（请在符合您个人情况的选项处打"√"或在横线上填写）**

1、您的性别： ①男 ②女

2、您的年龄： ①29 岁以下 ②30—34 岁 ③35—39 岁 ④40—44 岁 ⑤45—49 岁 ⑥50—54 岁 ⑦55—59 岁 ⑧60—64 岁 ⑨65 岁及以上

3、您的学历： ①研究生 ②本科 ③大专 ④高中 ⑤中专 ⑥初中及以下

4、您是否有教师资格证? ①有 ②没有

5、您的教龄是_____年（请注明）。

6、您是否有教师编制： ①无 ②有，获得的年份_____（请注明）

7、您现在的职称： ①未定级 ②三级 ③二级 ④一级 ⑤小学高级 ⑥中学高级

8、您在该学校的任教时间是_____年（请注明）。

9、您是否兼任行政职务： ① 无职务 ② 有，是 ____（请注明）。

**二、您教学的基本情况（请在符合您的选项处打"√"或在横线上填写）**

1、您现在任教的年级（可多选）： ①1 年级 ②2 年级 ③3 年级 ④4 年级 ⑤5 年级 ⑥6 年级

2、您现在任教几个班级： ①1 个 ②2 个 ③3 个 ④4 个 ⑤5 个及以上

3、您现在任教的科目有（可多选）： ①语文 ②数学 ③外语

④音乐 ⑤体育 ⑥美术⑦综合实践课

4、您教学时使用多媒体的频率： ①从不 ②偶尔 ③有时 ④经常 ⑤总是

5、您现在的任教科目与您所学专业是否对口： ①是 ②否

6、您教学时采用下列教学方式的频率（请在符合您情况的空格上打"√"）：

|  | 1 从不 | 2 偶尔 | 3 有时 | 4 经常 | 5 总是 |
|---|---|---|---|---|---|
| 教师讲授为主 |  |  |  |  |  |
| 分组讨论 |  |  |  |  |  |
| 师生互动讨论 |  |  |  |  |  |

7、您所在学校组织校际培训交流的情况如何？

①从来没有 ②偶尔进行 ③定期进行 ④经常进行

8、您每年参加培训的次数：

①0 次 ②1 次 ③2 次 ④3 次 ⑤3 次及以上

9、您在最近 3 年间参加过哪些级别的培训？（可多选）

①校级 ②区县级 ③地市级 ④省级 ⑤国家级

10、您参加培训的主要原因是（可多选）：

①提高教学能力，改进工作 ②开拓视野，获取新知识 ③评职称晋级、增强竞争条件 ④上级要求，必须参加

11、您在最近 3 年间参加过哪些内容的培训？（可多选）

①新课程改革 ②现代教育技术 ③师德教育 ④学科教学 ⑤教育管理 ⑥其他

12、你认为开展校际培训有必要吗

①很有必要 ②有必要 ③一般 ④没有必要 ⑤不知道

13、据您了解，目前您所在学校教师参加培训的选拔方式是：

①自愿报名后学校选派 ②学校直接指定 ③由年级组或教研室推

荐　④教委统一调配　⑤不清楚　⑥其他

14、您所在学校对参加培训的教师制定了相应的激励措施了吗？

①有，且严格执行　②有，但流于形式　③没有　④不清楚

15、您参加的培训是谁组织的：

①本学校　②中心校　③教育局　④教育厅及以上　⑤私人或其他

16、近 3 年来您每年平均参加培训的时长是：

①7 天及以下　②8—15 天　③16—20 天　④21—29 天　⑤30 天及以上

17、您参加过什么形式的培训（可多选）：

①网络远程培训　②集中高校的培训　③市县教研机构培训　④本校培训　⑤其他

18、您参加培训经费经常是由哪方负担的？

①政府全额负担　②学校全额负担　③政府和学校共同负担　④学校和个人共同负担　⑤个人全部负担

19、您所在学校是否支持教师参加培训？

①很不支持　②不太支持　③一般　④比较支持　⑤非常支持

20、您认为培训的效果：①非常好②比较好③一般　④不太好　⑤很不好

21、您认为目前教师培训存在的主要问题是（可多选）：

①培训机会少　②培训时间与工作冲突，走不开　③培训内容与教学实际脱节　④培训地点远，交通不便　⑤学校经费不足　⑥教师个人负担费用较高　⑦培训形式单一，缺乏互动　⑧培训机构水平不高，效果不显著　⑨其他_____（请注明）

教师参加培训后，学校会要求参培教师上公开课或示范课吗？

①从来没有　②偶尔进行　③定期进行　④经常进行

22、如果有机会继续参加培训，您最期望的是：

①接受有针对性的师德教育，提高自身职业修养

②学习现代教育理论、先进教学方法和手段，改进自身教学水平

③拓宽和加深专业知识及其他相关领域的知识

④与本专业优秀教师交流，学习先进的教学理念和技能

⑤系统总结反思自身教学实践，并得到升华、形成风格

⑥其他_____（请注明）

23、从个人角度而言，您认为当前您参加培训存在的主要问题是什么？应该怎样解决？

24、您认为当前农村学校教师培训存在的主要问题有哪些？应该怎样解决？

_____

**问卷到此结束，再次感谢您的支持！**

## 农村教师培训的社会支持系统访谈提纲

1. 作为校长，你们是如何确定参训教师，也就是说由哪些老师参加培训？

2. 对于参加培训产生的交通费或额外的费用，学校能够解决吗？

3. 参加培训后，教师落下的课怎么办？

4. 学校教师在接受培训后，有没有进行公开示范课展示，或者能否带动全校教学？

5. 你们如何看待一些社会组织或高校志愿者的教师培训活动？

6. 有无校内培训？如何进行？是否已形成制度？

1. 您目前在教学过程中，最缺什么？

2. 培训机会是谁给予的？

3. 参加过哪些类型的培训？涉及哪些内容？

4. 您参加过的培训中，哪些培训的效果最好？好在哪里？哪些培训最差？不足表现在哪些方面？

5. 是否参加过非学校或教育局组织的培训？各自的内容及效果如何？若将来还有机会，希望在培训内容上涉及哪些方面？

6. 您觉得在参加培训中，你认为对你个人有没有一些损失？

7. 如果让您给培训提建议，您觉得哪些方面需要？